Sigrid Weigel

Topographien der Geschlechter

Kulturgeschichtliche Studien zur Literatur

rororo

rowohlts enzyklopädie

rowohlts enzyklopädie
Herausgegeben von Burghard König

Originalausgabe
Veröffentlicht im Rowohlt Taschenbuch Verlag GmbH,
Reinbek bei Hamburg, Dezember 1990

Umschlaggestaltung Jens Kreitmeyer
(Vignette: «Capri ohne Umschweife» von Gabriele Schnitzenbaumer)
Gesetzt aus der Sabon und Frutiger 55 (Linotron 202)
Satz Jung SatzCentrum GmbH, Lahnau
Druck und Bindung Clausen & Bosse, Leck
Printed in Germany
2280-ISBN 3 499 55514 X

Inhalt

‹Antigone› und der ‹Engel der Geschichte› – zwei Denkbilder

«Zeichenlos war der Meister», so wird dem Herrscher Thebens von seinem sichtlich verwirrten Boten mitgeteilt, als der – aufgefordert zu sagen, wer sich unterfangen habe, Polyneikes zu begraben – davon berichtet, was er gesehen hat. Doch die Spuren, die sich ihm gezeigt haben, sind im Auftrag Kreons, Tat und Täter eindeutig zu identifizieren, nicht zu deuten. Die Rede des Boten enthüllt eine Diskrepanz zwischen dem, was zu sehen er erwartet hat, und den Spuren, die er vorfindet und die in die Sprache Kreons zu übersetzen ihm nicht gelingen will. Ebenso wie er den Urheber dieser Spuren sich nicht als Person vorzustellen vermag und statt dessen undeutlich mit «eines» benennt: «Es hat den Todten eben/ Begraben eines, das entkam, die Haut zweimal/ Mit Staub bestreut, und, wies geziemt, gefeiert» (Hölderlin, S. 289[1]).

Die Hölderlinsche Version des Tragödientextes von Sophokles betont diese Position des Boten als Übersetzers der Zeichen, die Antigone hinterlassen hat, in die Sprache Kreons, die auf Indizien für die Übertretung des von ihm ausgesprochenen Verbots aus ist. Was der Bote zu berichten hat, kommt ihm selbst «undenklich» vor: «Zeichenlos war/ Der Meister, und wie das der erste Tagesblik/ Anzeigte, kams unhold uns all' an, wie ein Wunder./ Nichts feierlichs. Es ward kein Grabmal nicht./ Nur zarter Staub ...» Eine ähnliche Irritation des Boten wird noch einmal spürbar, und zwar in der zweiten Begegnung mit seinem Herrn, als er Antigone ergriffen hat. Noch nachdem er sie vor Kreon, wie eindeutig, als die gesuchte ‹Täterin› erkannt hat – «Die hat den Mann begraben» (S. 305) –, scheint er auf die Frage, wie sie denn gesehen und schuldig befunden ward, in seiner Erzählung durchaus wieder verunsichert darin, ob denn die Handlungen, die er gesehen, mit dem Verbotenen identisch sind.

[1] Vollständige Angaben der zitierten Texte s. Bibliographie, S. 265 ff.

In der Begegnung Kreons mit Antigone treffen dann deren unterschiedliche Sprachen direkt aufeinander. Nicht daß sie verschiedene Wörter benutzten; sie messen ihnen aber eine unterschiedliche Bedeutung bei, wobei das Recht der Deutung eindeutig auf seiten Kreons behauptet wird, der ihre Rede als wirr auffaßt, sich aber schärfstens dagegen verwahrt, daß auch sie seine Worte deutet (Hölderlin, S. 315). Die Diskrepanz zwischen zwei Zeichensystemen bzw. Sprachen – die in der Übertragung Hölderlins, die die Dramatik des Konfliktes auf die Ebene des *Sinns* verlagert, aus dem Tragödientext von Sophokles unübersehbar hervortritt – hat ihren Grund in der *Konstellation,* in der sich Antigone und Kreon bei Sophokles befinden.

Während sie sich dem Gewesenen und den Opfern der Geschichte zuwendet, ist er damit beschäftigt, die Ordnung seiner Stadt bzw. seines Staates (denn die Polis ist beides in eins) neu aufzubauen. Während sie mit der Trauer beschäftigt ist, ist seine Arbeit als Wiederaufbau bzw. Gründungsarbeit zu verstehen. In ihren ungleichzeitigen Blicken auf die Geschichte, an der sie beide teilhaben, kommt auch eine je unterschiedliche Bezugnahme auf die *Körper* (bzw. Leiber)[2] zum Ausdruck. Während Antigone sich dem toten Leib ihres Bruders zuwendet, unterwirft Kreon die Toten einer Symbolisierung, indem er sie in Freund und Feind unterteilt und aus dieser Unterscheidung Gesetz und Ordnung seiner Herrschaft über die Stadt ableitet. Seine Behandlung der Toten folgt dieser Symbolisierung: Er läßt den einen begraben und heiligen, eine Ehrung, in der vom Leib abstrahiert wird, während der andere, zum bloßen Fleisch degradiert, vor den Toren der Stadt den Vögeln und Hunden überlassen wird. Die Handlungen Antigones am Leichnam des Bruders – es heißt, sie habe ihn mit Staub beworfen, begossen und betrauert – hinterlassen eine *Schrift,* die in Kreons Deutungssystem nicht lesbar ist: kein Grabmal, kein sichtbares, dauerhaftes Zeichen der Repräsentation, bloß Spuren von Staub, Zeichen, die offenbar einer magischen Natursprache – als dessen Meister bei

[2] Der Wechsel zwischen den Bedeutungen von ‹Körper› und ‹Leib› kann an dieser Stelle nicht ausgeführt werden. Übergänge zwischen beiden, insbesondere in Verfahrensweisen der Verkörperung, bilden eines der Leitmotive in den Untersuchungen dieses Buchs. Eine klare, trennscharfe Unterscheidung scheint aber unmöglich, da selbst das (Selbst)Verständnis und die Wahrnehmung des Leibes kulturell codiert, das heißt symbolisch und imaginär strukturiert sind und historischen Veränderungen unterliegen. Wenn aber hier der Begriff ‹Leib› benutzt wird, geht es jeweils um die Betonung, daß vom leibhaftigen Körper aus Fleisch und Blut, nicht vom imaginären Körper die Rede ist.

Sophokles später Tireisias auftreten wird – näher sind als jener Sprache, die in der Stadt Kreons verstanden wird.

Auch die *Orte,* an denen die Sprachen Antigones und Kreons gelten, sind nicht identisch. Während er sich als Repräsentant der *Stadt* versteht, in der seine Gesetze gelten, vollzieht sie ihre Handlungen draußen vor den Toren der Stadt und wird drinnen als *Verwilderte* bezeichnet. Denn ihre Sprache, ihre Hinwendung zum Gewesenen, zu den Toten und zu den Leibern sind es, auf deren Ausschluß sich die Herrschaft der Stadt und ihres Repräsentanten gründet.

Diese Lesart der «Antigone», die sich nicht für die Helden der Tragödie als Verkörperungen konkurrierender Ideen oder Prinzipien, weder für deren Schuld noch für deren Moral, interessiert, sondern für die Konstellation, die mit der Ungleichzeitigkeit der Perspektiven, Sprachen und Handlungen beider Figuren beschrieben ist, verdankt sich einer Lektüre, die aus den Korrespondenzen zwischen diesem Text und jener Konstellation entsteht, die Benjamin in seinem Denkbild vom «Engel der Geschichte» dargestellt hat. Antigones Sorge scheint motiviert durch die Beunruhigung, «auch die Toten werden vor dem Feind, wenn er siegt, nicht sicher sein» (Benjamin 1980, I, 2, S. 695). Während bei Benjamin dieser Satz sich auf den Umgang mit den Toten in der Geschichtsschreibung bezieht, erzählt «Antigone» eine vorausgegangene Situation in der Geschichte, in der dieser Umgang sich in konkreter, materieller Gestalt ereignet. Und wie der Blick des Engels sich mit ‹unserem›, auf die Begebenheiten gerichteten nicht verträgt[3], erscheint die Äußerungsweise Antigones entweder als nicht entzifferbar oder als wahnsinnig, überflüssig, vermessen, sinnlos usw. – nämlich ohne Sinn in der Logik des Stadtherrschers.

Während aber der «Engel der Geschichte» kein Geschlecht hat – er erscheint ja gleichsam als das Andere des Menschen –, wird in der Konstellation der «Antigone» eine spezifische Geschlechterdramaturgie sichtbar. Die Tragödie beschreibt eine mythische Urszene, die als Entspringen der in der europäischen Zivilisationsgeschichte etablierten unterschiedlichen Orte von Frauen und Männern entzifferbar wird.

Diese unterschiedlichen *Orte* der Geschlechter in der abendländischen Kulturgeschichte haben auch in der Schrift ihre Spuren hinterlassen: in der Metaphorik, in Denkmustern, Diskursfiguren und in spezifischen Praktiken der Bedeutungskonstitution. Die «Topographien der

3 Zur Lektüre dieses Textes s. hier S. 35 ff.

Geschlechter» verzeichnen diese Spuren im Blick auf exemplarische Konstellationen von ‹Weiblichkeit› und ‹Männlichkeit› in der Literatur. Die Untersuchungsperspektive folgt der Annahme, daß die Vorstellungen und Verhältnisse der Geschlechter nicht isoliert betrachtet werden können, da sie in eine ‹Dialektik der Aufklärung› eingebunden, das heißt mit bestimmten Verfahrensweisen der *Verkörperung* und der *Kolonisierung* verbunden sind. Der Untersuchung dieses Zusammenhangs sind die Studien in den Abschnitten «Schrift und Körper» einerseits, «Wildnis und Stadt» andererseits gewidmet. Hinsichtlich der dabei zitierten Theorie entsteht ein Netz von Referenzen auf Schriften der ‹Kritischen Theorie› (speziell Benjamins) und des ‹Poststrukturalismus› (vor allem Kristevas und Foucaults), die hier auch aus der erstarrten Lagerbildung aktueller Theoriediskussion befreit werden sollen.

In einem seiner ‹Denkbilder› beschreibt Walter Benjamin den ‹Schöpfer› als «männlichen Erstgeborenen des Werkes, das er einstmals empfangen hatte» und reflektiert damit die geschlechtsspezifische Dramaturgie einer in ihrem Selbstverständnis autonomen intellektuellen oder künstlerischen Produktion, die sich über eine Verdrängung des Frauenleibes herstellt. Als symbolisierter Körper und als sexualisiertes Sprachmaterial taucht dieser im Text und in der beredten Bildlichkeit der Diskurse wieder auf. Die «Topographien der Geschlechter» beziehen sich damit auch auf das Verhältnis von Körper und Sprachmaterial und die materiellen Voraussetzungen von Darstellungs- und Symbolisierungsweisen, die unterschiedliche Bedeutungen für die Geschlechter und damit auch unterschiedliche Konsequenzen für die Arbeit männlicher und weiblicher Künstler bzw. Autoren haben. Am Beispiel des Künstlerpaars Hans Bellmer und Unica Zürn wird dies augenfällig, während die Literatur Heiner Müllers, Ingeborg Bachmanns und schon Georg Büchners diesen Zusammenhang selbst reflektiert (Teil 1).

Ausgehend von der Beobachtung, daß sowohl Stadt als auch Wildnis in der Literatur gern weiblich imaginiert werden, geht es im Verhältnis von ‹Wildnis› und ‹Stadt›, speziell in mehreren Einzelstudien zur Literaturgeschichte der Stadt, um Spuren einer kulturgeschichtlichen Genealogie der in Frage stehenden Geschlechterverhältnisse im Imaginären und im Symbolischen. Mit Rückblick auf einige antike und mittelalterliche Schriften werden hier vor allem deutsch- und französischsprachige Texte vom 18. Jahrhundert bis zur Gegenwart gelesen. Dabei zeigt sich, daß topographische Konstellationen, die sich zunächst auf reale Räume und Orte beziehen, mit der Bildersprache der Moderne korrespondieren, die so als Gedächtnis unserer Kultur erscheint, dem die konfliktreiche Beziehung der Geschlechter eingeschrieben ist (Teil 2).

Im letzten Teil geht es um die Verdoppelung dieser Geschichte in der Geschlechterdramaturgie etablierter Wissenschaft und um Perspektiven einer anderen Literaturwissenschaft, die nicht jenseits des Fachs, nicht in einer Ergänzung, sondern in einer Arbeit der Re-Lektüren gesucht wird: in der Aufgabe, die Disziplin «gegen den Strich zu bürsten» (Benjamin 1980, I.2, S. 697) (Teil 3).

Die Texte, die in diesem Buch versammelt sind, sind als Serie von exemplarischen Einzelstudien in den Jahren 1984 bis 1989 entstanden. Sie werden hier teils erstmals, teils in überarbeiteter Form wieder veröffentlicht.

1 Schrift und Körper

> «Geht einmal Euren Phrasen nach, bis zu dem Punkt, wo sie *verkörpert* werden. Blickt um Euch, das alles habt ihr gesprochen, es ist eine mimische Übersetzung Eurer Worte» (Büchner 1980, S. 54).

> «Stimme ohne Körper, Körper ohne Stimme; unhörbare Angst, erstickt in den Rhythmen der Wörter, den Klängen der Töne, den Farben der Bilder, aber selbst ohne Worte, ohne Töne, ohne Bilder» (Kristeva 1982, S. 236).

Diese Zitate beschreiben zwei Pole des Verhältnisses von Körper und Schrift, das hier zur Debatte steht. Während Kristeva ihre Überlegungen mit Blick auf den problematischen Ort von Frauen im Symbolischen formuliert, läßt Büchner seinen Revolutionshelden Danton Erfahrungen reflektieren, in denen die Körper der Idee dienstbar gemacht und ihr geopfert wurden. Daß dabei das eine Mal eine männliche Stimme, das andere Mal eine weibliche Stimme zu Wort kommt, ist zwar kein Zufall; dies markiert aber nicht eine männliche bzw. weibliche Variante im Verhältnis von Körper und Sprache, sondern unterschiedliche Orte unter dem Gesetz einer Repräsentationsordnung, der eine Opferstruktur eingeschrieben ist.

Die Geschlechter nehmen darin nicht nur unterschiedliche Orte gegenüber der Sprache ein; auch in die Art und Weise des Bedeutens – vor allem natürlich in metaphorischen Ausdrucksformen – sind weibliche und männliche Vorstellungen und Funktionen in unterschiedlicher Weise eingebunden. Damit geht es um die Geschlechterverhältnisse im Zusammenhang von *Vor*stellungen und *Dar*stellungen, wobei hier die Modi, in denen dabei auf den Körper Bezug genommen wird – sei es als imaginierter Körper, als

Ausdrucksmedium, als Bedeutungsträger oder Zeichenkörper –, von besonderem Interesse sind. Im ersten Teil wird dies in exemplarischen Einzelstudien auf den Ebenen von Theorie, Literatur und Kunstproduktion diskutiert.

Weil in der Rede über die Geschlechter die Geschlechterverhältnisse in der Sprache immer schon wirksam sind, stoßen die Studien zu ‹Weiblichkeit› und Frauen bzw. zur Geschichte der Geschlechter in ihren Darstellungen stets so schnell an die Grenze der Vorstellungen. Da die unterschiedlichen Orte und Imagines von Frauen und Männern in der Kulturgeschichte sich so sehr in die tradierten Denkmuster und Ausdrucksformen, in die herrschenden symbolischen und imaginären Strukturen eingeschrieben haben, dominieren in der entsprechenden Forschung notgedrungen theoretische Beiträge, die die sprachlichen Voraussetzungen der Untersuchungsarbeit reflektieren. Arbeiten über Geschlechterfragen sind darum immer auch – ob bewußt oder nicht, ob ausdrücklich oder unausgesprochen – Arbeiten über und an den geschlechtsspezifischen Bedeutungen, die in Sprache und Schrift, in der Begrifflichkeit und Wertung, in der Wahrnehmung und Perspektive, in der Bestimmung des Gegenstandes und dem daraus Ausgegrenzten mittransportiert werden. ‹Wer spricht› und ‹von welchem Ort aus wird gesprochen› haben dabei den Charakter unausweichlicher Fragen. Die Theorien des ‹Weiblichen›, die als Versuch zu verstehen sind, sich diesem Zusammenhang explizit zu widmen, beziehen sich deshalb leitmotivisch auf das Verhältnis von Sprache und Geschlecht bzw. auf den Ort von Frauen und die Rolle des Weiblichen in den tradierten Praktiken der Bedeutungskonstitution – ohne sich doch selbst jenseits der Problematik situieren zu können, die sie zu reflektieren bemüht sind. Dabei scheint sich die Suche nach einem Ort, von dem aus gesprochen werden könnte, stets weiter zu verschieben.

Die unter dem Titel ‹Leib und Bildraum› folgenden Überlegungen sind deshalb nicht als Beitrag zur Kulturgeschichte der Geschlechterverhältnisse gedacht, sondern als Reflexion über die Art und Weise, wie diese in verschiedenen theoretischen Konzeptionen – speziell denen von Julia Kristeva und Walter Benjamin – überhaupt zur Darstellung gebracht werden (können).

Dieser Versuch ist dabei – in bezug auf die aktuelle Theoriedebatte – mit einem zweifachen Anliegen verknüpft: zunächst mit einem Einspruch gegen den (angeblichen) Gegensatz zwischen ‹Kritischer Theorie› und ‹Französischer Theorie›, wie er gegenwärtig in der schier unversöhnlichen Lagerbildung im bundesdeutschen Kultur- und Wissenschaftsbetrieb erscheint. Dazu werden exemplarisch die Ansätze Kristevas und Benjamins im Vergleich diskutiert, um Ähnlichkeiten und Unterschiede zu markieren. Außerdem geht es darum, Benjamins Denken für die Theorie und Geschichte des ‹Weiblichen› fruchtbar zu machen bzw. in eine feministische Theoriedebatte einzuführen.

1 ‹Leib und Bildraum› (Benjamin)

Zur Problematik und Darstellbarkeit einer weiblichen Dialektik der Aufklärung

Dieser Titel ist voller Anspielungen: ‹Leib und Bildraum› zitiert eine Benjaminsche Formulierung aus seinem Surrealismus-Essay. ‹Darstellbarkeit› heißt der dritte Term in Freuds Analyse der ‹Traumarbeit›, der bei der Lacanschen Relektüre der Freudschen Psychoanalyse (die sich auf die Verdichtung und Verschiebung bzw. Metapher und Metonymie konzentriert und das ‹Material› der Darstellung eher vernachlässigt) auf der Strecke geblieben ist, der in ihrer – durch ästhetische Interessen motivierten – Um-Schreibung Julia Kristevas wiederauftaucht und bereits in Benjamins – geschichtstheoretisch und materialistisch motivierter – Aufnahme der Psychoanalyse eine leitmotivische Bedeutung hatte.

Die ‹Dialektik der Aufklärung› zitiert den bekannten Titel von Horkheimer und Adorno. Und was nicht Zitat ist, die Problematik des Weiblichen, markiert die Perspektive, aus der ich die zwischen den zitierten Begriffen aufgespannte Problematik diskutiere.

Die Uneindeutigkeit im Blick auf den Ort von Frauen in der Zivilisationsgeschichte: zum Problem der Vor- und Darstellbarkeit einer weiblichen Subjektposition

«Ich war allerdings von Anfang an *unter* ihn gestellt, und ich muß früh gewußt haben, daß *er mir zum Verhängnis* werden müsse, daß Malinas Platz schon von Malina besetzt war, ehe er sich in meinem Leben einstellte» (Bachmann 1978, 3, S. 17).

Mit diesen Überlegungen versucht in Ingeborg Bachmanns Roman «Malina» die Erzählerin, die als Stimme eines weiblichen, namenlosen Ich zu vernehmen ist, in einem Abschnitt, in dem es um ihre Beziehung zu Malina geht – jener in der Titelfigur verkörperten überlegenen Position der Vernunft –, diese Beziehung in Worte zu fassen. In einem folgenden Abschnitt, in dem sie über die Verschiedenheit zwischen sich und Malina nachdenkt, heißt es:

«Mir scheint es dann, daß seine Ruhe davon herrührt, weil ich ein zu unwichtiges und bekanntes Ich für ihn bin, als hätte er mich ausgeschieden, einen Abfall, eine überflüssige Menschwerdung, als wäre ich nur aus seiner Rippe gemacht und seit jeher entbehrlich, aber auch *eine unvermeidliche dunkle Geschichte, die seine Geschichte begleitet, ergänzen will, die er aber von seiner klaren Geschichte absondert und abgrenzt.* Deswegen habe auch nur ich etwas zu klären mit ihm, und mich selber vor allem muß und kann ich nur vor ihm klären. Er hat nichts zu klären, nein, er nicht» (3, S. 22f).

Im Dialog mit Malina wird dies an späterer Stelle durch die Gewißheit der Ich-Stimme ergänzt: «Du bist *nach mir* gekommen, du kannst nicht vor mir dagewesen sein, du bist überhaupt erst denkbar nach mir» (3, S. 247). Es gibt wohl selten sonst eine derart treffende Darstellung der Dialektik der Aufklärung aus weiblicher Perspektive wie in Bachmanns Roman. In der Konstellation Malina–Ich ist sowohl die Asymmetrie und Hierarchie eines dichotomischen Geschlechterverhältnisses gestaltet als auch dessen Verknüpfung mit dem Verhältnis zwischen der Vernunft und dem diese allererst hervorbringenden, von ihr aber unterworfenen und abgespalteten ‹Anderen›. Nicht zufällig ist es ein literarischer Text, dem es gelingt, dem komplizierten Ort von Frauen und der komplexen Funktion des Weiblichen in der Dialektik der Aufklärung Ausdruck zu verleihen – durch Nutzung zahlreicher der poetischen Sprache eigenen Ausdrucksmöglichkeiten. Wo wissenschaftskritische Texte des Feminismus zum Beispiel das Schicksal des Weiblichen im Fortschritt europäischer Wissenschaft als «gleichzeitige Aneignung und Ablehnung des Weiblichen» (Fox Keller, S. 50) zu benennen und theoretisch zu fassen versuchen, setzt Bachmanns Text die in Frage stehende Beziehung ins Bild von zwei dialektisch miteinander verbundenen bzw. voneinander getrennten Geschichten und Positionen, deren Konstellation in einer Vielfalt wechselnder Szenarien und Beleuchtungen in den Blick gerät. So wird die Beziehung zwischen Ich und Malina nicht nur als die zweier Figuren, Stimmen, Geschichten und Positionen, sondern auch als historisch-zeitliche und als hierarchisch-räumliche dargestellt, als Verhältnis von Voraussetzung und Nachträglichkeit, von Durchsetzung und Verschwinden, von Überlegenheit und Untergang. Die Figurationen, in denen sich beide bewegen, sind so vielschichtig und vielfältig, daß sie in der Eindeutigkeit, Linearität und logischen Struktur begrifflicher Sprache und wissenschaftlicher Argumentation nur schwer zu fassen sind – ein Grund dafür, daß die Interpretationen und Kommentare zu «Malina» dem Roman-Text noch heute auf der Spur sind, ohne ihn je ganz, als Ganzes, zu erreichen.[1]

Dabei begnügt der Roman sich nicht mit der zwischen Malina und der Ich-Erzählerin in Szene gesetzten Problematik; daneben gestaltet er in der Beziehung zwischen dem Ich und dem Geliebten Ivan eine andere Konstellation des Geschlechterverhältnisses. Nicht nur auf der Ebene der ‹Vernunft› thematisiert Bachmann hier also die Differenz und Beziehung der Geschlechter, sondern zugleich auf der Ebene der ‹Liebe› – wobei allerdings beide ‹Ebenen› im literarischen Gewebe des Romans, in seiner Textur, miteinander verwoben sind.

Das Beispiel «Malina» soll hier nur vergegenwärtigt werden, um vor seinem Hintergrund die Tendenz des feministischen Diskurses zur literarischen und bildlichen Ausdrucksweise, die beliebte Bezugnahme auf mythische Szenen und künstlerische Figuren, die Art und Weise des Umgangs mit Mythen sowie Möglichkeiten und Perspektiven eines Bilddenkens zu diskutieren. Nicht immer nämlich sind ‹literarische› Momente feministischer Untersuchungen durch eine kreative Nutzung der Möglichkeiten poetischer Sprache wie Polyperspektive, Vielstimmigkeit und Vieldeutigkeit, wie Differenz, Bildlichkeit und Simultaneität des Verschiedenen begründet. Häufiger sind Motive im Spiel, die von einer notwendigen Kritik an der herrschenden Verfaßtheit von Wissenschaft bis zu pauschaler Wissenschafts- und Theoriefeindlichkeit reichen und für die sich Literarizität und Bildlichkeit als Merkmale einer sogenannten weiblichen Redeweise und Sprache per se mit der Verheißung von mehr Subjektivität, Konkretion und Lebendigkeit verbinden, wobei – wie leicht erkennbar wird – eine erneute Mythenbildung zustande kommt, in der ‹das Weibliche› als Gegensatz zur behaupteten Rationalität der Wissenschaft festgeschrieben wird. Gleichwohl sind Anleihen bei Kunst und Mythos auch Antworten auf die mythische und kunstförmige Strukturierung der Muster und der Geschichte von ‹Weiblichkeit›, des Gegenstands feministischer Analysearbeit, eine Reaktion auf die Einsicht, daß sich über Weiblichkeitsmythen nicht einfach ein aufgeklärter bzw. ein aufklärerischer Diskurs führen läßt.

1 Die Kommentare zu «Malina» können inzwischen Regale füllen; und obwohl in den letzten Jahren ein vollständig neues Verständnis des Romans erarbeitet wurde, gelingt es den jeweiligen Interpretationen doch immer nur, jeweils einzelne Bedeutungsschichten zu besprechen.

Das Dilemma zeigt sich, wie so oft, in seinen entgegengesetzten Polen: hier bilderstürmerische Positionen, denen alle Weiblichkeitsmuster und Frauenbilder nur schöner Schein, fauler Zauber oder böser Trug sind, Positionen, die damit auf eine verborgene Wahrheit oder Eigenheit der Frau als Selbst rekurrieren und so als Variante zum Mythos der Aufklärung gelten können; dort Remythisierungen oder Rückgriffe auf den Mythos einer besseren weiblichen Welt – zum Beispiel Matriarchatsmythen oder ‹Sekundärmythen› (Knapp) der sozialwissenschaftlichen Frauenforschung mit ihrer Tendenz zur positivistischen Beschreibung (weiblicher) Charakteristika, die sich in ihrem Anspruch auf moralische Überlegenheit und Totalität nicht selten als verkehrte Spiegelbilder männlicher Entwürfe erweisen. Erklärbar sind derartige Polarisierungen aus den Schwierigkeiten, ja aus der Unmöglichkeit, eine eigene, womöglich eindeutige Perspektive im Blick auf und in der Rede über die Frau zu gewinnen – Schwierigkeiten, die sich insbesondere dort auftun, wo es um die Vernunft und das durch sie Überwundene und Verdrängte, wo es um die Stellung der Frauen in der und zur Aufklärung geht. Die Lagerbildung im gegenwärtigen Diskurs über die ‹Zukunft der Aufklärung› und die ‹Postmoderne›, der sich als Meinungsstreit in der Figur des *pro und contra* formiert[2], zeigt schon, wie schwierig es offensichtlich ist, jene kulturgeschichtliche Bewegung, die Horkheimer/Adorno als ‹Dialektik der Aufklärung› gefaßt haben, für die Gegenwart historisch fortzuschreiben. Die Schwierigkeiten verschärfen sich aber, wenn ein weibliches Subjekt in diese Geschichte eintritt bzw. wenn der Wille der Frau zum Wissen und zum Selbst oder schlicht ihre Teilhabe am öffentlichen und politischen Leben zur Diskussion stehen.

Die Situierung des Weiblichen im Text von Horkheimer und Adorno auf der Kehrseite der Aufklärung und der Selbsterhaltung, an der Seite der durch und für das Selbst überwundenen und in Anspruch genommenen Natur, ist durch zahlreiche Studien der feministischen Wissenschaft in der Zwischenzeit konkretisiert, differenziert und jedenfalls insoweit bestätigt worden[3], wie es die Beschreibung und

2 Viele Beiträge zu diesem Thema machen den Eindruck, als ginge es darum, für oder gegen die Aufklärung Partei zu ergreifen, sich als Parteigänger oder Gegner der Postmoderne zu identifizieren, anstatt die historisch veränderte Kulturentwicklung zu analysieren. – Anders zum Beispiel Jameson 1986.

3 Allerdings ist der Text von Horkheimer/Adorno nicht frei von Mythenbildungen

Analyse jener Geschichte betrifft, in der die Frau domestiziert und das Weibliche mythisiert wurden.[4]

Wenn es aber um die in ihrem Text ausgesparte Geschichte, wenn es um das Begehren der Frau zur Subjektwerdung geht, gleichsam um eine Rede vom Ort der Kehrseite aus, wird sehr schnell spürbar, wie dabei die Dialektik derart in Bewegung gerät, daß so leicht kein fester Boden unter den Füßen zu gewinnen ist. Weder läßt sich der Prozeß der Individuation durch die Frau bloß nachholen, noch läßt sich die Kehrseite einfach in die Vorderseite umwandeln oder dazu deklarieren. Das Unternehmen, die ihr vorenthaltene Selbst-Gewinnung bzw. den Aufklärungsvorsprung des männlichen Subjekts aufzuholen, hätte für die Frau auch weit schärfere Konsequenzen als die vom/für den Mann attestierten Fortschrittsschäden und -schädigungen. Während sich für ihn die Praktiken der Inanspruchnahme und Unterwerfung der Natur weitgehend am Stoff und am Bild des Anderen, vorzüglich des ‹anderen Geschlechts›, vollzogen, beträfe diese Zivilisationsarbeit der Frau ihr Eigenes: *mater – Materie,* auf deren Beherrschung und Rationalisierung sich die Selbsterhaltung zuallererst richten, den Leib der Frau, das Skandalon für eine auf Rationalität ausgerichtete Geschichte. Nicht nur wiederholt sich die Opferstruktur der Aufklärungsgeschichte[5] im weiblichen Subjekt sozusagen hautnäher und leiblicher, sondern die Frau hat dabei immer zugleich an der Vorder- und an der Kehrseite Anteil.

Der Ort des weiblichen Subjekts ist nicht nur weitaus komplizierter als der des männlichen, er führt auch eine *doppelt ver-kehrte Perspektive* in die Dialektik ein: den Blick und die Rede des anderen Geschlechts, das wünscht, zum Platz des einen hinüberzuwechseln, ohne seine Herkunft von der Kehrseite einfach abschütteln zu können – und das sich zudem nicht einmal so sicher ist, wie begehrenswert der ihm lange verwehrte Platz überhaupt sei. Die Komplexität dieser Konstellation scheint sich einer begrifflichen Darstellung immer wieder zu ent-

über die Frau; s. dazu besonders den Abschnitt über die Megäre (Horkheimer/Adorno, S. 223).

4 S. hier Teil 2. – In der Forschung vgl. besonders die in der Bibliographie genannten Publikationen von Theweleit 1977/78 und 1988, Schaeffer-Hegel/Wartmann, Honegger, Hassauer-Roos, Stephan, Wallinger/Jonas.

5 Mit Blick auf die Effekte, die diese Opferstruktur für das ‹Weibliche› hat, ist die Aufklärungsgeschichte am eindrücklichsten beschrieben bei Heinrich 1985 und in Kurnitzkys Ödipus-Studie.

ziehen. Dies macht die Suche nach einem dritten Ort jenseits von Mythos und Aufklärung, wie sie in Teilen des Feminismus betrieben wird, oder auch die bemühten Versuche um einen anderen (weiblichen) Subjektentwurf zwar verständlich, aber wenig sinnvoll und aussichtsreich, da beides – zumindest, soweit es die Frauen im europäisch/US-amerikanischen Kulturkreis betrifft – die genannte Problematik zu umgehen, nicht aber sie aufzulösen geeignet scheint. Statt dessen folgt für mich aus der Einsicht in die Unangemessenheit des herrschenden wissenschaftlichen Diskurses für die komplexe Konstellation einer weiblichen Dialektik der Aufklärung die Notwendigkeit einer spezifischen Denk- und Darstellungsweise: die Einführung einer *polyperspektivischen* und *topographischen* Dimension in das dialektische Denken. Da die Stellung der Frau in und zu der Aufklärung in einer Analyse, als Ganzes und gänzlich, mit einmaliger und allgemeiner Gültigkeit nicht zu klären ist, bleibt wohl nur eine – vermutlich endlose – Serie von Betrachtungen, in denen die verschiedensten Situationen und Momente des Übergangs genau ausgeleuchtet werden.

Zu Benjamins Konzeption des ‹dialektischen Bildes›

Für dieses Projekt ist wohl nichts vielversprechender als ein Rückgriff auf Walter Benjamins Verfahrensweise im Umgang mit Mythen und Bildern, speziell seine Konzeption des ‹dialektischen Bildes›, jenes Bildes, das er als Dialektik im Stillstand deutet: eine aus dem Kontinuum der Zeit herausgebrochene Momentaufnahme, die als ‹Jetzt der Erkennbarkeit› ihre Vor- und Nachgeschichte in sich birgt. Zweifellos ist das dialektische Bild Benjamins ein kognitives Bild, das aber in vielfältiger Weise auf gesehene Bilder, auf imaginäre Bilder und auf Bilder des Unbewußten Bezug nimmt.

«Nicht so ist es, daß das Vergangene sein Licht auf das Gegenwärtige oder das Gegenwärtige sein Licht auf das Vergangene wirft, sondern Bild ist dasjenige, worin das Gewesene mit dem Jetzt blitzhaft zu einer Konstellation zusammentrifft. Mit anderen Worten: Bild ist die Dialektik im Stillstand. Denn während die Beziehung der Gegenwart zur Vergangenheit eine rein zeitliche ist, ist die des Gewesenen zum Jetzt eine dialektische: nicht zeitlicher, sondern bildlicher Natur. Nur dialektische Bilder sind echt geschichtliche, das heißt nicht archaische Bilder. Das gelesene Bild, will sagen das Bild im Jetzt der Erkennbarkeit trägt im höchsten Grade den Stempel des kritischen, gefährlichen Moments, welcher beim Lesen zugrunde liegt» (Benjamin 1982, 1, S. 578, N3, 1;

Variante in N2a, 3 nach «nicht archaische Bilder»: «und der Ort, an dem man sie antrifft, ist die Sprache. Erwachen»).

Zum Verständnis dieser Eintragung Benjamins im «Passagen»-Projekt wäre hinzuzufügen, daß sich bei Benjamin das Lesen auf weit mehr als nur Geschriebenes bezieht und daß auch Sprache hier nicht nur die geschriebenen und gesprochenen Worte meint. Und das bedeutet nicht, daß bei ihm gesellschaftliche Phänomene auf einen Text ‹reduziert› würden, sondern daß die Fähigkeit des Lesens, die Kunstfertigkeit des Entzifferns für mehr und anderes als nur Geschriebenes nutzbar gemacht wird. Das dialektische Bild Benjamins enthält auch keine *erstarrte* Dialektik, sondern eher die Momentaufnahme einer Bewegung, in der im Sichtbarwerden einer spezifischen Konstellation Erkenntnis aufleuchtet. Er selbst hat sein Verfahren an etlichen Gegenständen und kulturgeschichtlichen Situationen erprobt, am ausführlichsten am barocken Trauerspiel, am Paris des 19. Jahrhunderts und am Berlin seiner Kindheit. In seinen Arbeiten hat er immer ein sehr waches Auge und große Aufmerksamkeit für die Orte und Funktionen des Weiblichen in der von ihm untersuchten Bilder- und Zeichenwelt bewiesen (s. Teil II, Kap. 4). Allerdings hat er keine Theorie ‹der› Weiblichkeit vorgelegt, wie Christine Buci-Glucksmanns Studie über «Walter Benjamin und die Utopie des Weiblichen» glauben machen möchte und zu diesem Zweck viele von Benjamins dialektischen oder fortschrittskritischen Bildern in utopische umdeutet.[6]

Es ist jedoch kein Zufall, daß Benjamin in einem seiner ‹Denkbilder›, lange vor den Theorien zur ‹weiblichen Ästhetik› oder zur ‹Ästhetik des Weiblichen›, eine überzeugende Darstellung für die Nutzung und Tötung des Weiblichen im männlichen Schöpfungsmythos gefunden und damit in einem dialektischen Bild eine der zentralen Thesen feministischer Literaturkritik vorweggenommen hat.[7] Unter der Überschrift «Nach der Vollendung»[8] greift er darin die Geburtsmetaphorik in der Vorstellung über die «Entstehung großer Werke» auf und beschreibt, wie sich das Konzept geistiger Schöpfung an die Stelle der natürlichen setzt, indem das für die Schöpfung notwendige weibliche Moment im Vorgang selbst verbraucht und erschöpft wird, während

[6] Das betrifft besonders Typus und Motive der/des Androgynen.

[7] Die Tötung des ‹Weiblichen› in der/für die Kunstproduktion ist Leitmotiv zum Beispiel bei Gilbert/Gubar, Schuller, von Braun, Janz, Oppermann, Taeger, Berger/Stephan und Theweleit 1988.

[8] Hier vollständig zitiert in 3, 1, s. S. 237.

gleichursprünglich mit der Vollendung des Werks der Schöpfer neu geboren wird: als «männlicher Erstgeborener des Werkes, das er einstmals empfangen hatte» (Benjamin 1980, IV.1, S. 438). Mit der Substitution der Mutter durch das Werk hat der Meister seine Geburt nicht länger seiner Herkunft, sondern der Vollendung seines Werks zu verdanken, womit er als unabhängig von der und erhaben über die Natur erscheint. «Beseligt überholt er die Natur: denn dieses Dasein, das er zum ersten Mal aus der dunklen Tiefe des Mutterschoßes empfing, wird er nun einem helleren Reiche zu danken haben.» Damit beschreibt Benjamin jene an die Vorstellung vom Werk gebundene Konstruktion einer von *mater – Materie* sich autonom entwerfenden männlichen Schöpfung, und zwar indem er im Bild (der Geburt) bleibt und dieses als dialektisches erkennbar werden läßt. Die Frage, welche Folgen dieses Schöpfungsmodell für einen weiblichen Künstler hat, steht allerdings auf einem anderen Blatt, das von Benjamin naturgemäß nicht mehr beschrieben wurde.[9]

Daß die Arbeiten und die Denkweise Benjamins in der feministischen Theoriebildung, die im Anschluß an die ‹Kritische Theorie› oder im Bruch mit ihr erarbeitet worden ist, bislang so wenig berücksichtigt worden sind[10] (mit Ausnahme der Zeitschrift «Frauen und Film»), hat seinen Grund sicherlich in der verspäteten Benjamin-Rezeption überhaupt wie auch in der eher gewaltsamen Beerbung Benjamins durch die ‹Frankfurter Schule›, bei der insbesondere jene Momente seiner Arbeiten auf der Strecke blieben, die sich nicht in die Westorientierung[11] und in die Bezugnahme auf Vernunfts- und Kommunikationskonzepte einfügen ließen – wobei die selektive Rezeption der materialistischen Spuren in seinen Arbeiten ‹1968› dann ihr übriges tat. Die mangelnde bzw. behinderte Rezeption seiner Schriften hat aber auch ihren Anteil daran, daß kritische Gesellschaftstheorie und ‹Poststrukturalismus› heute vielfach so unversöhnt einander gegenüberstehen, während tatsächlich

9 S. dazu die exemplarische Studie zur Differenzierung in den Voraussetzungen männlicher und weiblicher Kunstproduktion in 1, 3.

10 Zur Benjamin-Rezeption im Kontext feministischer Theoriebildung vgl. zum Beispiel Fehervary und Bange. – Zur Stellung von Frauen in der Benjamin-Rezeption vgl. jüngst auch Niethammer.

11 Die Westorientierung bzw. die «Verwestlichung unserer kulturellen Wertorientierungen» bezeichnet Jürgen Habermas als einen der hervorragenden Züge in der westdeutschen Theoriebildung nach 1945. Selbst Seyla Benhabib vergißt in ihrer Geschichte der Kritischen Theorie Benjamin aufs neue, das heißt sie erwähnt ihn nur kurz aus der Perspektive Habermasscher Kritik.

sehr viele Berührungspunkte zwischen den Schriften Benjamins und denen von Michel Foucault und Julia Kristeva beispielsweise zu beobachten sind.[12]

Analogien in den theoretischen Konzeptionen Benjamins und Kristevas

Eine Nähe zwischen theoretischen Überlegungen Kristevas und Benjamins sehe ich vor allem in der dialektischen Konzeption des Sinngebungsprozesses bei Kristeva (1978) wie der Sprache bei Benjamin[13], in der Art und Weise, wie in der von Kristeva beschriebenen Dimension der Subjektgeschichte ‹Semiotisches› und ‹Symbolisches› und in der von Benjamin dargestellten Dimension der Kulturgeschichte die magische Seite der Sprache, ihr Mimetisches und ihr Mitteilendes aufeinander bezogen werden: als voneinander unterschieden und in der Funktionsweise miteinander verknüpft. Die jeweils vorgängige Modalität, die Artikulationsweisen der semiotischen *chora* (Kristeva) und die Magie der ‹paradiesischen Sprache des Menschen› (Benjamin), geht ein in die und verschwindet mit der Entstehung der nachfolgenden Modalität, der des Symbolischen (Kristeva) und der als Mittel funktionierenden Zeichensprache. Fortan ist die Erscheinung des Vorgängigen im Text oder in der Schrift an die nachfolgende, beherrschende Modalität gebunden und tritt ‹nur› noch als Übertretung bzw. Einbruch oder blitzartig bzw. als Aufleuchten in Erscheinung.

Nach Kristeva gehören die Artikulationen des Semiotischen der präödipalen, durch eine archaische Mutterbeziehung gekennzeichneten Phase an. Insofern werden sie als vorsymbolische und vorsprachliche Funktionen gefaßt, die dem Diskurs vorausgehen, der wiederum auf ihnen beruht, sich aber von ihnen absetzt. Da in dem hier zugrunde

12 Auf strukturale Momente in den Schriften Benjamins wurde zum Beispiel von Menninghaus 1980 hingewiesen. – Vielversprechend wäre es etwa, Benjamins Überlegungen ‹Über den Begriff der Geschichte›, in denen er sich u. a. auf Nietzsches «Vom Nutzen und Nachteil der Historie für das Leben» bezieht, im Verhältnis zu Foucaults Aufsatz über «Nietzsche, die Genealogie, die Historie» (in Foucault 1978) zu diskutieren. – Im Hinblick auf den Stadtdiskurs berühren sich Anregungen Foucaults und Benjamins hier in 2, 3.

13 Vor allem in seinen Aufsätzen: Über die Sprache überhaupt und über die Sprache des Menschen (1916); Lehre vom Ähnlichen (1933); Über das mimetische Vermögen (1933). – In Benjamin 1980, II, S. 1.

gelegten psychoanalytischen Modell die Konstitution des Subjekts an den Eintritt in die Sprache/das Symbolische gebunden ist, heißt es:

> «Die semiotische *chora* ist für das Subjekt, dessen Geburtsort sie ist, gleichzeitig der Ort seiner Negation, an dem seine Einheit dem Prozeß von Ladungen und Stasen weicht, der diese Einheit allererst herbeiführt» (Kristeva 1978, S. 39).

Das Semiotische ist aber nur von der Theorie als ‹vorgängig› zu isolieren und in seiner Funktionsweise zu spezifizieren; denn es erreicht uns erst nach der symbolischen These, nach dem Einschnitt, mit dem die semiotischen Bahnungen und Triebstasen in die Setzung des Signifikanten eingebracht werden, wobei infolge dieses Einschnitts das Semiotische rekursiv erzeugt wird und als eine Art ‹zweiter› Rückkehr der Triebfunktionalität in das Symbolische einbricht und seine Ordnung verletzt (S. 77ff). So kommt das Semiotische als Einbruch, als Überschreitung, Übertretung oder als Explosion im Symbolischen zum Ausdruck. Beide Modalitäten des Sinngebungsprozesses sind aber empirisch nicht voneinander zu isolieren, da erst die Dialektik, die sie unterhalten, den Prozeß der Sinngebung ermöglicht.

Das Thetische als Bruch bzw. Grenze nimmt in Kristevas Theorie strukturell denselben Platz ein, den der ‹Sündenfall der Sprache› in Benjamins Sprachtheorie hat. Dieser trennt die ‹paradiesische Sprache des Menschen› von der *Mittel*barkeit der Sprache als Zeichen. Mit Bezug auf die zweite Version des Schöpfungsmythos in der Bibel und in Ableitung von der schöpfenden Sprache Gottes entwirft Benjamin die menschliche Sprache vor dem Sündenfall als erkennend und benennend zugleich. Ihr magischer Charakter besteht darin, daß sie die stumme Sprache der Natur und der Dinge erkennt, indem sie diese benennt. Es ist dies der im biblischen Mythos gefaßte Entwurf eines vorgängigen Sprachzustands der Unmittelbarkeit, in dem Mitteilung und Mitgeteiltes noch ungetrennt waren: Sprachmagie, Mimesis. Der Verlust dieser immanenten Magie ist nun an den Ursprung der Abstraktion als eines Vermögens des Sprachgeistes im Sündenfall gebunden, an das Wissen von Gut und Böse und an die Entstehung einer Sprache, die, indem sie *etwas* außer sich selbst mitteilt, zum bloßen Zeichen wird. Dabei geht die Unmittelbarkeit auf die Abstraktion über und schafft eine neue, nicht mehr in sich selbst ruhende Magie, eine Magie des Urteils, die im richtenden Wort ihre Wurzel hat (Benjamin 1980, II, 1, S. 152ff).

Die verlorene mimetische Begabung des Menschen aber sei, so Benjamins Annahme, «in jahrtausendelangem Gange der Entwicklung ganz allmählich in Sprache und Schrift hineingewandert und habe sich in ihnen das vollkommenste Archiv unsinnlicher Ähnlichkeiten geschaffen» (S. 209). Nach dem Verschwinden der ursprünglichen Sprachmagie und der Herrschaft der Zeichensprache tritt die magische Seite nun in bestimmten *Konstellationen* bzw. *Momenten* an der mitteilenden Seite der Sprache in Erscheinung, so daß blitzartig Ähnliches zum Vorschein kommt. So konkretisiert sich Benjamins Begriff ‹unsinnlicher Ähnlichkeiten› im Verhältnis des verlorenen magischen Charakters der Sprache zur herrschenden Zeichensprache, an der Mimetisches nurmehr flüchtig oder blitzartig, gleichsam nur im Augen-Blick in Erscheinung tritt, so daß dabei Vexierbilder des Unbewußten und des Noch-Nicht-Gewußten sichtbar werden. Die magische Seite braucht also die mitteilende Seite der Sprache, um sichtbar zu werden. Sie ist als vorgängiges, zurückgedrängtes und in veränderter Form wieder zum Vorschein kommendes Moment der Sprache nicht empirisch zu isolieren. Wie das Semiotische bei Kristeva ist die Mimesis bei Benjamin in eine dialektische Konzeption eingebunden.

In seiner theoretischen Funktion kann Benjamins Begriff der ‹unsinnlichen Ähnlichkeit› mit Kristevas Auffassung vom Semiotischen als ‹zweiter Rückkehr der Triebfunktionalität im Symbolischen› verglichen werden. So analog demnach Sprache und Sinngebung bei beiden theoretisch gefaßt sind, und so sehr sich das Interesse bei beiden auf den Bruch mit dem Schöpfungsmythos und die Folgen dieses Bruchs, auf verlorengegangene, vorgängige und in transformierter Form sich anders ausdrückende Aspekte der Schrift konzentriert, so muß doch bedacht werden, daß es auch wesentliche Unterschiede gibt. Während Kristeva sich mit dem Semiotischen für ein ‹Subjekt in Bewegung› interessiert und für eine spezifische Textpraxis, die dem Diskontinuierlichen, dem Rhythmus, der Gestik und dem Sprachkörper Bedeutung beimißt, zielt Benjamins Interesse für die Sprachmagie und die unsinnlichen Ähnlichkeiten auf Bilder und Konstellationen, auf im Bild entzifferbare Geschichte: Dialektik im Stillstand.

... und Unterschiede: Kristeva und die Triade der Psychoanalyse

In der feministischen Theoriebildung haben die Schriften Kristevas bislang eine unvergleichlich größere Bedeutung erlangt als Texte von Benjamin. Zugleich ersetzt die Kristeva-Rezeption zum Teil die mangelnde Benjamin-Rezeption, wenn damit auch der Feminismus eine deutlich psychoanalytische Ausrichtung gewonnen hat. In den Untersuchungen zum komplizierten Ort der Frau beim Eintritt in die Geschichte – die des Subjekts und die der Kultur – nimmt die Bezugnahme auf die Theorie Kristevas wohl deshalb einen so zentralen und so produktiven Platz ein, weil ihre strukturale Fortschreibung der Psychoanalyse die unterschiedlichen Positionen der Geschlechter in einer Triade darstellbar macht.

Der Frage nach der problematischen Konstellation einer weiblichen Dialektik der Aufklärung korrespondiert in ihren Überlegungen, angesiedelt zunächst auf der Ebene der Ontogenese, die Frage nach dem komplizierten Eintritt der Frau in das Symbolische. Wie schon in der Lacanschen Subjekttheorie ist hier die von Freud als Ödipuskomplex benannte konfliktreiche Entwicklungsstufe (die bei ihm Teil eines teleologischen Modells ist) in eine topographisch dargestellte Konstellation verschoben und als Übergang von der Mutter-Kind-Dyade in eine *triadische* Beziehung gefaßt, wobei das Inzestverbot (für beide Geschlechter) als Verbot der Mutter bzw. als Trennung vom Körper der Mutter verstanden wird. Das hat auch Konsequenzen für die Art und Weise des Mythosbezugs. Der Verweis auf den Ödipusmythos geschieht hier nicht mehr in einer aktualisierenden Identifikation mit der Figur des Ödipus oder in der Weise, daß die alte Geschichte wiedererzählt wird; statt dessen wird er als Urszene einer Struktur gewordenen Konstellation gelesen.

Anders aber als Lacan interessiert sich Kristeva besonders für die Konsequenzen dieser Konstellation für die Frau, sowohl für das Mädchen[14] als auch für das Schicksal und die Bedeutung des verdrängten, verbotenen Körpers. Dabei gelingt es ihr, verschiedene weibliche Funktionen und Positionen zu unterscheiden, so etwa die ‹Funktion der Mutter›, die mit einer Dominanz des mütterlichen Körpers in der prä-ödipalen Phase verbunden ist, und die Funktion der Frau im Symboli-

14 Die Position des *Infans,* die bei Freud und Lacan überwiegend männlich beschrieben ist, wird von ihr auch als weibliche untersucht.

schen, die sie ‹Effekt Frau› nennt, «ein Effekt, der weder über Macht noch ein Sprachsystem verfügt, sondern deren stumme Unterstützung ist» (Kristeva 1976, S. 167), eine stumme Stütze des Systems, die selbst nicht in Erscheinung tritt – ein Bild, das durchaus wörtlich und konkret zu verstehen ist.

Daß es Kristeva möglich ist, die konfliktreiche Geschichte weiblicher Subjektkonstitution mit der darin notwendig eingeschriebenen Fülle an Widersprüchen zu beschreiben, begründet sich in der Projektion der untersuchten Konflikte auf das topologische Subjekt-Modell der Psychoanalyse, auf die *Triade*. Konflikte, die sich in der Dimension der Subjekt- und Kulturgeschichte ereignen, werden dabei in einer triadischen Figuration abgebildet. Aus der Perspektive des weiblichen Infans bewegt sich die Subjektkonstitution der Frau auf diese Weise konfliktreich zwischen den Polen der Identifizierung mit dem Vater, vielmehr dem *Gesetz* im Namen des Vaters, und der Identifizierung mit der Mutter, vielmehr dem *Körper* der Mutter. Indem die vom Vater besetzte Position an der Spitze der Triade mit dem Gesetz und dem Namen in Verbindung gebracht wird und die von der Mutter besetzte, dem Infans gegenüber situierte untere Position mit dem Körper, indem also sowohl das Verhältnis der Geschlechter als auch die Beziehung zwischen Körper und Name/Gesetz Berücksichtigung findet, wird in diesem Modell die komplexe Problematik eines weiblichen Orts im Symbolischen vorstellbar und topologisch darstellbar. Dergestalt entsteht eine Theorie, in der sich, ausgehend von der Triade und ihrem Personal, ein Bilddenken entfaltet, in dem die verschiedensten Situationen und ‹Lösungen› als Überblendungen psychoanalytischer Urszenen und ihrer Wiederholungen im Symbolischen bzw. Transformationen ins Symbolische bildlich gefaßt und präsentiert werden.[15] Vor allem bei der Ausweitung ihrer Studien auf kulturgeschichtliche Themen, dort, wo Kristeva die Ebene der Ontogenese verläßt (wie im Nachwort zu «Des Chinoises» oder in den «Histoires d'amour»), nimmt sie dabei immer wieder auf mythische Frauengestalten Bezug.[16] Deren Namen benennen dann paradigmatische Konstellationen und ‹Lösungen› in der konfliktreichen Subjektwerdung der Frau.

[15] Zum Beispiel in solchen Wendungen wie die «Jungfrau des Wortes», die «Tochter des Vaters» und «Tochter der Mutter»; s. «Auf unserer Seite», in Kristeva 1982.

[16] Ihre «Geschichten von der Liebe» diskutieren zentrale Mythen der christlichen Kultur wie die Jungfrau Maria, Romeo und Julia und Don Juan.

Im Unterschied zu populären feministischen Mythenrezeptionen ereignen sich dabei keine Identifikationen, das heißt keine Gleichsetzungen zwischen mythischer und zeitgenössischer Gestalt bzw. Situation, mit deren Hilfe die Heutigen sich so gern von der Aura klassischer Mythen Bedeutung leihen. Wenn man *Mythen* als soziales Imaginäres begreift – einerseits als Gedächtnis für Unverstandenes, durch die Vernunft Verdrängtes und im rationalen Diskurs Nicht-Nennbares, andererseits als Kanon tradierter Bilder, als Repertoire von meist tragischen, starr gewordenen, zur ‹Existenzmetapher› (Heinrich 1985, S. 338) geronnenen Geschichten –, dann wird es im Umgang mit Mythen darauf ankommen, auf welche Weise mit dieser Ambivalenz verfahren wird. In einer metaphorischen Verwendung, in einer Aktualisierung und Umdeutung mythischer Figuren bewegt man sich zumeist innerhalb der Struktur des Imaginären, in der über Operationen der Identifikation Differenzen verkannt oder ausgelöscht werden. Anders wenn die Strukturierung unserer Wahrnehmung und Erfahrung durch Muster des Imaginären reflektiert und mythische Konstellationen als Urszenen unserer Geschichte im Gedächtnis gelesen werden.[17]

Benjamin: Leib und Bildraum

Walter Benjamin hat ein solches Bilddenken jenseits der Metapher entfaltet; es begründet sich in seiner Sprachtheorie, in der Magie, Mythos und fortschreitende Instrumentalisierung in signifikanter Weise angeordnet sind. Während bei Horkheimer/Adorno Magie, Mythos und Aufklärung im wesentlichen als sich ablösende Stufen einer historischen Entwicklung beschrieben werden, akzentuiert Benjamin stärker deren Ungleichzeitigkeiten. Seine Sprachtheorie ist geprägt von einer Trauer um den Verlust des magischen Charakters der Sprache, den Verlust ihrer Unmittelbarkeit, jener gleichermaßen erkennenden wie benennenden ‹paradiesischen Sprache› des Menschen. Sie ist zugleich aber geprägt von dem Wissen um die historische Logik dieses Verlusts. In seiner Sprachtheorie gründet eine Praxis der *Lektüre,* die ihre Brisanz vor allem an den Mythen der Moderne erweist, wenn er zum Beispiel «zwischen der Welt der modernen Technik und der archaischen

17 Vgl. dazu das Kapitel über Mythos-Bezug und Geschichtserinnerung in meinem Buch: Die Stimme der Medusa. Schreibweisen in der Gegenwartsliteratur von Frauen (Weigel 1989).

Symbolwelt der Mythologie Korrespondenzen» entdeckt (Benjamin 1982, 1, S. 576) oder in der Stadttopographie und -architektur eine Traumstruktur entziffert und damit Momente des Mythischen und des Unbewußten in der Geschichte des Fortschritts, der Technisierung und der Waren- und Dingwelt reflektiert.

Methodisch geht es ihm dabei um die Bedeutung psychoanalytischer Einsichten für eine materialistische Darstellung der Geschichte, wobei er die den Produktionsverhältnissen vorausgesetzte *Materie,* etwa den menschlichen Körper, eingeschlossen wissen will. Man könnte also sagen, daß er die Rede vom ‹Materialismus› wörtlich nimmt und tatsächlich auf Materielles, Leibliches bezieht. Versuchsweise hat er sich dafür dem Begriff des «anthropologischen Materialismus» genähert, und zwar am Ende seines «Sürrealismus»-Aufsatzes, eines Textes, in dem er den Surrealismus im Hinblick auf darin eingeschlossene Möglichkeiten zur Politisierung diskutiert und im letzten Abschnitt quasi sein eigenes Arbeitsprojekt skizziert. In diesem Zusammenhang, wo er die Perspektive entwirft, «die moralische Metapher aus der Politik herauszubefördern und im Raum des politischen Handelns den hundertprozentigen Bildraum zu entdecken», führt Benjamin auch die Rede vom ‹Leib und Bildraum› ein. Mit dieser Kategorie versucht er dasjenige zu fassen, was nach der Auf-Teilung des Individuums in politischen Materialismus und physische Kreatur als Rest bliebe. Naturwissenschaftliche und politisch-materialistische Beschreibungen des Subjekts bewertet er demnach als ungenügend:

«Es bleibt ein Rest. Auch das Kollektivum ist leibhaft. Und die Physis, die sich in der Technik ihm organisiert, ist nach ihrer ganzen politischen und sachlichen Wirklichkeit nur in jenem Bildraum zu erzeugen, in welchem die profane Erleuchtung uns heimisch macht» (Benjamin 1989, II, 1, S. 309f).

Gegen eine Vorstellung, in der das Kollektiv aus der Organisation der Menschen durch die Technik gebildet wird, erhalten bei Benjamin Leib und Bild eine zentrale Bedeutung. Während hier die physische Materialität des Menschen, die Leiblichkeit des Kollektivs, als Grundlage materialistischer Anschauung verstanden wird, wird die technische Organisierung der Physis von ihrer politischen und sachlichen Wirklichkeit unterschieden und deren Erzeugung in einen Bildraum verlegt – anders formuliert: die Bedeutung des *Imaginären* für die Wirklichkeit des Physischen reflektiert. Damit berühren sich Benjamins Überlegungen mit

Perspektiven einer strukturalen Psychoanalyse, wo diese ihr Interesse auf gesellschafts- und kulturgeschichtliche Tatbestände richtet. In Benjamins Surrealismus-Aufsatz ist das allerdings mit einer revolutionären Intention verbunden, wenn er im Anschluß an die Rede vom ‹Leib und Bildraum› einen Zusammenhang zwischen ‹revolutionären Spannungen› und ‹leiblichen Innervationen des Kollektivs› herstellt und derart Kategorien aus der neurologisch-psychoanalytischen Beschreibung von Vorgängen im Subjekt in eine politisch-historische Dimension überträgt. Die Kategorie des ‹Leib und Bildraum› ist von ihm auf theoretischer Stufe nicht explizit weiter entfaltet worden; sie kann aber, zusammen mit seiner Sprachtheorie, als Voraussetzung zur Lektüre seiner ‹dialektischen Bilder› der Moderne gelten.

Gerade mit seinem Interesse für die Mythen der Moderne, aber auch grundsätzlicher in der historischen Perspektive seiner Studien stellt für die Untersuchung einer weiblichen Dialektik der Aufklärung die Theorie Benjamins eine produktive Ergänzung zu der Kristevas bereit. Unabhängig von einem graphischen Modell wie dem der Triade bilden seine dialektischen Bilder eine *historische Topographie;* sie sind als anders projizierte Überblendungen zu lesen, Überblendungen von Jetztzeit und Gewesenem, in denen historische Konstellationen, auch die der weiblichen Subjektgeschichte, in ihrem Widerspruchsgehalt gelesen werden können.[18]

Im Hinblick auf das Verhältnis von Mythos und Aufklärung richtet sich seine Arbeit auf Momente des Übergangs. Eine der zentralen Konstellationen hierfür ist ihm die des *Erwachens,* die er den Schulfall des dialektischen Denkens nennt, die Schwelle zwischen Nacht und Tag, der Übergang zwischen Traum und Bewußtsein. Es ist eine Konstellation, die topographisch als Übergang, psychoanalytisch als Schwelle, zeitlich als ‹Jetzt der Erkennbarkeit› und historisch als Überblendung von Gewesenem und Heutigem komplex organisiert ist und dazu geeignet scheint, eine dialektische Bewegung im Stillstand der Betrachtung und Erkenntnis darzubieten, eben als dialektisches Bild.

Ohne die Momente des Mythischen und Unbewußten zu verdrängen oder ihren Zauber zu leugnen, werden diese einer reflektierenden Anschauung zugänglich gemacht. Damit grenzt er sich kritisch gegen

18 Sein dialektisches Bild nimmt Bezug auf die topographische Beschreibung des ‹seelischen Apparates› in Freuds «Wunderblock». In diesem Text ist die *Ungleichzeitigkeit* zwischen Wahrnehmung–Bewußtsein und Erinnerung als zeitliche wie als räumliche gedacht (Freud 1975a).

eine Philologie ab, die in einer ‹Beaugenscheinigung› eines Textes magisch an ihn fixiert bleibt, wie auch gegen Mythologie[19] und setzt dagegen sein Verfahren ‹echter Lektüre›:

> «Die Philologie ist diejenige an den Einzelheiten vorrückende Beaugenscheinigung eines Textes, die den Leser magisch an ihn fixiert ... Der Schein der geschlossenen Faktizität, der an der philologischen Untersuchung haftet und den Forscher in den Bann schlägt, schwindet in dem Grade, in dem der Gegenstand in der historischen Perspektive konstruiert wird. Die Fluchtlinien dieser Konstruktion laufen in unserer eignen historischen Erfahrung zusammen. Damit konstituiert sich der Gegenstand als Monade. In der Monade wird alles das lebendig, was als Textbefund in mythischer Starre lag ... so werden Sie finden, daß die Kritik an der Haltung des Philologen bei mir ein altes Anliegen – und zuinnerst identisch mit der am Mythos – ist» (Benjamin im Brief an Adorno am 9. 12. 1938. Benjamin 1978, S. 794 f).

Im Blick auf Geschichte ist dies mit einem Verzicht auf die Vorstellung von Kontinuität und Fortschritt verbunden. Als Alternative zur Entwicklungslogik einer linearen Geschichtsschreibung erschließen sich der Lektüre im Sinne Benjamins *Korrespondenzen* zwischen Jetztzeit und Gewesenem, die – wie er in der Eintragung über das ‹dialektische Bild› formuliert hatte – dialektisch sind und zugleich bildlicher Natur. Die Heutigen beziehen sich auf das Gewesene, indem sie Momente der Vergangenheit ‹zitieren›, sie aus dem Kontinuum der Geschichte heraussprengen und ihre Jetztzeit damit ‹aufladen›, wobei die Art der Belichtung oder Ladung sich aus der Situation, in der sie sich befinden, aus ihren Affekten und Wünschen, aus ihren Hoffnungen (auf Erlösung) begründet. «Die Geschichte ist Gegenstand einer Konstruktion, deren Ort nicht die homogene und leere Zeit sondern die von Jetztzeit erfüllte bildet» (Benjamin 1980, I, 2, S. 701).

Für eine Frauen-Geschichte – wie für alle Geschichtsschreibung, die nicht den Blick der Herrschenden teilt, der «Erben aller, die je gesiegt haben» (S. 696) – stellen Benjamins geschichtstheoretische Überlegungen eine produktive Anregung dar, zumal den Frauen schon deshalb nur wenige Momente oder Bilder ihrer Vergangenheit zitierbar sind, weil sie in den Überlieferungen weitgehend ‹vergessen› und als

[19] In diesen Kontext gehört auch seine Abgrenzung gegenüber Louis Aragons «Paysan de Paris», das er als Vorbild *und* Gegensatz seiner eigenen Stadt-Schriften benennt. «Während bei Aragon ein impressionistisches Element bleibt – die ‹Mythologie› – und dieser Impressionismus ist für die vielen gestaltlosen Philosopheme des Buches verantwortlich zu machen – geht es hier um Auflösung der ‹Mythologie› in den Geschichtsraum» (Benjamin 1982, 1, S. 571).

Subjekte verdrängt worden sind. Während sich die am Entwicklungskonzept orientierte Geschichtsschreibung über weibliche Subjekte, Autoren, Künstler etc. weitgehend ausschweigt, eröffnet sich bei der Lektüre von Mythen, Gemälden und anderen imaginären Quellen eine Fülle an Korrespondenzen zu den Erfahrungen und Situationen heutiger Frauen – wie auch die Zitate historischer und mythischer Frauenfiguren in jenen Texten der Gegenwartsliteratur belegen, bei denen es nicht darum geht darzustellen, «wie es denn eigentlich gewesen ist» (S. 695), sondern um literarische Denkbilder, Konstellationen einer weiblichen Dialektik der Aufklärung, Erinnerungsbilder einer Vergangenheit, derer die Frauen im Moment des Erwachens – und auch der ist einer der Gefahr – habhaft werden.[20]

Eine erneute Lektüre des ‹Engels der Geschichte›

Um Benjamins Praxis des ‹dialektischen Bildes› zu konkretisieren und auf die Problematik einer weiblichen Dialektik der Aufklärung zu beziehen, soll hier eine Betrachtung seines bekannten Bildes vom ‹Engel der Geschichte› folgen. Dazu werde ich im ersten Schritt eine Untersuchung der Textbewegung seiner IX. These «Über den Begriff der Geschichte» und in einem zweiten Schritt eine Lektüre aus der Perspektive einer Frau vornehmen. Dieser wohl meistzitierte Abschnitt aus Benjamins geschichtstheoretischen Thesen[21], in denen er seine Kritik am konventionellen Historismus wie am Fortschrittsdenken des historischen Materialismus entwirft, wird nämlich sehr häufig als metaphorisches, nicht aber als dialektisches Bild gelesen.

Das beginnt schon damit, daß das Motto, das Zitat eines Gedichtes von Gershom Scholem, häufig übersehen wird bzw. in der Lektüre unbeachtet bleibt. Tatsächlich stellt uns diese IX. These «Über den Begriff der Geschichte» (S. 697 f) nicht einen, sondern drei, und zwar durchaus sehr unterschiedliche Engel vor. Der erste ist derjenige aus dem Vers Scholems:

«Mein Flügel ist zum Schwung bereit / *ich kehrte gern zurück* / denn blieb' ich auch lebendig Zeit / ich hätte wenig Glück. / *Gerhard Scholem, Gruß vom Angelus.*»

[20] S. hier dazu 3, 2, und Weigel 1989, besonders das Kapitel Literaturgeschichte in Bewegung.
[21] Zur Rezeptionsgeschichte vgl. Niethammer, S. 116 ff.

Die Stimme dieses Engels ist mit dem lyrischen Ich des Textes identisch. In einer heilsgeschichtlichen Wendung zurück zum Ursprung bestimmen der Ton enttäuschter Glückssuche und das Pathos positiv bewerteter Umkehr den lyrischen Rhythmus.[22] Im Unterschied zu diesem redegewandten Engel Scholems ist der auf dem Bild von Klee dargestellte, der als zweiter herbeizitiert wird, stumm. Von ihm sagt Benjamin, daß er Angelus Novus heißt bzw. von Klee so benannt wurde.

«Es gibt ein Bild von Klee, das Angelus Novus heißt. Ein Engel ist darauf dargestellt, der aussieht, als wäre er im Begriff, sich von etwas zu entfernen, worauf er starrt. Seine Augen sind aufgerissen, sein Mund steht offen und seine Flügel sind ausgespannt.»

In seiner Beschreibung durch Benjamin trägt dieser Engel medusische Züge: offener Mund, aufgerissene Augen, starrender Blick. Zu der Beschreibung des Kleeschen Bildes, der Darstellung des Engels auf dem Gemälde und seiner Benennung durch den Maler, wird dabei eine Bewegung hinzuassoziiert: Er sieht aus, «als wäre er im Begriff» ... In der Draufsicht des Bildes, das dem Betrachter das Antlitz des Angelus Novus zuwendet, ist diese Bewegung aber nur vorgestellt, der Darstellung in der Betrachtung hinzugefügt. Tatsächlich in Bewegung gerät der Text aber mit dem dritten, dem Engel der Geschichte. Der von Klee dargestellte Angelus Novus wird dabei nicht mit dem Engel der Geschichte gleichgesetzt, nicht als dessen bildliche Präsentation gedeutet. Vielmehr geht es um eine Vorstellung:

«Der Engel der Geschichte muß so aussehen. Er hat das Antlitz der Vergangenheit zugewendet. Wo eine Kette von Begebenheiten vor *uns* erscheint, da sieht *er* eine einzige Katastrophe, die unablässig Trümmer auf Trümmer häuft und sie ihm vor die Füße schleudert. Er möchte wohl verweilen, die Toten wecken und das Zerschlagene zusammenfügen. Aber ein Sturm weht vom Paradies her, der sich in seinen Flügeln verfangen hat und so stark ist, daß der Engel sie nicht mehr schließen kann. Dieser Sturm treibt ihn unaufhaltsam in die Zukunft, der er den Rücken kehrt, während der Trümmerhaufen vor ihm zum Himmel wächst. Das, was wir den Fortschritt nennen, ist *dieser* Sturm.»

[22] Vgl. dazu Gershom Scholems Deutung des ‹Engels der Geschichte› in seinem Buch «Walter Benjamin und sein Engel» (1983). Wichtig für das Verständnis Benjamins ist hier die Betonung der jüdischen Traditionsspur in seinem Denken, das nicht unwesentlich durch die Freundschaft Scholems beeinflußt war. In seinem Aufsatz möchte Scholem aber von den Differenzen zwischen seinem und dem Denken Benjamins absehen, wenn er Benjamin einen zyklischen Geschichtsbegriff unterstellt, in dem Ursprung und Ziel sich treffen. S. den Titelaufsatz des Bandes, bes. S. 63 und 71.

Die Bewegung im Text kommt vor allem durch einen mehrfachen Perspektivwechsel zustande: zwischen dem Blick des Betrachters auf den Engel und der Perspektive des Engels – «er möchte wohl verweilen» – und zwischen ‹uns› und ‹ihm› im Verhältnis zu den Trümmern vor seinen Füßen und zur Zukunft in seinem Rücken, auf die er zutreibt. Dabei wird die Ungleichzeitigkeit zwischen dem ‹wir› und dem Engel in einer mehrschichtigen und polyperspektivischen Darstellung vergegenwärtigt: als topographische und als leibliche Konstellation (Antlitz, Füße, Rücken), als zeitliche (während, unaufhaltsam), als räumliche (wo, da), als materielle (Tote, Trümmer) und als begriffliche (das, was wir den Fortschritt nennen), womit die mythische Starre und die Magie des medusischen, erstarrten Engelsbildes des Angelus Novus in eine dialektische Bewegung überführt ist. In ihr wird die Ungleichzeitigkeit und damit auch die Unversöhnbarkeit zwischen einem positivistischen Geschichtsverständnis, das die Geschichte als Kette von Begebenheiten, als Kontinuum betrachtet, und einer Wahrnehmung der Trümmer, der Katastrophe, reflektiert.

Damit hat der Autor vermutlich auch seine eigene fast zwanzigjährige Faszinationsgeschichte, die ihn mit dem Bild von Paul Klee verband, reflektiert und in einem dialektischen Bild zur Darstellung gebracht, das zugleich ein Erwachen aus einer magischen Fixierung an das Gemälde in Form fortdauernder ‹Beaugenscheinigung› darstellt. Nicht zufällig wohl deckt sich die Zeitspanne, in der er sich im Besitz des Kleeschen Gemäldes befand, mit der von ihm genannten verborgenen Ursprungsgeschichte dieses im Jahre 1940 kurz vor seinem unfreiwilligen Freitod aufgeschriebenen Textes, in dem es ihm darum ging, «einige Gedanken niederzulegen, von denen ich sagen kann, daß ich sie an die zwanzig Jahre bei mir verwahrt, ja, verwahrt vor mir selber gehalten habe» (Benjamin 1980, I, 3, S. 1223). Eine Vorstellung Klees, eine Notiz in seinem «Pädagogischen Skizzenbuch» (1925), die seinen Angelus Novus kommentieren könnte – «Halb Beflügelter, halb Gefangener ist der Mensch» (Klee, S. 100) – und die sich im Muster dichotomischer Imaginations- bzw. Identitätskonzepte bewegt, wird in Benjamins Denkbild vom ‹Engel der Geschichte› aus ihrer Erstarrung zur Existenzmetapher herausgebrochen und in eine Bewegung gebracht, die mit der Darstellung einer Ungleichzeitigkeit nicht auf Versöhnung aus ist.

Wenn nun Frauen dieses Bild lesen, wird spürbar, wie schwierig es ist, einen Ort in dieser Dialektik zu finden. Der erste Engel bietet die

Übernahme einer zeitlosen Perspektive an, in der ein moralisch überlegenes Ich der heutigen Welt – Lektürevariante: der ‹männlichen› bzw. ‹patriarchalischen› Welt – den Rücken kehrt. Dies wäre eine Version des Austritts aus der Geschichte, wie er zum Beispiel in einer Rückwendung zur vermeintlich glücklicheren (matriarchalen) Vorzeit Gestalt annimmt. Die Erstarrung des Kleeschen Engels im Schrecken bietet sich zur faszinierenden Betrachtung an, zur Identifikation mit seiner mythischen Starre, zum Verzaubertwerden durch den Mythos bzw. zur faszinierten Identifikation mit der Opferposition. Der dritte, der Engel der Geschichte, dagegen wird ausdrücklich von ‹uns› unterschieden. Damit wird die imaginäre Struktur, die in dem verkennenden Moment der Identifizierung von Heterogenem gründet, aufgebrochen. Das ‹Uns› kann sich auf das Wir des Fortschrittsdenkens beziehen oder, schlicht, aber notwendig, auf das der Überlebenden. Politisch gelesen kann es auch auf die Teilhabe der Frauen am Fortschrittskonzept qua ‹Emanzipation› verweisen. In dem Maße, wie Frauen an den herrschenden Institutionen Anteil haben, ist dieses Wir nicht einfach mit ‹den Männern› oder dem ‹männlichen System› zu identifizieren, sind Frauen notwendigerweise an dieser Blickrichtung beteiligt.[23] Allerdings haben die Frauen qua Geschlecht, besser aufgrund der geschlechtsspezifischen Arbeitsteilung in der Kulturgeschichte einiges mit der Perspektive des Engels gemeinsam. *Sie* sind es, die überwiegend mit den Leibern beschäftigt sind, als Gebärende und indem sie sich um die Kranken und Sterbenden kümmern und um die Toten trauern. Aber sie sind nicht mit dem Engel der Geschichte zu vergleichen; denn als Überlebende, als Teilhaberinnen dieser Geschichte und Kultur wendet ihr Blick sich notgedrungen von dem des Engels ab.[24]

[23] Den spezifischen Ort von Frauen, in einer Kultur zugleich ausgegrenzt und an ihr beteiligt zu sein, habe ich versucht als ‹schielenden Blick› und als unmögliche Konstellation im Bild von der ‹Stimme der Medusa› zu fassen. – Der schielende Blick. Zur Geschichte weiblicher Schreibpraxis. In: Stephan/Weigel 1983 und Weigel 1989. – Von den deutschsprachigen Gegenwartsautorinnen geht insbesondere Anne Duden von der Position der Frau als Opfer und Täterin aus; vgl. ihre Publikationen: Übergang. Berlin 1982. Das Judasschaf. Berlin 1985. S. dazu das Gespräch Duden/Weigel.

[24] Wenn man die Szene vom Engel der Geschichte beispielsweise auf die historische Situation der sogenannten Trümmerfrauen nach 1945 in Deutschland blendete, erhielte die Erinnerungsarbeit der Frauenforschung, die sich mit den ‹Trümmerfrauen› beschäftigt, vermutlich eine etwas andere Akzentuierung. Während es bisher vor allem um den Aspekt der unbezahlten Frauenarbeit ging, vor allem im Hinblick auf die folgende Zurückdrängung der Frauen in die Hausarbeit, in die

Es macht aber einen Unterschied, ob Männer oder Frauen sich der Lektüre dieses Bildes aussetzen, einen Unterschied, der genau jene begrifflich so schwer zu fassende *Differenz* zwischen der Dialektik der Aufklärung und ihrer weiblichen Variante ins Spiel bringt – vorausgesetzt allerdings, Benjamins Bild vom Engel der Geschichte wird als dialektisches gelesen. Damit hält Benjamins Geschichtsphilosophie zwar keinen Baustein für eine Theorie des Weiblichen bereit, wohl aber Voraussetzungen für eine Darstellung und Betrachtung weiblicher Subjektgeschichte jenseits der Illusionsbildungen von Emanzipationsdiskurs und Geschichtsverweigerung. Sie bieten eine wichtige Ergänzung zu den Möglichkeiten der Theorie Kristevas überall dort, wo die Problemstellungen vom psychoanalytischen Feld in ein historisches überführt werden müssen.

im Wirtschaftswunder technisch aufgemöbelten Küchen- und Innenräume, wäre dabei auch die andere Blickrichtung einzunehmen: der Anteil der Frauen an der Aufbauarbeit und der Beseitigung der Trümmer der NS-faschistischen Katastrophe. Auch die Frauen trifft jene Frage, wie sie Primo Levi zum Beispiel in seinem Erinnerungstext stellt, in dem er seinen Weg durch das zerstörte Deutschland als Überlebender des Konzentrationslagers Auschwitz beschreibt: «Während ich durch Münchens trümmerübersäte Straßen irrte, in der Gegend des Bahnhofs, wo unser Zug wieder einmal festlag, war mir, als bewege ich mich unter einer Schar zahlungsunfähiger Schuldner, als sei jeder einzelne mir etwas schuldig und weigerte sich, es zu bezahlen. Ich war unter ihnen, im Lager des Agramante, unter dem Herrenvolk; aber es gab nur wenig Männer, viele von ihnen waren Krüppel, viele trugen Fetzen am Leibe wie wir. Mir war, als müsse jeder uns Fragen stellen, uns an den Gesichtern ablesen, wer wir waren, demütig unseren Bericht anhören. Aber niemand sah uns in die Augen, niemand nahm die Herausforderung an: sie waren taub, blind und stumm, eingeschlossen in ihre Ruinen wie in eine Festung gewollter Unwissenheit, noch immer stark, noch immer fähig zu hassen und zu verachten, noch immer Gefangene der alten Fesseln von Überheblichkeit und Schuld» (Erwachen, in: Levi, S. 359f).

Abb. 1: Gabriele Schnitzenbaumer, «Mutterschaft» (1989)

Im ‹Engel der Geschichte› ist eine Konstellation zur Darstellung gebracht, auf die sich Heiner Müllers Literatur in vielfältiger Weise bezieht – nicht nur in dem explizit auf Benjamins Text verweisenden «Glücklosen Engel» (1958). Bei Müller ist dies mit einer obsessiven Arbeit an Geschlechtermythen und den ihnen eingeschriebenen Opferszenen verbunden.

In seiner «Bildbeschreibung» (1985) geht es um eine Opferstruktur, die der Bildproduktion zugrunde liegt, um die Opferung des Leibes im Bild, in der Vorstellung, in der Verkörperung. Sie wird in Müllers Text bearbeitet, indem sich aus dem (beschriebenen) Bild eine Bewegung, eine Schrift herauslöst. Im Bezug auf die Motivik von Auferstehungsmythen – der Text wird von Müller als «Übermalung der Alkestis», jener von der Rückkehr der Toten aus dem Totenreich berichtenden Tragödie des Euripides, bezeichnet – kehrt der Text den Vorgang der Bildproduktion gleichsam um und verleiblicht damit sein Motiv. Die «Auferstehung des Fleisches» – Umkehr der biblischen Auferstehung, in der sich das Christus-Symbol und der himmelfahrende Geist einer Tötung des natürlichen Leibes verdanken – ist dabei mit einer spezifischen Geschlechterdramaturgie verknüpft, die den Text auch als Arbeit am Topos von der ‹Tötung des Weiblichen im Geschichts- oder Kunstmythos› ausweist. So berichtet die «Bildbeschreibung» von einem täglichen Mord an einer Frau, deren Leib aber stets wiederkehrt, als Rückkehr des vom Überlebenden Verdrängten: «ICH HABE DIR GESAGT DU SOLLST NICHT WIEDERKOMMEN TOT IST TOT« (Müller 1985, S. 13). Auf diese Weise stellt die «Bildbeschreibung» eine *Gedächtnisszene* dar, in der aus dem Bildraum der Erinnerung das Verdrängte in leiblicher Gestalt wiederersteht bzw. aufersteht.

Eine historische Urszene jenes in der «Bildbeschreibung» verkehrten Geschichts- und Repräsentationsmodells, das er zugleich als ‹weißes› Konzept beschreibt, wird von Müller – im Anschluß an Büchner – in seiner «Erinnerung an eine Revolution», dem Theatertext «Der Auftrag», thematisiert. Der «Auftrag» reflektiert den ‹Leib und Bildraum› der (Französischen) Revolution u. a. im Hinblick auf die darin zum Ausdruck kommenden Verhältnisse zwischen den Geschlechtern und zwischen‹Weißen› und ‹Schwarzen›.

2 ‹Das Theater der weißen Revolution ohne Geschlecht›

Körper und Verkörperung im Revolutionstheater von Heiner Müller und Georg Büchner

Intertextualität – Das Figuren- und Sprachtheater in Heiner Müllers «Der Auftrag»

«Erinnerung an eine Revolution» nennt Heiner Müller im Untertitel sein Theaterstück «Der Auftrag» (1979) und macht damit deutlich, daß er kein Stück *über* die Revolution geliefert hat. Vielmehr versammelt das Stück Revolutionsszenen aus dem reichen Repertoire ihrer, vor allem literarischen Wirkungsgeschichte und jener Bildersprache, um die sich die Französische Revolution und ihre Geschichte in der Überlieferung angereichert haben. Die Bezeichnung *Erinnerung* ließe sich durchaus wörtlich nehmen und als Genrebezeichnung des Stücks verstehen: Der Text inszeniert Vorstellungen über die Revolution, führt uns in einer Serie von Szenen, Monologen und Schriftbildern eine Kette von Erinnerungsbildern vor, die sich aus kollektiven Diskursen und Imaginationen, aus traumatischen Ängsten und Wünschen speisen und in ihrer Abfolge eher den Strukturen des Unbewußten bzw. des Traums als der Grammatik einer Dramensprache folgen. Insofern läßt sich auch nicht mit Eindeutigkeit feststellen, wann und wo die Handlung des Stücks anzusiedeln ist – oder sollte man besser sagen, wann und wo die Sätze des Stücks gesprochen und vernommen werden? Eine Handlung im literarischen Sinne ist zwar ansatzweise auszumachen; sie wird aber häufiger durch Rollen- und Maskenspiele, durch Traumszenen, Monologe, Schriftbilder und durch Passagen, die man sich am besten als Filmbeschreibung vorstellen könnte, durchbrochen und aufgeschoben. Und die eigentliche Handlung, die Ausführung des Auftrags, findet gar nicht statt. Dabei werden, in einer Art von Überblendungen, verschiedene Konstellationen sichtbar: die ‹Jetztzeit› ebenso wie die Französische Revolution und jenes Nachspiel, welches sich in ihrer Folge in den Kolonien Europas, auf den Inseln der Karibik, ereignete, eine nachrevolutionäre Situation im heutigen Europa ebenso wie die Probleme der Befreiungsbewegungen in der sogenannten Dritten Welt: außerdem einzelne Figuren, Szenen oder auch nur Sätze aus verschiedenen literarischen Revolutionsbearbeitungen, insbesondere aus Büchners Drama «Dantons Tod» (1835), Brechts Lehrstück «Die Maßnahme» (1930) und aus einer von Seghers' «Karibischen Geschichten».[1]

Daß das Stück Motive aus der Erzählung «Das Licht auf dem Galgen» (1969) von Anna Seghers verwendet, ist in einem Klammervermerk dem Titel hinzugefügt. Müller hat aus dieser Erzählung die drei Hauptfiguren Debuisson, Galloudec und Sasportas übernommen sowie die Geschichte von ihrem Auftrag, sich unter falschem Vorwand nach Jamaika zu begeben und dort unter den Sklaven der englischen Kolonie einen Aufstand anzuzetteln und zu organisieren. Ebenso wie Seghers' Erzählung beginnt sein Stück mit der Information über das Scheitern dieses Auftrags. Durch einen Überbringer erhält in Frankreich der Bürger Antoine, der längst seines Amts enthoben ist, von Galloudec, der inzwischen in einem Lazarett in Kuba gestorben ist, einen Brief, in dem dieser ihm den Auftrag zurückgibt und ihn darüber in Kenntnis setzt, daß Sasportas gehängt worden sei und daß es Debuisson gutgehe. «Es ist wohl so, daß die Verräter eine gute Zeit haben, wenn die Völker in Blut gehn» (Müller 1983, S. 43). So die Worte von Müllers Galloudec über Debuisson, von dem es bei Seghers vorsichtiger umschreibend hieß, er habe sich durch ein Geständnis gerettet. Während die Geschichte des Auftrags und das Schicksal ihrer drei Hauptfiguren bei Seghers, mit Bezug auf Ereignisse aus der Geschichte der Französischen Revolution, narrativ breit entfaltet und die unterschiedliche Handlungsweise der drei psychologisch erklärt werden, präsentiert Müller deren Konstellation in einer Verdichtung in wenigen Szenen. Ohne Hinweis auf die historische und individuelle Vorgeschichte führt, im Anschluß an die Eingangsszene (die Übergabe des Briefes) und noch vor Auftritt der drei Männer, ein Zwischentext, eine knappe, lapidare, aber bilderreiche Beschreibung, in deren Situation ein:

1 Vgl. besonders Schulz 1980, S. 159–166, sowie Teraoka und Lehmann 1980. – In meiner Analyse konzentriere ich mich auf die Bezüge zu Büchner und zur Französischen Revolution. Anderes – wie die Fahrstuhl-Szene mit ihrem offenkundigen Verweis auf Probleme des Sozialismus und den Alltag der DDR, Kafka-Bezüge sowie Verweise auf den «Krieg der Landschaften», auf eine andere Revolution – muß in diesem Zusammenhang unberücksichtigt bleiben.

«Wir waren auf Jamaika angekommen, drei Emissäre des französischen Konvents, unsre Namen: Debuisson, Galloudec, Sasportas, unser Auftrag: ein Sklavenaufstand gegen die Herrschaft der britischen Krone im Namen der Republik Frankreich. Die das Mutterland der Revolution ist, der Schrecken der Throne, die Hoffnung der Armen. In der alle Menschen gleich sind unter dem Beil der Gerechtigkeit. Die kein Brot hat gegen den Hunger ihrer Vorstädte, aber Hände genug, die Brandfackel der Freiheit Gleichheit Brüderlichkeit in alle Länder zu tragen. Wir standen auf dem Platz am Hafen. In der Mitte des Platzes war ein Käfig aufgestellt. Wir hörten den Wind vom Meer, das harte Rauschen der Palmblätter, das Fegen der Palmwedel, mit denen die Negerinnen den Staub vom Platz kehrten, das Stöhnen des Sklaven im Käfig, die Brandung. Wir sahen die Brüste der Negerinnen, den blutig gestriemten Leib des Sklaven im Käfig, den Gouverneurspalast. Wir sagten: Das ist Jamaika, Schande der Antillen, Sklavenschiff in der Karibischen See» (S. 47).

Der Aufbau dieses Zwischentextes führt den Auftrag als Inszenierung (s)einer Geschichte ein: Wir waren angekommen, wir standen, wir hörten, wir sahen, wir sagten ... Und mit der Bezeichnung Frankreichs als «Mutterland der Revolution» und Jamaikas als «Sklavenschiff in der Karibischen See» werden bekannte Metaphern aus der Geschichte der Revolution im Text zitiert. Durch die Häufung der Metaphern, dadurch daß der Text zu einem großen Teil aus metaphorischer Rede zusammengesetzt ist, wird sein *Zitatcharakter* betont. Nicht Meinungen oder kontroverse Positionen im Revolutionsdiskurs werden auf die Bühne gebracht, sondern die Sprache und die Bilder selbst, in denen jene sich ausdrücken und austauschen. Auch die Widersprüche der Revolutionen kommen über ihre Symbole in den Blick, zum Beispiel durch die «Brandfackel der Freiheit Gleichheit Brüderlichkeit» und das «Beil der Gerechtigkeit». Und mit den «Palmblättern» und dem «Sklaven im Käfig» wird auch der Schauplatz des geplanten Sklavenaufstands in seiner doppelten Bedeutung bildlich vergegenwärtigt, mit Bezugnahme auf den Diskurs des Exotismus wie den des Kolonialismus.

Gerade aber die *Bildebene* war es bei Anna Seghers, die ihre in der Zielsetzung ja antikolonialistische Erzählung, die sich mit Problemen des Befreiungskampfes in der sogenannten Dritten Welt beschäftigt, noch deutlich am Diskurs des Exotismus und Rassismus teilhaben ließ. Das hängt, wie Gertraud Gutzmann in ihrer Deutung der «Karibischen Geschichten» gezeigt hat, mit der vorbildhaften Funktion der weißen Republikaner zusammen, die die Schwarzen durch ihre konspirative Agitation erst zu Bewußtsein bringen und vor allem für eine von langer Hand vorbereitete und organisiert durchgeführte Erhebung Sorge tragen.[2] Aus dem unmittelbaren Haß erwachsender, aus der Erregung über erlittene Peinigung geborener und spontan sich artikulierender Widerstand ist nach Seghers zum Scheitern verurteilt. Der Auftrag der drei Weißen dagegen scheitert, weil kein Auftraggeber mehr vorhanden ist, als die Nachricht eintrifft, daß die Direktoriumsregierung in Frankreich gestürzt sei und Napoleon sich zum Konsul ernannt habe.[3] Durch dieses Ereignis kommt die zuvor nur unbewußt sich artikulierende, schwankende Haltung Debuissons, der als Sohn von Sklavenhaltern mit dem Auftrag in seine Heimat zurückgekommen war, explizit zum Ausdruck. Die Bindung an Land und Besitz erweist sich bei ihm in dem Moment, da der Auftrag durch keine politische Instanz mehr autorisiert ist, als stärker als seine Überzeugung, wogegen Galloudec, der schon an der Befreiung der Sklaven auf Haiti teilgenommen hatte, und der spanische Jude Sasportas beide an ihrer Aufgabe festhalten und nur durch das Geständnis Debuissons in Gefahr geraten und scheitern. Sasportas, der am Galgen stirbt, wird dabei als heroischer Märtyrer gezeichnet, dessen Leben von diesem Ende her seinen Sinn erhält.

Darauf bezieht sich die Lichtmetaphorik der Erzählung: das Licht auf dem Galgen, das Licht auch als Bild für das Bewußtsein bzw. die Bewußtwerdung einzelner Sklaven und für das Erkennen zwischen ihnen und den weißen Agenten des Aufstands, zu dessen «Eingeweihten» sie dann werden. Bei den schwarzen *Frauen* geschieht das Einverständnis dagegen wortlos, sie stellen sich fraglos und ergeben in den Dienst der gemeinsamen Sache bzw. der weißen Männer. Wenn Seghers in ihrer Erzählung, die einem unhinterfragten Aufklärungskonzept verpflichtet bleibt, auch die problematische Stellung von weißen Funktionären im Befreiungskampf der Schwarzen zur Diskussion stellt, dann schreibt sie doch in solchen Bildern und in ihrer Darstellung anderer, diensteifriger oder dumpf dienender Sklaven den Diskurs des Eurozentrismus fort. Besonders augenfällig wird das an der Figur des Sklaven von Debuisson, der bei Seghers in hündisch unterwürfiger Liebe seinem Herrn ergeben ist, ihn aber durch seine Dummheit und dumpfe Angst dennoch verrät und damit dessen Geständnis erst auslöst, womit dieser Sklave als der eigentliche Verräter dasteht.

2 Dies wird besonders deutlich in den Szenen mit Galloudec, Bedford und Crocroft; Seghers, S. 173 u. 227.

3 Die erzählte Zeit von «Licht auf dem Galgen» wird von Seghers zwischen dem Winter 1798/99 und dem Winter 99/1800, das heißt in dem Jahr vor und nach der Machtübernahme Napoleons, angesiedelt.

Als Karikatur dieses Negerbilds begegnen wir ihm im Text Müllers wieder. Aus dem Munde seines Herrn wird er als «taub und stumm, etwas zwischen Mensch und Hund» bezeichnet, der ihn, seinen Herrn, «grunzend vor Wonne» nach Hause tragen wird. In der Rede des Weißen über ihn bleibt er hier allerdings stumm; wortlos *ahmt* er das Bild *nach,* das Debuisson von ihm entworfen hat. «Er wird in den Käfig spucken», sagt Debuisson. Und in der folgenden Regieanweisung heißt es: «Der riesige Neger spuckt in den Käfig.» Indem die Figur des riesigen Negers nach-spielt, was die Rede des Weißen ihm vor-sagt, erscheint er als Verkörperung des Bildes, das von ihm entworfen wurde. Durch die Stereotypie des Bildes und die stark ritualisierte Form ihrer Nachahmungsgesten ist die Figur des namenlosen Sklaven hier als Rolle oder als Inszenierung einer Vorstellung vom Sklaven präsentiert. Die Figur des riesigen Negers stellt die *Vorstellung* vom Sklaven vor, die im Denken und in der Sprache der Weißen beheimatet ist. Auf der Bühne dann wird das noch sinnfälliger: Der Körper des Schauspielers, der als Neger auftritt, spielt die Worte des Debuisson-Darstellers nach, womit seine Gesten dessen Rede buchstäblich verkörpern. Die Verkörperung der Imagines stellt das Imaginäre selbst zur Schau.

Die Aufmerksamkeit für derartige Präsentationsverfahren wird durch das ganze Stück hindurch geschärft, dadurch daß Müller den Spiel- und Inszenierungscharakter der Theaterformen variationsreich zu nutzen weiß mit der Verwendung und Thematisierung von Szenen- und Rollenspiel, Theater im Theater, von Maske und Kostümierung. Schon beim ersten Auftritt der drei Hauptfiguren sind diese dabei zu beobachten, wie sie ihre Rolle als Emissäre *einstudieren.* Sasportas, der in Müllers Text im Unterschied zu Seghers' Erzählung einen Schwarzen darstellt, womit der Konflikt zwischen Schwarzen und Weißen hier wesentlich verschärft ist, Sasportas hat am meisten Widerstände zu überwinden, um seinen Rollentext zu sprechen. Erst nach mehreren Ausbrüchen bringt er den Satz heraus, mit dem er sich als Sklave identifiziert, als Sklave, der mit seinem Herrn aus Haiti geflüchtet ist, wo sich (unter dem General Toussaint Louverture) die Schwarzen befreit haben. Der Satz lautet: «Auf der Flucht vor dem Abschaum, der Haiti in eine Kloake verwandelt hat» (S. 50). In die Rollen-Rede Galloudecs, der hier einen Bauern aus der Bretagne darstellt und in Jamaika als Revolutionsfeind und Anhänger von Kirche und Monarchie auftreten soll, mischen sich zwei Versprecher, die deutlich als Wünsche zu erkennen sind, die aus den Glaubenssätzen eines Knechts herausfallen:

«Ein Bauer aus der Bretagne, der die Revolution hassen gelernt hat im Blutregen der Guillotine, *ich wollte*, der Regen wäre reichlicher gefallen, und nicht nur auf Frankreich, treuer Diener des gnädigen Herrn Debuisson, und glaube an die heilige Ordnung der Monarchie und der Kirche. *Ich hoffe*, ich werde das nicht zu oft beten müssen» (S. 49; H. v. m.).

Dem dritten im Bunde, Debuisson, gelingt sein Spiel am leichtesten:

«Nehmen wir unsre Masken vor. Ich bin der ich war: Debuisson, Sohn von Sklavenhaltern auf Jamaika. Mit Erbrecht auf eine Plantage mit vierhundert Sklaven» (S. 48).

Das Bild der Maske, das in dieser Szene dafür steht, daß die drei zum Zweck ihres Auftrags eine andere Identität annehmen, wird im Stück mehrfach zitiert. Dabei erscheint hinter der Maske nie ein wahres Gesicht bzw. die wahre Gestalt. Vielmehr stellt sich Müllers Revolutionstheater insgesamt als Figurentheater[4] und als Maskenspiel dar, wobei die Umkehrbarkeit von Maske und Maskiertem die Frage nach Wahrheit und Identität ad absurdum führt. Sichtbar gemacht ist dies in einem Schriftblock, der nach dem ersten Auftritt der drei Männer erscheint und fortlaufend und ohne Interpunktion die Worte «DIE REVOLUTION IST DIE MASKE DES TODES DER TOD IST DIE MASKE DER REVOLUTION DIE REVOLUTION...» zeigt (S. 51).

Die Umkehrbarkeit von Maske und Maskiertem bedeutet aber nicht, daß die Masken, Rollen und Funktionen beliebig zu wechseln wären. Über ihr Verhältnis zur Maske bzw. Rolle sind die drei Männer durchaus unterschiedlicher Meinung. Wenn Debuisson von sich sagt, «Ich bin der ich war», und dann in der dritten Person über diesen Debuisson weiterspricht, gestattet ihm diese Perspektive Aussagen, die er zwar gleichzeitig als ewige Wahrheiten bewertet – «nachdem die Schrecken der Revolution ihm die Augen geöffnet haben für die ewige Wahrheit, daß alles Alte besser als alles Neue ist» (S. 48) –, die aber nichtsdestotrotz für ihn mit einigem Verführungsgehalt ausgestattet sind. Ideologische Gegensätze und psychische Strukturen gehen bei ihm eine schwer zu entwirrende Verbindung ein.

4 Den Begriff des Figurentheaters entnehme ich der Heine-Studie von Klaus Briegleb, dort besonders dem Kapitel «Jakobiner oder Enragé? Figuren-Agitation», von dem aus deutliche Analogien in der Rezeption der Französischen Revolution bei Heine und Büchner sich eröffnen.

Für Sasportas wird das Problem der Maske dagegen als materielles, körperliches diskutiert, als Verhältnis von Maske und Haut. Glaubt Galloudec zunächst, Sasportas «sollte es nicht schwer fallen, den Sklaven zu spielen ... in deiner schwarzen Haut», so wird er durch die Reaktion des Schwarzen eines Besseren belehrt und korrigiert sich: «Ich weiß, daß du die schwerste Rolle spielst. Sie ist dir auf den Leib geschrieben» (S. 49). Wenn er in der ersten Wendung von der gleichsam natürlichen Begabung des Schwarzen für die Rolle des Sklaven, vom «Naturgesetz der Sklaverei» (S. 52) also, ausgeht, so erkennt er in der Formulierung «auf den Leib geschrieben» die Rolle des Sklaven als Ergebnis einer historischen Produktion an, deren Autor ein anderer war. Doch erst Sasportas bringt die Gewaltsamkeit dieser Art *Schrift,* einer kulturellen Produktion am lebendigen Leibe, zur Sprache, wenn er kontert: «Mit den Peitschen, die ein neues Alphabet schreiben werden auf andre Leiber in unsrer Hand.» Den Spieß umdrehend, antizipiert er so eine Verkehrung in den Positionen von Schreibendem/Autor und demjenigen, auf dessen Leib geschrieben wird, dem Schrift-Körper.

Auch ein Rollentausch zwischen Schwarz und Weiß setzte einen ähnlichen Platzwechsel voraus. Innerhalb der Schrift der Weißen ist er unmöglich. In Müllers Text ist er als Gewaltphantasie eines schwarzen Kopfes präsent. Der Wunsch nach umgekehrten Verhältnissen entsteht bei Sasportas im Anblick des Käfigs, in dem ein Sklave zur Strafe für einen Fluchtversuch zum Verenden in der Sonne eingesperrt ist. In Galloudecs spontaner Aufforderung zur Hilfe und Debuissons Überzeugung, daß sie dem einen nicht helfen könnten, klingt der Konflikt an, den Brecht in seinem Lehrstück «Die Maßnahme» gestaltet und revolutionstheoretisch in klarer Rationalität beantwortet hatte: mit der Notwendigkeit des Aufschubs individueller Hilfe zum Zwecke organisierten Handelns als Lernziel der Intellektuellen im Klassenkampf.

Sasportas erscheint zwar als guter Schüler, wenn er den Brecht-Satz, «dann wird vielen geholfen sein»[5] zitiert; er verkehrt aber gänzlich dessen Bedeutung, indem er ihn in Form einer Redewendung benutzt, die einen Drohgestus enthält: «Wenn ich von hier weggehe, werden andre in den Käfigen hängen, mit weißer Haut, bis die Sonne sie schwarz brennt. Dann wird vielen geholfen sein» (S. 48). Auch hier wieder der Wunsch nach Umkehr der Maßnahme – wobei man dieses

5 Auch das Motiv der Maske (im Auftrag der Revolutionäre) und die Rede vom Abschaum bei Müller verweisen auf dieses Stück von Brecht.

Wunschbild eines Schwarzen im Text noch eher wohl als Angstbild eines Weißen (Autors) lesen kann. Das Rollenspiel also hat eine materielle, leibhaftige Matrix, es braucht den Körper und hat somit mit ihm auch zu rechnen. An die Stelle der konventionellen Bildbeziehungen von Maske und (wahrem) Gesicht, die in bürgerlichen Identitätsvorstellungen zu Hause ist, tritt hier das Verhältnis von Maske und Haut oder Maske und Leib. Dies wird dadurch, daß der Konflikt zwischen Schwarz und Weiß unmittelbar in Szene gesetzt wird, drastisch und radikal deutlich gemacht.

Leibhaftige Gleichheit und die Symbolik der Revolution

In Anna Seghers' Erzählung gehörte es zum Prozeß politischer Bewußtwerdung, wenn ein Schwarzer, anstatt nur mit dem «Unterschied zwischen Schwarz und Weiß» zu rechnen, ein Verständnis «für den Unterschied zwischen Recht und Unrecht» entwickelte (Seghers, S. 170). Auch die Weißen in Müllers Stück meinen, daß im gemeinsamen Auftrag die Hautfarbe an Bedeutung verliere. So Galloudec: «Wir sind nicht hier, um einander unsre Hautfarbe vorzuhalten, Bürger Sasportas» (S. 48). Doch die in der Anrede als Bürger behauptete Gleichstellung wird von Sasportas als illusionär zurückgewiesen mit dem Satz: «Wir sind nicht gleich, eh wir einander nicht die Häute abgezogen haben.» Diese Aussage widerspricht dem republikanischen Gleichheitspostulat in mehrfacher Hinsicht. Sie verweist auf eine weiterhin bestehende Ungleichheit trotz der Verkündung der Gleichheit und der Einführung gleicher Personenbezeichnungen. Grundsätzlicher aber markiert sie den Gleichheitsbegriff als weißes Konzept, Konzept *des* Weißen und nur *für* den Weißen. In seinen Genuß kommt nur, wer so ist wie er. Das bezieht sich auf die Tatsache, daß im selben Moment der Geschichte, da auf der Grundlage des Naturrechts Standesschranken umgestürzt wurden und sich die Menschen – und das heißt männliche, weiße Subjekte – als gleich und frei anerkannten, mit eben demselben Naturrecht andere aus dieser Gemeinschaft freier Bürger ausgeschlossen wurden: zum Beispiel die Frauen[6], aber auch die Schwarzen.[7]

6 Philosophiegeschichtlich ist dieses Paradox, vor allem von Frauen, in der letzten Zeit vielfach untersucht worden. Vgl. zum Beispiel Maihofer, Steinbrügge 1983 und 1987, Hassauer 1988 sowie hier 2, 1.

7 Auf der Ebene der Beschlüsse und Dekrete liest sich die Geschichte der Schwarzen

Sasportas bringt aber mit seinem Satz über die Gleichheit mit abgezogenen Häuten auch die dem jakobinischen Gleichheitspostulat immanente tödliche Bedeutung zur Sprache. Als jemand, der mit seinen ‹barbarischen› Rachephantasien außerhalb der Zivilisation situiert wird, überträgt er das Rationalitätsprinzip des Gleichheitspostulats auf den Körper und evoziert damit die Tendenz zur Barbarei, die dem Gleichheitskonzept der Aufklärung selbst eingeschrieben ist. Auf den Einbruch von Affekten in die Einübung der Rollen und des Auftrags durch Sasportas' Vorstellung vom Weißen im Käfig, womit indirekt sowohl die Brechtsche als auch die Segherssche Programmatik verworfen werden, reagiert Galloudec sarkastisch und plädiert, mit Rückgriff auf ein allegorisches Bild aus der Französischen Revolution, für eine Synthese von Gewalt und Rationalität: «Vielleicht stellen wir lieber eine Guillotine auf. Das ist reinlicher. Die Rote Witwe ist das beste Scheuerweib.» Während in den Worten Sasportas' Haß- und Rachegefühle eines Geknechteten unmittelbar zum Ausdruck kommen, vergegenwärtigt Galloudec mit der Guillotine die Prinzipien revolutionärer Gewalt in der Französischen Revolution. Gleichheit, Gerechtigkeit, Humanität, Reinlichkeit und Rationalität knüpfen sich an diese Todesmaschine.[8]

Gegenüber den eher handwerklich vollzogenen Todesstrafen erleichtert sie die Arbeit des Tötens, verkürzt das Sterben des Verurteilten und vermindert seine Qualen, als Tötungsinstrument funktioniert sie schnell und im Vergleich zu anderen Tötungsarbeiten sauber. Und indem sie die nach Ständen differenzierten Todesstrafen des Ancien Régime ersetzt, realisiert sie rein *materiell* das Prinzip der Gleichheit. Ihre Kennzeichnung «als erhabene Erfindung des neuen Zeitalters» (S. 54) in Müllers Stück bezieht sich auf die Tatsache, daß diese neue Maschine, genannt nach dem Arzt Joseph-Ignace Guillotin, für die Revolu-

in der Französischen Revolution folgendermaßen: 1790 noch fanden Vorschläge, die ‹freien Farbigen› als gleichberechtigt anzusehen, keine Mehrheit. Ein Jahr später setzte Robespierre ein Dekret zu ihrer Gleichberechtigung durch, das aber ein Jahr darauf schon wieder widerrufen wurde. Erst 1794 wurde die Abschaffung der Sklaverei in den Kolonien beschlossen, acht Jahre später allerdings schon wieder eingeführt. Unterstützung fanden die aufständischen Schwarzen auf den Karibischen Inseln nur dort, wo sie gegen die Engländer oder Spanier kämpften. Ansonsten wurden sie in erbitterten, jahrelang währenden Auseinandersetzungen mit hohem militärischem Einsatz bekämpft, ein Kampf, aus dem einzig Haiti 1825 als unabhängige Insel hervorgegangen ist. Vgl. dazu Buch.

8 Vgl. dazu Sammet; vgl. auch Arasse.

tion erdacht wurde und seit 1792 regelmäßig im Einsatz war. Da vielleicht in keinem anderen Punkt des Revolutionsgeschehens das Prinzip der Gleichheit so vollkommen realisiert wurde, ist die Guillotine zum paradoxen Symbol des Gleichheitspostulats geworden, Zeichen für die *leibhafte* Realisierung von Gleichheit – im Tod.

Der wiederholte Verweis auf die «Gleichheit unter dem Beil» (S. 52) steht in Müllers Stück im Zusammenhang einer Sprache und Darstellungsweise, die sich vor allem für den Körper in der Geschichte interessiert, für die Leiblichkeit und Materialität von Revolutionssymbolen und -ideen. Sehr häufig geschieht das in einer metaphorischen Sprache, in der die symbolische Ebene an das Schicksal der Leiber, das ihr vorausgegangen, in ihr aber abwesend bzw. abstrahiert ist, zurückgebunden wird. Zum Beispiel in der Rede von der «Marseillaise der Leiber». Dieses Lied, das zum Erkennungszeichen des republikanischen Frankreichs geworden ist, war als Kriegslied entstanden, als patriotischer Siegesgesang der Revolutionstruppen am Rhein (1792); es verherrlicht die Opfer und fordert das Blut der Feinde. Nach dem Sturm auf die Tuilerien wurde es zum Lied der Revolution. Im Blick zurück auf diejenigen, deren Tod mit der Geschichte der Marseillaise verbunden ist, heißt es bei Müller:

> «Sein Stöhnen (die Rede ist von dem Neger im Käfig, S. W.) ist die Marseillaise der Leiber, auf denen die neue Welt gebaut wird. Lernt die Melodie. Wir werden sie noch lange hören, freiwillig oder nicht, es ist die Melodie der Revolution, unsrer Arbeit» (S. 50).

Die Metapher erinnert die Züge und Schlachten der Leiber, die dem Gesang vorausgingen oder ihn begleiteten. Zugleich hört Debuisson, der diese Worte spricht, im Stöhnen des Negers einen Widerhall der Marseillaise. Indem er das Stöhnen vernimmt, werden in ihm Erinnerungen an die widersprüchliche Bedeutung des Revolutionsliedes wachgerufen. Insofern zeigt die «Marseillaise der Leiber» eine andere Form der Erinnerung an als die der symbolischen Repräsentation in Liedern, Denkmälern und allegorischen Figuren wie die der Liberté. Gegen eine Verkörperung von Revolutionsideen und -legenden im Bild bringt Müllers Text eine *Sprache der Körper* ins Spiel, mit der zugleich ein Licht auf eine Revolution geworfen wird, die die Leiber entweder vergaß oder aber verbrauchte, um ihre Ideen zur Darstellung zu bringen.

Bekanntlich wurden die Ideale der Revolution gern und häufig im

Bild von Frauenfiguren verkörpert.[9] Sowohl die *Liberté, Egalité, Propriété, Fraternité* als auch Frankreich selbst begegnen uns in einer Fülle variationsreicher weiblicher Personifikationen. Diese Allegorien sind aus dem Bestand der Revolutionssymbolik und ihrer Überlieferung nicht wegzudenken. Auch im Figuren- und Bildertheater von Müllers «Auftrag» spielen sie eine nicht unbedeutende Rolle; allerdings verlieren sie, wenn sie in seine Szenerie hineinzitiert werden, dabei ihre verführerische Schönheit und tugendhafte Glätte. So tragen sie mehr dazu bei, die Bedeutungen, die sie verkörpern, vorzuführen als zu repräsentieren. Und neben die bekannten Allegorien ist zudem eine häßliche Schwester getreten: die Rote Witwe, das beste Scheuerweib, oder auch «Geliebte der Vorstädte», wie sie von Debuisson genannt wird (S. 48). Aus der Liberté aber, der Figur der umworbenen Geliebten, ist im Zuge einer Desillusionierung der Revolutionspostulate eine Hure geworden und aus Frankreich ein schwacher, unfruchtbarer Körper:

> «Die Freiheit führt das Volk auf die Barrikaden, und wenn die Toten erwachen trägt sie Uniform: Ich werde dir jetzt ein Geheimnis verraten: sie ist auch nur eine Hure. Und ich kann schon darüber lachen» (S. 45).

So der Bürger Antoine in der Eingangsszene. Und am Ende des Stücks hat auch der über seinen Auftrag und sich selbst ernüchterte Debuisson nur noch Spott für die Revolutionsideale über, die sich im Bild der Frau den Kämpfern als verheißungsvoll und begehrenswert darstellen:

> «Tausend Jahre ist gelacht worden über unsre drei Geliebten. In allen Gossen haben sie sich gewälzt, alle Rinnsteine der Welt sind sie hinabgeschwommen, geschleift durch alle Bordelle, unsre Hure die Freiheit, unsre Hure die Gleichheit, unsre Hure die Brüderlichkeit. Jetzt will ich sitzen wo gelacht wird, *frei* zu allem was mir schmeckt, *gleich* mit mir, mein und sonst niemandes *Bruder*» (S. 68; H. v. m.).

Das ist Rollenrede des Zynikers Debuisson, der, nachdem er ohne Auftrag ist, als enttäuschter Intellektueller sich nur noch auf seine eigenen Begierden zu besinnen weiß, eine Maske, die – wie er selbst formuliert – ihm «ins Fleisch wächst und es schmerzt nicht mehr» (S. 69).

Das Verfahren der *Verleiblichung* von Bildern und Symbolen geschieht bei Müller am Vorrat der weiblichen Personifikationen über eine *Sexualisierung* ihrer Körper. Denn der imaginäre weibliche Kör-

9 Zur weiblichen Allegorie der Revolution vgl. zum Beispiel Agulhon und M. Wagner. – Das Phänomen weiblicher Allegorien spielt hier im Teil 2 eine zentrale Rolle, insbesondere im Hinblick auf weibliche Stadtallegorien.

per, das heißt das Bild des Frauenkörpers, das in der Allegorie zum bloßen Zeichenkörper geworden ist, der etwas anderes bedeutet, erscheint darin überwiegend entsexualisiert. Um die reine Idee zu verkörpern, muß der dar- oder vorgestellte Körper selbst als rein erscheinen.[10] Dieser Vorgang auf der Zeichenebene korrespondiert einer Unterwerfung der konkreten Körper, der Sinne und der Sexualität unter die Ideale der Revolution. In der Verleiblichung und dem Auftritt der Revolutions-Bilder in Müllers Theaterstück «Der Auftrag» kehrt das Verdrängte nun um so heftiger zurück. Beim Zitat allegorischer Personifikationen drängt sich hier der sexualisierte Körper der Frau vor den Begriff. Zum Beispiel in Sasportas' Rede, als er Debuisson aufgeben sieht:

«Sie (die Sklaven; S. W.) sind bereit zu töten und zu sterben für Dein JOCH DER FREIHEIT, von dem sie geträumt haben ihr Leben lang, das ein täglicher Tod ist, wie von einer unbekannten Geliebten. Sie fragen nicht nach der Beschaffenheit ihrer Brüste oder nach der Jungfräulichkeit ihrer Scham. Was geht diese Männer Paris an» (S. 64).

Die Wiederkehr des Verdrängten: Weiblichkeit, Sexualität und Tod

Das im Revolutionspathos und -diskurs verdrängte Begehren wird damit – in der Tradition von Georg Büchners Drama «Dantons Tod» und Peter Weiss' Marat/de Sade-Stück – zu einem zentralen Thema des «Auftrags».[11] In der Abfolge dreier Spielszenen, die auf die Einstudierung der Rollen für den Auftrag folgen, läßt sich das am besten zeigen. In der ersten wird die «Heimkehr des verlorenen Sohnes» gespielt von Debuisson, kostümiert als Sklavenhalter, Galloudec als Aufseher mit Peitsche, Sasportas als Sklave und auf dem Thron ErsteLiebe. Der Titel der Szene zeigt an, daß diese literarisch, ja biblisch vorgeprägt ist, das Wort *als* zwischen Namen und Rolle markiert, daß die drei jetzt ihre übernommenen Funktionen *dar*stellen.

Die einzige Stimme, die spricht, ist ErsteLiebe; sie gleicht einer mythischen Figur, in der sich die ambivalente Bedeutung der Rückkehr in die Heimat, in den Schoß der Familie, zur Mutter, zur ersten Geliebten

[10] Das gilt zumindest für jene Allegorien, die Ideen, Tugenden, abstrakte Begriffe etc. verkörpern. Natürlich gibt es auch Gegenbilder und ambivalente Darstellungen. S. 2, 2.

[11] Zu diesem Zusammenhang vgl. besonders Lehmann 1984 und Vassen.

ausspricht: Sie verspricht Geborgenheit und Gefängnis zugleich. ErsteLiebe klagt Debuisson an, sie verlassen und mit der Revolution verraten zu haben, die in der Rede von ErsteLiebe zur zweiten Liebe und zur Hure wird: «Die Schlange mit der blutsaufenden Scham.» Um Debuisson zurückzugewinnen, bietet ErsteLiebe ihm ihren Leib, von dem er sich getrennt hat, dar und an. Daß es dabei nicht um eine Rückkehr zu seiner persönlichen Mutter geht, ist deutlich genug, schon dadurch, daß Vater und Mutter gleichsam als Gespenster aus einem Schrank der Szene zusehen. Eher stellt die Figur ErsteLiebe den Angst- wie Verführungsgehalt einer Rückkehr zum mythischen Ort des Ursprungs mit *Namen* Mutter-Familie-Heimat oder zur prä-ödipalen Verschmelzung mit dem Körper der Mutter dar. Das imaginäre Bild des einheitlichen Körpers, das im Reich des Symbolischen als Zeichen flottiert, wird in dieser Szene in Partialobjekte und Phantasmen vom zerstückelten Körper aufgelöst: Die Lippen, die Brüste, der Schoß und das Herz von ErsteLiebe werden, einzeln markiert, durch Bemalung hervorgehoben; dem folgt ihr Phantasie-Bild:

> «Mit den Zähnen meiner Hunde will ich aus deinem befleckten Fleisch beißen die Spur meiner Tränen, meinen Schweiß, meine Schreie der Lust. Mit den Messern ihrer Klauen aus deinem Fell mein Brautkleid schneiden. Deinen Atem, der nach den toten Leibern der Könige schmeckt, übersetzen in die Sprache der Qual, die den Sklaven gehört. Ich will dein Geschlecht essen und einen Tiger gebären, der die Zeit verschlingt, mit der die Uhren mein leeres Herz schlagen, durch das die Regen der Tropen gehn» (S. 53).

Rachephantasien des gekränkten weiblichen Körpers gehen hier unmittelbar, zwar als *Übersetzung* bezeichnet, aber dennoch ohne Übergang, in die Sprache der Sklaven, in die Sprache anderer gequälter Leiber und schließlich in materialistische Revolutionsmetaphorik über. Der Tiger, der aus der rächenden Gewalt von ErsteLiebe geboren werden soll und der die Zeit verschlingt, zitiert Walter Benjamins Bild vom «Tigersprung ins Vergangene», das er in seinen Thesen zum «Begriff der Geschichte», die sich ebenfalls den Toten und den Trümmern der Geschichte zuwenden, für die Französische Revolution gefunden hat.

Man kann Müllers «Auftrag» dahingehend deuten, daß die Ausblendung jener in der Szene mit ErsteLiebe zum Ausdruck gebrachten Widersprüche sowie die Verdrängung des in ihrer Gestalt wiederkehrenden Begehrens den Verrat motiviert, der am Ende des Stücks steht. Zum Schluß nämlich erliegt Debuisson einem Vergessen in der Verführung, die in Gestalt des Verrats auftritt, dessen Schönheit er nicht zu

Abb. 2: Johann Heinrich Füssli, «Der gerächte Neger» (1806/7)

widerstehen vermag, und zwar mit geschlossenen Augen, «aus Angst vor seinem Hunger nach der Schande des Glücks». Seine Erinnerungen an die Ereignisse, Protagonisten und Schreie der Revolution verflüchtigen sich, indem das Begehren nach der Sexualität der Frau in Gestalt des Verrats ihn buchstäblich überwältigt: «Dann warf der Verrat sich auf ihn wie ein Himmel, das Glück der Schamlippen ein Morgenrot» (S. 70). Ist die Figur des Verrats hier in der Schlußszene wieder auf die Bedeutung des weiblichen Körpers als Projektionsobjekt für männliches Begehren festgeschrieben, so erscheint die Szene mit ErsteLiebe wie eine *Auferstehung des Körpers* gegen diese Festschreibung. ErsteLiebe wird ja auch nicht als Person präsentiert, sondern als Körper (der Mutter), der mit einer Stimme ausgestattet ist.

Zunächst aber führen, nach dem Spiel von der Heimkehr des verlorenen Sohnes, Galloudec und Sasportas das «Theater der Revolution» auf, diesmal Debuisson als Zuschauer auf dem Thron sitzend und ErsteLiebe als seine Fußbank, mit deren Situierung die Dramaturgie die verdrängte Basis der Revolutionsereignisse sichtbar ins Bild rückt. Als

Robespierre- und Dantondarsteller begegnen die beiden Redner sich in längst codierten Rollen. Ihr Spiel zitiert die Kontroverse, wie sie uns aus «Dantons Tod» bekannt ist. Robespierre wirft Danton seine Ausschweifungen vor und nennt ihn Verräter, Danton bezeichnet Robespierre als Blutsäufer und Tugendmax. Nach dem turbulenten Ende des Streits wird Debuisson vom Thron gestoßen, und es folgt die Szene der «Krönung Sasportas'». Dieser erklärt das «Theater der *weißen* Revolution» für beendet, verurteilt Debuisson zum Tode und ergeht sich in einer Beschimpfung der Weißen:

«Das Elend mit euch ist, ihr könnt nicht sterben. Darum tötet ihr alles um euch herum. Für eure toten Ordnungen, in denen der Rausch keinen Platz hat. Für eure Revolutionen ohne Geschlecht» (S. 56).

Sein Epilog auf das Theater der weißen Revolution markiert damit zugleich einen Bruch gegenüber der ‹Revolution ohne Geschlecht›, die im Interesse der Etablierung toter Ordnungen steht. Der Tötungszwang als Abwehr eigener Todesangst ist in seiner Rede an die Verdrängung der Sexualität und des Begehrens aus der Politik gebunden. An ihrem Ende steht die Verführung durch den Verrat. Aus der Revolution ohne Geschlecht sind die Frauen und Mütter ebenso ausgeschlossen, wie die Ambivalenz der männlichen Protagonisten in ihrem Verhältnis zur Sexualität und zum Körper der Mutter aus der allegorischen Idealisierung der Revolution als *Liberté* und Frankreichs als Mutterland der Revolution verdrängt ist.

Dieser Zusammenhang von Revolution, Tod und Sexualität zitiert ein Leitmotiv aus Büchners Drama «Dantons Tod». Der Melancholiker Danton, der in der Liebe das süße Grab der Ruhe sucht, und der Tugendfanatiker Robespierre, der mit der *terreur* die Tugend zu sichern beabsichtigt, sind in Büchners Revolutionstheater als Kontrahenten gestaltet:

«Die Waffe der Republik ist der Schrecken, die Kraft der Republik ist die Tugend. Die Tugend, weil ohne sie der Schrecken verderblich, der Schrecken, weil ohne ihn die Tugend ohnmächtig ist. Der Schrecken ist ein Ausfluß der Tugend, er ist nichts anders als die schnelle, strenge und unbeugsame Gerechtigkeit» (Büchner 1980, S. 27).

So lautet, getreu nach historischen Überlieferungen[12], in Büchners Text das Programm Robespierres, der von seinen Gegnern darin als

12 Vgl. die Quellenangaben in der von Th. M. Mayer besorgten Textfassung von «Dantons Tod» in Büchner 1980, S. 7–74.

«Blutmessias» und «Guillotinebetschwester» (S. 37) bezeichnet wird. Die Bilder, mit denen seine Politik von Büchner beschrieben wird, nehmen schon vieles von der sprachlichen Radikalität Müllers vorweg. Er wolle aus der Revolution «einen Hörsaal für Moral machen und die Guillotine als Katheder» oder auch als «Betschemel» gebrauchen, wird Robespierre von anderen nachgesagt. Oder auch, er werde die «Guillotine zu einem spezificum gegen die Lustseuche machen» (S. 59). Auch die allegorische Bezeichnung der Guillotine als Rote Witwe bzw. als Scheuerweib in Müllers «Auftrag» zitiert Büchners Bildersprache. So wirft Danton bei ihm Robespierre in einer direkten Konfrontation vor:

«Hast du das Recht aus der Guillotine einen Waschzuber für die unreine Wäsche anderer Leute und aus ihren abgeschlagen(en) Köpfen Fleckkugeln für ihre schmuzzigen Kleider zu machen, weil du immer einen sauber gebürsteten Rock trägst?» (S. 35).

Er hält ihm also entgegen, daß mit der Austreibung des Lasters in einer im Namen der Tugend geführten Politik die Körper als Träger des Lasters gleich mit vernichtet würden. Mit dieser Darstellung eines forcierten Tugenddiskurses, der sich in der Todesmaschine der Guillotine materialisiert, hat Büchner eine Aufklärungskritik vorweggenommen, die – wie bei Horkheimer/Adorno mit Bezug auf den Faschismus – die Verbindung von Schrecken und höchster Rationalität als Ergebnis einer fortschreitend sich zuspitzenden Aufklärungsbewegung erkennt.

Im Gegensatz dazu wird Danton in einer ambivalenten Haltung präsentiert; sie äußert sich sowohl in seinem Verhältnis gegenüber den Frauen als auch gegenüber dem Leben und dem Tod. Einerseits bedeutet das Grab für ihn einen Fluchtpunkt für seine Sehnsucht nach Vergessen und nach Ruhe vor den Artikulationen traumatischer Erinnerungen, die sich zum Beispiel mit dem Wort «September» ungewollt und unbewußt von seinen Lippen lösen und ihn so mit seiner eigenen schuldhaften Verstrickung in die ‹Septembermorde› konfrontieren.

«Der Ort soll sicher seyn, ja für mein Gedächtniß, aber nicht für mich, mir giebt das Grab mehr Sicherheit, es schafft mir wenigstens Vergessen! Es tödtet mein Gedächtniß. Dort aber lebt mein Gedächtniß und tödtet mich. Ich oder es? Die Antwort ist leicht» (S. 45).

Im «Ich oder es» wird hier ein unversöhnlicher Konflikt zwischen Erinnerung/Unbewußtem und Überleben/Bewußtsein zugespitzt zum Ausdruck gebracht. Die von Büchners Danton als qualvoll erlebte Situation nimmt die von Freud theoretisch gefaßte Ungleichzeitigkeit von

Gedächtnis und Bewußtsein vorweg – und auch die in Benjamins Bild des ‹Engels der Geschichte› zur Darstellung gebrachte Unversöhnlichkeit zwischen dem Blick auf die Toten und dem in die Zukunft gerichteten Blick der Überlebenden. Der in der Frage formulierte Konflikt wird von Danton als einer auf Leben und Tod und als Drama begriffen, das an seinem Leib und in seinen Gedanken ausgetragen wird, ohne daß ihm ‹selbst› die Rolle des Regisseurs zufiele.

«Und soll ich nicht zittern, wenn so die Wände plaudern? Wenn mein Leib so zerschellt ist, daß meine Gedanken unstät, umirrend mit den Lippen der Steine reden? Das ist seltsam» (S. 45).

Im Gefängnis aber, beim Warten auf die Hinrichtung, regt sich bei ihm und seinen Freunden der Lebenstrieb, der Widerwille dagegen, «so mechanisch getödtet zu werden» (S. 60); und Vorstellungen vom Schicksal des toten Leibes stellen sich ein, von seiner Verwesung und Verfaulung. Diese Vorstellungsbilder machen die Abstraktion philosophischer Begriffe im Disput der Freunde zunichte. Zum Beispiel in Dantons Worten:

«Das Nichts hat sich ermordet, die Schöpfung ist eine Wunde, wir sind seine Blutstropfen, die Welt ist das Grab worin es fault».
«Da ist keine Hoffnung im Tod, er ist nur eine einfachere, das Leben eine verwickeltere, organisirtere Fäulniß, das ist der ganze Unterschied! ... Ich kann nicht sterben, nein, ich kann nicht sterben. Wir müssen schreien, sie müssen mir jeden Lebenstropfen aus den Gliedern reißen» (S. 61).

Im selben Augenblick, in dem diese sehr materiellen Todesbilder vor seinen Augen erstehen, verschiebt Danton seine Ruhe-Sehnsucht vom Grab auf Julie, seine Frau, und zwar in Verbindung mit der Vorstellung vom Vorgang seiner eigenen Auflösung.

«Und wenn ich ganz zerfiele, mich ganz auflöste – ich wäre eine Handvoll gemarterten Staubes, jedes meiner Atome könnte nur Ruhe finden bey ihr» (S. 61).

Hier begegnen wir wieder der Sehnsucht nach der Einheit mit der Frau, ausgehend von der Angst vor dem Zustand des atomisierten Körpers. Was aber in Müllers Stück als mythisches Bild einer Regression ins prädipale Feld der Mutterbeziehung, verbunden mit Phantasmen eines zerstückelten Körpers, sich darstellt, wird in «Dantons Tod» auf die Vorstellung des eigenen Todes bezogen, die nur erträglich ist in der Imagination einer Verbindung mit der geliebten Frau. Am Ende von Büchners Drama findet Dantons Wissen, daß sein eigener Leib aufhören wird zu sein, einen Trost in der Einheit mit der Geliebten nach dem Tode. Während dagegen in der Eingangsszene die sexuelle Verbindung mit ihr von Danton als «Grab der Ruhe» bezeichnet wurde, wobei dieses Bild unverbunden neben und im Kontrast zu aggressiven Vorstellungen stand, zum Zwecke des gegenseitigen *Erkennens* die äußere Glätte und Ganzheit, mit der einem der Körper des anderen gegenübertritt, aufzubrechen: «Wir müßten uns die Schädeldecken aufbrechen und die Gedanken einander aus den Hirnfasern zerren» (S. 14).

In der gemeinsamen Thematisierung der Sexualität – mit Freud (1975) könnte man von ‹Todes- und Lebenstrieb› sprechen, die, wenn sie aus der Sphäre des Politischen verdrängt sind, diese um so mehr bestimmen – besteht aber ein grundlegender Unterschied zu Müllers Stück, und zwar in der Tatsache, daß bei Müller, mit Ausnahme des kurzen Auftritts von Antoines Frau in der Eingangsszene, Weiblichkeit nur auf der Ebene des Allegorischen und Mythischen inszeniert wird, während in «Dantons Tod» fünf Frauenfiguren auftreten, von denen Dantons Frau Julie, seine Grisette Marion und Camille Desmoulins' Frau Lucile eine nicht unwichtige Rolle spielen.

Über diese Frauenfiguren ist viel geschrieben worden, vor allem seitdem Reinhold Grimm 1975 mit einem großangelegten Rettungsversuch für sie ins Feld der Interpretationsschlachten eingetreten ist. Gegen eine moralisierende Abwertung und tugendhafte Mokanz gegenüber den drei Frauengestalten unternimmt er in seiner Rettung nun allerdings umgekehrt eine Idealisierung. Er sieht in ihnen den Entwurf eines Liebeskonzepts, das Herz und Sexualität «geradezu programmatisch vereinigt» (Grimm, S. 322), indem es *coeur* und *carreur* einbezieht. So lautet der Titel seines Aufsatzes, der Worte aus der Kartenspielszene im ersten Auftritt zitiert und als Liebessymbolik interpretiert: Herz und weiblicher Schoß als Bilder für Gefühl und Liebe. Andere sehen – ganz im Rahmen tradierter Rollenzuweisungen – in den Frauenfiguren von «Dantons Tod» die Gestaltung einer überlegenen Lebensunmittelbarkeit und damit Antipoden zu den männlichen Akteuren (Braunbehrens, S. 292), den Ausdruck einer «schlichten Beredsamkeit des Herzens und des Gefühls» (Schaub, S. 182) oder gar die Entdeckung von Liebenden, von Gegenbildern, die «bereits unvermittelter, ungespaltener einen Teil richtigen Lebens im falschen zu leben» scheinen (P. Becker, S. 87f). Lehmann dagegen liest den Text als «spezifische Artikulation der komplexen Struktur der Lust» und geht davon aus, daß in Büchners «Bild der Erotik als Entpersonalisierung zugleich die Schilderung der idealen Liebe eingeht, so daß beide Aspekte des Eros sich gegenseitig kommentieren», als Dekonstruktion des Ideals also, das aber nicht mit seiner Negation verwechselt werden darf, wobei ihn dann allerdings die Analyse der Frauenbilder wieder weniger interessiert (Lehmann 1984, S. 316).

Bemerkenswert ist die Tatsache, daß die männlichen Akteure in «Dantons Tod» von den Interpreten durchweg als historisches Personal verstanden werden, das seine jeweiligen Entsprechungen in der Geschichte der Pariser Revolutionsjahre findet, während die Frauenfiguren als «Büchners eigene Erfindungen» (P. Becker, S. 87), als mythische Figuren also, gelten. Erst 1987 hat Ilona Broch sich die Mühe gemacht, die Darstellung Julies und Luciles mit den überlieferten Bildern von Dantons erster Frau Antoinette-Gabrielle, die im Februar 1793 gestorben ist, seiner zweiten Frau Louise und von Desmoulins' Frau, die tatsächlich Lucile hieß, zu vergleichen. Broch deutet vor allem die eindrucksvollen Einzelauftritte der beiden Figuren gegen Ende, nachdem die Männer interniert sind, jene Szenen, in denen Julie mit einem Gifttrunk aus dem Leben scheidet und Lucile wahnsinnig wird, Szenen, die der Forschung Anlaß gegeben haben, in ihnen eine Verkörperung des weiblichen Liebes-(Opfer-)Todes zu sehen und diesen zu verklären. Broch entdeckt darin Anklänge an die literarischen Gestalten der Julia («Romeo und Julia») und der Ophelia («Hamlet») bei Shakespeare. Die Figuren sind somit Mischwesen, in deren Gestaltung Zitate aus Quellen historischer Überlieferungen und aus der Literatur eingegangen sind, wobei hinzugefügt werden muß, daß ja auch historische Darstellungen, sobald sie über die an den Revolutionsereignissen beteiligten Frauen reden, wie Jules Michelet in seinem Buch «Die Frauen der Revolution», häufig den Charakter einer mythischen Redeweise annehmen.

Vor einen derartigen Interpretationsstreit über sein dramatisches Personal hat Müller den Riegel seines Figuren- und Sprachtheaters geschoben, in dem die einzelnen Darsteller und Stimmen gar nicht mit Personen oder Meinungsträgern verwechselt werden können. Daß er in seiner Inszenierung die Vorstellungs- und Überlieferungsbilder der Revolutionsgeschichte selbst auf die Bühne bringt, hat allerdings den Preis der Abwesenheit von Frauenfiguren im «Auftrag».[13]

[13] Zu Müllers Frauenfiguren vgl. Schulz 1982 und 1987.

Seine Formel vom «Theater der weißen Revolution» bezieht sich aber nicht nur auf das bekannte Personal und die bekannten Bilder der Revolutionsgeschichten, sondern auch auf den Theater-Charakter der Revolution selbst, der ebenfalls schon in Büchners Drama zur Debatte stand. Während dort Robespierre in seiner Rede vom «erhabenen Theater der Revolution» (S. 26) dieses von einer Parodie abgrenzt und damit die Theatermetaphorik verwendet, um zwischen einer idealen Revolution und deren herabgesunkener Imitation zu unterscheiden[14], nimmt Danton mir derselben Metaphorik auf den Rollen- und Maskencharakter des eigenen Handelns Bezug: «Wir stehen immer auf dem Theater, wenn wir auch zuletzt im Ernst erstochen werden» (S. 40).

Die neueren Forschungen zur Französischen Revolution konzentrieren sich besonders auf diesen Aspekt ihrer Geschichte, auf die Inszenierungsarten und die Symbolik der Revolutionsjahre, auf die Feste und Umzüge, auf die Rede- und Presseschlachten, auf die ganze Dramaturgie der revolutionären Öffentlichkeit, in der in vielfältiger Weise auf überlieferte Genres und ihr Masken- und Sprachrepertoire zurückgegriffen wurde. So wird die populäre Pressefigur jener Jahre, der «Père Duchesne», in die Tradition der Burleske und des Volkstheaters gestellt, als Harlekin, «der gleichsam eine Wort-Parade inszeniert» (Guilhaumou, S. 210). Und die Feste mit ihren genau festgelegten Programmen werden als Versuch gedeutet, «die errungene Einheit zu materialisieren» (Vovelle, S. 127). Jean-Pierre Faye geht soweit zu behaupten, daß die Revolution sich überwiegend in Erzählschlachten ereignete,

14 Hierin durchaus der Redeweise von Karl Marx in den berühmten Anfangsseiten seines «18. Brumaire» ähnlich, wo dieser die Verwendung einer historischen Dramaturgie, Sprache und Bildlichkeit als Entlehnung beschreibt und mit den Begriffen von Verkleidung, Täuschung und Totenbeschwörung in Zusammenhang bringt. Bemerkenswert, daß in diesem Zusammenhang auch die Bedeutungseffekte weiblicher Personifikationen Verwendung finden: «Einer Nation und einer Frau wird die unbewachte Stunde nicht verziehen, worin der erste beste Abenteurer ihnen Gewalt antun konnte» (Marx, S. 119/120). Walter Benjamin liest Marx' Überlegungen gegen den Strich und deutet das Verhältnis der Französischen Revolution zu historischen Situationen als Zitat um, im Zusammenhang eines Geschichtsbegriffs, der einen Bruch markiert gegenüber dem in die Zukunft gerichteten Blick bei Marx, der besonders in der Behandlung und Thematisierung der Toten zum Ausdruck kommt (besonders These XIV; Benjamin 1980, I, 2, S. 701).

daß hier eine historische Konstellation zu beobachten ist, «in der man die Sprache unmittelbar ‹handeln› sieht» (Faye, S. 51). Er erläutert das am Beispiel jenes für den weiteren Revolutionsverlauf so wichtigen Tages, an dem Robespierre die Macht seiner Beredsamkeit an andere verlor und gestürzt wurde:

«An diesem überraschenden und entscheidenden Tag ist fast nichts geschehen! Ein einziger Schuß wurde abgegeben, und das ist die Kugel, die die Kinnlade Robespierres zerschmetterte – und man erhebt das Wort. Sonst passiert nichts. Alles, was bleibt, ist eine Schlacht von Erzählungen. Vor allem in der Nationalversammlung ...

Ein ‹materielles› Ereignis, der Rest bestand aus der Materie der Sprache, die zirkulierte.»

Genau dieses Verhältnis zwischen derartigen ‹materiellen› Ereignissen und der sprachlichen Realität der Revolution ist aber das Hauptthema in Büchners Drama. Der Körper, der die Ideen der Revolution zu *verkörpern* hat und diesen dabei geopfert wird, das ist das Drama, welches die Worte Dantons und seiner Mitspieler permanent umkreisen. Das Revolutionstheater braucht und verbraucht die lebendigen Leiber, um sich in Szene zu setzen; die Revolutionsideen brauchen und verbrauchen lebende und dargestellte Körper, um in ihnen verkörpert zu werden. Um dieses Verhältnis zu thematisieren, verwendet Büchner Metaphern aus dem Bereich des Theaters und der Grammatik, der mimischen und der sprachlichen Nachahmung. St. Just zum Beispiel rechtfertigt den Terror zur Durchsetzung seines Satzes von der Gleichheit in einer Szene mit folgenden Worten:

«Jedes Glied dießes in der Wirklichkeit angewandten Satzes hat seine Menschen getödtet. Der 14. Juli, der 10. August, der 31. May sind seine Interpunctionszeichen. Er hatte 4 Jahre Zeit nöthig um in der Körperwelt durchgeführt zu werden, und unter gewöhnlichen Umständen hätte er ein Jahrhundert dazu gebraucht und wäre mit Generationen interpunctirt worden. Ist es da so zu verwundern, daß der Strom der Revolution bey jedem Absatz bey jeder neuen Krümmung seine Leichen ausstößt? / Wir werden unserem Satze noch einige Schlüsse hinzuzufügen haben, sollen einige Hundert Leichen uns verhindern sie zu machen?» (Büchner 1980, S. 49).

So wird ihm auch in einer Szene von Barrère vorgehalten: «Ja, geh St. Just und spinne deine Perioden, worin jedes Komma ein Säbelhieb und jeder Punkt ein abgeschlagener Kopf ist» (S. 59). Und in der einzigen Situation des Dramas, in der Robespierre Unsicherheit zeigt, als er nämlich von seinen eigenen Träumen heimgesucht wird, äußert er:

«Ob der Gedanke That wird, ob ihn der Körper nachspielt, das ist Zufall» (S. 36). Dantons Freund Mercier ist es, der aus diesem Verhältnis von Sprache und Körper die Warnung ableitet:

> «Geht einmal Euren Phrasen nach, bis zu dem Punkt, wo sie *verkörpert* werden. / Blickt um Euch, das Alles habt ihr gesprochen, es ist eine mimische Uebersetzung Eurer Worte. Dieße Elenden, ihre Henker und die Guillotine sind Eure lebendig gewordnen Reden. Ihr baut Eure Systeme, wie Bajazet seine Pyramiden, aus Menschenköpfen» (S. 54; H. v. m.).

Und Danton dazu: «Du hast Recht. Man arbeitet heut zu Tag Alles in Menschenfleisch. Das ist der Fluch der Zeit. Mein Leib wird jezt auch *verbraucht*» (S. 54; H. v. m.). Es geht in «Dantons Tod» also nicht nur um das Problem der Schreckensherrschaft und um den Zusammenhang von Revolution, Tod und Sexualität, sondern dies alles ist an die Thematisierung einer spezifischen Denkweise und Repräsentationsform gebunden, die als Opferung des Leibes für die Idee bezeichnet werden kann. Auf den spezifisch europäischen Gehalt solcher Konzeptionen macht Müller im «Auftrag» dadurch aufmerksam, daß er den Kontrast zwischen Schwarz und Weiß in die Revolutionsdramatik einführt. In Abwandlung des biblischen Schöpfungsmythos hatte schon Heine auf deren christliche Implikationen verwiesen, mit dem Satz: «Das Wort wird Fleisch, und das Fleisch blutet» (Heine, S. 461).

Gegen eine derartige Dramatik haben Büchner und Müller ein Theater aufgeboten, das den Aufstand der Leiber und der Toten gegen ihre Opferung für das Wort in Szene setzt und zur Sprache bringt. Das ist die Bedeutung, die sich bei Müller in seinem Motto «Auferstehung des Fleisches» verdichtet, für das er im «Auftrag» Büchnersche und Benjaminsche Bilder überblendet hat. Während Büchners Text aber von einer Gebrochenheit, dem Widerspruch von Revolutionshoffnung und -verzweiflung, getragen ist und Benjamin in seinem dialektischen Bild vom ‹Engel der Geschichte› die Ungleichzeitigkeit von Trauer und Handlung gestaltet hat, ist aus dieser Figur in Müllers «Auftrag» heute ein ‹Engel der Verzweiflung› geworden (S. 46)[15], Bild der aus den tradierten Revolutionsbildern verdrängten Erinnerung.

[15] Benjamins Entwurf der ‹Jetztzeit› ist bei Müller stellenweise eher von Kälte umweht als von messianischer Erleuchtung erhellt. Zum Beispiel «Oder die Kälte selber, die unsre Gestern und Morgen zum ewigen Heute friert» (S. 67). Schon in seinem frühen Text «Glückloser Engel» (1958) hat Müller eine Lektüre von Benjamins ‹Engel der Geschichte› vorgenommen, die dem ‹Engel der Verzweiflung› im «Auftrag» nahekommt (Müller 1982, S. 87).

Von Entleibungen war im Revolutionstheater Heiner Müllers und Georg Büchners in zweifachem Sinne die Rede: (1) vom realen Verbrauch der Leiber, in denen sich Geschichte materialisiert, für die (Revolutions)Idee und (2) vom Vorgang der Verkörperung, der – als eine spezifische Technik im Prozeß der Symbolisierung – den Körper zum Material der Repräsentation von Bedeutung macht. Wenn auch das eine Drama sich auf der historischen Schaubühne abspielt und das andere die Bühne der Vorstellungen betrifft, so sind doch beides Varianten einer Opferstruktur im selben Repräsentationssystem.

Die «mimische Übersetzung» der Worte, die Mercier bei Büchner beklagt, verweist auf eine dem vorherrschenden Mimesis-Konzept gegenläufige Bedeutung bzw. auf dessen Kehrseite: auf die leibhaftige Nachahmung oder auf die Verleiblichung von Vorstellungen. Doch lassen sich die beiden Mimesisbegriffe nicht arbeitsteilig den Feldern der ‹Geschichte› und der ‹Sprache› zuordnen, sondern sie begegnen uns in allen Formen der kulturellen oder Bedeutungsproduktion, die sich als Dialektik von Entleibung und Verkörperung vollziehen. Insofern muß die Problematik, die Büchner und Müller in ihrer Revolutionsdramatik in Szene setzen, auch auf diese selbst zurückbezogen werden, müssen Status und Schicksal der Körper anhand der Schrift (écriture) der ‹Autoren› diskutiert werden, um so die Herstellung von Literatur – oder auch anderer Künste – ebenfalls auf die in Frage stehende Opferstruktur hin zu befragen. Wobei noch einmal, nun aber auf anderer Ebene, sich die Frage stellt, ob die Praktiken, in denen der Körper zum

Medium und Austragungsort des Imaginären wird, einer bestimmten Geschlechterdramaturgie folgen.

Das Interesse für das Verhältnis von Körper und Sprache wird häufig in den Topoi von ‹Sprach-Körper› und ‹Körper-Sprache› zum Ausdruck gebracht – wobei meistens ein erneuter Übersetzungsvorgang stattfindet, in dem entweder die materielle Seite der Sprache metaphorisch als Körper oder die nonverbalen Ausdrucksformen des Leibes im übertragenen Sinne als Sprache gefaßt werden. Im Vergleich von Körper und Satz, wie ihn Hans Bellmer vornimmt – «Der Satz ist wie ein Körper» –, kommen beide primär als Material der künstlerischen Tätigkeit in den Blick. Und doch scheint es nicht unerheblich zu sein, auf welches ‹Material› das Begehren des Künstlers sich richtet – und ebensowenig, ob es sich um einen männlichen oder einen weiblichen Künstler handelt.

Die Studie über Hans Bellmer und Unica Zürn verfolgt die Spuren sexueller Differenz in deren verschiedenen ästhetischen Ausdrucks- und Gestaltungspraktiken (Puppenkonstruktionen, Zeichnen, Anagramme, autobiographisches Schreiben) und versteht sich als exemplarische Untersuchung der unterschiedlichen Orte und Effekte männlicher und weiblicher Kunstproduktion.

3 Hans Bellmer Unica Zürn: ‹Auch der Satz ist wie ein Körper...›?

Junggesellenmaschinen und die Magie des Imaginären

«Auch der Satz ist wie ein Körper...» oder «Der Körper, er gleicht einem Satz»

Als 1954 die «Hexentexte» von Unica Zürn in Berlin erschienen, mit zehn Zeichnungen und zehn Anagrammen und ihre erste echte Buchveröffentlichung[1], enthielt dieses Buch ein kurzes Nachwort von Hans Bellmer, dem Künstler, dem sie im Jahr zuvor bei einer Vernissage in der Galerie Springer begegnet war, jener Galerie, die dann auch die Publikation der «Hexentexte» besorgte.[2] Bellmers Nachwort enthält eine kleine Theorie des anagrammatischen Schreibens, eines poetischen Verfahrens, in dem er sich selbst geübt hatte (wie seine Anagramme in «Die Puppe» belegen, Bellmer 1983, S. 97) und in das er, bald nachdem er sie kennengelernt hatte, Unica Zürn einwies, um sehr schnell von ihr darin überflügelt zu werden, wie die so rasch folgenden «Hexentexte» belegen. In dem Nachwort heißt es:

«ANAGRAMME sind Worte und Sätze, die durch Umstellen der Buchstaben eines gegebenen Wortes oder Satzes entstanden sind. Es ist verwunderlich, daß seit dem wieder erwachten Interesse an den Sprachbildungen der Geisteskranken, der Medien und der Kinder kaum bisher an jenes anagrammatische Deuten im Kaffeesatz der Buchstaben gedacht worden ist. – Wir wissen wohl nicht viel von der Geburt und der Anatomie des ‹Bildes›. Offenbar kennt der Mensch seine Sprache noch weniger, als er seinen Leib kennt: Auch der Satz ist wie ein

1 Wenn man von dem Bilderbuch mit dem Titel «Wenn man allein unterwegs...» mit Illustrationen von Edith Witt absieht, das in der Hochschule für Bildende Künste in Berlin gedruckt wurde (o. J., o. S.), offenbar aber nicht über den Buchhandel vertrieben wurde.

2 In den biographischen Angaben folge ich der unveröffentlichten Lizentiatsarbeit von Franziska Schneider. Durch die 1988 ff bei Brinkmann und Bose veranstaltete Gesamtausgabe werden ihre Angaben weitgehend bestätigt. Die darin erstmals zugänglichen Texte Zürns konnten für diesen Beitrag noch nicht berücksichtigt werden.

Körper, der uns einzuladen scheint, ihn zu zergliedern, damit sich in einer endlosen Reihe von Anagrammen aufs Neue fügt, was er in Wahrheit enthält» (Bellmer, S. 108).

Bellmer beschreibt hier das Anagramm-Dichten als Verfahren der De- und Neumontage am Material der Sprache, wobei er die sprachlichen Erscheinungen als Bild bezeichnet, diesem Bild eine Anatomie zuschreibt, um schließlich den Satz mit einem Körper zu vergleichen: «Auch der Satz ist wie ein Körper.» Damit vergleicht er die Schreibpraxis der Autorin Zürn, die diese unter seiner Anleitung erlernt und in so ungeheurer Geschwindigkeit bis zur Kunstfertigkeit ausgebildet hat, indirekt mit seiner eigenen künstlerischen Praxis, die seit den dreißiger Jahren um die gestalterische De- und Neumontage überwiegend weiblicher Körper kreist. Kernstück und Leitmotiv dieser Praxis sind Bellmers «Puppen»-Konstruktionen, mit denen er 1933 begann, um sie in zahlreichen Variationen zu verändern, fortzuführen, abzubilden und so zu vervielfältigen (s. Bellmer 1983). Seine Gleichsetzung von Satz und Körper, von sprachlichem und körperlichem Material ist also durchaus wörtlich zu nehmen. Noch deutlicher wird dies, wenn man einen anderen Text Bellmers mitliest, auf den das Nachwort zu den «Hexentexten» unausgesprochen Bezug nimmt.

Mit der Schrift «Kleine Anatomie des körperlichen Unbewußten oder die Anatomie des Bildes» liefert er eine Theorie seiner eigenen künstlerischen Produktion. Anfang der vierziger Jahre hatte er begonnen, an diesem Text zu arbeiten und ihn schließlich – angeregt durch die Begegnung mit Unica Zürn – in den Jahren 1953/54 fertiggestellt.[3] Nicht nur die Rede von der Anatomie des Bildes im Nachwort zu den «Hexentexten» ist ein Zitat aus dieser Schrift; auch die Aussage, welche Satz und Körper vergleicht, ist schon in dieser Schrift enthalten – allerdings mit einer entscheidenden Umkehrung.

Heißt es im Nachwort zu Zürns Anagrammen, «auch der Satz ist wie ein Körper», so beginnt die so ähnlich klingende Aussage in der «Anatomie des Bildes» dagegen: «Der Körper, er gleicht einem Satz...» (Bellmer 1983, S. 94). Ausgangs- und Vergleichsobjekt sind also in ihrer Stellung im Satz *vertauscht*. Die folgende Einladung, ihn zu zergliedern, geht demnach dort, wo Bellmer direkt über seine *eigene* künstlerische Produktion spricht, primär vom Satz aus und erst im übertragenen Sinne dadurch, daß der Körper dem Satz gleichgestellt

[3] Erstpublikation Paris 1957 (Verlag Le Terrain Vague).

wird, vom Körper. Im Text über die Anagramme aber, in dem Bellmer nur indirekt über seine eigene Tätigkeit spricht – denn nur für eingeweihte Leser, die seine Zeichnungen, Graphiken, Photos oder Konstruktionen kennen, ist der Bezug der Aussage zum Verfasser des Nachworts als Praktiker einer Tätigkeit des Zergliederns und neu (Zusammen-)Fügens von Körper(teile)n unübersehbar –, hier *verspricht* sich das Begehren des Künstlers: «... wie ein Körper, der uns einzuladen scheint, ihn zu zergliedern.» Hier geht die Verführung, ihn zu zergliedern, *unmittelbar* vom Körper aus. Verschwiegen bleibt allerdings, daß es sich dabei um einen *weiblichen* Körper handelt, während diese Tatsache in der «Anatomie des Bildes», dem Text, in dem die Einladung zur Zergliederung vom Satz ausgeht, immer präsent ist; denn der Abschnitt, dem der Vergleich des Körpers mit dem Satz entstammt, handelt von der «Eva-Synthese».

Es gibt noch eine weitere kleine, aber sprechende Abweichung zwischen den ansonsten gleichlautenden Formulierungen Bellmers. Während in der «Anatomie des Bildes» der Punkt, bis zu dem der *Satz* zu zergliedern ist, benannt ist – es heißt dort «...einem Satz –, der uns einzuladen scheint, ihn bis in seine Buchstaben zu zergliedern» –, so fehlt eine entsprechende Angabe in dem Text über die Anagramme, wo sich die Zergliederung syntaktisch direkt auf den *Körper* bezieht. Die Wendung «bis in seine Buchstaben» fehlt hier und ist auch durch nichts anderes ersetzt – natürlicherweise, möchte man hinzufügen, da sonst ja das Gewaltsame und Blutige des Vorgangs sich unverhüllt aussprechen müßte. Wenn aber das Verfahren der Zergliederung des Körpers auf diese Weise ohne Maß und materielle Grenze erscheint, definiert sich dann das darauf gerichtete Begehren des Künstlers nicht als maßlos, als unendliches Begehren? Wenn der neu zusammengefügte Satz ein Anagramm *ist,* so fragt sich, was der neu zusammengefügte Körper, der metaphorisch als Anagramm beschrieben wird, denn ‹eigentlich› sei. Oder bezeichnet das fehlende Substitut für die Wendung «bis in seine Buchstaben» eine Grenze, die dem von Bellmer angestrengten Vergleich zwischen Satz und Körper in versteckter Weise mitgegeben ist? ‹Wußte› Bellmer damit von der *Differenz,* die seiner Figur der Gleichsetzung eingeschrieben ist? Und ist diese Differenz vielleicht gerade der Grund dafür, warum er sich lieber mit den Körpern beschäftigt und die Arbeit am Sprachmaterial fortan weitgehend seiner Partnerin überlassen hat.

Es lohnt sich, dem von Bellmer eingeführten Vergleich nachzugehen – nicht nur, weil die darin angesprochene Beziehung zwischen *Sprach-Körper* und *Körper-Sprache* heute erneute Popularität genießt und hier an einem exemplarischen ‹Fall› historisch untersucht und auf ihre Voraussetzungen und Konsequenzen hin befragt werden kann. Auch das dabei in Frage stehende künstlerische Verfahren der De- und Neumontage, das als ‹klassisches› Verfahren der historischen Avantgarde gelten kann, hat in aktuellen ästhetischen Konzepten, fundiert durch eine Theorie der ‹Dekonstruktion› und motiviert durch eine Dezentrierung des ‹Subjekts› und des Sinns, wieder an Bedeutung gewonnen. Und selbst die heute zentrale Bedeutung der ‹Weiblichkeit› in der Ästhetik erweist sich als eine Wiederholung ihres Orts in der Avantgarde, auch wenn der männerbündische Charakter der historischen Avantgardebewegungen jetzt partiell aufgebrochen ist.

Mit Bezug auf die produktionsästhetischen Aspekte in Benjamins Allegoriebegriff hat Peter Bürger in seiner «Theorie der Avantgarde» (1974) die Montage als deren künstlerisches Verfahren, aus dem ein nichtorganisches Kunstwerk entsteht, bestimmt: «Materialbehandlung (Herausbrechen von Elementen aus einem Kontext)» und «Werkkonstitution (Zusammenfügen der Fragmente und Sinnsetzung)» (S. 94). Die Fragen, die im Anschluß daran am Beispiel von Bellmers und Zürns künstlerischer Praxis gestellt werden können, sind die nach der Funktionsweise dieses Verfahrens, je nachdem, an welchem ‹Material› es operiert, nach den Unterschieden zwischen einer solchen Praxis in der Schrift oder am Bild und danach, ob eine derartige ästhetische Praxis bei einer Künstler*in* von der des Künstlers abweicht. Diese Fragen sollen hier nicht als rein theoretische, sondern am paradigmatischen ‹Fall› des Künstlerpaars Bellmer und Zürn erörtert werden. Dabei geht es nicht nur um seine Puppenkonstruktion und ihre Anagramme, sondern darüber hinaus um die exemplarische Untersuchung eines männlichen und eines weiblichen Orts in der Avantgarde.

Bellmer und Zürn können ja geradezu als Musterpaar für das avantgardistische Postulat von der Verbindung von Kunst und Leben betrachtet werden, führten sie doch ein wahrhaft «künstlerisches Leben». Als Unica Zürn noch im Jahr des Kennenlernens mit Bellmer, der bereits 1938 emigriert war, nach Paris ging, lebten sie dort außerhalb einer gesicherten sozialen Existenz lange Jahre in einem heruntergekommenen Hotel, in Kontakt mit vielen Künstlern aus dem Kreis des ‹Surrealismus›, ganz mit sich und ihrer Kunst beschäftigt, mittels ihrer

Kunst quasi «im Glashaus»[4]. Eine Grenzziehung zwischen ‹Kunst› und ‹Leben› existiert für sie insofern nicht, als die Gesichter der von Bellmer geschaffenen Körper immer häufiger die Züge von Unica Zürn tragen, er sogar ihren realen Körper als ‹Material› benutzt (umschnürt und photographiert, s. «Unica» 1958, in Bellmer 1984, S. 117–127), während in ihren Texten Gestalten und Namen aus ihrem realen Leben auftauchen, ihre Texte unverkennbare Verweise auf ihren Alltag mit Bellmer enthalten und sie in ihrer Schrift «Der Mann im Jasmin. Eindrücke aus einer Geisteskrankheit» die Geschichte ihrer eigenen Krankheit erinnert. Ob dabei allerdings Kunst in Lebenspraxis zurückgeführt wurde, wie im Programm der Avantgarde postuliert[5], oder ob ihre Lebenspraxis dabei den Gesetzen der Kunst und damit den Strukturen des Imaginären folgte, wird noch zu untersuchen sein.

Da *sie* nicht nur geschrieben, sondern auch gezeichnet hat und *er* nicht nur Zeichnungen, Graphiken, Photos und die «Puppe» hergestellt, sondern auch geschrieben hat, liegt bei Bellmer und Zürn keine reine Arbeitsteilung der verschiedenen Künste vor. Dennoch wird Bellmer in erster Linie als bildender Künstler und Zürn primär als Schriftstellerin – zumindest seitdem einige ihrer Schriften publiziert sind – betrachtet. Während die Texte Bellmers eher ergänzenden, kommentierenden Charakter haben im Hinblick auf seine gestalteten Objekte, nehmen Schreiben und Zeichnen für Unica Zürn wechselnde, sich zum Teil überschneidende Bedeutungen in ihrem Leben ein. Bezeichnend ist aber bei der wechselseitigen Besprechung ihrer Arbeiten die Tatsache, daß Bellmer sich im Nachwort zu den «Hexentexten» zu *ihrem Schreiben,* Zürn sich – in ihren literarischen Texten verschlüsselt («Im Hinterhalt») und in einer Art subjektiver Kunstkritik offen – zu *seinen Zeichnungen* und zur «Puppe» geäußert hat. Wenn er sich dort im theoretischen Diskurs über die Technik der Anagrammproduktion ausläßt, in keinem Satz aber auf Unica Zürn als Schreibende eingeht, dann sind ihre «Remarques d'un observateur» im Gegensatz dazu ganz speziell auf den Künstler Bellmer bezogen, beschreiben seine Produktionen als zart und kalt zugleich und stellen eine Verbindung nicht zur Theorie, sondern zu eigenen konkreten Erfahrungen her. Dabei vergleicht Zürn eines seiner Werke mit dem Zustand einer realen Frau, wie sie sie in der Anstalt gesehen hatte:

4 So eine Formulierung in André Bretons «Nadja» (1928). Ähnlich Benjamin in seinem ‹Surrealismus›-Aufsatz (1929).

5 Vgl. dazu Bürger 1974.

«Eine Nachkommenschaft seines berühmten ‹Céphalopode›, die Frau-Kopf und Beine-ohne Arme... Sie hat dieses Monster in St. Anne gesehen: eine geistig Kranke, die sich in einer erotischen Krise ihrem imaginären Partner hingibt. Wie wenn Bellmer Prophet wäre; es war schrecklich, die Kranke zu sehen. Alles quoll hervor: Die Beine und der Rücken, bogenförmig, und die schreckliche Sprache; Szenen des Wahnsinns, der Folter und der Ekstase; sind von ihm gezeichnet mit der Sensibilität eines Musikers, der Schärfe eines Ingenieurs, der Roheit eines Chirurgen.»[6]

Wenn Zürn in ihren subjektiven Beobachtungen und Assoziationen zu seiner Kunst sich im ‹sie› maskiert und in der Überschrift als männlicher Beobachter *anonymisiert*, dann tritt Bellmer in seinem Nachwort zu ihren Texten mit seinem Namen, das heißt als *Autor* einer Theorie auf, dann führt er einen Meisterdiskurs anläßlich ihrer Schriften, in dem er sie als Autorin ‹vergißt›.

Der Künstler und sein Modell
Vom ‹künstlichen Mädchen› zur ‹Eva-Synthese›

Mit «der Schärfe eines Ingenieurs», diese Beobachtung Unica Zürns hat durchaus einen realen Bezug. Hans Bellmer hatte an der Technischen Hochschule Berlins studiert und war Ende der zwanziger/Anfang der dreißiger Jahre als Werbegraphiker tätig. Ende des Jahres 1933 gibt er 31jährig seine berufliche Tätigkeit auf und beginnt mit der Arbeit an der «Puppe» (Abb. 3). Das ist die Nachbildung eines weiblichen Körpers, die aus einem Holzgestell, Metallteilen und -scharnieren entsteht, mit einer von Leim gehärteten Schicht Werk umwickelt und schließlich modelliert wird. Im Innern der Puppe, in ihrem Bauch, wird ein «Panorama» installiert, eine Vorrichtung, die sechs Kästchen mit bunten Bildern enthält, die sich dem Auge des Betrachters der Reihe nach darbieten, wenn er durch das Guckloch, den Nabel des Modells, in dessen Inneres schaut und gleichzeitig einen Knopf betätigt, der auf der linken Brust angebracht bzw. mit der Nachahmung der linken Brustwarze identisch ist. Der handwerkliche Charakter dieser künstlichen Frau wird durch ihre eigentümlich fragile Erscheinung kontrastiert. Hierzu tragen die mädchenhaften Züge des Gesichts bei, die langen Haare, aber auch die jugendlichen Körperformen.

[6] Aus dem Nachlaß veröffentlicht in «La Femme Surréaliste». Obliques Nr. 14–15 (o. J., o. O.), S. 257. In deutscher Übersetzung in Zürn 1981, S. 221 f.

Mit der Kamera hält Bellmer die verschiedenen Stadien der Entstehung seines Modells fest; als es fertig ist, zerlegt er es wieder, arrangiert es in unterschiedlichen Variationen und Positionen, in mehr oder minder vollständiger Gestalt – mit Armen und ohne Arme, mit und ohne Kopf, geschmückt mit Baskenmütze, Blumen, einem Schuh, schwarzem Tüll oder weißer Spitzenwäsche – und photographiert auch diese Arrangements. Auf einigen Abbildungen ist die Puppe gänzlich in ihre Einzelteile zerlegt, die dann entweder säuberlich geordnet wie in einem Werkzeugkasten nebeneinander oder künstlerisch/künstlich angeordnet und durcheinander auf ein Bett oder auf den Boden gelegt sind. Eine Reihe dieser Photos stellt Bellmer, ergänzt durch einen autobiographischen Kommentar, zu einem Buch zusammen und bringt dies 1934 im Selbstverlag heraus. Während sich in Deutschland niemand für dieses Buch interessiert[7], löst sein Werk in Paris bei der Gruppe der Surrealisten sofort Begeisterung aus. Bei seinem Paris-Aufenthalt 1934/35 wird er in die Gruppe aufgenommen, die ihn bald an ihren Ausstellungen beteiligt und für die Publikation seiner Arbeiten sorgt. In der Zeitschrift «Minotaure», die nach der Einstellung der von Péret herausgegebenen «La Révolution surréaliste» (1924–1929) und der von Breton edierten «Le Surréalisme au Service de la Révolution» (1930–33) zum Organ der Gruppe geworden ist (Nadeau, S. 187), erscheinen noch Ende 1934 achtzehn Aufnahmen der «Puppe» unter dem Titel «Variationen über die Montage einer minderjährigen Gliederpuppe». Und schon 1936 gibt es eine französische Ausgabe des «Puppen»-Buchs.

Zurück in Berlin, beginnt Bellmer sogleich mit einer zweiten Puppenkonstruktion. Hatte das erste Modell – zumindest als ‹vollständiges› – noch Verwandtschaft mit einer überdimensionierten Spiel- oder einer verkleinerten Schaufensterpuppe, indem es als (notwendig unvollkommene) Nachahmung eines Mädchenkörpers erschien, so treten beim zweiten Modell Montierbarkeit und Beweglichkeit in den Vordergrund, wobei die Ähnlichkeit mit einem natürlichen Körper zurücktritt. Der Körper der zweiten Puppe trägt noch deutlicher mechanische Züge, er gleicht eher einer Maschine als einem menschlichen Wesen. Durch diesen mechanischen Charakter der ganzen Konstruktion ist die kleine Maschine im Bauch der ersten Puppe für Bellmer überflüssig geworden. Deren Einbau hatte er in einer knappen Beschreibung des «Pan-

7 Kein einziges Exemplar davon soll verkauft worden sein. So Alain Sayag in seinem Vorwort zu Bellmer 1984, S. 7.

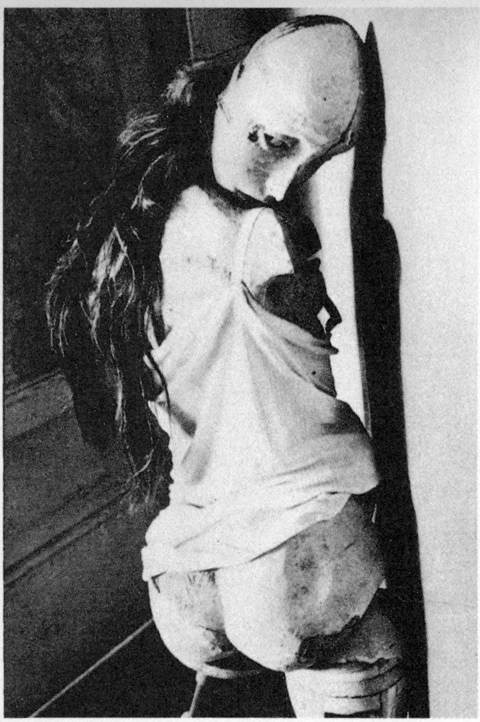

Abb. 3: Hans Bellmer, «Die Puppe» (1934)

oramas» damit erklärt, daß sie «wohl aus dem Gefühl heraus» entstanden sei, «daß dem starren Rumpf, also dem Bauch, jegliche Funktion fehlte» (Bellmer 1983, S. 14). Bei der zweiten «Puppe» erhält der Bauch dagegen eine zentrale Funktion; er wird als Kugelgelenk gebaut, an das in beliebiger Richtung und Kombination Unter- und Oberleib montiert werden können, an diese wiederum, ebenfalls durch Kugelgelenke, Beine, Arme und Kopf. Nur im Ausnahmefall erscheinen auf den Photos, die Bellmer von seinen (De-)Montagen der «Puppe» macht, diese Teile in einer dem natürlichen Körper analogen Zusammensetzung. Kopf und Arme sind am seltensten zu sehen, Unterleib und Beine am häufigsten. Wiederholt ist der Kugelbauch mit zwei Unterleibern und vier Beinen montiert und in unterschiedlichsten Stellungen photographiert. Die Füße sind manchmal mit Strümpfen und Schuhen ‹bekleidet›, hin und wieder gibt es Haare oder eine Haarschleife, bisweilen

Abb. 4: Hans Bellmer, «Die Spiele der Puppe» (1936)

auch ohne den dazugehörigen Kopf. Der mechanische Charakter des Modells bildet hier zu den runden, teils fleischig wirkenden Formen der Einzelteile einen Kontrast. Der Bauchnabel ist in eine deutliche Vertiefung modelliert, am Unterleib springt die Vagina als hochgezogene wulstige Spalte ins Auge, die Brüste sind kugelrund – aber offensichtlich, seitdem sie nicht mehr den Knopf für die Bedienung der Bild-Mechanik beherbergen, unwichtiger geworden; denn auf den meisten Abbildungen ist der Ober- durch den Unterleib ersetzt. Wenn der obere Unterleib dann häufig verkehrt herum auf den Kugelbauch montiert ist, befinden die runden Pobacken sich an (der) Stelle der Brüste. Aus der Froschperspektive photographiert, verschwindet der darauf gesetzte Kopf dann zum Teil hinter den überdimensional wirkenden Rundungen (Abb. 4).

Die Möglichkeiten, die Einzelteile zusammenzufügen und zu arrangieren und den Körper zu verrenken, haben sich bei dieser zweiten Konstruktion sprunghaft vergrößert. Mit der Steigerung der Montierbarkeit des Materials durch die Einführung des Kugelbauchs ist auch die Verfügungsgewalt des Künstlers über sein Objekt erheblich größer geworden, haben sich die Ausdrucksmöglichkeiten seines auf den künstlichen Körper gerichteten Begehrens vervielfacht. Mit dem Bau dieser Gelenkpuppe hat sich für Bellmer der Übergang vom Techniker zum Künstler, vom Handwerker zum Meister endgültig vollzogen – obwohl doch gleichzeitig das Produkt technischer, mechanischer geworden ist und sein schriftlicher Kommentar dazu jetzt einem *technischen* Leitmotiv, nicht mehr einem Erinnerungsbild folgt.

Dieser Text, ‹Das Kugelgelenk›, war ebenso wie eine Serie mit Photographien der zweiten «Puppe» fertiggestellt, als Bellmer 1938 endgültig nach Paris emigrierte. Paul Eluard schrieb dort eine Reihe von Prosagedichten zu den Abbildungen und regte Bellmer an, die Photos zu kolorieren. Alles zusammen erschien dann – allerdings wegen des Kriegs verzögert erst 1949 – unter dem Titel «Les Jeux de la Poupée». Durch die Handkolorierung der Photos sind die Farben, die bei der ersten «Puppe» im Innern ihres Rumpfes verborgen und damit dem Betrachter der *Abbildungen* nicht sichtbar waren, an die Oberfläche getreten. Das Spiel des «Panoramas», das noch seine Herkunft aus der kindlichen Guckkasten- und Jahrmarktswelt verrät, ist durch die ästhetisierten «Spiele der Puppe» abgelöst. Statt der Wiederholung gibt es nun eine potentiell endlose Reihe reproduzierter bunter Bilder von immer wieder anders arrangierten Teilen eines einem menschlichen Leib nur noch entfernt ähnelnden Modells – dessen Formen dennoch permanent an einen weiblichen Körper erinnern. Aus dem Puppenspiel ist damit endgültig das Spiel des Künstlers mit seinem Geschöpf und den von ihm selbst kreierten Möglichkeiten geworden.

Das fragil wirkende künstliche Mädchen der ersten Serie hat sich derweil in eine monströse Gestalt verwandelt, und die Deformation ist dabei zum Prinzip erhoben. Eignet den Abbildungen der «Puppe» noch eine ambivalente Zartheit, verweisen sie doch auf das Motiv der gebrochenen Unschuld, so tragen die kolorierten Photos der zweiten Konstruktion deutliche Züge einer obszönen Sexualisierung. Läßt das demontierte erste Modell noch Assoziationen an alte oder zerbrochene Puppen aus Kinderzeiten zu, so rufen einige Abbildungen des Kugelgelenkmodells eher Erinnerungsbilder an Opfer eines Lustmordes wach. Der Blick ist zugleich ‹kalt› geworden. Sein Begehren richtet sich nicht mehr auf das Bild, die Erscheinung eines nachgebauten Mädchenkörpers, sondern auf den zerstückelten, deformierten, vervielfältigten, an einzelnen Stellen ausufernden Körper, auf die Verfügung über ihn, seine Darbietung und deren ästhetische Inszenierung. Der Reiz, mit dem die erste Puppe spielt, geht von der Ambivalenz der ‹Unschuld› aus: Reinheit und Zerbrechlichkeit. Die Arrangements des zweiten Objekts überschreiten die (Körper-)Grenzen in ‹polymorph-perverse› Formen der Sexualisierung. Auf einzelnen Bildern setzen sich die Linien der Körperteile in den weichen Formen einer darunterliegenden Bettdecke fort, manchmal wiederholen sie sich als Schatten an der Wand oder auf der Unterlage. Der Verweis auf den ambivalenten Reiz der ‹kleinen Mädchen› kehrt auf etlichen Photographien dann aber doch mit den beigefügten Accessoires zurück: mit Haarschleifen, blonden Haarsträhnen, Spitzenwäsche, Söckchen und Lackschuhen.[8]

Auch mit Bellmers Texten, in denen er seine Produktionen kommentiert, hat sich eine Veränderung vollzogen. Während «Die Puppe» eine kurze Beschreibung von Entstehung und Funktionsweise des «Panoramas» und einen autobiographischen Kommentar «Erinnerungen zum Thema Puppe» enthält, der um die ‹kleinen Mädchen› kreist, laufen technische sowie Aspekte der Bedeutung in dem Text über «Das Kugelgelenk» in «Die Spiele der Puppe» zusammen. Hier entwickelt Bellmer seine Überlegungen zum ‹Körperalphabet›. Diese werden weitergeführt und theoretisch fundiert in jenem Text, an dem Bellmer seit 1942 arbeitet und der dann, angeregt durch die Begegnung mit Unica Zürn, 1953/54 unter dem Titel «Kleine Anatomie des körperlichen Unbewußten oder die Anatomie des Bildes» fertiggestellt wird und 1957 erscheint. In den «Erinnerungen zum Thema Puppe» schon ging Bellmer von der mit der Anziehungskraft des Magischen und der Zauberkünstler vergleichbaren Faszination für die «Genüsse des Abbildens» (Bellmer 1983, S. 9) aus, für die verbotene Bilder und Photographien einen besonderen Reiz ausübten. In dieser Konstellation traten «die jungen Mädchen in meine Gedanken», erinnert er sich (S. 10) und beschreibt die ‹kleinen Mädchen› dann als verlockend und beneidenswert, zugleich aber als «nicht recht geheuer» (S. 11). Liegt die Verlokkung für den männlichen Ich-Erzähler offensichtlich im Detail – er spricht von Rüschen, «Zuckungen rosa Plissees», von den Bewegungen

8 Ich beziehe hier die nicht in die Ausgabe von 1949 aufgenommenen Photos ein. Vgl. die Abbildungen in Bellmer 1984.

einzelner Körperteile –, so geht die Verunsicherung davon aus, daß die Mädchen als Ganze nicht handhabbar seien:

«Doch waren die jungen Mädchen – und darauf lief es hinaus – weder Kästchen noch Weckeruhren und boten darum nicht die geringste Handhabe, die Wünsche nach ihrem Reiz in zerstörende oder gestaltende Tätigkeit umzusetzen» (S. 12).

Es folgt eine konkrete und detaillierte Begründung für den Bau der Puppe aus dieser an den ‹kleinen Mädchen› entstandenen und irritierten Lust, in deren Verlauf das technische Vermögen den Triumph über sie und die Aneignung ihrer Eigenschaften ermöglicht:

«Bedeutete es nicht den endgültigen Triumph über die jungen Mädchen mit ihren großen beiseite sehenden Augen, wenn der bewußte Blick ihren Charme sich räuberisch einfing, wenn die Finger, angriffslustig und nach Formbarem aus, gliedweise langsam entstehen ließen, was sich Sinne und Gehirn destilliert hatten?

Gelenk an Gelenk fügen, den Kugeln ihren größten Drehbereich für kindliche Pose abprobieren, den Mulden sacht folgen, das Vergnügen der Wölbungen kosten, sich in die Muschel des Ohres verirren, Hübsches machen und ein wenig rachsüchtig auch das Salz der Deformationen verteilen. Obendrein vor dem Innern beileibe nicht stehenbleiben, die verhaltenen Mädchengedanken entblättern, damit ihre Untergründe sichtbar werden, durch den Nabel am besten, tief im Bauch als Panorama bunt elektrisch beleuchtet. – Sollte nicht das die Lösung sein» (S. 12/13).

Das Verblüffende an diesem Text ist die Klarheit, mit der der Vorgang vom Künstler selbst beschrieben wird. Seine Verunsicherung durch das ‹andere Geschlecht› wird bewältigt und in Lust umgesetzt, indem er sich das, was ihn reizt, aneignet, das Andere als eigenes *ent*wirft und es als Objekt *unter*wirft. Dabei läßt er den natürlichen weiblichen Körper, der ihm als Gefahr erscheint, hinter sich und ersetzt ihn durch ein Kunstprodukt, welches er zu Recht als sein Geschöpf betrachten kann. Wird die Einbildungskraft dabei in einem Vorgang der Materialisierung tätig, so erhalten der Blick, der «räuberisch» wird, und die Finger, die gestalten und formen, eine zentrale Funktion im künstlerischen Produktionsprozeß. Beide, Blick und Finger, sind hierbei kosend und formend zugleich; im Prozeß der künstlerischen Aneignung des Anderen verbinden sich Aufnahme und Gestaltung, Genuß und Aggression, Einverleibung und Entäußerung; in ihm eröffnet sich ein Feld für die Äußerung ambivalenter Wünsche: Kunstproduktion am Bild und am Körper der Frau.

Indem er ein Werk schafft, hat sein Hersteller, der ehemalige Graphiker Hans Bellmer, sich im selben Moment als Künstler konstituiert. Mit dem Bau der Puppe, mit seinem Geschöpf, hat er sich als ‹Schöpfer›[9] entworfen, mit der Herstellung seines Modells ist er Künstler geworden. Dieser Vorgang ist durch das Bild weiblicher Wesen motiviert, er vollzieht sich am ‹Weiblichen› als Stoff und erscheint als Triumph über die realen, sich dem Besitz und der Verfügung entziehenden (Kind-)Frauen. Insofern kann die Geschichte von Bellmers Puppenkonstruktion als symbolische Szene verstanden werden, in der sich Ort und Funktionsweise des ‹Weiblichen› in der männlichen Kunstproduktion verdichten. Bellmer wird Unica Zürn später u. a. deshalb als ideale Partnerin erkennen, weil ihr Bild seinem Modell so unglaublich ähnelt.

Bellmers ‹Körperalphabet›

«Das Spiel gehört zur Gattung Experimental-Poesie: das Spielzeug könnte ‹Poesie-Erreger› heißen. / Das beste Spiel will weniger auf etwas hinauslaufen, als sich an dem Gedanken seiner eigenen, unbekannten Fortsetzungen wie an einer Verheißung erhitzen» (S. 29).

Mit diesen Worten beginnt der Text über das Kugelgelenk in den «Spielen der Puppe». Der «Poesie-Erreger», das ist sein Kugelmodell, das Spiel mit ihm verdankt seine Faszination der Unendlichkeit, mit der es fortgesetzt werden kann. Technisch vergleicht Bellmer sein Kugelgelenk mit der Wirkungsweise des Kardangelenks in der Mechanik und dem Prinzip des Brennpunkts in der Optik. Deutet er die Idee der kardanischen Aufhängung als «Symbol der Egozentrizität», so interessiert ihn dieses vor allem wegen seiner Möglichkeit der Umkehrbarkeit, der Anwendung im Sinne einer Zentrizitätstendenz ebensowohl wie im Sinne einer Exzentrizitätstendenz. Die beschriebenen Experimente lassen sich auf diese Weise dann leicht auf den menschlichen Körper übertragen, da er sie mit den möglichen Verlagerungen oder Verschiebungen seines Schwerpunkts bzw. Zentrums vergleicht und so eine Analogisierung von Mechanischem und Organischem vornimmt. Die bei derartigen Schwerpunktverlagerungen entstehende Gestalt des

9 Während die Akteure auf Büchners Schauplatz der Revolution sich selbst als ‹Puppen› fühlten, «von unbekannten Gewalten am Draht gezogen» (Büchner 1980, S. 46), bearbeitet und bekämpft Bellmer ein solches Gefühl, indem er selbst Puppen konstruiert und daran zum ‹Schöpfer› wird.

Menschen wird von Bellmer als «Bild seines Körperbefindens» (S. 35) bzw. als Körperbewußtsein begriffen, die Summe der dabei entstehenden Figuren als «Körperalphabet».

«Der Körper vermag launisch wie im Traum den Schwerpunkt seiner eigenen Bilder zu verlagern; er tut es unablässig. Er vermag infolgedessen ‹Verdichtung›, ‹Überlagerungen›, ‹Analogiebeweise›, ‹Vieldeutigkeiten›, ‹Wortspiele›, artige und fremdartige ‹Wahrscheinlichkeitsrechnungen› mit diesen Bildern vorzunehmen, ganz im Sinn einer unbewußten Symbolbildung, die als Körperhaltung, Reflexbewegung, Geste, Ton, Sprache sinnfällig wird und deren Mechanismus vermutlich für alle Ausdrucksformen maßgebend ist. / Der Traum steht nicht am Anfang – die leiseste Reflexbewegung ist als Funktion des Wunsches im Sinn dieser Bildveränderung zu deuten ... Mit der Kraft des Unwahrscheinlichen allein wird der Ausdruck heraufbeschwören was er bezeichnet, wenn er zugleich IST was er sagt» (S. 36/37).

Mit deutlichem Bezug auf Freuds «Traumdeutung» beschreibt Bellmer die Darstellungen des Körpers als Funktions- bzw. Arbeitsweisen, die mit denen des Traums vergleichbar sind: «wie im Traum». Die «unbewußten Symbolbildungen», von denen er spricht, gelten ihm als eine andere, im Hinblick auf den Traum weitere ‹Sprache› des Unbewußten, womit er Überlegungen zu einer *Körper-Sprache* vorwegnimmt, die in aktuellen Debatten, besonders unter dem Stichwort der ‹weiblichen Ästhetik›, keine unwichtige Rolle spielen. In seiner Schrift fällt allerdings auf, daß er keine Unterscheidung trifft zwischen Aussagen über sein eigenes Produkt, das «Spielzeug», und solchen über reale Körper. Seine Erklärungen zum Körperalphabet enthalten ja nur dann einen Sinn, wenn sie sich auf die Ausdrucksformen eines menschlichen Körpers beziehen. Und das Beispiel, mit dem er diese Überlegungen einleitet, betrifft auch ein «sitzendes kleines Mädchen» (S. 36). Wenn man nun das zweite Modell Bellmers als Darstellung eines Körperalphabets betrachten wollte, dann handelt es sich eigentlich um die Nachahmung eines solchen – also doch wieder um Nachahmung, allerdings nicht mehr um ein ‹künstliches Mädchen›, sondern um ein künstliches Körperalphabet, die Nachahmung einer als Symbolbildung betrachteten Ausdrucksweise des Körpers.

Was den Künstler aber mehr interessiert als die *Deutung* dieses Ausdrucks, sind – in Analogie zur Traumarbeit mit ihren Funktionen Verdichtung, Verschiebung und Darstellbarkeit – die Bildveränderungen des Körpers, seine Morphologie bzw. die sich verändernden Körper*formen,* und zwar «nach jener Methode, die wie Schachtelsatz, Demontage, Permutation, Durchdringung, Querschnitt, Mosaikbildung, Kolorierung, Ersatz und doppelte Buchführung nicht nur dem Spezialisten oder der Natur gehört» (S. 37). Der Körper wird also «dem Spezialisten oder der Natur» enteignet und in künstlerischen Besitz genommen. Im Titel des Buchs «Die Spiele *der* Puppe» mutet das wie ein selbsttätiger, autonomer Vorgang an, denn es müßte ja eigentlich von Spielen *mit* der Puppe die Rede sein. Genauso wie in Bellmers Beschreibung des Körperalphabets der Körper als (launisches) Subjekt seiner eigenen Verschiebungen erscheint, tritt die Puppe, das Spiel*zeug*, im Titel als Akteur des Spiels auf, womit der Vorgang, daß sie zum Material, zum Objekt gemacht wird, in der Sprache zum Verschwinden gebracht ist – ebenso wie die Differenz zwischen Kunst-Frau und Frau ‹vergessen› ist.

Im ersten Abschnitt von Bellmers Schrift über die «Anatomie des Bildes» mit der Überschrift «Die Bilder des Ich» werden seine Ausführungen zum Körperalphabet aus «Das Kugelgelenk» im wesentlichen wiederholt und theoretisch systematisiert, wobei die Experimente und Begriffe aus der Mechanik durch einen psychoanalytischen Diskurs und durch Beispiele aus der Kunst ersetzt sind. Inhaltlich hat insofern eine Verschiebung stattgefunden, als er jetzt zwischen «virtuellem» und «reellem Erregungszentrum» im Bild des Körpers unterscheidet, deren Verlagerungen und Vermischung zu einem «doppelschichtigen Bild» ihn besonders fesseln. Die Verlagerungen der Erregung von einem Körperteil auf den anderen werden auf einen «Grundkonflikt zwischen Verlangen und Verbot» zurückgeführt, was zur «Verdrängung des Geschlechts nach Auge, Ohr und Nase hinführen» könne (S. 76). Dabei werden die Ausdrucksweisen des hysterischen Körpers als Extremfall derartiger Verlagerungen diskutiert, bei denen virtuelle und reelle Erregung jedoch niemals fest bleiben, sondern sich vermischen, «indem sie sich überlagern» (S. 79). Beim menschlichen Körper beobachtet Bellmer eine Umkehrachse, die sich als Horizontale in der Höhe des Nabels befinde, so daß Analogien und Affinitäten zwischen oberen und unteren Körperteilen bestünden. Er greift hierbei offensichtlich Freuds Vorstellung von der «häufigen Verlagerung von unten nach oben» auf, «die im Dienste der Sexualverdrängung steht und vermöge welcher in der Hysterie allerlei Sensationen und Intentionen, die sich an den Genitalien abspielen sollten, wenigstens an anderen einwandfreien Körperteilen realisiert werden können» (Freud 1972, S. 379). Allerdings zitiert Bellmer nicht diese Passage aus der «Traumdeutung», sondern eine andere, in der Freud auf K. Abels «Gegensinn der Urworte» verweist, auf die Tatsache also, daß in einigen alten Sprachen ein und dasselbe Wort entgegengesetzte Eigenschaften oder Handlungen bezeichnen kann. Damit hat Bellmer in der Sprache jenes Prinzip der Umkehr entdeckt, das er auch in der Morphologie des Körpers wirken sieht. Dabei verwandelt er die Bewegung, die bei Freud nur in einer Richtung funktioniert, in eine umkehrbare Bewegung, um seine Analogien zwischen Körper und Sprache fortsetzen zu können: der Gegensinn bzw. die Umkehrbarkeit der Körperbilder und -teile.

Phallus-Projektionen und ‹väterliche Technik›: Frauen-Leib und Kunstfrau

Es ist kein Zufall, daß diese Überlegungen mit Zeichnungen und nicht mehr mit der «Puppe» illustriert werden. Die Arbeit an dem Text über die «Anatomie des Bildes» beginnt ungefähr zur gleichen Zeit wie Bellmers zeichnerische Tätigkeit. Sein System wird immer vielschichtiger. Konnte die Verlagerung des Schwerpunkts an der Kugelgelenkpuppe praktiziert werden, so sind Überlagerungen und Vermischungen grundlegende Darstellungsprinzipien der von Bellmer *gezeichneten* Körper. In den Zeichnungen und Graphiken ist die Darstellung von Körpern an kein gegebenes Set von Einzelteilen mehr gebunden. Insofern vervielfältigen sich die Möglichkeiten noch einmal gegenüber der zweiten «Puppe». Die Zusammenfügung und Vermischung, die Vervielfachung und Kombination von Körperteilen ist nur noch durch die Mittel der *Darstellbarkeit,* Papier und Zeichenstift, begrenzt. Das Ohr in der Hand, das Gesicht im Fuß, die Vagina als Auge bei einer Überlagerung von Gesicht und Gesäß, das Gesäß als Brüste oder die Brüste als Hoden, während der Rumpf einen Phallus formt, viele Körper, die zusammen ein Gesicht bilden, ein Fuß als Nase, eine Vagina im Gesicht – das sind Motive, die auf den Zeichnungen Bellmers immer wieder zu sehen sind. Dabei ist auffällig, wie häufig Mädchen oder weibliche Körper mit einem Phallus ausgestattet sind oder einen Phallus bilden.[10] Auch dieses Phänomen wird von Bellmer selbst im zweiten Abschnitt, «Die Anatomie der Liebe», in erstaunlicher Klarheit beschrieben und psychoanalytisch gedeutet:

10 Vgl. hierzu grundlegend Döpp.

«Wahrscheinlich überlegte man bisher nie ernsthaft genug, wie weit das Bild der begehrten Frau vom Bilde des Mannes her bedingt ist, der sie begehrt; daß es letzten Endes also eine Reihe von Phallus-Projektionen ist, die progressiv von einem Detail der Frau zu ihrem Gesamtbild gehen, derart, daß ...» (S. 86).

Es folgt die Aufzählung einer Reihe von Darstellungsmöglichkeiten von Phallus-Projektionen, gebildet aus dem Körper-Bild der Frau. Einige Zeichnungen Bellmers wirken wie unfreiwillige Illustrationen zu Lacans Rede über den Phallus als ‹transzendentalen Signifikanten›[11], so sehr kreist der Phallus auf ihnen von einem Körper(teil) zum anderen. Indem seine Zeichnungen und Graphiken sich um das Bild der phallischen Frau drehen, bearbeitet Bellmer einen Schock, der in dem älteren Text über das Kugelgelenk erwähnt war und sich unschwer als verdeckte Rede zum Schock über die ‹kastrierte Frau› lesen läßt. Anläßlich eines Kreiselexperiments schreibt Bellmer dort:

«Wenn die Lösung sich so exemplarisch wie hier des realen Teils der Vollkommenheit bemächtigt, demonstriert sie klar genug, was die Kraft des Erregers ist: sie ist die zugespitzte Art, nur unvollkommen zu sein, um es zu leugnen, also der Schock zu sein, der die Gewohnheit stört und die Phantasie zwingt, das Unvollkommene zu ergänzen, das Gleichgewicht wieder herzustellen» (S. 34).

Wird scheinbar in der Darstellung phallischer Mädchen das Bild von der Unvollkommenheit der Frau ins Gleichgewicht gebracht, so geht es für den Künstler darin doch tatsächlich um seine eigene Unvollkommenheit, die er auf dem Wege der Einverleibung des anderen Geschlechts auszugleichen sucht. Diesen Zusammenhang untersucht Xavière Gauthier in ihrer Arbeit über «Surrealismus und Sexualität», wenn sie Bellmers Werk fetischistische Züge bescheinigt. Der Fetisch sei Ausdruck der Verleugnung der Realität «nach dem traumatisierenden Anblick des weiblichen Geschlechts», in ihr liege «zugleich der Glaube an die Realität des Fehlens des mütterlichen Penis und der Glaube an die Realität des Phantasmas seiner Anwesenheit» (Gauthier, S. 266). Mit seiner Verleugnung stellt der Fetischist im Grunde den Geschlechtsunterschied in Frage. Die Frau als Phallus-Projektion wäre somit eine andere Variante oder Ausdrucksform einer Arbeit, die die Differenz auslöscht, ähnlich wie die von Bellmer später beschriebene imaginäre Verwandlung des Mannes in eine Frau. «Ich besaß sie in mir, ehe ich sie besaß», zitiert Bellmer Joë Bousquet, der in seinen Halluzinationen das weibliche Geschlecht simulierte, und kommentiert:

11 Dazu vor allem ‹Die Bedeutung des Phallus› (1958) in Lacan 1975, S. 119–132.

«Beide Einblicke bezeichnen den Mann, der die Neugier, das Intimste der weiblichen Natur zu erfahren, auf sich selbst gerichtet hat; sein ganzer Körper ahmt im Krampf den Sinn des Schoßes nach ... Das Du verliert von seiner Wirklichkeit zugunsten eines vom Ich beanspruchten Bildes. Er wird innerlich und in praenatalen Tiefen die Frau, die er besitzen will» (S. 88/89).

Der ‹zur Frau gewordene› Mann führt Bellmer auf das Prinzip der Umkehrbarkeit zurück und eröffnet erneute Analogien zwischen Körper und Sprache.

Der Abschnitt über die «Anatomie der Liebe» ist dafür besonders interessant, weil hier endlich der Mann als Bildproduzent in den Text eingeführt ist. So erweitert sich auch das beschriebene Verfahren der Verlagerungen, das im ersten Abschnitt als körperinternes (zum Beispiel zwischen Gesäß und Brüsten) beschrieben wurde, zu einer Verfahrensweise des Ich mit dem Du, genauer des männlichen Ich mit dem weiblichen Körper. Als Grenzfall der ersten (körperinternen) Beschreibungsebene und als Übergang zur zweiten gilt ein Individuum, welches sich ganz «als Erregungsherd empfindet, und dem eine Virtualität entgegenträte, die scheinbar außerhalb des Ich existiert, wie eine Halluzination» (S. 81). Dies wird als Spaltung einer Persönlichkeit verstanden in «ein Ich, das eine Erregung erleidet und in ein Ich, das eine Erregung erzeugt» (S. 82). Dieser Grenzfall mag ebenso der Fall des Halluzinierenden wie der des Künstlers sein. Doch indem der Künstler den Vorgang materialisiert, verfügt er auch über ihn; er eignet sich das Weibliche an, benutzt es als Material, um daraus seine eigenen Bilder herzustellen. Dabei verlagert er seine Erregung auf ein Bild außerhalb seines Ich, das er aber zugleich, da es sein Produkt ist, selbst ist. Auf diese Weise stellt er eine Vollkommenheit dar, die jeglicher Ambivalenz Raum läßt, weil er als Künstler, der sein Bild ist, welches er zugleich von sich abgrenzt, eine Symbiose *und* eine Trennung produziert hat.

In seiner psychoanalytischen Betrachtung zu Bellmers Werk «Bellmer et la belle mère» geht Hans-Jürgen Döpp davon aus, daß dessen Thematik «ganz von der Zwiespältigkeit der Wiederannäherungskrise geprägt» ist und daß dessen Phantasie auf «ein frühes, wenig differenziertes Stadium der Persönlichkeitsentwicklung zurück(greift), in dem die seelische Repräsentanz der Mutter regressiv mit dem Selbst verschmilzt und das eigene Gesicht mit dem der Mutter assimiliert» (Döpp, S. 19). Aus dieser prä-ödipalen Problematik leitet er die Gegensätze von Verschmelzungs- und Trennungstendenzen in den Darstellungen und Techniken Bellmers ab: einerseits Auflösungen, Fusionierungen und Überlagerungen, andererseits Härte und Zerstörung – Einverleibungen und Introjektionen, Symbiosen, sadistische Phantasien etc. Die sadistische Komponente in den Bildern wertet Döpp als «Bollwerk gegen die verschlingende Mutter» und als Abwehr von Kastrationsängsten (S. 40f). Auch noch der Sadismus stellt sich sowohl in chaotischen Phantasien, zum Beispiel in den Bildern von geöffneten Körpern, beim Blick ins Innere, als auch in geometrischen, versteinerten Formen dar, etwa in dem aus Frauenbeinen gebildeten Kubus oder in einem aus Mauersteinen geformten Bein. Döpp, der sich speziell mit dem zeichnerischen Werk Bellmers beschäftigt, entdeckt darin eine dyadische Praxis, in der sich die Ambivalenz der prä-ödipalen Mutterbeziehung wiederholt (S. 63). Er deutet das Zeichnen einerseits als «väterliche Technik», die dem Künstler behilflich sei, sein Bedrohtsein zu bannen, andererseits als lustvollen Vorgang, in dem sich die Erregung über die Hand nach außen verlagere (S. 60f).

Die Umsetzung der Wünsche in eine zerstörende und gestaltende Tätigkeit, von der Bellmer in seiner Erinnerung an die ‹kleinen Mädchen› gesprochen hatte und die in seinem ersten Werk als Montage und Demontage seines Modells eine einfache Konkretisierung erfahren hat, ist damit immer komplexer und differenzierter geworden, seine zerstörenden und gestaltenden *Techniken* ebenfalls. Wenn er den Körper wiederholt mit der Sprache vergleicht und seine Zergliederung und neue Zusammensetzung schließlich mit dem Anagramm, dann verschweigt er dabei aber, daß die Techniken, mit denen er über die Körper verfügt, vielfältiger sind als die, welche bei der Umstellung von Buchstaben anwendbar sind. Wesentlicher aber ist die Tatsache, daß die Arbeit am Material des Frauenkörpers immer mit der verwischten Unterscheidung zwischen realer Frau und ihrem Bild bzw. einer Nachbildung oder Darstellung ihres Körpers, zwischen *Materie* und *Material,* operiert, daß die Darstellungen, die nicht vorgeben, eine reale Frau zu repräsentieren, dennoch ständig mit der Ähnlichkeit und dem Verweis auf den Frauenleib spielen.

Bellmer nennt das «die praktische Verschmelzung des Natürlichen mit dem Vorgestellten» (1983, S. 92). In der Konkretisierung erweist sich diese «Verschmelzung» dann allerdings als Gewalt männlichen Denkens über die Natur der Frau. Er fährt nämlich fort: «So zwingt der Mann dem Bild der Frau seine elementaren Gewißheiten auf, die geometrischen und algebraischen Gewohnheiten seines Denkens» (S. 92). Und dies nicht nur in der Zeichnung, als materialisierte Imagination, sondern auch am lebenden Körper. Am krassesten zeigt sich die Gewalt, die der künstlerischen Verfügung über den Körper der Frau innewohnt, wenn der Künstler vor der realen Frau nicht haltmacht und tatsächlich ihren Leib als Material benutzt. Dabei wird dann die stets latente Verwechslung von Kunst-Frau und Frauenleib manifest.

Beispiel hierfür ist jene Photoserie von 1958, in der Bellmer den von ihm geschnürten Leib Unica Zürns abgebildet hat. Er ahmt damit am lebenden Modell ein Erinnerungsbild an ein Opfer nach, das er in der «Anatomie des Bildes» zuvor beschrieben hatte.[12] Auf diese Weise wird Unica Zürn zu seinem Modell, aber nicht zum Vorbild, nach dem sein Werk entsteht, sondern umgekehrt zur lebenden Verkörperung eines bereits vorhandenen Modells, zur buchstäblichen Ver-Körperung eines Bildes. Die Beschreibung des umschnürten Opfers wird in dem Text durch folgende Passage vorbereitet:

> «Das lebende, drei-dimensionale Objekt suggeriert, aber ohne sie zu erleiden, seine Metamorphosen; diese selbst bleiben jenseits der Photographie. Deshalb, um objektive Beweise zu erhalten, wird man sich an den Handwerker wenden müssen, der durch jene menschlichst nachfühlbare und schönste Leidenschaft kriminell wird: die Mauer zu zerstören, die zwischen der Frau und ihrem Bild steht» (S. 92).

Weil das Innere der Frau sich dem Betrachter nicht enthüllt, «jenseits der Photographie» bleibt, weil er ihre Metamorphosen – offensichtlich handelt es sich dabei um ihre sexuelle Erregung – nicht *sieht,* muß er sich ihr als Handwerker oder als Lustmörder nähern, zwei Funktionen, die Bellmer im Künstler vereint. Weil das Geschlecht der Frau nicht repräsentierbar ist, nicht «eins ist» (Irigaray 1979), muß er ihm die Formen seiner Repräsentation aufzwingen. Auf der Skala der von ihm erfundenen «Verschmelzungen des Natürlichen mit dem Vorgestellten» bilden der geschnürte Leib Unica Zürns den einen und die «Eva-Synthese» den anderen Pol. Mit diesem Namen bezeichnet Bellmer eine seiner Gestalten, die nur aus Beinen, Brüsten und Kopf besteht und die ihn in seinem Text schließlich dazu veranlaßt, dieses Objekt, das er auch als «Frau ohne Herz» bezeichnet, mit einem Anagramm zu vergleichen (S. 95).

[12] Zur Analogie von künstlerischen Darstellungen und realer Gewalt vgl. Berger.

An der Rede von der Eva-Synthese wird die Verwandtschaft von Bellmers Geschöpfen mit den sogenannten Junggesellenmaschinen anderer Künstler am sichtbarsten, vor allem mit jenen, die sich mit dem Thema der ‹Braut› beschäftigen. Die Darstellung der ‹Junggesellenmaschine› als Mythos der Moderne verdankt sich der Studie von Michel Carrouges «Les Machines Célibataires» aus dem Jahre 1954, in welcher der Verfasser sich auf Texte von Edgar Allan Poe, Lautréamont, Alfred Jarry, Raymond Roussel, Franz Kafka u. a. bezieht, um in deren Literatur die Imagination vergleichbarer maschineller Entwürfe zu beschreiben, welche unter Verzicht auf die natürliche Reproduktion einen sich selbst antreibenden Mechanismus kreieren. «Die Junggesellenmaschine ist ein phantastisches Vorstellungsbild, das Liebe in einen Todesmechanismus umwandelt» (Clair/Szeemann, S. 21). Am sinnfälligsten wird dies in den vielen surrealistischen Gemälden, in denen Lustmaschinen als Torturmaschinen erscheinen, besonders in Bildern von Max Ernst und Salvador Dali, auch bei Oscar Dominguez' «Elektrosexueller Nähmaschine» (1934) oder Hans Bellmers «Maschinengewehr im Zustand der Gnade» (1937). Die ‹Junggesellenmaschine› funktioniert über die Trennung der Geschlechter, in ihren Bildern gibt es stets eine Entsprechung zwischen dem mechanischen und dem sexuellen Bereich. Als einfachsten Prototyp der ‹Junggesellenmaschine› bezeichnet Carrouges jene Passage aus den «Gesängen des Maldoror» von Lautréamont (1869), welche die Surrealisten als geniale Vorformulierung ihres poetischen Programms betrachtet haben: «Er ist schön ... wie die zufällige Begegnung einer Nähmaschine und eines Regenschirmes auf einem Seziertisch.» Dazu Carrouges:

«In dieser scheinbar wunderlichen Zusammenstellung erkennt man den Regenschirm als männliches Symbol, die Nähmaschine als weibliches. Bleibt als drittes Objekt der Seziertisch. Er ist offenbar von massgebender Bedeutung, aber in einem anderen Sinn. Der Seziertisch ist weder ein mechanisches Element noch ein sexuelles. Er übernimmt die spezifische Funktion, die aus dem Doppelsystem von Sex und Mechanik resultiert. An die Stelle des Bettes, der Liebe, die Gemeinschaft und Leben bedeutet, tritt der Seziertisch in der spezifischen Funktion der Junggesellenmaschine: als Bringerin von Einsamkeit und Tod.»

Ausgehend von der Faszination der Surrealisten für die genannte Formulierung Lautréamonts könnte man den Seziertisch als symbolischen Ort für die Herstellung ihrer obsessiven sexuellen Bilder begreifen. Daß diese sich in erster Linie des weiblichen Körpers als Material bedienen, steht nicht im Widerspruch zu ihrem zölibatären Charakter; denn mit ihren phantastischen und mechanischen Inszenierungen halten sie sich den lebendigen Körper der Frau vom Leibe. Auch Bretons Programm «L'Amour fou» (1937), der wahnartigen Liebe, ist letztlich ein Modell der ‹Junggesellenerotik› (Metken, S. 13). Die Kritik der Surrealisten an den Gesetzen der Leistungsgesellschaft, die sie vor allem an der bürgerlichen Form von Liebe, einer zum Zwecke der Reproduktion domestizierten und in die Familienform eingezwängten Sexualität entwickeln, ist noch in ihren Gegenentwürfen mit diesen Gesetzen verbunden, insofern sie sich auf dieselben Bewegungsmodelle stützt: Automatismus, Mechanik, Maschine. So bezeichnet Bazon Brock die Junggesellenmaschine auch als «Signum der Existenz des schöpferischen Unternehmers/Künstlers» (Brock, S. 82). Der Leib erscheint als Maschine, Organisches wird auf mechanische Vorgänge reduziert und darauf abgebildet. Dem Verzicht auf Prokreation korrespondiert dabei eine nahezu totale Sexualisierung aller Dinge.

«In alle Erfindungen der Zeit wird eine sexuelle und erotische Konnotation hereingelesen, und die technischen Innovationen werden als Metaphern eines kurzgeschlossenen Kreislaufes verwendet: ... Der ‹Mythos der Junggesellenmaschinen› entstand in einer Zeit, als Verzicht auf Prokreation noch ein Lebenskonzept mit einer entsprechend sublimierten Geometrie der Erotik beinhaltete, als Komplexes mittels einer ‹simplen› Mechanik ausgesagt werden konnte; in einer Zeit, in der eine dreidimensionale Junggesellenmechanik eine ‹abenteuerliche, meist weibliche› vierte Dimension als Relativierung von Gesichtspunkten annimmt, um der Versuchung zur Schaffung erneut überblickbarer Verhältnisse mit all dem Leid, das diese bringen, zu widerstehen.»

So Harald Szeemann im Katalog zu der von ihm organisierten Ausstellung von «Junggesellenmaschinen» 1975, in der die von Carrouges zusammengestellte Beispielserie erheblich erweitert wurde, insbesondere um Beispiele aus der darstellenden Kunst. Auch Hans Bellmers «Puppe» wird hier in der «Chronologie der Junggesellenmaschinen» genannt (S. 104), allerdings ohne daß einer der zahlreichen Artikel des Katalogs näher auf dieses Objekt einginge.

Mit dem Titel «Junggesellenmaschine» bezog Carrouges sich auf die Bezeichnung, welche Marcel Duchamp dem unteren Teil seines «Großen Glases» gegeben hatte, an dem er in den Jahren 1912 bis 1923 gearbeitet und das er mit dem Objekt «Die Braut von ihren Junggesellen nackt entblößt sogar» (Abb. 5) vollendet hatte. Der Titel gibt

Abb. 5: Marcel Duchamp, «Die Braut, von ihren Junggesellen nackt entblößt sogar», genannt «Das große Glas» (1915–1923)

Abb. 6: Unica Zürn, ohne Titel (1956)

der Darstellung – man sieht auf zwei voneinander getrennten Ebenen verschiedene Formen und Objekte wie eine Schokoladenreibe, Haarsiebe, Räder, Stangen u. a. – eine sexuelle Bedeutung. Der untere Bereich gehört den Junggesellen (Mehrzahl!); er zeigt eine selbsttätige Betriebsamkeit, links eine Art Garderobenständer mit neun «männischen Gussformen», leere Hülsen, die Duchamp als «Friedhof der Uniformen und Livreen» bezeichnet hat. Der Wagen, auf dem die Gußformen befestigt sind, ist mit einer Art Stangen-Schere und der Schokoladenreibe verbunden, so daß man sich die durch Übertragungsmechanismen zustande kommende Bewegung als eine Art Verspritzung vorstellen muß. Duchamp: «Der Junggeselle zerreibt seine Schokolade selbst.»[13] Der obere Bereich gehört der Braut (Einzahl!); er zeigt eine «fleischfarbene Milchstrasse», die Hülle oder Haut der Braut, und ein daran herunterhängendes «Skelett». Die Entkleidung, von der in der Bildlegende gesprochen wird, ist also als Hinrichtung dargestellt. In Duchamps «Großem Glas» ist das Modell der ‹Junggesellenmaschine› komplett: der selbsttätige Mechanismus des männlichen Bereichs als perpetuum mobile, das ohne die Frau auskommt, während diese, entblößt und hingerichtet, in einer abgetrennten Ebene auf die ‹vierte Dimension› verweist. In der Entblößung der Braut, ihrer Demontage in Skelett und Hülle, ist die «Epiphanie der Braut» (S. 141) mit ihrer Zerstörung identisch.

Das Weibliche, welches in der Mechanik nicht aufgeht und damit auf eine andere, die ‹vierte Dimension› hindeutet, ist an einem anderen, abgetrennten Ort situiert. «Einmal ent-wirklicht, das heisst entblösst, wird sie (die weibliche Erscheinung, S. W.) zum Vorwand, ohne sie zu (er-)zeugen», so Michel de Certeau, der die in die Sprache zurückgeglittenen ‹Todesarten›, etwa den erzählenden Text, mit der Funktionsweise der ‹Junggesellenmaschine› vergleicht. Er bezeichnet in seinem Beitrag ein geschlossenes Sprachsystem, ein die Mystik ausschaltendes Schriftsystem, als ‹Schreib-Maschine› – «ohne Fortpflanzung, ausser einer symbolisierenden, ohne frisches Blut, ohne Frau, ohne Natur» (Certeau 1975, S. 84 und 92). In der symbolisierenden Prokreation schafft sich der Künstler selbst, er wird zum «männliche(n) Erstgeborene(n) des Werkes, das er einstmals empfangen hatte»[14]. Die Überwindung der Natur, welche im Mythos noch dem Helden zukam, wird nun

[13] Zit. nach Roters, S. 138.
[14] Benjamin, s. hier 1, 1, S. 24f u. 3, 1, S. 237.

vom Künstler geleistet. Im Modell der ‹Junggesellenmaschine› wird der Artist, der an die Stelle des Heroen getreten ist, zum ‹Selbsterreger›[15].

Über die Tötung, Fragmentierung oder mechanische Handhabung der Braut stehen die Junggesellenmaschinen mit der Darstellung des Lustmordes in Verbindung, wie er in der Malerei besonders nach dem Ersten Weltkrieg als häufiges Motiv auftaucht.[16] Auch hier spielt die Braut eine zentrale Rolle; sie erscheint als Maschine, als zerstückelte Mechanik, als Maschinenlandschaft oder auch als Objekt von Martermaschinen. In den Vorstufen zu Duchamps «Großem Glas» gibt es zum Beispiel ein Ölgemälde, welches «Die Braut» (1912) als komplizierte Maschine darstellt. In dieser Motivkette, in der sich die ‹Junggesellenmaschine› als mechanischer Frauenkörper präsentiert, ist Bellmers «Puppen»-Konstruktion kunsthistorisch anzusiedeln. Wenn er dem Bild der Frau die «geometrischen und algebraischen Gewohnheiten seines Denkens» aufzwingt – etwa in der Gestaltung eines Quaders, bestehend aus weiblichen Körperteilen –, dann kann das als allegorische Darstellung der als ‹Junggesellenmaschine› gefaßten Kunstproduktion in der Avantgarde gelesen werden: die Projektion des Beweglichen und Organischen, der ‹vierten Dimension›, in einen dreidimensionalen (Kunst-)Gegenstand. Dazu noch einmal Bellmer:

«Wer Demonstrationen mit vorerst verborgener Absicht liebt, wird versucht sein, der anatomischen Multiplikation folgenden Sinn zu geben: die Frau, beweglich im Raum, unter Ausschluß des Zeitfaktors darzustellen. Das heißt den klassischen Begriff der Einheit von Zeit und Raum, der auf die Momentaufnahme hinausläuft, durch den Gedanken einer menschlichen Projektion auf eine zeitlich neutrale Ebene zu ersetzen, auf der sich Vergangenheit, Gegenwart und Zukunft ihrer Bewegungsbilder nebeneinander ordnen und bestehen bleiben» (Bellmer 1983, S. 93).

Beschreibt Bellmer hier den Versuch, das «unbewegliche Panorama einer Bewegung» (S. 95) festzuhalten, das Abbild der Spur bzw. die erstarrte Matrize vorausgegangener Bewegung und damit ein feststehendes, Zeit eliminierendes Bild von Geschichte zu konservieren, so erscheint dieser Vorgang, wenn er als Produktion auftritt, als eine Schöpfung, die dem Leiblichen, der Zeit und der Frau enthoben ist. Dabei konstituiert sich diese Schöpfung, die sich dem Vergänglichen und dem Tod des Leibes zu entziehen trachtet, über eine (Ab-)Tötung

15 Diesen Begriff verwendet Klaus Heinrich 1982a in Anlehnung an Benn in seiner Besprechung von Wagners Mysterienspiel.

16 Vgl. dazu Roters.

des Organischen, eine am Körper der Frau vorgenommene Tötung. «Ganz so möchte man, daß die tragische und genaue Spur eines stürzenden nackten Körpers, vom Fenster aufs Trottoir, als seltsames Objekt erhalten bliebe» (S. 95). Nicht der Leib selbst also, sondern die Dauerspur, welche seine Tötung hinterläßt, bildet das Kunstwerk und mit ihm den Künstler; die Einverleibung des Weiblichen geschieht dabei über dessen Entleib(lich)ung. Das «Weibliche erschöpft sich mit der Vollendung. Es setzt das Werk ins Leben, dann stirbt es ab» (Benjamin 1980, IV, 1, S. 438).

Das Mädchen und sein Magier

Leben und Schriften Unica Zürns korrespondieren den Vorstellungen und Produktionen Hans Bellmers in merkwürdiger Weise. Nicht nur, daß Zürn in ihrem Freitod 1970 das von Bellmer entworfene Bild des vom Fenster aufs Trottoir stürzenden Körpers tatsächlich realisiert hat – dreizehn Jahre nach dem Erscheinen seiner «Anatomie des Bildes»; auch in anderen Momenten mutet ihr *Leben* wie eine Ver-Körperung, wie eine (Re-)Materialisierung seiner Imaginationen an, während sich ihre *Texte* teilweise wie Antworten darauf oder wie Fortschreibungen aus einer eigentümlich ver-rückten Perspektive lesen.[17] Wenn für den Künstler das Weibliche, wie Benjamin formulierte, das «Werk ins Leben setzt», so ließe sich für Unica Zürn behaupten, daß sie selbst ihr Werk ins Leben gesetzt hat, allerdings in dem Sinne, daß ihr die Imagination zum Leben wurde. Wenn in Bellmers Kunst der Unterschied zwischen realer Frau und Kunst-Frau ständig vergessen wird, die Grenzziehung gegenüber dem schöpferischen Subjekt aber deutlich eingehalten ist, verschwimmt bei Unica Zürn dagegen die Grenze zwischen ihrem Leben und ihren Schriften, stellt sich ihr Leben zum Teil als Nachahmung ihrer Vorstellungen dar. Reale Gestalten treten in ihren Texten auf, verwandeln und vervielfachen sich dort; und in ihrem Leben begegnet sie Personen, deren Bild sie schon zuvor entworfen hat, so in der für sie zentralen Begegnung mit Henri Michaux, den sie mit ihrem «Mann im Jasmin» identifiziert. Arbeitet der Künstler am Bild und am Körper der Frau, um seine Ideen zu realisieren, so erkennt Unica Zürn in realen Personen und Situationen ihre Imaginationen

17 Zu Zürn vgl. Weigel 1987.

wieder, um aus diesen Begegnungen eine Reihe weiterer Bilder, Namen und Figuren zu gestalten. Als ‹Erscheinungen› werden Visionen, Halluzinationen, Phantasievorstellungen und die Wahrnehmung lebender Personen zum Verwechseln ähnlich, genauso wie im ‹sie› des Textes «Der Mann im Jasmin» die Positionen von Autorin, Heldin und Erzählerin oszillieren.

Dieser bekannteste Text Zürns, den sie selbst mit dem Untertitel «Eindrücke aus einer Geisteskrankheit» versehen hat, zeigt das komplizierte Verhältnis von Leben und Schreiben bei ihr vielleicht am deutlichsten. Häufig wird dieser Text als autobiographischer, als Aufzeichnung ihres Lebens, gelesen und ‹sie› mit Zürn identifiziert, wobei die Schrift dann als Abbild oder Wiedergabe ihrer Erlebnisse verstanden wird. Der Text stellt sich aber als Versuch dar, die Genese einer ‹Krankheit› zu rekonstruieren. Dabei bemüht die Schreibende sich um Reflexion, Distanz und um die Unterscheidung von ‹Wirklichkeit› und ‹Halluzinationen› wie um die Beschreibung einer chronologischen Abfolge, ohne daß ihr dies allerdings vollständig gelingen will.

In dem Satz zum Beispiel, «sie ist sich nicht klar darüber, daß sie Halluzinationen hat» (Zürn 1982, S. 17), tritt ‹sie› als Halluzinierende auf und zugleich als Instanz, die über «den Zustand, in dem sie sich befindet», urteilt, darüber berichtet und sich somit von deren Wahrnehmungen distanziert. Im nächsten Satz aber schon versetzt die Erzählende sich wieder in die Perspektive, von der sie sich gerade abgegrenzt hat: «Wenn also Bilder im nächtlichen Himmel für sie erscheinen, so sind diese Bilder auch *wirklich* da.» Die Darstellung ihrer visuellen und akustischen Wahrnehmungen und ihre schreibende Vergegenwärtigung, in der diese als ‹wirklich› erscheinen, und deren *Be*schreibung und Bewertung als unterschiedliche Vorstellungsorte stehen hier in einer diskontinuierlichen Beziehung, die in keine klare Ordnung gebracht werden kann. Als Rekonstruktion der Geschichte ihrer Krankheit erinnert Zürn darin ihre Eindrücke und Erlebnisse, so daß das Schreiben diese auch wiederholt – ohne daß diese Wiederholung mit dem Vergangenen identisch wäre. Als Rekonstruktion vollzieht der Text auch eine andere (Re-)Produktion.

Die Reihe der dort beschriebenen Klinikaufenthalte setzt sich nach der Niederschrift im Leben der Verfasserin fort. «Der Mann im Jasmin», aufgezeichnet zwischen 1962 und 1965, ist ein Text ohne Ende, offen zum Leben hin; in den «Notizen zur letzten (?) Krise» wird er 1966/67 dann schriftlich weitergeführt. Es ist nicht klar, ob das Fragezeichen hinter dem Wort «letzte» die Hoffnung ausdrückt, die Krisen überstanden zu haben, oder den Zweifel, ob sie die Krise überleben würde. Im Text wird jeweils das Ende ihrer phantastischen Eindrücke, die Konfrontation mit der ‹Wirklichkeit›, als Sturz beschrieben:

«Einige ungewöhnliche Tage, einige Nächte mit den erschütternden Erlebnissen der Halluzination, ein kurzer Schwung nach oben, ein Gefühl des sich Ausserordentlich fühlen – und danach der Sturz, die Wirklichkeit, die Erkenntnis der Täuschungen» (S. 92).

Erst der Sturz aus dem Fenster wird ihr letzter Sturz sein: eine Angleichung ihres Leibes an ihre psychische Realität, zugleich die Nachahmung eines Sturzes, den sie in der drei Jahre vor ihrem Freitod geschriebenen Erzählung «Dunkler Frühling» bereits dargestellt hatte, dort als Handlung, in der die Figur des Textes, jenes namenlose kleine Mädchen, seine Lieblingsphantasie, das Bild vom ‹schönen toten Kind›, mit dem eigenen Körper materialisiert. Wenn in der Schreibweise der Erzählung diese Materialisierung zugleich eine Zerstörung jenes Bildes bewirkt, so wird diese literarische Destruktion eines starren Klischees im Sturz Unica Zürns aus dem Fenster von Bellmers Wohnung im Leben – mit tödlicher Wirkung – real aufgehoben, womit sich die leibhaftige Demontage eines Weiblichkeitsbildes als Tod der Frau vollzieht.

Damit ist kein kausaler bzw. zwingender Zusammenhang behauptet. Zwar läßt sich das in Bellmers Kunstproduktion par excellence zum Ausdruck kommende ästhetische Konzept als Möglichkeitsbedingung für die künstlerische Bedeutung der Frau in der Moderne beschreiben und an Unica Zürn studieren, wie eine Frau, die in dieses Konzept eintritt, sich darin verstrickt. In *biographischer* Hinsicht ist aber zu beachten, daß Zürn erzählt, bereits vor der Begegnung mit Bellmer Vorstellungen und Bilder entwickelt zu haben, die sie in ihm und dem, was er vertritt, wiedererkennt. Im «Mann im Jasmin» wird berichtet, daß ‹sein› Gesicht einem gleiche, das ‹sie› zuvor in einem Film gesehen habe[18], gleich dreimal, «um betrunken zu werden an einem bestimmten Gesicht, das nicht das geringste mit dem Gesicht des Mannes im Jasmin zu tun hat» (S. 14). Sie selbst sei diesem Gesicht immer ähnlicher geworden und habe es später in dem Mann (wieder)erkannt, dem sie begegnet sei. Grund genug für sie, ihm nach Paris zu folgen. Erscheint der Mann hier als ihr imaginäres Ebenbild, so wird die Art und

[18] Es handelt sich um Jean-Louis Barrault in «Les enfants du paradis».

Weise, wie sie mit seinem Bild umgeht, in einem anderen Text, der den Mann beim Namen nennt, als Einverleibung beschrieben:

«Sie trug das Bild von Hans in ihren Augen, Ohren, Haaren und in ihrem Leib und in ihrer Seele: er war ihr überall gegenwärtig – sie war bezaubert von ihm bezaubert – auf allen Wegen, die sie ging.»[19]

Wie eine Besetzung ihrer ganzen Person mutet seine Überall-Gegenwart für sie hier an. Sie verleibt sich sein Bild ein und läßt sich durch ihn besetzen, Vorgänge, die auch in anderen ihrer Schriften häufiger dargestellt sind. Und auch dies sind Figuren, die wie das Resultat einer verkehrten Anwendung seiner künstlerischen Praktiken wirken. Während der Schöpfer der Puppen-Konstruktionen sich das Weibliche einverleibt und in seinen Objekten auf Distanz hält, während also Einverleibung und Distanzierung Aktions- und Funktionsweisen seiner künstlerischen Tätigkeit darstellen, sind für Unica Zürn ‹Distanz› und ‹Einverleibung› imaginäre Figuren, die in ihrem Leben wie in ihren Texten gleichermaßen eine Rolle spielen. «Dass es nämlich die DISTANCE/ und nichts als die DISTANCE ist, die das/ Wunderbare für mich bedeutet», heißt es im zweiten Teil ihres Textes «Das Weisse mit dem roten Punkt» aus dem Jahre 1958 (Zürn 1981, S. 85), womit eines der auffälligsten Motive[20] ihrer Schriften formuliert ist. Insbesondere die ‹Liebe in der Distanz› ist darin als Konstellation entworfen, welche die Erwartung und Sehnsucht vor der Enttäuschung zu schützen hat.

Immer wieder werden verschiedene Geschichten über Begegnungen in der Distanz erzählt oder Dramaturgien bzw. Spielregeln für derart körperlose Beziehungen entworfen, so in der Erzählung «Dunkler Frühling», in den «Erdachten Briefen» und in «Les Jeux à deux», einer buchstäblichen Übermalung und Beschriftung von Bellinis Oper «Norma». Die ‹Einverleibung› ist in diesem Zusammenhang die Vorstellung einer magischen Vereinigung in symbolischer Form – wenn etwa das kleine Mädchen in «Dunkler Frühling» das Photo seines unerreichbaren Geliebten aufißt – oder im Imaginären, als Bild des im eigenen Leib aufbewahrten oder verschlungenen Anderen. Auffällig ist hierbei ein geschlechtsspezifischer Unterschied in ihrer Darstellung. Männliche Figuren, die sich die Geliebte einverleiben, wie ‹der Herr› in den «Erdachten Briefen» und Flavius in «Les Jeux à deux», leisten dabei eine Vernichtungsarbeit. ‹Die Dame› dagegen bewahrt den Herrn

19 «Aufzeichnungen einer Geisteskranken». Zit. nach F. Schneider, S. 12/13.
20 Zur Distanz vgl. auch Meyer, S. 15–21.

eher in sich auf, und das Tagebuch schreibende weibliche Ich in den «Notizen einer Blutarmen» läßt die von ihm Bewunderten wie Schätze in sich hineinziehen, damit diese «in einer Zeichnung oder in einem Anagramm – ausgegossen und umgeformt» von Zeit zu Zeit zurückkehren (Zürn 1981, S. 57f). Die Haltung der weiblichen Perspektive kommt auch darin zum Ausdruck, daß Zürn von einer Begegnung gern in passiver Form schreibt: «sich begegnen zu lassen» (Zürn 1982, S. 15).

Leben im Imaginären

In den «Notizen einer Blutarmen», einem der ersten ihrer Texte, die in Frankreich entstanden sind, reflektiert Unica Zürn ihre Eindrücke des vorausgegangenen Jahres 1957. Es ist das Jahr der zweiten Pariser Ausstellung ihrer Zeichnungen, die wieder wie schon 1953 in der Galerie «Le Soleil dans la Tête» stattfindet, das Jahr, in dem sie die Isolation, in der sie mit Bellmer zusammenlebt, verläßt und viele Pariser Surrealisten kennenlernt: Hans Arp, Victor Brauner, André Breton, Marcel Duchamp, Max Ernst, Leonor Fini, Wilfredo Lam, Matta, Man Ray, Dorothea Tanning, Gaston Bachelard – und Henri Michaux.[21] Es ist auch das Jahr, in dem Bellmer und sie das erste Mal den Sommer in Ermenonville, einem kleinen Ort in der Umgebung von Paris, verbringen, wo Zürn wieder zu schreiben beginnt. Zugleich ist es das Jahr ihrer ersten offenen ‹Krise›. Im «Mann im Jasmin» schreibt sie dazu:

«1957, in dem Dorf Ermenonville, nicht weit von Paris entfernt, schreibt sie sechs kleine Manuskripte, um zu versuchen, sich von einem zu mächtig gewordenen Eindruck zu befreien, was ihr nicht gelingt» (S. 10).

Dann zitiert sie aus dem «Manuskript einer Blutarmen» eine Passage, die man in den «Notizen einer Blutarmen» vergeblich sucht – eine Passage, in der ‹sie› sich als bewohnt und eingekreist beschreibt:

«Jemand durchquert mich auf seiner Reise in mir. Ich bin seine Wohnung geworden. Draußen, in der schwarzen Landschaft mit der brüllenden Kuh, gibt Jemand vor, zu sein. Von diesem Blick her zieht sich der Kreis um mich zusammen. Von innen von ihm durchreist, von außen von ihm eingekreist – das ist meine neue Situation. Und das gefällt mir» (S. 10).

[21] So die Aufzählung von Namen in den von Zürn selbst verfaßten biographischen Hinweisen im Ausstellungskatalog der Galerie Dieter Brusberg, Hannover, «Unica Zürn. Hans Bellmer, 28.4.–4.6.1967», S. 2.

Den folgenden Traum findet man mit leichten Abweichungen schon in den «Notizen» von 1957. Er handelt von «einem schönen, gefährlichen Wesen: Mädchen und zugleich Schlange – mit langem Haar», dem man Augen, Herz, Zunge, Gehirn und Blut nahm, das aber dadurch viel mächtiger und entsetzlicher wurde, «erfüllt von einer Kraft und Wut, die unmenschlich waren», wie es in den Notizen wörtlich heißt. Auch der anschließende Bericht über die wunderbare und schockartige Begegnung mit einem Mann, der dem Bild vom «Mann im Jasmin» gleicht, stimmt mit Berichten aus den «Notizen» überein. In den etwa ein Jahrzehnt später entstandenen «Eindrücken aus einer Geisteskrankheit» faßt Zürn diese Begegnung so zusammen:

«Einige Tage später erlebt sie in ihrem Leben das erste Wunder: In einem Pariser Zimmer steht sie dem Mann im Jasmin gegenüber. Der Schock dieser Begegnung ist für sie so gewaltig, daß sie ihn nicht überwinden kann. / Sehr, sehr langsam beginnt sie von diesem Tage an, ihren Verstand zu verlieren. / Das Bild ihrer kindlichen Vision und die Erscheinung dieses Mannes sind identisch. Mit dem einzigen Unterschied, daß er nicht gelähmt ist und daß es hier keinen Garten mit blühendem Jasmin gibt, der ihn umschließt» (S. 10/11).

Wenn man die Texte, die 1957 und in den darauffolgenden Jahren entstanden sind (mir sind nur fünf bekannt), mit dem «Mann im Jasmin» vergleicht, dann fällt auf, daß die meisten der hier beschriebenen Motive dort bereits enthalten sind, daß sie in dem späteren Text aber in eine lebensgeschichtliche Ordnung gebracht werden und zum Teil gegenseitigen Erklärungswert erhalten. Die Erinnerung im «Mann im Jasmin» bezieht sich damit auf Vorstellungen, Träume, Sehnsüchte, Ängste und andere Eindrücke, die in der Textreihe aus den Jahren 1957 und folgende schon literarische Gestalt gewonnen hatten. Die «kindliche Vision» vom «Mann im Jasmin» etwa ist als «Legende vom Leben zu zweit» in dem gedichtförmigen Text, der eine Ich-Stimme verwendet, «Das Weisse mit dem roten Punkt», «In grosser Angst geschrieben am 24. Februar 1959», entworfen. Die «Erdachten Briefe» (1957), ein fiktiver Liebesbriefwechsel zwischen einem Herrn und einer Dame, inszenieren eine ‹Liebe in der Distanz›, ebenso wie «Les Jeux à deux», ein Text, der eine solche Liebe als Spiel mit Regeln und einem bestimmten Ablauf konzipiert – eine sonderbare ménage à trois zwischen Norma, ihrem Gatten Pollion und ihrem Geliebten Flavius, entstanden, wie die Autorin in einer Vorbemerkung mitteilt, «unmittelbar nach der Begegnung mit dem weißen Mann», aber erst «beendet am 22. Februar 67». Die «Notizen einer Blutarmen» sind in Tagebuchform geschrieben und vom 26. Dezember bis 31. Dezember 1957 datiert, mit drei kurzen Nachworten vom 2. Januar, 2. März und 5. Juli 1958. Während einer Krankheit, einer Gelbsucht, ist im April und Mai 1958 «Das Haus der Krankheiten» entstanden, ein Text, der sich wie eine Vorwegnahme von Psychiatrie-Erfahrungen liest, wie sie dann im «Mann im Jasmin» und in den «Notizen zur letzten (?) Krise» als zurückliegende erinnert werden.

Im «Haus der Krankheiten» ist Zürns Verfahren der *Verleiblichung* von Vorstellungen insofern am konsequentesten literarisiert, als sie hier ihre Ich-Erzählerin in einem Haus situiert, das wie eine Anstalt erscheint, dessen Räume zugleich aber Körper-Räume sind: Kopfgewölbe, Kabinett der Sonnengeflechte etc. Die Krankheit, an der die Ich-Erzählerin leidet, ist eine «Augenkrankheit», ihr sind die Herzen aus den Augen geschossen, und zwar durch einen «Meisterschuß»:

«Mein Herz hingegen hat sich selbst beschmutzt, ich möchte nichts mehr von ihm hören. Es hat einen widerlichen weiblichen Charakter. Nun bin ich fast erleichtert, daß auch die Augen je ein Herz besitzen. Wenn meine Augenherzen auch fort sind, so haben sie bestimmt mehr getaugt als mein selbstmörderisches Herz. Ich ignoriere von nun an weitere Messerstiche ins Herz. Das bedeutet mir nun nicht mehr, als stäche eine Mücke hinein» (Zürn 1982, S. 15).

Die Verlagerung der Herzen in die Augen läßt sich als Bild verstehen, das in der Konstellation einer ‹Liebe in der Distanz› seine Bedeutung erhält. Das Ersehnte bleibt in der Distanz, die Gefühle sind in die «weitsichtigen» Augen (Zürn 1981, S. 75) verlagert, womit die Rede von der Sehn-Sucht wörtlich genommen ist, als Schutz vor dem «widerlich weiblichen Charakter» des Herzens, als Schutz vor Nähe und Ent-Täuschung. Wenn die Emotionen dergestalt von ihrem (metaphorischen) Sitz im Herzen auf die Sinneswahrnehmungen verschoben sind, wird die beunruhigende Intensität akustischer, visueller und leiblicher Wahrnehmungen erklärlich, von denen im «Mann im Jasmin» berichtet wird. Die Vision vom «Mann im Jasmin» wird zu Beginn des gleichnamigen Textes mit einem Leben in Distanz und Passivität in Verbindung gebracht. Die gleiche «Belehrung» ist bereits in den «Notizen einer Blutarmen» 1957 als Reflexion der Tagebuchschreiberin formuliert, als Lebenshaltung der Bewunderung, der Erwartung, des Wartens auf Wunder.

Ob diese imaginären Konstellationen biographisch weiter zurückreichen, ist schwer feststellbar, da an früheren Texten nur das Kinderbuch, die phantastischen Kurzgeschichten, die Zürn in den Jahren

1951 bis 1954 für Berliner Zeitungen[22] geschrieben hat, und die Anagramme der «Hexentexte» überliefert sind. Zwar läßt sich aus diesen frühen Texten schon eine Neigung zum Wunder(baren) und Phantastischen ablesen. Alle aufgeschriebenen Rückblicke in die Zeit *vor* 1957 sind aber *Erinnerungen,* die Motive aus der genannten Textreihe dieser Jahre aufnehmen, wiederholen, variieren und fortschreiben, die also das Imaginationsrepertoire dieser Jahre als Deutungs- und Darstellungsmuster verwenden. Zwar greift Zürn mehrfach auf Kindheitserinnerungen zurück, besonders im «Dunklen Frühling» und zu Beginn vom «Mann im Jasmin»; doch erhalten diese erst ihre Bewertung durch die Einbindung in das Gewebe der dargestellten Figuren, Konstellationen und Motive der genannten Textreihe 1957 und folgende, welche so zum imaginativen Fokus für den lebensgeschichtlichen Rückblick werden. Diese Texte unterscheiden sich in literarischer Hinsicht erheblich von den «Eindrücken aus einer Geisteskrankheit», da sie deutlich strukturiert sind, teilweise klar erkennbaren Genremustern folgen – Briefwechsel, Tagebuch, Spielbeschreibung – und formal abgeschlossen sind, während die «Eindrücke» als Erinnerung der subjektiven Wahrnehmungen der Schreibenden diese wiederholen und fortsetzen.

Daß sich Unica Zürn die eigenen imaginären Produktionen stärker eingeprägt haben als die Ereignisse, in deren Zusammenhang ihre Entstehung gehört, läßt sich an einem Beispiel belegen. In den «Aufzeichnungen einer Geisteskranken», einem unveröffentlichten Text, der vermutlich, ebenso wie die «Notizen zur letzten (?) Krise», als Fortsetzung zum «Mann im Jasmin» gedacht war, wird die Entstehung einer Geschichte erzählt, die Zürn am 11. 2. 1951 in einer Berliner Zeitung veröffentlicht hatte[23], die jetzt aber in die Zeit der Begegnung mit Hans Bellmer, das heißt ins Jahr 1953 verlegt ist (Zürn 1981, S. 175–183). Da Zürn die Geschichte aus der Erinnerung wiedergibt, zeigt sich, wenn auch die jüngere Version erhebliche Abweichungen enthält, wie sehr sich ihre Erinnerung auf die eigenen Imaginationen konzentriert. Einmal produzierte Phantasien werden Teil ihres Lebens und strukturieren ihr Leben fortan – das so zu einer fortwährenden imaginären

[22] Die Gesamtausgabe hat einen viel größeren Bestand dieser Geschichten zusammengestellt, als mir bekannt waren.

[23] «Im Pechsee stand ein schwarzer Fisch». In: «Die neue Zeitung», 11. 2. 1951, Berlin, S. 9/10.

Produktivität führt, die sich in Texten, Zeichnungen und im ‹Leben› wechselweise materialisiert.

Damit bewegt sich Unica Zürn dies- und jenseits einer Grenze, mit deren Hilfe, wenn sie klar und fest gezogen wäre, sich eine Autorposition markieren ließe. So aber gelingt es Unica Zürn nicht, ‹Autor› zu werden. Nicht nur, daß ihre Texte zu ihren Lebzeiten nicht gedruckt wurden; auch sie selbst schreibt immer wieder darüber, daß sie kein ‹Werk› schaffen könne. Schon in den «Notizen einer Blutarmen» heißt es:

«Ich habe mich in mir um und umgedreht und mich behorcht und betrachtet. Dabei habe ich mich so satt bekommen. Wäre ich ein Mann, hätte ich aus diesem Zustand vielleicht ein Werk geschaffen» (S. 69).

Und kurz darauf: «Wenn man *das* könnte: ein Gedicht schreiben!» In demselben Text bezeichnet sie dagegen das Schweigen als die «glücklichste Verständigung», wolle man nicht über sein ‹Geheimnis› reden. An mehreren Stellen werden ‹ihre› Äußerungen als bedeutungslos, fade und ihre Gedanken als nichtig oder klein bezeichnet. Exemplarisch ist dafür eine Stelle im «Mann im Jasmin», in der die Erzählerin sich als unfähig, ein Werk zu schaffen, präsentiert:

«In Wirklichkeit hat sie ein ‹Hühner-Gehirn› – zu schwach, zu klein, um eine große Erschütterung mit Stolz zu ertragen, um, wie es zum Beispiel Herman Melville möglich war, ein Werk aus dieser Erschütterung aufzubauen. Ah! – dieser Mangel an Intelligenz – sie ist nicht anders als das Hühnchen, das zu dem kreisenden Adler aufblickt, um sich in hysterischer Bewunderung von ihm den Hals umdrehen zu lassen. Und sie empfindet schmerzlich die Grenzen, die Enge, die Eintönigkeit, die es zuweilen bedeutet, als Frau zu leben» (Zürn 1982, S. 53).

Da sie Melville zuvor als Dichter bezeichnet hat, «der aus einer großen Sehnsucht sein Meisterwerk geschaffen hat» (S. 30), und sie immer wieder von der eigenen Sehnsucht schreibt, muß ihr also etwas anderes zum ‹Meisterwerk› fehlen. Dieser Mangel wird wiederholt explizit aus ihrer Situation als Frau abgeleitet.

In dem 1968 geschriebenen Text «Die Trompeten von Jerichow», der sich wie eine Aneinanderreihung von Träumen, (Kindheits-)Erinnerungen und Märchenfragmenten ausnimmt, gibt es einen längeren Abschnitt, in dem die Ich-Erzählerin sich wie in einem Monolog in der zweiten Person anredet und u. a. über ihr Schreiben reflektiert. Als Kind sei sie ein Dichter gewesen, ihre frühen Gedichte seien aber längst vergessen, da niemand sie aufgezeichnet habe und sie jetzt nur noch über die «vernünftige, phantasielose Sprache aller Leute» verfüge (Zürn 1981, S. 159f). Überhaupt wird die Kindheit als magischer oder poetischer Ort begriffen – so als «wunderbarer Garten» metaphorisiert (S. 146) –, an den es eine Fülle «schöner Erinnerungen» gäbe, für die die Sprache der Erzählerin aber unangemessen sei, nämlich «arm und ohne Glanz». Sie könne aber einige «endlose, wunderliche Sätze» nicht vergessen, die sie als Kind vor sich hingesagt habe. Die Versuche, der Erinnerung schreibend habhaft zu werden, werden dagegen als ‹Wortmorde› bewertet:

«Ohne Ehrgeiz werde ich nun das Schweigen lernen. Die Sucht, meine Erinnerungen aufzuzeichnen hat nur schwere, dumme Tintendonner erzeugt und Wortmorde» (S. 149).

Besitzt die Erzählerin die wunderliche Sprache der Kindheit nicht mehr, so hat sie andererseits an der Sprache der Meisterwerke keinen Anteil, womit sie ihren sprachlichen Ort als Frau im Dazwischen, zwischen der Kindheit und dem (männlichen) Meisterwerk, beschreibt:

«Lass uns den Moorgesang anstimmen, um uns auf andere Gedanken zu bringen, auf edele, erhabene Gedanken, voller unverständlicher Poesie und vor allem ohne eine Spur des erleichternden Humors. Todernst wollen wir jetzt sein. Der Humor, die Ironie, diese Meisterwerke in der Dichtkunst fehlen mir. Darum lass uns in eine neue Traurigkeit hineinschreiten» (S. 152).

Ihre Formulierungen bleiben unbestimmt darin, ob diese Position gezwungenermaßen, aus eigenem Unvermögen oder absichtsvoll eingenommen wird. An vielen Stellen in Zürns Texten wird das Ende der Kindheit beklagt, und insgesamt drückt sich die Unmöglichkeit aus, sich mit dem Bild einer ‹Frau› zu identifizieren. «Wie wohl wäre mir, könnte ich etwas / sein, das weder Frau noch Mann wäre. Gäbe es das, / würde ich sogleich darin wohnen möchten» (S. 83). So lautet eine Wunschvorstellung in dem Text «Das Weisse mit dem roten Punkt», die auch in anderen Texten wiederholt wird. Neben diesen in der Abwehr uneinnehmbarer Orte negativen Bestimmungen gibt es in den Texten Zürns auch verschiedene Vorstellungen eines positiv bestimmten Ortes: sowohl-als-auch, zum Beispiel Verfolger und Verfolgter, Tiger und die Flucht vor dem Tiger oder Tänzer und Komponist. Für dieses Doppelbild tritt dann das Symbol des Skorpions ein: «Sie ist der Skorpion, der sich selbst tötet» (Zürn 1982, S. 77). Diese Doppelrolle als Mörder und Opfer zugleich erscheint als einzige Möglichkeit, sich aus einer schicksalhaft erlebten Opferrolle herauszustellen.

Die Doppelrolle als Tänzer und Komponist läßt sich dabei als bildliche Beschreibung von Unica Zürns Ort in der Kunstproduktion lesen. Im Vergleich mit Breton und seiner Ästhetik des Wunderbaren, wie er sie beispielhaft in «Nadja» entworfen hat, spricht Franziska Schneider davon, daß Unica Zürn in ihrem «Mann im Jasmin» die Rollen von Breton und Nadja zugleich spielt (S. 77). Sie wäre demnach Autor und Muse in einer Person. In der Beziehung mit Bellmer wird diese Position noch komplizierter, denn für *ihn* tritt sie ja an die Stelle seines Modells, ist ihm also Muse. Für *sich* ist sie Muse und Autorin zugleich; denn ihre männliche ‹Muse› bleibt ein Bild der Phantasie, das sie sich neben und trotz der realen Begegnungen schafft. Auffällig ist ja, daß Bellmer und das Bild, das sie in ihm wiedererkennt, nichts mit dem «Mann im Jasmin» zu tun haben. Auch erlangt sie über das, was sie beunruhigt, nie jenen Triumph, von dem Bellmer sprach, indem er sich die ‹kleinen Mädchen› handhabbar machte. So nimmt in den Texten Zürns der «Mann im Jasmin» nicht den Ort der Muse, sondern eher den des ‹Magiers› ein, während sie sich als Medium begreift. ‹Er› ist die Stimme, ‹sie› der Körper, er «ein Meister in der Inszenierung von Wundern», sie Mimiker, Pantomime, er Hypnotiseur, sie Medium – und im Extrem: er Zeuger ihres Sohns in einer Form der ‹unbefleckten Empfängnis›, sie Körper, in dem das Kind «ruht».[24] Als Schreibende produziert Unica Zürn einen Text, in dem ein Anderer die Stimme führt, Schöpfer ist. Wie soll sie da selbst zum ‹Autor› werden?

Der Autor, der sich über sein Werk konstituiert: Diese Vorstellung vermag Zürn offenbar – auch wenn sie selbst aktiv, kreativ in den künstlerischen Produktionsprozeß eintritt – auf sich nicht anzuwenden, da ihr die Vorstellung einer ‹höheren›, die natürliche hinter sich lassenden ‹Schöpfung› als Frau gewisse Schwierigkeiten bereiten muß. In diesem von Benjamin so prägnant beschriebenen Schöpfungskonzept sind die Funktionen ja geschlechtsspezifisch eindeutig verteilt:

> «Die Schöpfung nämlich gebiert in ihrer Vollendung den Schöpfer neu. Nicht seiner Weiblichkeit nach, in der sie empfangen wurde, sondern an seinem männlichen Element. Beseligt überholt er die Natur: denn dieses Dasein, das er zum ersten Mal aus der dunklen Tiefe des Mutterschoßes empfing, wird er nun einem helleren Reiche zu danken haben. Nicht wo er geboren wurde, ist seine Heimat, sondern er kommt zur Welt, wo seine Heimat ist. Er ist der männliche

24 Alle diese Vorstellungen im «Mann im Jasmin».

Erstgeborene des Werkes, das er einstmals empfangen hatte» (Benjamin 1980, IV, 1, S. 438).

In einer auf diese Weise funktionierenden Produktion von Meisterwerken sind weibliche Positionen nur als solche beschrieben, die zu überwinden sind. Während sich für den Autor dieser Vorgang am anderen Geschlecht vollzieht, müßte *die* Autor*in* ihn am eigenen vornehmen. Sie fände Momente von sich im Überwundenen wieder, in dem, was in der Vollendung abstirbt (um bei den Formulierungen Benjamins zu bleiben), in der überholten ‹Natur›, zugleich aber in der Überwindung, in der ‹Geburt› als Autorin. Damit ist der Struktur nach eine fundamentale Widersprüchlichkeit weiblicher ‹Schöpfung› im Symbolischen, ihr brüchiges Fundament gleichsam bzw. ihre notwendige Spaltung beschrieben, deren Perspektive sich als *doppelter Ort* der Frauen gegenüber der Sprache (Irigaray 1979, S. 78) kennzeichnen läßt. Die verschiedenen Spielmodelle in Zürns Texten, in denen diverse Doppelrollen entworfen sind, können derart als imaginäre Effekte dieser Struktur gelesen werden, als literarische Konstellationen, in denen die Schreibende ihren unmöglichen Ort als Autor-in ausdrückt und nachahmt. Hieraus entsteht u. a. die Vorstellung, «der großartigste Mimiker» aller Zeiten zu sein (Zürn 1982, S. 87).

Vor allem die Verwendung der Begriffe von ‹Empfängnis› und ‹Geburt› im Schöpfungsmodell des ‹Werks› stiftet für die Autorin natürlicherweise einige Verwirrung. In den Schriften Unica Zürns trifft man immer wieder auf Bilder, in denen die Begriffe von leiblicher und symbolischer Schöpfung, die Funktionen von Mutter, *mater* und *Materie,* durcheinandergeraten. Im «Mann im Jasmin» hat ‹sie› zum Beispiel die Idee, sie müsse die Stadt Berlin neu gebären, eine Vorstellung, die auf die Beziehungen zwischen Stadt- und Weiblichkeitsmythologie referiert[25] und in der die Redewendung, etwas neu entstehen zu lassen, wörtlich genommen und als leibliche Zeugung imaginiert wird:

«Und sie beschließt heimlich, diese Stadt neu entstehen zu lassen, in einer vollkommenen Einheit. Und *sie* ist es, die diese Stadt gebären wird. Dieser Wunsch wird so ungeheuerlich, daß sie Geburtswehen bekommt – die gleichen Erscheinungen wie bei der Geburt ihrer Kinder. Sie weiß nicht, wie es möglich ist, sich schwanger zu fühlen, von einer ganzen Stadt. Aber seit einigen Tagen hat sie unglaubliche Dinge erlebt, so daß dieser *neue* Zustand ihr beinahe natürlich erscheint» (S. 87).

[25] Vgl. hier Teil 2.

Die bei Bellmer beobachtete Verwechslung von Kunst-Frau und Frauenleib läßt sich also auch bei Zürn finden, nur daß sie hier, aus weiblicher Perspektive, am eigenen Leibe geschieht und sich quasi verkehrt vollzieht: Aus ‹ihrem› Leibe entsteht das vollkommene imaginäre Objekt. Aus dieser Szenerie ergibt sich mit einiger Konsequenz, daß die sich dabei ereignenden Empfindungen nicht (mehr) in ‹wahre› und ‹eingebildete› zu unterscheiden sind – auch wenn der Text «Der Mann im Jasmin» durch das Verlangen nach einer solchen Unterscheidung geprägt ist. Dabei erhalten die Wahrnehmungen der ‹anderen› dann die Funktion von Wahrheitsbeweisen, obwohl doch gerade der Wahrnehmungsmodus der Erzählerin sich von dem der anderen extrem unterscheidet.

In Texten, in denen die Autorin nicht wie im «Mann im Jasmin» direkt von ihren eigenen Erlebnissen zu reden beansprucht, ist die Einbildungskraft ungebrochener am Werk. Auch dort gibt es Geburtsbilder. Der zwei Jahre vor Zürns Freitod entstandene Text «Die Trompeten von Jerichow» zum Beispiel ist von zwei Geburtsszenen eingeschlossen. Er beginnt mit der an einen Alptraum erinnernden Erzählung einer Ich-Erzählerin, die ein Monster gebiert, und endet mit der witzigen Erzählung von der Kopfgeburt einer männlichen Figur, deren Kind sich in verschiedene poetische Gestalten verwandelt, sich auflöst, vervielfältigt, verschwindet und zu seinem Erzeuger zurückkehrt. Es ist wohl kein Zufall, daß diese Erzählungen am Anfang und Ende eines Textes stehen, in dem die Ich-Erzählerin – von der es nach dem ‹Traum› heißt, «Sie ist wie ich. Wir sind beide ein einziges Wesen» (Zürn 1981, S. 130) – sich mit ihrem Schreiben auseinandersetzt, um die Unmöglichkeit, ein (Meister-)Werk zu schaffen, auszudrücken. Die Eingangserzählung handelt von einer einsamen Frau in einem Turm, deren Haß sich auf den Sohn richtet, den sie gebären soll. Er wird als «hässlichstes Kind» bezeichnet, das jemals gesehen wurde, ein Kind von sieben Vätern, deren letzter in der Beschreibung an ein Satansbild erinnert. Im Verlauf des qualvollen Geburtsvorgangs, dessen Ereignisse schließlich als «furchtbarer Traum» bezeichnet werden, entwikkelt die Erzählerin Tötungsphantasien gegenüber dem ungeborenen Monster und die nahezu erleichternde Vorstellung einer Kopf-, genauer Mundgeburt: «Wenn er schon so weit oben sitzt, vielleicht kann ich ihn durch den Mund gebären» (S. 119). Doch dieser Wunsch läßt sich nicht realisieren; der ‹Bastard›, dessen letzter Vater eine «reiche, zierliche und phantasievolle Sprache» führte, kommt aus dem «Schoss hervorgestossen»: «So etwas sollte verboten werden. Alle Geburten sollten ab heute verboten werden» (S. 122). Im Unterschied zu dieser traumatischen Erzählung fällt die von Onkel Faladas Kopfgeburt am Ende des Textes eher beschwingt und lustig aus. Er betätigt Nase und Ohr für Empfängnis und Geburt, wird durch Musik dabei angeregt und unterstützt und bringt eine Tochter hervor, die sich als poetisches Geschöpf entpuppt, das wiederum poetische Kinder hervorbringt, so einen Knaben aus «der Gattung der Spassgeistkinder».

Erscheint die männliche Kopfgeburt hier als poetische Kreation, so gerät die Inanspruchnahme des Schöpfungsmodells der Frau zu einem «furchtbaren Traum». Die schöne *Sprache* des *Vaters* zeugt im *Leib* der *Mutter* einen monströsen Sohn, bei dessen qualvoller Hervorbringung ihr die Geburt aus dem Mund und die aus dem Schoß durcheinandergeraten. Der Alptraum der Ich-Erzählerin liest sich wie eine symbolische Darstellung des unmöglichen Orts der Frau in der Kunstproduktion bzw. wie der Ausdruck des monströsen Charakters weiblicher ‹Schöpfung› im Symbolischen, dargestellt in der Traumsprache.

Daß in solchen Bildern ein gebrochenes schriftstellerisches Selbstverständnis zum Ausdruck kommt, bedeutet nicht, daß Unica Zürn ihr Schreiben nicht ernst und das Veröffentlichen nicht wichtig genommen hätte. Ein Jahr vor den «Trompeten von Jerichow» – deren ‹Musik› deutet sie übrigens im «Mann im Jasmin» als Verkündung eines «großen Untergangs» (S. 19) – berichtet sie in den von ihr selbst verfaßten biographischen Hinweisen für den Katalog zu einer Ausstellung in der Galerie Brusberg in Hannover von einem 200 Seiten langen Manuskript, das zur Zeit ins Französische übersetzt werde und von dem sie hoffe, es bei Gallimard zu veröffentlichen. Das Erscheinen von «L'Homme Jasmin» 1971 in Frankreich, sechs Jahre vor der deutschen Ausgabe, erlebte sie jedoch nicht mehr. An eigenen Buchveröffentlichungen erfuhr sie zu ihren Lebzeiten nach den «Hexentexten» nur noch 1967 «Oracles et Spectacles», eine Zusammenstellung von Anagrammen und Radierungen, in Frankreich und 1969 die Erzählung «Der dunkle Frühling» in der Bundesrepublik. Alle anderen Texte blieben in ihren Heften und werden, seitdem das Interesse an der Literatur von Schriftsteller*innen* deutlich gewachsen ist, erst nach und nach veröffentlicht.

Soweit ihre Schriften heute zu überblicken sind, zeigt sich in ihnen eine schriftstellerische Produktion, die dem Modell der ‹Junggesellenmaschine› diametral entgegensteht, insofern dabei Sprache und Körper ein gänzlich anderes Verhältnis eingehen: Es ist eine Verleiblichung oder imaginäre Verkörperlichung von Vorstellungen, die zum Motiv der ‹Distanz› in einem paradoxen Verhältnis steht. Aber schon in der Verkörperlichung der Liebessehnsucht enthüllt sich deren Grundkonstellation, die Distanz. In der Wahrnehmungs- und Ausdrucksweise Unica Zürns wird der Körper in vielfältiger Weise ins Spiel gebracht, wodurch die Grenzziehung zwischen ‹Kunst› und ‹Leben› verwischt ist. Insbesondere in den «Eindrücken aus einer Geisteskrankheit» sind akustische und visuelle Wahrnehmungen beschrieben, für die der Körper selbst zum Sinnesorgan wird. ‹Sie› hat Erscheinungen, sieht Gestalten und hört Töne und Stimmen, im Raum und in ihrem Körper, wie überhaupt die Musik für sie den Charakter einer Droge annimmt. Die Bezeichnung solcher Wahrnehmungen als ‹Halluzinationen› ist nur ein hilfloser Rückgriff auf einen klinischen Begriff.

Eindrucksvoller als solche Benennungen sind deren Beschreibungen, mit denen das Buch an die Darstellung mystischer Erfahrungen erinnert. Wenn Certeau das ‹Junggesellen›-Modell in der Schrift als ‹Schreib-Maschine›, als ‹anti-mystisches Schreiben› deutet, dann läßt sich im Gegensatz dazu das Schreiben Zürns streckenweise als *mystisches* Schreiben begreifen. Vor allem im «Mann im Jasmin» sind dabei zwei Tendenzen wirksam, eine auflösende und eine gestalt- bzw. sinnbildende. Dabei werden herrschende Verabredungen und ‹normale› Bedeutungen vernichtet, während andererseits neue, eigensinnige Symbolisierungen vorgenommen werden, zwei gegenläufige Schrift-Bewegungen, die sich aus der Ambivalenz jener Empfindungen und Wahrnehmungen erklären lassen, die als ‹Halluzinationen› bezeichnet werden: «Das entzückt und entsetzt sie zu gleicher Zeit» (S. 21).

Immer wieder berichtet ‹sie› davon, daß sie trotz der verheerenden Konsequenzen die Erlebnisse ihrer ‹Halluzinationen› nicht missen möchte. Die Rückkehr in die ‹Wirklichkeit›, von der aus ihre Einbildungen als ‹verrückt› gewertet werden, beschreibt sie als Ernüchterung und als brutalen Sturz aus ‹schöner Höhe›. Während Zeichnen und Musikhören für Zürn mit den Phasen ihrer ‹Halluzinationen› in Verbindung stehen, fällt die Tätigkeit des Schreibens eher der ‹Gesunden› zu. Dies korrespondiert mit einer mehrfach geäußerten Abneigung gegenüber ‹Worten› im «Mann im Jasmin», wogegen Ausdrucksweisen der Pantomime vorgezogen werden. Dabei fasziniert sie die Verwandlungsfähigkeit des Körpers, der als Mimiker selbst zum Ausdrucksorgan wird, während sie sich in anderen Momenten als «körperlos» empfindet.

In der schreibenden Darstellung dieser Erfahrungen stellt sich das Problem der ‹Übersetzung› in Sprache, genauso wie schon in deren Deutung Unbestimmtes bzw. Unartikuliertes eine Gestalt und damit einen Sinn erhält. Ähnlich wie in der ‹mystischen Offenbarung›, von der Scholem sagt, daß «sie selbst zwar unendlich sinnerfüllt, aber doch ohne spezifischen Sinn» ist (Scholem 1973, S. 48), wird in der Symbolisierung akustischer und visueller Wahrnehmungen, also in deren Transformation in einen verständlichen Ausdruck, das Problem der Autorität virulent. «Diese vagen Töne in ihrem Körper werden in dieser Nacht zur verständlichen Sprache» (S. 20). Mit diesem Übergang von den Tönen zur verständlichen Sprache tritt in der Schrift Unica Zürns auch jene Stimme auf, der ‹sie› sich dann als ‹Medium› bzw. ‹Körper› zur Verfügung stellt. Sie spricht nicht, sondern zu ihr / aus ihr *wird* gesprochen. Und mit der Vorstellung vom ‹weißen Mann› erhalten ihre Wahrnehmungen den Charakter einer deutlichen, scharfen Vision, die den Sinn ihrer Einbildungen fortan strukturiert. Vielleicht läßt der ‹Meister› oder ‹Magier›, dem ‹sie› sich unterwirft, sich mit dem ‹geistigen Führer› vergleichen, der bei manchen mystischen Schulen Schutz vor Verwirrung bieten soll, der zugleich aber eine Autorität in die mystische Erfahrung einführt.

Bei Unica Zürn führt die Tendenz zur Symbolisierung zu einem regelrechten *Bedeutungswahn*. Auch wenn etwa die Deutung von Zahlen und Farben von ihr nicht im Sinne bestimmter Traditionen vorgenommen wird, sondern eher als ihre eigene subjektive Magie erscheint, drückt sich darin geradezu ein Zwang aus, alle Erscheinungen zu be-deuten, alle Zeichen in ein persönliches System von Bedeutungen zu zwängen. Auch wenn viele Namen und Bezeichnungen nicht auf einen realen Referenten verweisen und, indem sie in verschiedenen Texten wiederholt, vervielfacht und variiert werden, ein Gewebe von Signifikanten ergeben, sind sie doch in der imaginären Struktur der Schriften Zürns in ein Bedeutungssystem eingebunden, in dem wiederum Festschreibungen vorgenommen werden. Einzig im Rückblick auf die Kindheit kommt eine Sprachmagie zum Tragen, die sich nicht auf die

Sinnebene, sondern auf die materielle, klangliche Ebene der Sprache bezieht. Neben den wunderlichen Sätzen des Kindes in den «Trompeten von Jerichow», die für die Erwachsene keinen Sinn mehr ergeben, ist da die Erzählung von der «eingebildeten Klagesprache» im Text «Dunkler Frühling», wo das Mädchen zusammen mit seiner Freundin im Spiel «schauerliche langgezogene Klagen» ausstößt: «Sie erfinden eine heulende, dramatische Sprache, die den Kummer der ganzen Welt auszudrücken vermag und die niemand versteht außer ihnen. Diese eingebildete Sprache besteht nur aus Vokalen» (Zürn 1982, S. 180).

Die Erregung, welche diese Artikulationsweise begleitet, spielt auch bei der Herstellung von Anagrammen eine Rolle (Abb. 8). Sie hängt damit zusammen, daß sich die Aussagen, das *Was,* erst mit der Produktion enthüllen, daß die Schreibende, wenn sie beginnt, nicht ‹weiß›, was sie auf das Papier schreiben wird:

> «Beim Suchen und Finden von Anagrammen und bei dem ersten, allerersten Strich, den sie mit der in schwarze Chinatinte getauchten Feder auf dem weißen Papier macht, ohne zu wissen, *was* sie zeichnen wird, spürt sie die Erregung und große Neugier, die notwendig ist, um sich mit seiner eigenen Arbeit zu überraschen» (S. 19).

Auch an anderen Stellen werden das Zeichnen und die Herstellung von Anagrammen in einem Atemzug genannt. In beiden Darstellungstechniken wird nichts abgebildet, nachgeahmt, in beiden ist das Materielle und Sinnliche des Vorgangs – hier weißes Papier und schwarze Chinatinte, dort die Buchstaben eines Satzes – von größter Bedeutung, bei beiden wird der Sinn erst während der Bewegung der Feder oder der Kombination von Buchstaben erkennbar, während er zuvor im Material als ‹Geheimnis› verborgen scheint. Zürns Zeichnungen sind teilweise dem ‹automatischen Zeichnen› zuzuordnen, sie überschreiten vielfach das Prinzip der Ähnlichkeit (als Darstellungsprinzip der Malerei)[26] und die figürliche Präsentation, sie tragen polymorphe, sogar ornamentale Züge. Ist die Darstellung hierbei nur durch den Rand des Papiers begrenzt, so bewegt sich die Produktion von Anagrammen in einem strengen Rahmen, der durch die Buchstaben des Ausgangssatzes vorgegeben ist. Innerhalb dieser Begrenzung aber ist das Verfahren potentiell unendlich, abhängig nur von der Ausdauer und den Kombinationskünsten der ‹Schreibenden›:

[26] Zur Unterscheidung zwischen und zu den Übergängen zwischen Malerei und Schrift vgl. Foucault 1983.

Abb. 7: Unica Zürn, «Dessin» (1965)

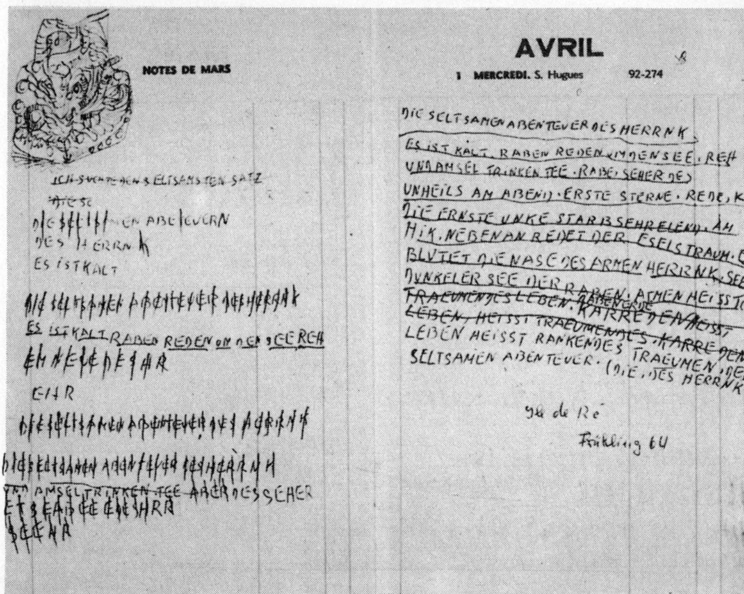

Abb. 8: Unica Zürn, Manuskript eines Anagramms (1964)

«Unerschöpfliches Vergnügen für sie: Das Suchen in einem Satz nach einem anderen Satz. Die Konzentration und die große Stille, die diese Arbeit verlangen, geben ihr die Chance, sich gegen ihre Umwelt vollkommen abzuschließen – ja, selbst die Wirklichkeit zu vergessen –, das ist es, was sie will» (S. 18 f).

Die Lust, einen verborgenen Sinn zu enthüllen, und die Abschließung gegen die Umwelt: Das sind die zwei Seiten des Anagramm-‹Dichtens›, die auch in der Schreibweise von Zürns Prosatexten wiederzufinden sind. *Eingehüllt* in einen Kunstraum, ist sie mit der Arbeit der *Enthüllung* beschäftigt. Da diese Tätigkeit aber bei den Anagrammen an beliebigem vorgegebenem Material sich erproben kann, unterscheidet sie sich von den anderen Texten, in denen immer *auch* eine Geschichte erzählt wird.

Dennoch ließe sich alles Schreiben Zürns als anagrammatisch bezeichnen, wenn man die Kombination von Buchstaben im Anagramm mit der Kombination von Symbolen, Namen, Konfigurationen und Gestalten vergleicht, aus denen ihre Prosatexte sich zusammenfügen. Geschieht die Kombination in den Prosatexten am imaginären Material, dann vollzieht sie sich in den Anagrammen am Signifikanten der Schriftsprache, am Buchstaben. Ist der Ausgangssatz einmal aufs Papier gebracht, ist auch das Material vorgegeben und begrenzt. Strenge Disziplin und unendliche Phantasietätigkeit sind in der Herstellung von Anagrammen optimal verbunden. Zudem haftet den Anagrammen traditionell die Aura des Geheimnisses an, fanden sie doch für religiöse Geheimschriften, besonders der jüdischen Kabbalisten, eine weite Verbreitung. Mit der Kabbala verbindet Unica Zürns Sprachpraxis auch die magische Funktion von Namen und Buchstaben. So wird die Tora dort auch in ihrem Anfang als Form materieller Buchstabenkombinationen betrachtet (Scholem 1973, S. 98).

Im Unterschied dazu geht es im Anagramm-Begriff Ferdinand de Saussures, der sich vor allem auf antike Quellen und indogermanische Traditionen bezog, um das Finden *eines* im Text versteckten Leitworts oder Namens, das heißt um die Enthüllung des einen Sinns. Doch auch wenn der Saussuresche Anagramm-Begriff mit den Anagrammen Unica Zürns nicht identisch ist, gibt es zwischen dem Literaturkonzept der Tel Quel-Gruppe, die sich in den sechziger Jahren u. a. auf Saussure bezog, und der anagrammatischen Poesie Unica Zürns einige Berührungspunkte, so in der spielerischen Kombination von Strukturen, in der Priorisierung des Signifikanten und in der Auflösung der Linearität.[27] So hatten die Anagramme Zürns durchaus ihren Ort in der zeitgenössischen französischen Avantgarde, so daß sie dort auf eine zumindest geringe Resonanz stießen. Im engeren Umkreis der surrealistischen Freunde dürfte das Interesse an den Anagrammen aber vor allem mit der Reihe der ‹Wortspiel›- und ‹Silbensalatmaschinen› in der Geschichte des Surrealismus zusammenhängen, welche im Unterschied zu den Anagrammen überwiegend mechanischen Charakter haben – etwa das «selbstkonstruierte maschinchen» von dadamax ernst, 1919 – und dem Konzept der ‹Junggesellenmaschinen› nahestehen.[28]

Für Unica Zürn dagegen haben viele Wörter, Sätze oder Motive ihrer Anagramme eine *magische* Bedeutung und werden in diesem Sinne auch in ihre Prosatexte eingewoben. «Die Trompeten von Jerichow» ist in großen Teilen aus Sätzen zusammengefügt, die auch in Anagrammen von Zürn zu finden sind. Fast immer werden in Prosatexten Anagrammzeilen zitiert. Die Sinnproduktion ihrer Anagramme ist dabei durchaus nicht beliebig. Nur in wenigen Anagrammen steht das Lautmalerische so im Vordergrund, etwa bei «Orakel und Spektakel» (Zürn 1981, S. 13), daß dabei im Hinblick auf die Aussagen ‹Unsinn› entsteht. Wohl kommen bei der Umstellung der Buchstaben Paradoxien oder Alliterationen zustande; doch viele der Anagramme kreisen um Motive, die auch aus den anderen Texten bekannt sind. Dafür ein typisches Beispiel:

> «Werde ich Dir einmal begegnen?
> Nach drei Wegen im Regen bilde
> im Erwachen Dein Gegenbild; er,
> der Magier. Engel weben Dich in
> den Drachenleib. Ringe im Wege,
> lang' beim Regen werde ich Dein.»

Daß der Schreibenden im Kontext ihrer imaginären Konstruktionen beim Anagramm-Dichten durchaus an Sinnproduktion gelegen ist, zeigt sich u. a. daran, daß sie Satzzeichen in die Zeilen einfügt und auf diese Weise syntaktische Einheiten bildet, begrenzt und diese durch verschiedene Satzzeichen wie Doppelpunkt, Fragezeichen, Punkt, Komma, Gedankenstrich etc. auch konnotiert.

[27] Zu Saussures Anagramm-Studien vgl. Starobinski und Wunderli, zu Zürn vgl. Wysocki.

[28] In diesem Zusammenhang werden sie diskutiert von Lascault.

Die Herstellung von Anagrammen könnte als beispielhafte Technik für das klassische avantgardistische Verfahren der De- und Neumontage am Material der Buchstabensprache gelten. Sie unterscheidet sich allerdings fundamental von der zerstörenden und gestaltenden Tätigkeit, wie Bellmer sie im Sinn hatte. So beschreibt Roland Barthes die Arbeit am Satz:

«Die Lust am Satz ist etwas sehr Kulturelles. Das Artefakt, geschaffen von Rhetorikern, Grammatikern, Linguisten, Lehrern, Schriftstellern, Eltern, dieses Artefakt wird in mehr oder weniger spielerischer Weise nachgeahmt; man spielt mit einem außergewöhnlichen Gegenstand, dessen paradoxen Charakter die Linguistik oft hervorgehoben hat: stets gleichbleibend strukturiert und dennoch unendlich abwandelbar: etwa so wie das Schachspiel. / Es sei denn, für gewisse Perverse ist der Satz *ein Körper?*» (Barthes 1974, S. 76).

Wenn Bellmer den Satz mit dem Körper vergleicht und dies in seinen theoretischen Schriften mit Überlegungen zur ‹Sprache des Körpers› fundiert, dann ist darin vergessen, daß es bei der Rede von der Körper-Sprache gerade um eine *andere* Form des Ausdrucks geht, jenseits der symbolischen Ordnung, der Verbalsprache und ihrem Buchstabenmaterial. Die von Bellmer vorgenommene Gleichsetzung verrät die Perspektive desjenigen, der an der Handhabung der (Körper-)Formen viel mehr als am Ausdruck interessiert ist. Für Unica Zürn dagegen besteht die Schwierigkeit, ihre Erfahrungen und Wahrnehmungen, die sich unterhalb der Gattungs- und Formenschwelle bewegen, in einen sprachlichen bzw. künstlerischen Ausdruck zu bringen. In das System, das dafür zur Verfügung steht, kann sie nicht ohne Schwierigkeiten eintreten. Indem die Schreibende einer anderen Stimme die Regie über ihren Körper überläßt, nimmt sie in ihren eigenen Schriften den vorgegebenen Ort des Modells gegenüber dem Meister ein. Das ‹Modell› aber enthält seiner Struktur nach immer schon die Tendenz zur Tötung des weiblichen Leibes.

In der Herstellung der Anagramme könnte sich der Versuch ausdrücken, in einem klar umrissenen Feld künstlerischer Produktivität sich jenseits des Werk-Konzepts und jenseits einer Autor-Position als Schreibende zu situieren, den Körper hierbei ganz aus dem Spiel zu lassen und sich nur auf das Material der Verbalsprache, die Buchstaben, zu beziehen, um sich daran einmal selbst als Magier zu erproben – vielmehr als Magier*in*, die kein Modell (ver)braucht. Das Darstellungsprinzip der Schrift, die Differenzierung, wird dabei extensiv genutzt. Es fragt sich, ob die Tätigkeiten von Auflösung und Sinnbildung dabei die Person der Schreibenden unangetastet lassen könnten und dergestalt – im Vergleich mit den ebenfalls erregenden und sie von der ernüchternden ‹Wirklichkeit› abschließenden ‹Halluzinationen› – weniger zerstörerische Auswirkungen für sie haben könnten.

Aber auch die Anagramme werden, wie im «Mann im Jasmin» beschrieben ist, von Zürn noch in die Strukturen des Imaginären eingebunden und dann zum Teil der Stimme eines Anderen zugeschrieben. Sind paradoxerweise die Anagramme die ersten ‹Werke› Unica Zürns, die von der literarischen Öffentlichkeit überhaupt wahrgenommen wurden, so sind das weitaus größere Interesse und die Faszination, mit der auf den Text «Der Mann im Jasmin» reagiert wurde, auf die darin zum Ausdruck kommende Verstrickung einer Schreibenden in die Strukturen der Einbildungskraft und die daran gebundene Unmöglichkeit einer (Ab-)Trennung von Werk und Autor gerichtet. Der Tod der Schreibenden, auf den sich der Text sichtlich zubewegt, spielt dabei keine unwesentliche Rolle.

2 Wildnis und Stadt

Die auf die Poesie Baudelaires bezogene Feststellung Benjamins, daß die Frau «kostbarstes Beutestück im Triumph der Allegorie» sei (1980, I, 2, S. 667), bildet einen Fluchtpunkt der folgenden Lektüren, die sich um die Topoi von ‹Wildnis› und ‹Stadt› gruppieren. Ausgehend von der Beobachtung, daß Stadt wie Wildnis gern weiblich imaginiert werden, sollen die Spuren einer kultur- und diskursgeschichtlichen Genealogie der im ersten Kapitel beobachteten Geschlechterverhältnisse verfolgt werden. Die spezifische Geschlechterdramaturgie in Theorie, Literatur und Kunstproduktion, wie sie dabei in exemplarischen Lektüren in den Blick geriet und dort vor allem hinsichtlich der Differenzen in den Symbolisierungsweisen, im Verhältnis von Körper und Sprache zum Ausdruck kam, wird in den folgenden Studien auf ihre kulturgeschichtlichen Voraussetzungen hin befragt. Es geht damit um die unterschiedlichen Orte der Geschlechter in der Schrift und um deren *Genealogie.*

Die Untersuchung von Topo-Graphien stellt dabei Verbindungen her zwischen Schrift-Orten und Schriften, die sich auf Orte beziehen. Von besonderem Interesse sind hier die Korrespondenzen zwischen der (Bilder-)Sprache der Moderne und historischen Konstellationen bzw. mythischen Urszenen ebenso wie die Korrespondenzen zwischen äußerer Topographie und Erinnerung. In der Diskurs- und Imaginationsgeschichte der Stadt (die mit ihrem Gegenbild, der Wildnis, stets, und sei es in Form der Verdrängung, verbunden bleibt) ist die Kulturgeschichte der Geschlechterverhältnisse erinnert; sie kann insofern als Archiv des kulturellen Gedächtnisses entziffert werden.

Einerseits hat sich die konfliktreiche Beziehung der Geschlechter in der europäischen Zivilisationsgeschichte in das soziale System von Bedeutungen eingeschrieben und ein Repertoire von Symbolisierungsweisen, literarischen Topoi, Metaphern, Diskursfiguren usw. ausgebildet, mit dem die tradierten Geschlechterverhältnisse (unbewußt) reproduziert werden – mit ihnen aber auch die Erinnerung an eine materielle/leibliche Vorgeschichte jener Konflikte, die heute überwiegend als ‹innere› oder als Sinnprobleme erscheinen. Andererseits wurden die dieser Kulturgeschichte einhergehenden Konflikte – vielfach in der Vorstellung sich wiederholender Übergänge von ‹Natur› zur ‹Kultur› oder auch sich transformierender Kolonisierungsvorgänge begriffen – auf die Differenz der Geschlechter projiziert und in geschlechtsspezifischen Bildern zum Ausdruck gebracht. Die kulturelle Konstruktion von ‹Weiblichkeit› und ‹Männlichkeit›, die in diskursgeschichtlichen Studien untersucht werden kann, verweist damit umgekehrt auf sprachliche Praktiken, in denen (andere) Bedeutungen mit Hilfe tradierter, meist dichotomischer Geschlechter-Imagines hervorgebracht werden. Die Geschichte der imaginären Stadt scheint ein hervorragendes Archiv von *Denkbildern* der Kulturgeschichte zu bilden, in denen dieser wechselseitige Vorgang der Sinnbildung entziffert werden kann, in dem die Vor- und Darstellungen der Geschlechter mit denen anderer Bedeutungen eine topo-graphische Verbindung eingegangen sind.

Mit einem Interesse an der Genealogie wechselt der Blick von Einzellektüren zu einer Lektüre von Textserien, wobei die Untersuchung von Diskurs- und Bildgeschichte nicht auf die Konzeption einer Entwicklungsgeschichte hinausläuft. Vielmehr geht es auch hier, bei der Frage nach dem Ursprung geschlechtsspezifischer Verkörperungen, um einzelne, paradigmatische Konstellationen. «*Entstehung* meint eher Auftauchen, das Prinzip und das einzigartige Gesetz eines Aufblitzens ... Die Entstehung ist also das Heraustreten der Kräfte auf die Szene, ihr Sprung aus den Kulissen auf die offene Bühne» (Foucault 1978, S. 92f). Und wieder spielen Körper und Zeichenkörper dabei eine wichtige Rolle. «Als Analyse der Herkunft steht die Genealogie also dort, wo sich Leib und Geschichte verschränken. Sie muß zeigen, wie der Leib von der Geschichte durchdrungen ist und wie die Geschichte am Leib nagt» (S. 91f).

In der hier folgenden Genealogie bildet die weibliche Allegorie der Stadt einen Punkt, an dem sich verschiedene Spuren der Darstellung mehrfach überkreuzen. Als (geschlechts)spezifische Form der *Verkörperung* verdichten sich darin Symbolisierungs- und Kolonisierungspraktiken der europäischen Kulturgeschichte.

1 Zum Verhältnis von ‹Wilden› und ‹Frauen› im Diskurs der Aufklärung

Der Vergleich von Frauen und Wilden bzw. Wildnis

«Die Frauen unterliegen einer epidemischen Wildheit... Sie sind zwar äußerlich zivilisierter als wir; aber innerlich sind sie wahre Wilde geblieben.» Diese Verbindung zwischen Wilden und Frauen, die von Denis Diderot in seinem Essay «Über die Frauen» hergestellt wird (1981, S. 176, 179), ist weder zufällig noch einmalig. Ist sie als explizite begriffliche Analogie nicht immer so offenkundig wie in diesem Text, so ist doch auffällig, wie sehr sich die Rede über die Frauen und die Rede über die Wilden im Diskurs der Aufklärung ähneln. Häufiger noch als über den direkten Vergleich funktioniert die Analogiebildung über den Bezug zur Natur, über den Vergleich zur Kindheit oder über den Begriff der Unschuld. Und wer den weitschweifigen Diskurs über die Weiblichkeit im 18. Jahrhundert liest, fühlt sich – ist diese Assoziation einmal präsent – ständig an das Bild vom ‹Guten Wilden› erinnert. Die Nähe zwischen Wilden und Frauen im Diskurs der Aufklärung, die hier an einigen Schriften belegt werden soll, verweist auf die Rolle des ‹Anderen› in Aufklärung und Aufklärungskritik.

Seit der «Dialektik der Aufklärung» ist die Rede davon, daß sich die Konstitution des vernünftigen Subjekts bzw. des überlebenswilligen Selbst der Unterwerfung und Überwindung von Natur, Mythos, Magie, Körper und Weiblichkeit verdanke. Bei Adorno/Horkheimer wird die Rolle der Frau in diesem Kontext untersucht: «Als Repräsentantin der Natur ist die Frau in der bürgerlichen Gesellschaft zum Rätselbild von Unwiderstehlichkeit und Ohnmacht geworden. So spiegelt sie der Herrschaft die eitle Lüge wider, die anstelle der Versöhnung der Natur deren Überwindung setzt» (1969, S. 66). Im jüngeren vernunftskritischen Diskurs wird die Reihe des durch die bürgerliche Rationalität Verdrängten und ihr Entgegengesetzten noch ergänzt durch den

Traum, den Wahnsinn, die Wildnis, die Kindheit – manchmal auch die Kunst. Diese Reihung konstituiert sich als Ort des *Anderen,* das Nebeneinander der Einzelbegriffe – und damit deren potentielle Austauschbarkeit – über eine analoge Beziehung zur Vernunft, über ein Drittes also, das jedoch den Platz des einen einnimmt. Dabei wird die Weiblichkeit – bzw. die Frau als Verkörperung von Weiblichkeit – häufig zur Vorstellung des Anderen schlechthin, vor allem dort, wo es um das Postulat einer Utopie oder den Entwurf eines subversiven Verfahrens geht.[1]

Und aus umgekehrter Perspektive wird noch bei dem Versuch, die Position von Frauen in einer männlich dominierten Kultur zu beschreiben, in feministischer Theorie und Literatur gern auf den Vergleich mit einer unterdrückten ‹Rasse› zurückgegriffen. Um die Entrechtung und Enteignung von Frauen in der Geschichte der (westlichen) Zivilisation anschaulich zu machen, werden sie oft als Kolonisierte, als niedere Rasse, als Sklaven, als Außenseiter, als Fremde oder auch Proletarier der herrschenden Kultur bezeichnet. Oder die Kultur der Frauen wird als ‹Wildnis› beschrieben, wie in dem bekannten Aufsatz Elaine Showalters «Feminist Criticism in the Wilderness» (1981). Mit diesem Bild versuchte Showalter, jene Bereiche einer verstummten weiblichen Kultur zu fassen, die in ihrem Schema *außerhalb* der Grenzen einer dominanten ‹männlichen Kultur› lokalisiert sind. Abgesehen von dem Problem, daß männliche und weibliche Kultur hier als zwei isolierbare Größen einander entgegengesetzt sind, um dann in eine, zudem quantifizierbare Relation gebracht zu werden, und abgesehen davon, daß der Begriff der ‹weiblichen Kultur› hier als überhistorische Konstante konstruiert ist, aktualisiert die Benennung jenes ‹weiblichen Territoriums›, das nicht mit dem ‹männlichen› zur Deckung kommt, als *Wildnis* eine alte Bildtradition. Dabei ist im feministischen Diskurs oft unklar, inwieweit die Rede von der Wildnis – oder auch von der anderen ‹Rasse› – als metaphorische Beschreibung, als Vergleich mit bereits be- und erkannten Herrschaftsverhältnissen oder aber wörtlich verstanden werden will. Gerade im Bild der Wildnis schwingt oft die Vorstellung mit – ob nun in historischer oder utopischer Perspektive –, daß es eine Position von Frauen außerhalb der Geschichte bzw. einen Austritt aus dieser als patriarchal gewerteten Geschichte für Frauen geben könne.

1 Zur Kritik einer Konzeption des ‹Weiblichen› als subversives Verfahren vgl. Weigel 1989, Theoretischer Exkurs, S. 196 ff.

Der Vergleich der Situation und Geschichte von Frauen mit einer dieser anderen ‹Anderen› wiederholt und verlängert nicht nur die Perspektive des weißen, männlichen Subjekts, sondern trübt auch den Blick und verstellt das Interesse für die jeweils spezifische Geschichte der konkreten Anderen sowie für die Differenzen und deren Verhältnisse untereinander. Häufig verhindert die Analogisierung geradezu die Frage nach der konkreten Beziehung einzelner Begriffe und nach deren Genese. Eine solche spezifische Relation hat beispielsweise Luce Irigaray im Blick, wenn sie die Frage stellt, «was in dem heute als Unbewußtes Bezeichneten verdrängtes Weibliches» sei (1979, S. 129), indem sie den Ort der Frau im psychoanalytischen Diskurs über das Unbewußte befragt, um einer diffusen Gleichsetzung von Weiblichem und Unbewußtem entgegenzuwirken.

Das Verhältnis von Wilden und Frauen kann sich nur über die Rekonstruktion seiner Genealogie entschlüsseln. Zu diesem Zweck müssen die Orte und Funktionsweisen von Wilden und Frauen, von Fremde und Weiblichkeit im Diskurs der Aufklärung untersucht, müssen die Vorstellung vom Wilden und von der Frau sowie die Strukturen der Redeweisen über sie verglichen, muß die Darstellung des Weiblichen in Schriften über die Fremde ebenso wie die Bedeutung der Wildheit in den Weiblichkeitstheorien untersucht werden. Ein solches Vorhaben stößt auf größte methodologische Probleme, weil dazu Forschungen aus der Ethnologie, aus der Geschichte der Reiseliteratur, aus der Philosophie der Natur und der weiblichen Kulturgeschichte zusammenzuführen sind. Dort wo solche Versuche unternommen werden, bleiben sie oft theoretisch unbefriedigend und reproduzieren nicht selten die hier kritisierte Substitution verschiedener Bilder des Anderen, indem sie diese beliebig austauschen.

In Hans Peter Duerrs «Traumzeit» (1978) beispielsweise, worin die Thematisierung des Fremden dem Motiv eigener Grenz- und Selbsterfahrung subsumiert wird und dergestalt in ein kulturtherapeutisches Konzept mündet, verkörpern Frauen – zeitweise – Grenze und Grenzüberschreitung. Der Text beginnt mit der Anwesenheit zahlreicher Frauengestalten, nachtfahrender Frauen, Jungfrauen, Amazonen, Hexen, die dann plötzlich und unerklärt verschwinden, während der Text, sich anderen Paradigmen und einer Verallgemeinerung zuwendend, zum Thema kommt. Eine solche, der Erörterung offenbar nicht bedürfende An- und Abwesenheit von Frauen im Text ist nicht zufällig mit so vagen Äußerungen über Frauen verbunden wie: Die Frauen seien vom Abdrängungsprozeß der Zivilisation besonders betroffen. Oder: «Alle Frauen sind draußen, aber die Seejungfrauen sind noch ‹draußener› als all die anderen» (Duerr, S. 62).

Vor allem die von Frauen in der Soziologie, Philosophie und Literaturwissenschaft in den letzten Jahren betriebene kritische Rekonstruktion der Geschichte der Weiblichkeitstheorien und des sogenannten weiblichen Geschlechtscharakters und die Studien zur Ethnologie und Ethnologiegeschichte bewegen sich auf ganz unterschiedlichen Gleisen. Nur dort, wo die Ethnologie auf ihren männlichen Blick hin kritisch befragt oder die Darstellung von Frauen in der Entdeckungs- und Reiseliteratur untersucht wird, gibt es einige Berührungspunkte. Damit erschließt sich aber nur ein Aspekt des umrissenen Problemhorizonts.[2]

Das folgende ist als Versuch zu verstehen, einige weitere Aspekte zu skizzieren. Dabei werden die *Thesen* entwickelt, daß im Diskurs über die Wilden/die Fremde und im Diskurs über Frau/Weiblichkeit strukturanaloge Konzepte zu sehen sind, in denen die Dialektik von Eigenem und Fremdem aus der Perspektive des Einen im Blick auf das Andere organisiert ist und daß das Verhältnis von Wilden und Frauen durch ähnliche Vorstellungen, aber unterschiedliche diskursive Funktionsweisen zu kennzeichnen ist, daß es sich durch Analogien, Substitutionen und Verschiebungen bestimmt, in deren Verlauf – mit dem historischen Ende der Entdeckungen im geographischen Raum – die Frau immer mehr den Platz des Fremden und Exotischen einnimmt, daß sie sozusagen zum Territorium des Fremden in der Nähe wird.

Um jedes Mißverständnis auszuschließen: Wenn hier vom Verhältnis von Wilden und Frauen die Rede ist, handelt es sich immer um eine diskurshistorische Beobachtung, nie um Aussagen über reale Frauen bzw. die Einwohner Tahitis, Südamerikas oder einer anderen fernen Kultur. Untersucht wird ja, wie die Bedeutungen vom Wilden und von der Frau sich durch spezifische Redeweisen und Perspektiven im Aufklärungs-Diskurs konstituieren und welche Funktion sie darin einnehmen.[3] Die Strukturanalogie von Wilden und Frauen im Diskurs sagt

2 Hier, am Schnittpunkt der Diskurs- und Kulturgeschichte verschiedener ‹Anderer›, ist in den letzten Jahren einiges in Bewegung geraten. Vgl. etwa die Überlegungen zum Verhältnis von ‹externen› und ‹internen Anderen› in Todorovs Amerika-Buch (Todorov, S. 186) oder neuerdings Kohl zum Bild der Frau im Orient. Oder auch Gilman 1985, Treder (Hg.). – In Vorbereitung ist ein Themenheft der «Feministischen Studien» zum Verhältnis von kulturellen und sexuellen Differenzen.

3 Strenggenommen müßten daher alle hier diskutierten Begriffe wie Frauen, Weib-

noch nichts über deren reale Beziehung aus, so wie deren vergleichbare Lage in sozialgeschichtlichem Sinne etwa in einer Analogisierung von Rassen- und Geschlechterbeziehungen häufiger konstatiert wurde. Solche Gleichsetzung verkennt ja gerade die Unterschiedlichkeit im Realen, die aus der Perspektive des Einen, im Diskurs des weißen Mannes sozusagen, verschwindet.

Zur diskursgeschichtlichen Konstellation der Analogie

Um das Verhältnis von Wilden und Frauen im Diskurs der Aufklärung nun genauer zu beschreiben, soll zunächst deren auffällig *ähnliche* Darstellung an exemplarischen Texten belegt werden. In seinem Bericht über eine Reise, die er um 1740 im Auftrag der französischen Akademie nach Peru und ins Amazonasbecken unternahm, entwirft Charles-Marie de La Condamine folgendes Bild von den südamerikanischen Wilden:

«Gierig und gefräßig, sobald sie etwas haben, woran sie sich Genüge tun können; enthaltsam aber, wenn die Not sie dazu zwingt, so daß sie auf alles verzichten und nichts zu begehren scheinen; über alle Maßen zaghaft und furchtsam...; jeder Arbeit feind, und unberührt von jedem Antrieb des Ruhms, der Ehre oder der Dankbarkeit; allein mit dem Gegenwärtigen befaßt, und von ihm vollständig beherrscht; ohne jede Sorge um die Zukunft; unfähig zur Voraussicht und Reflexion; sobald nichts sie stört, überlassen sie sich einer kindlichen Freude, die sie dadurch zum Ausdruck bringen, daß sie ohne Anlaß und Ziel umherspringen und unmäßig lachen; sie verbringen ihr Leben ohne zu denken, und sie altern, ohne die Kindheit, deren Fehler sie alle behalten, je zu verlassen» (Zit. nach Kohl 1981, S. 133).

Diese Beschreibung der Wilden als ewige Kinder, als unbekümmerte Wesen, die ihr Leben ziel-, planlos und ohne Reflexion verbringen, hat auffällige Ähnlichkeiten mit vielen Merkmalen, die Diderot in seinem schon erwähnten Essay den Frauen zuschreibt, zum Beispiel:

«Sie (die Frauen; S. W.) sind weniger Herr ihrer Sinne als wir... O Frauen, ihr seid merkwürdige Kinder!... aber vergessen Sie nicht, daß seine Unfähigkeit zu Überlegung und Grundsätzen nichts bis in eine bestimmte Tiefe des weiblichen

lichkeit, Fremde, Wilde, Natur, Anderes etc. stets in Anführungszeichen gesetzt werden. Darauf wird aber, da es sich insgesamt um eine Diskursanalyse handelt, verzichtet. Nur an einigen Stellen, wo Topoi quasi als Zitat eingeführt werden oder wo, gleich einem sic!, besonders auf den Diskurscharakter hingewiesen werden soll, sind Anführungszeichen gesetzt.

Verstandes dringen läßt. Die Ideen von Gerechtigkeit, Tugend, Laster, Güte, Bosheit schwimmen an der Oberfläche ihrer Seele. Eigenliebe und Egoismus dagegen haben sie in ihrer ganzen natürlichen Kraft erhalten ... Die Frauen sind selten systematisch, immer dem Augenblick unterworfen» (Diderot 1981, S. 171, 176, 179, 181).

Beide, Wilde und Frauen, werden charakterisiert durch das, was ihnen mangelt im Vergleich zum ‹Zivilisierten›, zum Mann. Als (noch) nicht Zivilisierte werden sie betrachtet als Naturwesen – Wesen, die der Natur nahestehen und deren Bestimmung sich aus ihrer ‹Natur› ableitet. Als Bougainville 1766 seine ersten Eindrücke vom gerade entdeckten Südsee-‹Paradies› Tahiti in sein Bordtagebuch schreibt, notiert er, «die Natur selbst» habe den Einwohnern ihre Gesetze diktiert, und bewundert die «gute Ordnung» ihrer Rangunterschiede, in der die Einwohner miteinander lebten (zit. nach Kohl 1981, S. 216). Und in der Konzeptualisierung des weiblichen Geschlechtscharakters, wie sie vor allem in der zweiten Hälfte des 18. Jahrhunderts forciert wurde, findet sich stereotyp der Rekurs auf die Natur des Weibes, auf seine natürliche Moral und Anmut. Es sei die Natur der Frau, so ihre schwächere Konstitution, die andersgeartete Organisation ihrer ‹Maschine›, die ihre Stellung begründe. Es sei das allgemeine Schicksal des weiblichen Geschlechts, so etwa Heinrich von Kleist in einem Brief an seine Schwester, daß es «nun einmal seiner Natur nach die zweite Stelle in der Reihe der Wesen bekleide» (Bd. 2, S. 493). Ähnlich formuliert Johann Gottlieb Fichte, wenn er in Paragraph 7 seiner «Deduktion der Ehe» 1796/7 schreibt: «Das zweite Geschlecht steht seiner Natureinrichtung nach um eine Stufe tiefer als das erste» (Erster Abschnitt, § 3).

Doch trotz dieses vergleichbaren Rekurses auf die Natur in der Beschreibung der Wilden und der Frauen liegt jeweils ein verschiedener *Naturbegriff* vor, welcher der unterschiedlichen Motivation und Perspektive des Diskurses entspringt. In der Bedeutung als Projektionsfläche eigener Vorstellungen aber, in die sich Angst- und Wunschphantasien mischen, existieren Ähnlichkeiten und Zusammenhänge. Die Ent-Deckung und Eroberung des fremden Kontinents, Usurpation und Verzauberung, Vermessung, wissenschaftliche Erschließung und die Abspaltung phantastischer Vorstellungen und Mythen, der ‹Wille zur Wahrheit› und die Imagination von Bildern, in denen sich das von der ‹Wahrheit› ausgeschlossene Begehren artikuliert – diese ganze Inanspruchnahme des Fremden für die Stabilisierung des Eigenen wiederholt sich in der Konzeptualisierung der Frau als anderes Geschlecht, vor allem im Diskurs über ihre Sexualität, die noch von Sigmund Freud als «schwarzer Kontinent» bezeichnet wird. Und die Geschichte von der Entstehung und Ent-Täuschung des Bildes vom ‹Guten Wilden› verläuft gleichzeitig mit dem Entwurf der ‹Unschuld› als weiblicher Natur, die sich allerdings durch Ent-Täuschungen offenbar als weniger anfechtbar erweist.

Naturbegriff und Entdeckungskonzept

Das *Unentdeckte* enthält schon im Begriff das Ziel der Entdeckung, zur Vorstellung wird es überhaupt erst über deren Antizipation. Zugleich ist es rätselhaft und Ort für die eigenen Projektionen, für die Wünsche und Ängste, die im Begriff vom entdeckten, akzeptierten Territorium oder Selbst keinen Platz haben. Als Paradigma des Unentdeckten in der Schrift ließen sich etwa die weißen Flecken auf der Landkarte begreifen. So jedenfalls wurden sie von Marion Schmid beschrieben: «Als weißer Fleck taucht unentdecktes und unerforschtes Land erst relativ spät in den Karten auf, erst zu einem Zeitpunkt, als es weiße Flecken, Metapher für zwar vermutetes, aber noch nicht gefundenes Land, kaum noch gibt, dann erst, als wissenschaftliche Genauigkeit schon so viel vermessen und kartographiert hatte, daß redlicherweise nur noch kleinste Landstriche mit weißen Flecken markiert werden mußten» (S. 264).

Mit dem Körper und der Sexualität der Frau wird ähnlich verfahren. Als ‹schwarzer Kontinent› erscheint die weibliche Sexualität erst, als der weibliche Körper vollständig be-schrieben und mit Deutungen überzogen ist. Doch auch wenn die weißen Flecken durch die Schrift der Wissenschaft ausgefüllt sind, bedeutet das nicht das Ende der Mythen. Selbst heute haben die Bilder des Exotischen und des ‹Rätsels Frau› offenbar nichts von ihrer Attraktivität eingebüßt.

Auf welche Art eindeutige, geschlossene, spekulative Erklärungen durch wissenschaftliche Entdeckungen zerstört werden und wie daraus neue Mythen entstehen, das kann die Geschichte der *Hysterie*-Literatur beispielhaft verdeutlichen. Seit der Antike galt die Gebärmutter als Sitz der Hysterie: Sie gebärde sich wie ein wildes Tier, wandere im Körper der Frau umher und verursache die hysterischen Anfälle. Oft wurde sie, vor allem im Begriff der ‹Mutterwut›, mit einer gezügelten, aber unbändigen Sexualität der Frau in Verbindung gebracht. Am Ende des

17. Jahrhunderts im Versuch einer naturwissenschaftlichen Erklärung der Hysterie wurde die These von der Wanderung der Gebärmutter durch Theorien ersetzt, bei welchen körperliche Säfte oder Dämpfe, die ‹Vapeurs›, in den Mittelpunkt der Erklärung gestellt wurden, die wiederum im 18. Jahrhundert durch die Theorie der Nervenfasern bzw. -fibern und die Behauptung einer besonderen nervlichen Sensibilität des weiblichen Geschlechts erneuert wurden. Damit war dann der Ausgangspunkt für den Übergang von einer Pathologisierung zur Psychiatrisierung des Weiblichen gefunden. Die spekulative Wanderungsthese war auch dadurch unhaltbar geworden, daß man bei der Autopsie von als hysterisch diagnostizierten Frauen keine krankhaften Veränderungen der Gebärmutter gefunden hatte. Trotzdem bleibt der Uterus danach nicht bedeutungslos, er erhält seinen neuen Platz als «sympathisches Organ» in einer Erklärung physiologischer und neurologischer Zusammenhänge.[4]

«Bis zum Ende des achtzehnten Jahrhunderts ... werden Uterus und Matrix in der Pathologie der Hysterie gegenwärtig bleiben, aber dank einer privilegierten Diffusion durch die Säfte und Nerven und nicht durch besondere Geltung ihrer Natur», schreibt Foucault in «Wahnsinn und Gesellschaft» (Foucault 1969, S. 294). Zu differenzieren wäre, daß die Geltung der Natur in der Hysterie-Literatur dennoch weiterbesteht, allerdings in einem veränderten Begriff von Natur. Auch die Theorie der Nervenfasern, die eine besondere Anfälligkeit der weiblichen Natur behauptet, rekurriert auf Natur, nicht auf den rätselhaften Körper, sondern auf eine als Geschlechtscharakter verfaßte Konstitution der Frau, verstanden als ihr natürliches Wesen. Aus dem Mythos vom Dämonischen des weiblichen Körpers ist im Diskurs der Medizin das pathologisierte ‹andere Geschlecht› geworden, das gleichwohl nichts von seiner Unheimlichkeit und Rätselhaftigkeit verloren hat.[5]

Diese Geschichte verweist auf ein Paradox in der Rede des Einen über das Andere. Neuere Studien, welche die Hysterie im Zusammenhang einer weiblichen Kulturgeschichte und deren Verhältnis zur Sprache untersuchen, gehen davon aus, daß die Hysterie eben dadurch gekennzeichnet sei, daß sie sich der diskursiven Logik des Symbolischen entziehe und deshalb in ihr auch nicht beschreibbar sei. Irigaray dazu:

4 Vgl. Fischer-Homberger.
5 Dieser Prozeß ist eindrucksvoll dargestellt in Geitner 1984, einer leider unveröffentlichten Examensarbeit, aus der einige Thesen referiert sind in Geitner 1985.

«Die Hysterie, *es spricht* in der Weise einer gelähmten Gestik, eines unmöglichen, sogar verbotenen Sprechens ... Es spricht als Symptome von so etwas wie: es läßt sich weder aussprechen noch aussagen ... Und das Drama der Hysterie besteht in der Aufspaltung zwischen dieser Gestik, diesem Begehren, die in ihrem Körper gelähmt, eingeschlossen sind, und einer Sprache, die sie in der Familie, in der Schule und in der Gesellschaft gelernt hat, einer Sprache, die mit den ‹Bewegungen› ihres Begehrens in absolut keinem kontinuierlichen oder natürlich metaphorischen Zusammenhang steht» (Irigaray 1979, S. 142).

Was aus der *Sprache* – der männlichen Ordnung, der Weißen, des Wissens – ausgeschlossen ist, ist mit/in ihr auch nicht beschreibbar. Auf dasselbe Problem stoßen die Berichte über die fremden Kontinente, die Fremden und deren Verhalten. In seinem Aufsatz über Forsters «Reise um die Welt» hat Uwe Japp auf die in Forsters Text angedeutete Diskrepanz zwischen Beobachten und Beschreiben hingewiesen. Anläßlich eines Festes der Einwohner von Tahiti, an dem ein Offizier aus der Besatzung von Cooks Schiff 1773 teilgenommen hatte, notiert Forster:

«Als wir ihn aber um die Beschreibung derselben (der Ceremonien; S. W.) ersuchten, gestand er, ‹daß sie zwar sehr sonderbar gewesen wären, doch könne er sich keiner insbesondere erinnern, wisse auch nicht wie er sie erzählen solle.› Auf solche Art entging uns eine merkwürdige Entdeckung, die wir bey dieser Gelegenheit über die Gebräuche dieses Volkes hätten machen können; und es war zu bedauern, daß kein verständigerer Beobachter zugegen gewesen, der wenigstens das was er gesehen, auch hätte erzählen können» (Forster, S. 580).

Und schon Jean de Léry hatte 1557 in seinem «Brasilianischen Tagebuch» davon gesprochen, wie schwierig es sei, die Indianer «zu beschreiben, selbst wenn man Abbildungen bringt» (zit. nach Wuthenow 1982, S. 237). Natürlich wußten er und Forster noch nichts von der Unlösbarkeit des Problems, die daher rührt, daß nicht nur die Begriffe der Weißen nicht reichen, das Leben der Inselbewohner zu beschreiben, sondern daß auch sein Blick schon durch die Fixierung auf die positiven Tatsachen und Ereignisse die Wahrnehmung kanalisiert – und daß seine Sprache sich gerade über die Ausschließung des Uneindeutigen und Wilden konstituiert, an dessen Stelle nun das Bild des Eingeborenen als Wilder tritt.

Doch nun zurück zur *Natur*: Die veränderte Vorstellung von der weiblichen Natur im Diskurs über die Hysterie ist zu lesen auf der Folie eines gewandelten Naturbegriffs überhaupt. Zur Zeit der *ersten* Entdeckungsreisen, einer «Übergangsepoche, welche beiden, dem Mittelalter und dem Anfang der neueren Zeit angehört», wie Alexander von

Humboldt in seinem «Entwurf einer physischen Weltbeschreibung» formuliert hat (2. Bd., S. 237), herrschte noch die Vorstellung von einer belebten Natur, wobei die Darstellung der Erde mit Hilfe der Leibmetaphorik eine Identifikation zwischen Mensch und Natur impliziert. Dabei werden vor allem die Veränderungen der Erdoberfläche, die Entstehung von Gebirgen, Flüssen, Vulkanen, auf Vorgänge im Innern der Erde zurückgeführt, welche im Bild von Schwangerschaft und Geburt beschrieben sind. Unterirdische Höhlen gelten als privilegierte Orte solcher Vorgänge. Naturbilder Leonardo da Vincis geben einen anschaulichen Eindruck von dieser Vorstellung der Erde als belebter Natur.[6] «Mit einer solchen Geologie war der naturgeschichtliche Rahmen benannt, in dem u. a. Blut- und Adersystem verglichen werden konnten: ‹Sexualisierung› der Naturvorgänge und Verweiblichung der Natur», so Horst Bredekamp in seinem Aufsatz über «Die Erde als Lebewesen» (S. 12).

In diesem Kontext ist es nun nicht mehr überraschend, daß die Erde oft bildlich in einer Frauengestalt dargestellt wird, so in einem bei Bredekamp abgebildeten Kupferstich von 1618 (von Merian d. Ä.), auf dem eine Frau, mit einer Erdkugel als Leib, als säugende Amme erscheint. Während hier die Frau buchstäblich als Mutter Erde figuriert und die Identifikation von Frau und Erde im Bild der Nährerin positiv besetzt ist, verweisen andere Darstellungen auf ein gespaltenes Bild von Erde und (weiblicher) Natur: einerseits Leben und Freude spendend, andererseits bedrohlich. Am deutlichsten ist dies in der allegorischen Darstellung der «Frau Welt», einer Frau mit schöner, verführerischer Vorderseite und dämonischer, von Fäulnis und Getier zerfressener Rückseite. Die Metaphorisierung der Natur als Frauenleib hat zu einer Vorstellung von der janusköpfigen Erscheinung weiblicher Natur geführt, die in der Literatur eine langlebige und zähe Tradition erhalten hat, und zwar im Topos der Verführung des Mannes durch die Frau, wobei die Frau als doppelgestaltig, verstellt oder aufgespalten in eine reine und eine dämonische Figur erscheint. Die Frau wird zum Symbol und zur Verkörperung der doppelt bewerteten Natur.[7] An ihrem Körper und an ihrem Bild vollzieht sich auch der Durchsetzungsprozeß eines neuen Naturbegriffs: Die Natur ist dem Menschen unterworfen,

6 So Alexander Perrig in seinem Artikel «Leonardo – Die Anatomie der Erde». die tageszeitung vom 22. 10. 1984.

7 Vgl. zur Motivgeschichte der ‹Frau Welt› Becker-Cantarino.

während die Bewegungen*mechanisch* und die Natur zum *Objekt* wissenschaftlicher Betrachtung und zum Gegenstand des Kunstgenusses geworden sind.

Als Alexander von Humboldt 1799 auf seine fünfjährige Forschungsreise nach Lateinamerika aufbrach, ging er bereits von diesem neuen Naturbild aus: «Auf das Zusammenwirken der Kräfte, den Einfluß der *unbelebten* Schöpfung auf die belebte Thier- und Pflanzenwelt, auf diese *Harmonie* sollen stets meine Augen gerichtet sein» (zit. nach Löschner, S. 245). Die Unterwerfung der Natur und der Entwurf eines harmonischen Naturbildes aber sind in eine widerspruchsvolle Geschichte eingebunden, für deren Austragung und Artikulation die Frauen und die Wilden zwar unterschiedliche, aber beide hervorragende Orte darstellen. Wenn man, Karl-Heinz Kohl folgend, die Legende vom ‹Guten Wilden›, die allerdings, wie zu ergänzen wäre, immer vom Schreckensmythos des barbarischen Kannibalen konterkariert wird, wenn man diese Legende «als Knotenpunkt von gattungsbezogener und geographischer Utopie in den Vorstellungen seiner (Bougainvilles; S. W.) Zeitgenossen» (Kohl 1981, S. 10) bezeichnen kann, dann könnte man den Diskurs über den weiblichen Geschlechtscharakter im 18. Jahrhundert als Schnitt- und Angelpunkt von gattungsbezogener und moralischer Philosophie betrachten. Die Wilden in der Ferne bilden den Ort des Fremden, zu dem sich der europäische Mensch in eine historische Beziehung setzt, er besetzt dabei die Position des Fortschritts. Die Frau in der Nähe bildet den Ort des Anderen, zu dem sich der Mensch gleich Mann in eine moralisch-geistige Beziehung setzt, wobei er die Position des höhergestellten vernünftigen Subjekts einnimmt.

Der Diskurs über die weibliche ‹Schamhaftigkeit›

Die von ihm überwundene Natur und Wildheit ist dabei in der Frau nur gezügelt; sie droht jederzeit auszubrechen. Dieser Furcht gilt die Hauptenergie im Diskurs über den weiblichen Geschlechtscharakter. Vor den bedrohlichen Ausdruck der Natur im Weibe hat der Mann die ‹Schamhaftigkeit› gestellt bzw. ihr als *weibliche Natur* zugeschrieben. Unter der Oberfläche der als natürlich geltenden und als weiblich definierten ‹Anmut› lauert die Gefahr des Dämonischen: «Da werden Weiber zu Hyänen» (Schiller). Eine Furcht und der Reiz, daß er dem ‹Anderen der Vernunft›[8] in der Frau begegnen könne, spricht auch aus dem oben bereits zitierten Text von Diderot «Über die Frauen». Darin bezeichnet er die Frau zwar einerseits als «unglückliches Wesen» wegen der Abhängigkeit, in der sie sich befinde. Andererseits sieht er in ihr die Disposition zur Hysterikerin, zur Pythia und zur Wilden:

«Die Rolle der Pythia steht nur einer Frau an, nur ein Frauenhirn kann soweit außer sich geraten, daß es ernsthaft die Annäherung eines Gottes fühlt, sich erregt, die Haare rauft, schäumt und schreit ... Die Frau besitzt einen Sinn, der bis zu den fürchterlichsten Krämpfen reizbar ist, sie beherrscht und ihrer Phantasie Phantome jeder Art erweckt. Im hysterischen Delirium kehrt sie in die Vergangenheit zurück, schwingt sich in die Zukunft, alle Zeiten sind ihr Gegenwart. All diese ausgefallenen Ideen entspringen ihrem Geschlecht» (Diderot 1981, S. 171, 174).

Der Widerspruch zwischen der angeblich natürlichen Anmut der Frau und diesen Schreckbildern wird von Diderot dann in der eingangs zitierten Formulierung als *Widerspruch von Innerem und Äußerem* bzw. als *Verstellung* gefaßt: Die Frauen «sind zwar äußerlich zivilisierter als wir; aber innerlich sind sie wahre Wilde geblieben». Der Konzeptualisierung des weiblichen Geschlechtscharakters mit den Begriffen Unschuld, Schamhaftigkeit, Anmut und Tugend ist die Eindämmung ebenso wie die Ausgrenzung weiblicher Sexualität eingeschrieben. Ursula Geitner, die sich in ihrer Untersuchung der Weiblichkeitstheorien des 18. Jahrhunderts auf die Diskursivierung der Weiblichkeit konzentriert, hat dafür viele sprechende Belege aus unbekannteren Schriften zusammengetragen. So wurde die Schamhaftigkeit als «allerbeste Leib-Wache der Ehre des Frauenzimmers» bezeichnet oder als eine «Tugend, ohne welche das weibliche Geschlecht aufhören würde, weyblich zu sein». Und während es um die Zügelung des weiblichen Geschlechts geht, wird die Frau zugleich auf ihr Geschlecht reduziert: «Das Geschlecht, das bey dem Manne etwas zufälliges ist, muß allerdings bey dem Weibe als etwas wesentliches betrachtet werden.»[9]

Die aufwendige Rhetorik macht deutlich, daß der Rekurs auf die weibliche Natur und der Entwurf weiblicher ‹Natürlichkeit› in die Vorstellung einer künstlichen Natur münden, einer Natur, in der die Widersprüchlichkeit gebannt bzw. stillgestellt ist. Die unmögliche Konstruktion Frau bzw. Weiblichkeit fungiert dabei als Austragungsort für

8 Vgl. diese Formulierung bei Bürger 1983 und bei Böhme/Böhme.
9 Alle Beispiele bei Geitner 1984, S. 50, 33, 34. Zum Diskurs über weibliche Sexualität vgl. auch Foucault 1977a.

den konfliktreichen Zivilisationsprozeß, für die Dialektik der Aufklärung; sie fungiert als Projektionsort für das ambivalente Verhältnis zur Natur, der Sehnsucht nach und der Furcht vor ihr. Am Ende einer Epoche der Hexenverfolgungen und des darin wirksamen Mythos von der Dämonologie des Weibes wird ein neuer Typ Frau entworfen: die ‹Unschuld›, deren weißes Gewand, das die Vorgeschichte nur mühsam zu verbergen vermag, jedoch jeden Augenblick zu zerreißen droht. In allen literarischen Versuchen, diesen Typus in der Phantasie zu verlebendigen, tritt die äußerste Künstlichkeit und gefährliche Anfälligkeit der ‹Unschuld› zutage.

Sind die dabei stattfindenden Kämpfe dem Bild der ‹Unschuld› eingeschrieben, so lassen sich in einem Klassiker der Weiblichkeitstheorie, bei dem man diesen Typus *in statu nascendi* beobachten kann, die Spuren dieser Konflikte deutlich ablesen. In Jean-Jacques Rousseaus «Émile» (1762) ist die Beziehung zwischen den Geschlechtern als Ökonomie von Angriff und Verteidigung beschrieben. Rousseau verlagert damit explizit eine Struktur, die militärischer Praxis bzw. Eroberungshandlungen entspringt, auf den Diskurs über die Frau; die entsprechenden Passagen finden sich im Kapitel über «Sophie oder die Frau». Dieser Text markiert eine signifikante historische Verschiebung im Diskurs. Funktioniert jetzt der Kampf als Figur im Text über die Frau, so hatte bisher die Eroberung und Inbesitznahme des weiblichen Körpers eine symbolische Rolle in der Eroberung des Fremden und der Kriegsführung gespielt. Fast immer wurde der fremde Kontinent, den es zu entdecken bzw. zu erobern galt, in der Gestalt einer Frau dargestellt: Amerika als Frau[10], mal kannibalisch mit einem abgeschlagenen Haupt in der Hand, mal verführerisch-einladend die Eroberer begrüßend. Auch Europa, das Mutter-Land, ist im Bild einer als Frauenkörper geformten Landkarte gezeichnet, eine Allegorie. Und in den Schriften, die im Kontext kriegerischer Auseinandersetzungen in Europa selbst publiziert wurden (zum Beispiel im Dreißigjährigen Krieg), ist die gegnerische Stadt oder Provinz immer wieder als Frauenfigur personifiziert.[11] Die Verkörperung bzw. bildliche Darstellung eines geographischen Territoriums als Frau funktioniert dabei über eine Identifikation der Natur bzw. Erde mit dem weiblichen Körper in der Vorstellung von der belebten Natur. Obwohl man gewöhnlich davon

10 Vgl. dazu den Beitrag von Wartmann, und hier Abb. 14–16.
11 Beispiele bei J. Becker, S. 13 u. 50f.

ausgeht, daß erst im aufgeklärten Naturbegriff, welcher Naturbeherrschung und -unterwerfung impliziert, die Natur dem Menschen zur fremden Außenwelt wird, bedeutet die *stellvertretende* Identifizierung der Frau mit der Erde in der Vorstellung von der belebten Natur eigentlich, daß dem Mann auch darin schon die Natur als Fremdes gegenübertritt.

Der Diskurs über die Wilden: Ansätze zu ‹doppelter Kritik›? (Diderot)

Die Eroberungs- und Entdeckungsreisen sind Unternehmungen, die das Begehren zur Inbesitznahme des Fremden in die Dimension des Raums projizieren. Seit Beginn der Entdeckungsreisen mischen sich bei den Reiseunternehmungen Kolonisierungsabsichten mit der Suche nach einem *Irdischen Paradies*. Die Verarbeitung der Entdeckungsreisen in Reiseberichten, philosophischen und naturwissenschaftlichen Studien ist nicht wegzudenken aus der Veränderung der Naturvorstellung. Die Suche nach dem Goldenen Zeitalter und dem Irdischen Paradies wurde durch die ersten Entdeckungsreisen bestätigt und enttäuscht, was sich aus den ambivalenten Motiven der Eroberer selbst mit Konsequenz ergeben muß. Jene Merkmale der entdeckten Länder und deren Einwohner, die ins Bild des Irdischen Paradieses paßten – üppige Naturressourcen, Friedfertigkeit und Unschuld der Wilden –, waren eben dieselben, die sie für eine Kolonisierung attraktiv erscheinen ließen. Die Eroberung selbst zerstört das Irdische Paradies, während sich der Wunschtraum immer weiter auf die noch unentdeckten Gebiete verschiebt. Das Paradies ist immer das Unentdeckte, denn es ist ein Imaginäres. Es realisiert sich scheinbar punktuell in den Augen von Entdeckern, die als erste Europäer noch nicht entdecktes – in ihren Vorstellungen jungfräuliches – Land betreten, bis sich das paradiesische Bild wie eine Fata Morgana verflüchtigt. Aber auch wenn gegenläufige Berichte oder Erlebnisse das idyllische Bild zerstören bzw. das Paradies-Bild desillusionieren, spaltet sich die Paradiesvorstellung ab und führt dann im Literarischen, etwa in fiktionalen Reiseberichten, ein reges und ungetrübtes Eigenleben.

Kritische Untersuchungen zur Entdecker- und Reiseliteratur haben zeigen können, wie sehr die von den fremden Ländern entworfenen Bilder jeweils von den Erwartungen der Reisenden geprägt sind. Die Fremde wird zur Verkörperung der eigenen Theorien oder Utopien.

«Repräsentieren die amerikanischen Wilden für Montesquieu den Freiheitsdrang und den Mut der alten germanischen Erobervölker, für Rousseau dagegen die Unabhängigkeit von den Zwängen des fortgeschrittenen Vergesellschaftungsprozesses überhaupt, so wird der tahitianische Wilde für Bougainville zum Symbol des freien und uneingeschränkten Sinnengenusses» (Kohl 1981, S. 218). Besonders deutlich ist diese Subsumierung des Fremden unter die Perspektive des Eigenen in den Versuchen, die Wilden als Repräsentanten eines früheren Zustands der eigenen Geschichte zu betrachten: die Wilden als Vorstufe bzw. Ursprung der Zivilisation. Das bedeutet, daß ihnen eine eigene Geschichtlichkeit nicht zugestanden wird. Amerikas Existenz zum Beispiel beginnt in diesem Diskurs erst mit dem Zeitpunkt der Entdeckung durch die Europäer, es hat keine Vorgeschichte. Das Bild der Wilden ist als statisches Mosaik in ein historisches Bild von den Weißen einbezogen. Sie sind sozusagen die ewigen Kinder der Menschheit, häufig selbst noch dort, wo in einer Zivilisationskritik der Aufklärung die Wilden den Europäern positiv gegenübergestellt sind: der Naturzustand als Folie für die Kritik der eigenen Zivilisation, die dann als Denaturierung verstanden wird. Doch es gibt im Aufklärungsdiskurs auch eine Spur der Kritik – Uwe Japp nennt sie «doppelte Kritik» und findet sie bei Diderot ausgebildet –, die sich zum Blick auf eine *Differenz* durcharbeitet: «Diese Kritik löst die beunruhigende Erfahrung der Differenz nicht in eine zu entscheidende Alternative auf, sondern erhält sich in der Relationalität dieser Differenz. Sie ist doppelte Kritik. Sie ist dies, indem sie nicht eine Seite gegen die andere ausspielt, sondern auf beide gleichermaßen kritisch reagiert» (Japp, S. 39).

Als erster Schritt zum Blick auf die Differenz bzw. als theoretische Vorstufe zur doppelten Kritik wird Rousseaus zweiter «Discours» gewertet[12], die «Abhandlung über den Ursprung und die Grundlagen der Ungleichheit unter den Menschen» (1755). In seiner Konstruktion des ‹homme naturel›, als dritte Größe eine Abstraktion, die aus dem Vergleich zwischen dem ‹homme civil› mit dem ‹homme sauvage› – hier beide gleichermaßen historische Größen – gewonnen wird, überwindet er die eindimensionale Perspektive, in der der Wilde bloß als Vorform des Zivilisierten erscheint. Die Konstruktion des ‹homme naturel›, der weder gut noch böse sei, bedeutet, daß auch der Wilde sich nicht mehr im reinen Naturzustand befindet. Doch obwohl der Wilde bei ihm

[12] So z. B. Kohl 1981, S. 173 ff.

nicht den Ursprung repräsentiert, kommt Rousseau im Verlauf seiner Beweisführung die von ihm eingeführte Unterscheidung zwischen dem «natürlichen Zustand des Menschen» und dem Wilden immer wieder abhanden, da er den Wilden wiederholt als Beispiel für den Beleg einer vormals vorhandenen, gegenüber dem ‹homme civil› glücklicheren Natur des Menschen benutzt. Der ‹homme sauvage› dient ihm, wenn er von historischen Etappen der Menschheitsentwicklung spricht, als Beispiel für eine glücklichere Vorstufe, für eine Art Goldenes Zeitalter, eine Mitte, die vom Ursprung unterschieden ist:

«Obgleich nun die Menschen in diesem Zustande schon weniger aushalten und ihr natürliches Mitleid schon ziemlich verändert hatten, so war dennoch diese Zeit, da sich ihre Fähigkeiten entwickelten, vielleicht die glücklichste und dauerhafteste Zeit für die Menschen, weil sie zwischen der Faulheit des ursprünglichen Zustandes und der törichten Wirksamkeit unserer Eigenliebe die wahre Mitte hält... Die Wilden, die man meistens an diesem Punkte angetroffen, scheinen durch ihr Beispiel zu bestätigen, daß dem Menschengeschlecht bestimmt war, in diesem Zustande zu verbleiben, daß er eigentlich das jugendliche Weltalter genannt zu werden verdiente, und daß ein jeder Schritt, den man weiter tat, allem Anschein nach der Vollkommenheit des Individuums fortgeholfen hat, aber ein Schritt näher zur Verderbnis seines Geschlechts gewesen ist» (Rousseau 1981, S. 238).

Indem er aber dem Menschen das Vermögen der Perfektibilität als Natur zugeschrieben hat, ist die Bewegung des Fort-Schreitens seinem anthropologischen Entwurf eingeschrieben, auch wenn sie von Rousseau nicht als Fortschritt *gewertet* wird. Erstaunlich ist, daß von ihm der philosophische Entwurf des ‹Guten Wilden› bereits 1755 in diesem Text vorweggenommen bzw. vorgebildet wurde, ein Jahrzehnt vor den ersten Berichten von der Entdeckung Tahitis, die diesen Entwurf erst richtig beflügelten. Sein Text provozierte die philosophische und anthropologische Ausrichtung und Auswertung künftiger Reiseberichte. In einer kritischen Wendung gegen vorhandene Reiseberichte hatte Rousseau beklagt, daß die Reisenden «mehr die Absicht (gehabt hätten), sich als Erdmesser denn als Philosophen umzusehen».

«Seit drei oder vier Jahrhunderten haben die Einwohner von Europa alle übrigen Teile der Welt zu überschwemmen angefangen und immer neue Sammlungen von Reisebeschreibungen und Reisegeschichten herausgegeben. Dennoch, glaube ich, sind uns keine anderen Menschen bekannt als die Europäer. Ja, die lächerlichen Vorurteile, die sogar bei gelehrten Leuten nicht selten gefunden werden, bezeugen, daß fast jeder mit der Prahlerei, den Menschen zu studieren, nichts mehr als seine Landsleute studiert. Die gemeinen Leute mögen noch so lange hin und her reisen, die Philosophie scheint immer zu Hause zu bleiben. Die Philosophie eines jeden Volkes schickt sich auch sehr wenig für ein anderes» (Rousseau 1981, S. 288).

Im Anschluß an diese Kritik entwickelt Rousseau die Phantasie, die Enzyklopädisten auf eine große Weltreise zu schicken. Und obwohl auch Diderot Europa nie verlassen hat, kann man in ihm vielleicht – nicht einen Philosophen, aber – die Philosophie auf Reisen beobachten. Er führt, *nach* dem Tahiti-Erlebnis der Europäer, die von Rousseau begonnene Kritik fort, und zwar in seinem «Supplément au voyage de Bougainville». In dessen letztem Abschnitt steht der an Rousseaus Rede von der jedem Volk eigenen Philosophie erinnernde berühmte Satz von den zwei Röcken: «Man ziehe den Rock des Landes an, das man besucht, und bewahre den Rock des Landes auf, aus dem man stammt» (Diderot 1967, S. 236).

Herbert Dieckmann hat, indem er auf die «Dialektik des Gesprächs» verwies, Diderots «Supplément» als Beleg für eine Betrachtungsweise gedeutet, bei der «das Fremde und Ferne dem Eigenen als gleichwertig gegenübergestellt wird» (S. 466). Die Schrift Diderots läßt sich lesen als Text, der verschiedene Positionen des Aufklärungsdiskurses durchschreitet, um sich zum Blick auf die Differenz durchzuarbeiten. Die Struktur des «Supplément», eine Mischung verschiedener Redeformen, trägt die Signatur der «doppelten Kritik» (Japp). Indem der Text sich auf herrschende Stereotypen im Diskurs über den ‹Guten Wilden› bezieht, hält er dem Ort, von dem aus gesprochen wird, einen Spiegel vor. In den Dialog zwischen A und B, der den Rahmen des «Supplément» bildet, sind zwei solcher zivilisationskritischer Topoi eingelassen: die «Abschiedsrede eines Greisen», eines Inselbewohners, der die Paradiessucher als Kolonialisten entlarvt, und die «Unterhaltung zwischen dem Schiffskaplan und Oru», einem Wilden, in der die doppelbödige Haltung der Eroberer gegenüber der als freizügig idealisierten Sexualität der Insulaner ironisch entfaltet ist. Der Schlußdialog reflektiert die Problematik der Vergleichbarkeit und Übertragbarkeit und die Differenz der Perspektiven: «Verhalten wir uns wie jener gute Kaplan, der in Frankreich Mönch war, in Tahiti dagegen ein Wilder» (Diderot 1967, S. 236).

Diderots Schrift bezieht sich mit deutlicher und lustvoller Ironie auf Bougainvilles «Reise um die Welt» (1771), dem Bericht des Mathematikers und Offiziers von seiner Weltumseglung, in dem die Entdeckung Tahitis das zentrale Ereignis und Erlebnis des Reisenden darstellt. Bougainvilles Bericht enthält zwei verschiedene, durchaus gegensätzliche Bilder des entdeckten Territoriums: die erste Beschreibung Tahitis als idyllisches Inselparadies und einen Einspruch gegenüber dieser Idealisierung aufgrund der Gespräche mit einem Inselbewohner auf der Rückreise, die als Belege authentischer Erfahrung gewertet werden und die eigenen Trugbilder korrigieren sollen, ohne daß allerdings die Widersprüche zwischen dem eigenen Bild und dem Erzählten noch gelegentliche Widersprüche in den Berichten des Aoturu thematisiert oder reflektiert würden. Besonders die Darstellung der Sexualität, die, als historisches Beispiel für die Möglichkeit freier Liebe gewertet, Schule machen wird, ist geprägt vom eurozentrischen und männlichen Blick des Entdeckers. Noch bei den Frauen Tahitis sieht er die den (europäischen) Frauen als Natur zugeschriebene Schamhaftigkeit:

«Die meisten dieser Nymphen waren nackend, weil die Männer und alten Weiber, die sich bei ihnen befanden, ihnen ihren Schurz, den sie gemeiniglich tragen, weggenommen hatten; sie machten allerlei freundliche Mienen gegen uns, beobachteten aber bei aller Naivität eine gewisse Art von Schamhaftigkeit; sei es, daß die Natur dem anderen Geschlecht allenthalben eine gewisse Scheu eingeprägt hat, sei es, daß sogar in einem Land, wo noch die Freiheit des Goldenen Zeitalters herrschte, die Frauen das zu verhehlen wissen, was sie am meisten wünschen. Die Männer handelten freier und offener» (Bougainville, S. 181 f).

Unterschiede im Diskurs über Wilde und Frauen

Auf solche Passagen zielt Diderots Ironie, indem sie den Kaplan selbst als widersprüchlich in seinem Begehren vorführt: Er begehrt und darf bzw. will nicht begehren, weil seine ‹Moral› es ihm verbietet – ebenso wie dem in Regierungsmission reisenden Weltumselger und Autor des Reiseberichts. Insofern muß er seine eigene Widersprüchlichkeit dem weiblichen Geschlecht als natürliche Ambivalenz zuschreiben. Es ist dies haargenau das Bild vom weiblichen Geschlechtscharakter, wie es von Rousseau im «Émile» entworfen wurde: die Frau, die sich verhüllt und gleichzeitig entblößt, die Frau, deren ‹Schamhaftigkeit› ihr eigenes, verbotenes Begehren zügelt. Aber wenn Diderot in seinem «Supplément» im Hinblick auf den Diskurs über das Verhältnis von Natur und Zivilisation zu einer Betrachtungsweise der Differenz gelangt und wenn er auch den Blick der Europäer auf die Frauen der Wilden, als von einer ihnen selbst eigenen Doppelbödigkeit bestimmt, ironisch vorführt und entlarvt, so bedeutet das noch nicht, daß es ihm selbst gelingt, sich auch im Hinblick auf den Diskurs über die Geschlechterbeziehung zu einer Betrachtungsweise der Differenz durchzuarbeiten. Hier reproduziert er in seinem eigenen Text ein Weiblichkeitsmuster, das Rousseau kreiert hat und von dem auch Bougainville beherrscht war. Im letzten Teil des «Supplément» verschiebt sich nämlich das Thema eigentlich vom Wilden zur Frau. Der Text endet mit folgendem Dialog: Auf die Frage, was die Frauen sagen würden, wenn man ihnen die Unterhaltung zwischen dem Schiffskaplan und Oru vorlesen würde, antwortet «A: Ich habe keine Ahnung. / B: Was würden sie dabei denken? / A: Wahrscheinlich das Gegenteil von dem, was sie sagen würden» (Diderot 1967, S. 237). Hier ist wieder, genauso wie in seinem Essay «Über die Frauen», der Topos von der weiblichen Verstellung: außen zivilisiert, innen wild, außen unschuldig oder schamhaft, innen wollüstig und verderbt.

Eine gleichnishafte Geschichte, die im Dialogteil des «Supplément» von B mit Blick auf den unmöglichen Versuch erzählt wird, im Vergleich zwischen Wilden und Zivilisierten sich für die eine oder andere Seite entscheiden zu können, könnte als unfreiwillige (Selbst-)Kritik an der unmöglichen Konstruktion des weiblichen Geschlechtscharakters gelesen werden – wenn man sie nur auf den Topos von der Verstellung der Frau als Verkörperung der natürlichen Schamhaftigkeit bezöge. Die Geschichte lautet:

> «Es gab einmal einen natürlichen Menschen. In das Innere dieses Menschen hat man einen künstlichen Menschen eingeschmuggelt, und so ist im verborgenen eine Art Bruderkrieg entstanden, der das ganze Leben hindurch dauert. Bald ist der natürliche Mensch stärker, bald wird er von dem künstlichen, dem moralischen Menschen überwältigt, und in jedem Fall wird das bedauernswerte Monstrum hin und her gerissen, gepeinigt, gefoltert, gerädert. Unaufhörlich klagt es, stets fühlt es sich unglücklich, entweder weil eine falsche Begeisterung für Ehre und Ruhm es hinreißt und berauscht oder weil eine falsche Schmach es beugt und niederhält» (Diderot 1967, S. 233).

Angewendet auf den Entwurf des weiblichen Geschlechtscharakters, hätte Diderot das Gleichnis dazu nutzen können, um den Topos weiblicher Verstellung als Effekt der sie konstituierenden paradoxen Konstruktion von Künstlichkeit und Natürlichkeit im Diskurs ‹weiblicher Natur› zu entziffern. Dazu brauchte man nur «Ehre und Ruhm» durch «Unschuld» und «Schmach» durch «Scham» zu ersetzen. Daß dies nicht geschah, hängt damit zusammen, daß der Diskurs über die Frau immer im Blick des einen auf das andere Geschlecht befangen bleibt. Im

Unterschied zum Diskurs über die Fremde wird hier keine Perspektive der Differenz entwickelt, sondern die Frau wird immer in Abhängigkeit vom Mann betrachtet und definiert. Die Auseinandersetzung mit dem Anderen in der Nähe läßt offenbar das Zugeständnis von Differenz nicht zu. Die Bestimmung des anderen Geschlechts ist eingebunden in eine asymmetrische Dichotomie, die als Herrschaftsbeziehung funktioniert. Als Besitz des Manns kann die Frau nicht im Sinne einer Differenz ihm gleichgestellt werden. Die Bestimmung der Frau vollzieht sich diskursiv: Die ‹Frau›, die Vorstellung von der Frau, ist ein Effekt des Diskurses. Sie konstituiert sich als Funktion in der Reflexion des Mannes über *sich*. Die Feststellung, daß – in Abwandlung des Rousseauschen Satzes über die verschiedene Philosophie der Völker – die Philosophie des einen Geschlechts sich nicht unbedingt für ein anderes schickt, ist offenbar im Aufklärungsdiskurs nicht möglich.

Die Entdeckung der ‹Frau› als Supplément (Rousseau)

An Rousseaus «Émile» (1761) läßt sich die Abhängigkeit der *Weiblichkeitstheorie* von der männlichen Selbstreflexion und Entwicklung beispielhaft beobachten. Über «Sophie oder die Frau» wird gesprochen im fünften Buch von der Erziehung Émiles. Die Kreation Sophies wird notwendig an *der* Stelle des Textes, wo Émiles Entwicklung so weit vorangeschritten ist, daß eine Leerstelle entstanden ist, die von einer Frau ausgefüllt werden muß: «Wir suchen die Liebe, das Glück, die Unschuld» (Rousseau 1978, S. 384) – und finden Sophie, die Frau, die all dies zu verkörpern hat. Sophie befriedigt also einen Mangel Émiles; sie ist die Projektion, die den Platz einnimmt, den der weiße Fleck im Lebensbild Émiles markiert, Ergänzung zu seiner Entwicklung und Vervollkommnung. «Diese Gefährtin ist Sophie. Wo ist sie? Um sie zu finden, müssen wir sie kennen, dann können wir sie leichter finden», heißt es im Prolog zum «Fünften Buch», mit dem die Leser in die *Entdeckung* der Frau eingestimmt werden. Da der Mensch männlich ist, ist Sophie für Rousseau nicht anders vorstellbar denn als Mann mit weiblichem Geschlecht:

> «In allem, was nicht mit dem Geschlecht zusammenhängt, ist die Frau Mann; sie hat die gleichen Organe, die gleichen Bedürfnisse und die gleichen Fähigkeiten: die Maschine ist auf die gleiche Weise gebaut... sie unterscheiden sich nur durch ein Mehr oder Weniger voneinander» (S. 385).

Aus einer scheinbaren Gleichheitsbestimmung, daß nämlich beide auf unterschiedliche Weise «gleichmäßig zum gemeinsamen Zweck» beitrügen, leitet Rousseau den Grundsatz ab, daß «der eine aktiv und stark ..., der andere passiv und schwach sein» müsse, auf dem dann alle folgenden Unterschiede und die ganze Beziehung aufgebaut werden:

«Steht dieser Grundsatz fest, so folgt daraus, daß die Frau eigens geschaffen ist, um dem Mann zu gefallen. Es ist weniger zwingend notwendig, daß ihr der Mann auch seinerseits gefällt: sein Vorzug liegt in der Kraft; er gefällt allein dadurch, daß er stark ist. Ich gebe zu, daß das noch nicht das Gesetz der Liebe ist; aber es ist das Gesetz der Natur, das älter ist als die Liebe selbst» (S. 386).

Aus diesem «Gesetz der Natur» leitet Rousseau die Ökonomie von «Angriff und Verteidigung» ab, die nur über den Gegensatz zwischen Kühnheit/Kraft und Ängstlichkeit/Zurückhaltung/Scham funktioniert. Auf diesem Argumentationsweg führt die Spur schließlich zum Zentrum des Textes, zur ‹Scham› der Frau. Die Scham, das weibliche Pendant zur männlichen Vernunft, dient wie diese dem Zweck der Triebregulierung bzw. -eindämmung; denn den Frauen dient «die Scham als Zügel» ihrer «Begierden». Natürlich dürfen Angriff und Verteidigung nicht in einen echten Krieg ausarten; denn durch eine wirkliche Gewaltanwendung würde der Mann die Frau ermächtigen, «ihre Person und ihre Freiheit selbst auf Kosten des Lebens des Angreifers zu verteidigen». Aus diesen Sätzen spricht der Zweifel, ob denn das «Gesetz der Natur», welches die Kräfte so ungleich verteilt, auch tatsächlich immer funktioniert bzw. ob alle Frauen *wissen,* daß sie von Natur aus «passiv und schwach» zu sein haben. Damit also der Effekt von «Angriff und Verteidigung» gesichert sei, muß die Frau eigentlich in den Zweck einwilligen bzw. wollen; sie darf das nur durch ihr Verhalten nicht artikulieren. Gewährleistet ist dies durch die der Frau zugesprochenen «unbegrenzten Begierden», die verbunden sind mit der «Scham, um sie in Schranken zu halten». Damit der Mann aber dennoch Zeichen des weiblichen Begehrens erhält und damit die Frau in der Lage ist, ihr Begehren, das direkt auszudrücken ihr untersagt ist, trotzdem zu artikulieren, ist ihr eine eigene Sprache gegeben, eine Sprache des Körpers, eine stumme gezügelte Gestik der Erregung:

«Befragt ihre Augen, ihr Erröten, ihr Atmen, ihre ängstliche Miene, ihren weichen Widerstand: das ist die Sprache, die die Natur ihnen gegeben hat, um euch zu antworten. Der Mund sagt immer Nein, und muß es sagen. Aber der Akzent, mit dem sie es sagt, ist nicht immer derselbe, und dieser Akzent kann nicht lügen. Hat die Frau nicht dieselben Bedürfnisse wie der Mann, ohne dieselben Rechte zu haben, sie auszudrücken?» (S. 418f)

Diese als natürliches Ausdrucksmittel der Frau bezeichnete Sprache erweist sich als Sprache der Verstellung, als Sprache der Schamhaftigkeit; denn – wie diese Passagen ganz deutlich zeigen – die Schamhaftigkeit ist die Verstellung, die Konstruktion einer unter der Oberfläche der Moral sich artikulierenden Begierde – wie Rousseaus Formulierung nahelegt –, das Konzept einer im Gewand der ‹Lüge› sich ausdrückenden ‹Wahrheit›. Die Schamhaftigkeit der Frau erweist sich damit als Funktion in einer Ökonomie von Angriff und Verteidigung, die dem Mann die Position des Eroberers bzw. Siegers stets garantiert, Medium der Kolonisierung des anderen Geschlechts. Aber auch in den Aspekten, in denen die Frau Rousseau zufolge «Mann» ist, ist sie dem Mann nicht etwa gleich:

«Die Fähigkeiten, die beiden Geschlechtern gemeinsam sind, sind ihnen nicht gleichmäßig zugeteilt; im ganzen genommen gleichen sie sich aber aus. Die Frau gilt mehr als Frau und weniger als Mann» (S. 393).

Die benannten Unterschiede markieren keine Differenz, welche nämlich implizieren würde, daß die Geschlechter nicht ver*gleich*bar und eventuell auch in mancher Hinsicht nicht einem ‹gemeinsamen Zweck› unterzuordnen wären.

Darin unterscheidet sich der Diskurs über den weiblichen Geschlechtscharakter vom Diskurs über die Wilden und die Fremde. In der Funktion einer Projektionsfläche für Wunsch- und Angstbilder, als Objekt der Eroberung und als Territorium für die konfliktreiche Auseinandersetzung zwischen Natur und Zivilisation aus der Perspektive des sich konstituierenden männlichen Subjekts treten Frau und Weiblichkeit in der Nähe an die Stelle der Wilden in der Fremde. In einer Phase, in der das Zeitalter der Entdeckungen fremder Gebiete seinem Ende entgegengeht, in der mit diesem Ende auch die Utopien im Raum unmöglich werden, da die Erforschung der fremden Länder in das Stadium systematischer Feldforschung übergeleitet wird und in Europa die Geschichte der Humanwissenschaften beginnt – in dieser Phase wird die Frau bzw. Weiblichkeit zum Substitut für die Fremde bzw. die Wilden im Prozeß der Begründung des Eigenen über die Abspaltung und Ausgrenzung des Anderen: ein Territorium der nahen Fremde.

Die Kolonisierung der ‹weiblichen Natur›

Aus Rousseaus Text sprechen noch die Konflikte, die der Konzeptualisierung des weiblichen Geschlechtscharakters eingeschrieben sind. In der Flut der Frauenzimmerjournale (s. Geiger/Weigel), moralischen Wochenschriften, die speziell für das weibliche Geschlecht herausgegeben wurden, in den Erziehungsschriften und in der populären Aufklärungsliteratur entsteht ein viel widerspruchsfreieres Bild der Frau, zurechtgestutzt auf die Tristheit des bürgerlichen Lebenszusammenhangs, auf domestizierte Weiblichkeit. Auch in dem Artikel der «Enzyklopädie», der unter dem Stichwort «Femme (Morale)» das Bild der sittsamen Hausfrau beschreibt, ist dies in der Vorbildhaftigkeit des Entwurfs erstarrt:

«Ihr Haus ist der Ort religiöser Gefühle, kindlicher Frömmigkeit, ehelicher Liebe, mütterlicher Zärtlichkeit, der Ordnung, des inneren Friedens, des sanften Schlafs und der Gesundheit; sparsam und häuslich, hält sie die Leidenschaften und Begierden daraus fern» (Bd. VI, S. 475; zit. nach Steinbrügge 1983, S. 62).

Die Tendenz zur Ordnung des Wissens in dem großangelegten Projekt der «Enzyklopädie» (35 Bde., 1751–1780) führt zu einer Aufteilung der ‹Frau› als Gegenstand verschiedener Wissensgebiete. Lieselotte Steinbrügge hat in einer Untersuchung sämtlicher die Frau betreffender Artikel der «Enzyklopädie» festgestellt, daß auch hier die Frau auf ihre geschlechtliche Bestimmung reduziert wird, daß «das Geschlecht» (le sexe) synonym mit dem Begriff ‹Frau› verwendet wird. Die meisten der die Frau betreffenden Artikel handeln von ihrer Funktion für die biologische Reproduktion. Daneben ist sie noch dem Gebiet der Moral zugeordnet. Die bekannten Bemerkungen über die Zügellosigkeit und Gefährlichkeit weiblicher Sexualität sind hier in den Artikel über die «Ehe» eingegangen.

Seither ist der ordnende Diskurs weiter vorangeschritten, hat die Kolonisierung der Frau immer größere Gebiete ihres Körpers, ihres Innern und immer weitere Aspekte ihres Lebens erfaßt. Doch wie sehr auch der «Wille zur Wahrheit» auf eine Entdeckung, Vermessung und Beschriftung dieses «schwarzen Kontinents» (Freud) zielte, in den exotischen Bildern der Weiblichkeit kehrte das Fremde der Frau immer wieder zurück. In den künstlerischen Produktionen, in literarischen Imaginationen hat die Austauschbarkeit von Frau und Natur Kontinuität; die Analogiebildung von Natur und Frauenkörper gehört zum festen Repertoire in der Wiederkehr des Mythos nach vollzogener Aufklärung. Zum Schluß sollen noch einige Beispiele aus dem 19. und 20. Jahrhundert auf diese Kontinuität verweisen.

Der Mythos vom Venusberg, in dem die Grotte als Eingang in die gebärende Erde mit dem weiblichen Schoß verglichen wird, ist in Courbets Gemälde «Der Ursprung der Welt» so dargestellt, daß der weibliche Unterleib als Landschaft erscheint.[13] In dem fast ein Jahrhundert später entstandenen Bild «Landschaft» von André Masson ist umgekehrt eine Landschaft so gezeichnet, daß ihre Signaturen den Umrissen eines Frauenkörpers gleichen. Der Ausgangspunkt für die Substitution von Natur und Frauenkörper ist gleichgültig geworden: Ob also die Natur an die Stelle der Frau tritt oder umgekehrt, ist nicht von Belang, da es nicht mehr darum geht, einen Moral verfassenden Diskurs zu führen, sondern lediglich Sehnsuchts- und Schreckbilder zu entwerfen. Die Frau ist hier Teil einer endgültig fremd gewordenen Natur, zu der der Mann sich zurücksehnt und sich für diese Sehnsucht künstlerische Surrogate schafft. Oder – und dies ist eine andere Variante – die Frau wird zum Baustein in einer künstlichen Natur. Dies läßt sich sehr gut bei Heinrich Vogeler in seiner Übergangsphase von einer romantisierenden Naturnachahmung zur abstrakten Malerei beobachten. Hatte er zuvor in vielfältigen Variationen Frauen in der Naturumgebung gemalt – Märchen- und Fabelwesen, reine, unschuldige Frauen –, so wird die Frau jetzt weiter entindividualisiert und zu einem Teil der künstlichen Natur. Das Bild «Porträt einer Tänzerin» (um 1918) hält diesen Übergang fest: eine einzelne Frau im Zentrum, umgeben von einer ornamentalen Fläche, die aus Frauenfiguren gebildet ist. Auf dem Bild «Kriegsfurie» (1919) ist der ornamentale, flächige Charakter noch stärker geworden; die Einzelfiguren verschwinden in der Fläche, die sie bilden. Dem korrespondiert die Frauengestalt im Zentrum, die Kriegsfurie als weibliche Personifikation des Kriegsgeschehens. In diesem Bild sind zwei typische, überlieferte Bildfunktionen des Weiblichen enthalten: die allegorische Verkörperung des Krieges in einer Frauengestalt und die Identifikation von Frauenkörper und Natur, hier künstlicher Natur. Und im Eroberungsgestus von Kriegern wird noch im Zweiten Weltkrieg die usurpierte Fremde als weiblich imaginiert. In seinem «Pariser Tagebuch» notiert Ernst Jünger unter dem Datum des 8. August 1944:

13 Vgl. Hofmann 1978, hier Abb. 18.

«Noch einmal auf der Plattform von Sacré-Cœur, um einen Abschiedsblick auf die große Stadt zu tun. Ich sah die Steine in der heißen Sonne zittern wie in der Erwartung neuer historischer Umarmungen. Die Städte sind weiblich und nur dem Sieger hold» (S. 293).

Die Nähe zu dem Motiv von Angriff und Verteidigung im «Émile» ist offensichtlich. Im Blick des Eroberers werden die fremden Territorien und die Frauen sich gleich. Und weiterhin zählen die Bilder des Weiblichen zu den beliebtesten Territorien, auf denen die Grenzziehung der Zivilisation betrieben und untergraben wird, auf und mit denen die Übergänge von Natur und Kultur ebenso wie deren Rückverwandlung[14] inszeniert werden. Der Inbesitznahme der Frau für die Zwecke der Aufklärung ging dabei eine stets neue Verrätselung einher. Immer wieder wurde und wird die Frau mit der ungebändigten und der bergenden Natur oder mit der zu erobernden Fremde identifiziert oder aber als Naturwesen beschrieben.

14 So im Programm des Surrealismus, in dem die weibliche Sexualität und der weibliche Körper zum hervorragenden ‹Material› der ästhetischen Nachahmung einer Sprache des Unbewußten werden. Vgl. Steinwachs 1985, Gauthier und hier 1, 3.

Abb. 9: Theodor Galle nach einer Zeichnung von Hans Collaert d. J., «Christopher Columbus entdeckt die neue Welt» (um 1600)
Dem Entdecker erscheint das fremde Territorium, zu dem er aufbricht, nicht selten in weiblicher Gestalt. Dergestalt ist es verlockend und bedrohlich zugleich. Der Held aber ist – inmitten der Fluten – doppelt gepanzert gegen das Andere: durch seine Rüstung und durch den Schiffsrumpf, der ihn umgibt.

Abb. 10: Jean Baptiste Greuze, «Der zerbrochene Krug» (um 1780)
Die ‹Schamhaftigkeit› als «allerbeste Leib-Wache der Ehre des Frauenzimmers» wird in den Weiblichkeitstheorien des 18. Jahrhunderts zum Garanten für den Entwurf der ‹Unschuld› als ‹natürlicher› Frauen-Typus. Das weiße Gewand der Unschuld aber, welches die Vorgeschichte nur mühsam zu verbergen vermag, droht jeden Augenblick zu zerreißen.

Abb. 11: Adrian Collaert nach einer Zeichnung von Marten de Vos, «America» (um 1595–1600)

Abb. 12: Leonardo da Vinci, «Druckwelle nach Aderexplosion» (um 1510)
In der Vorstellung von Erde als belebter Natur werden die ‹Adersysteme› der Erde mit den Blutsystemen des Menschen verglichen. Veränderungen der Erdoberfläche wie die Entstehung von Flüssen, Gebirgen oder Vulkanen werden dann auf Vorgänge im Innern der Erde zurückgeführt und im Bild von Schwangerschaft und Geburt beschrieben.

Abb. 13: Anonymer Stich aus: Ambroise Paré, Wund Artzney. Frankfurt/M. 1635
Die Gebärmutter als Büchse der Pandora, als Ort des Übels, welches in der ‹weiblichen Natur› seinen Ursprung habe. Seit der Antike galt die Gebärmutter als Ursache der Hysterie: Von ihr kommen die ‹Mutterwut› und die unkontrollierten Konvulsionen des weiblichen Körpers. Wenn die Gebärmutter dabei mit einem wilden Tier verglichen wurde, so war das Wilde damit *im* Leib der Frau lokalisiert.

Abb. 14: Merian d. Ä., «Nutrix Terra» (1618)
Die Frau, mit einer Erdkugel als Leib, dargestellt als säugende Amme; oder die Erde, dargestellt als Allegorie, in Gestalt einer weiblichen Personifikation: Das Bild lebt von der Identifizierung von weiblichem Körper und Natur.

Abb. 15: Theodor Galle, «America» (um 1600)
Die Frau als Wilde, hier eine kannibalische Amerika mit einem abgeschlagenen Haupt in der Hand. Solche Schreckbilder begleiten die Geschichte der Entdeckungsreisen und ihrer literarischen und künstlerischen Folgen. Die Wildnis und das Weibliche, welche in der Fremde lauern, haben dem Entdecker hier buchstäblich den Kopf geraubt.

Abb. 16: Matthias Quad, «Allegorie des Europa» (1587)
Häufig wird die Landkarte als Frauenkörper gestaltet. Das ‹Mutter-Land› ist dabei längst territorialisiert; entsprechend abstrahiert die allegorische Personifikation Europas in Gestalt dieser Figur weitgehend vom konkreten, sinnlichen Leib einer Frau.

Abb. 17: Theodor Galle, «Die Landung Amerigo Vespuccis in Amerika» (um 1600)
Noch einmal Amerika als Frau, hier allerdings verführerisch, den Eroberer – der seinen Panzer unter einem fließenden Überwurf verbirgt – mit einladender Gebärde begrüßend.

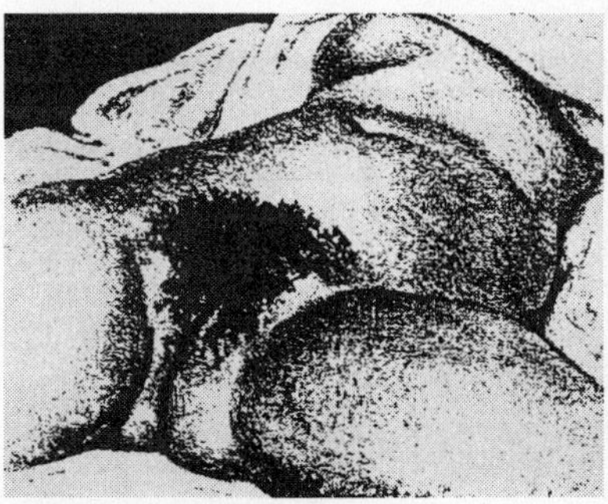

Abb. 18: J. D. Gustave Courbet, «Der Ursprung der Welt»
Der weibliche Unterleib wird als Landschaft geformt …

Abb. 19: André Masson, «Landschaft» (1955)
… während eine Landschaft so präsentiert wird, daß ihre Signaturen den Umrissen eines Frauenkörpers gleichen.

Abb. 20: Heinrich Vogeler, «Kriegsfurie» (1919)

Abb. 21: Max Ernst, «Der Garten Frankreichs» (1962)

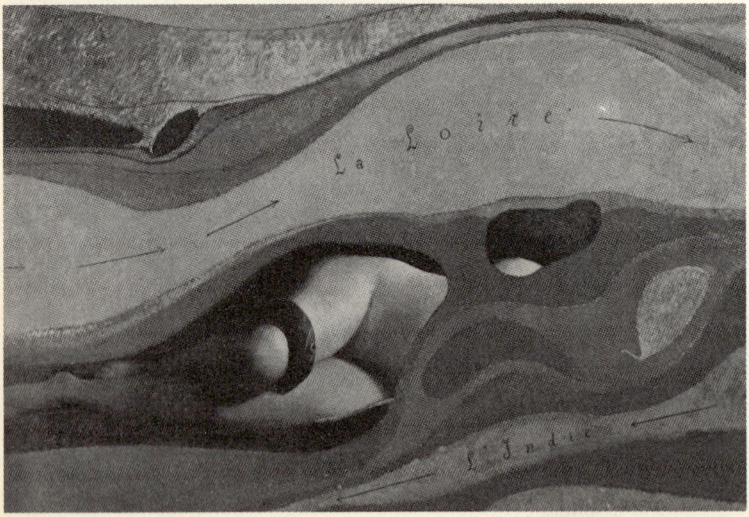

2 ‹Die Städte sind weiblich und nur dem Sieger hold›

Zur Topographie der Geschlechter in Gründungsmythen und Städtedarstellungen

Weiblichkeitsimagines in literarischen Stadtbildern

Daß die Städte weiblich und dem Sieger hold seien, diese Imagination entstammt in der expliziten Form, die ich im Titel zitiere, einer Tagebucheintragung aus dem «Zweiten Pariser Tagebuch» Ernst Jüngers. Von einer Inspektionsreise an der russischen Front wieder nach Paris zurückgekehrt, hatte der Hauptmann der Deutschen Wehrmacht eineinhalb Jahre zuvor in sein Tagebuch notiert: «Paris erscheint mir, nachdem ich Städte wie Rostow gesehen habe, in neuem, unerhörtem Glanz, obwohl die Verarmung weiter fortgeschritten ist» (19. 2. 1943). Der Glanz, den das Auge des in Paris Ankommenden erblickte, ist jetzt – im August '44, die alliierten Truppen stehen vor Paris – der Dramaturgie eines Abschieds gewichen, durch die der Abzug der deutschen Truppen aus Paris einen Anstrich von Würde erhält. Nachdem schon Tage zuvor von Abschiedsbesuchen die Rede war, nimmt der Autor jetzt Abschied von der Stadt:

> «Noch einmal auf der Plattform von Sacré-Cœur, um einen Abschiedsblick auf die große Stadt zu tun. Ich sah die Steine in der heißen Sonne zittern wie in der Erwartung neuer historischer Umarmungen. Die Städte sind weiblich und nur dem Sieger hold» (8. 8.1944, Jünger, S. 293).

Indem Jünger mit dieser Feststellung die Stadt dem Sieger – konkret den Befreiern bzw. neuen Besatzern – quasi übereignet, geriert er sich als fairer Verlierer, als Spiel-Teilnehmer, der sich dem Sieger unterwirft, ihm seine zuvor selbst genossenen Rechte abtritt und sich dadurch als würdiger Gegner im Kampf erweist. Indem er eine «historische Umarmung» der Stadt durch den kommenden Sieger antizipiert und dies metaphorisch als Begehren der Stadt beschreibt, identifiziert der Autor sich mit der Perspektive des Siegers – welche er zuvor eingenommen hat, nun aber verlassen muß – und gesteht ihm das Recht zu, in die Stadt einzudringen, sie zu besetzen und zu besitzen, sich in ihr und an ihr Genuß zu verschaffen. Die Stadt erscheint dabei im Bild als eine Frau, die hiermit nicht nur einverstanden ist, sondern es geradezu erwartet.

Eine solche Darstellung produziert Bedeutungseffekte im Hinblick auf das Bild der Stadt wie auf das Bild der Frau: Die Stadt *als* Frau, das heißt die Stadt, die als weiblich bezeichnet wird, insofern sie sich *wie* eine Frau verhalte, begehrt jeweils den Sieger und gibt sich nur ihm hin. Die Metapher impliziert damit eine Sexualisierung der Stadt, die über die Analogisierung von Stadt und Frauenkörper funktioniert, sowie eine Darstellung der Frau als Hure oder Mätresse der Macht. Nun ist die Metaphorisierung und Allegorisierung der Stadt als Frau oder als weiblich nichts Ungewöhnliches, referiert sie doch auf die biblische Mythe von der ‹Hure Babylon›, von der Stadt als der großen Verführerin, die der Macht und dem Geld mehr zugetan sei als der guten Idee bzw. der Idee vom Guten. Ungewöhnlich ist eher die Deutlichkeit, mit der das Bild hier expliziert und in dem Aussagesatz «Die Städte sind weiblich» begründet wird.

Die Geschichte der Stadtdarstellungen ist übervoll von Beispielen für die Analogisierung von Stadt und Frau, für weibliche Sexualisierungen von Stadtbeschreibungen. So werden beispielsweise im Kontext von Krieg und Eroberung fremde Städte – wie überhaupt fremde Territorien – oft als Frauengestalten dargestellt. Oder in Reisebeschreibungen erscheint die Sehnsucht nach der fernen Stadt als Sehnsucht nach einer Frau. Goethe etwa in seiner «Italienischen Reise» formuliert in Erwartung seiner Ankunft in Venedig: «... ich hoffe, die Lagunen und die dem Meer vermählte Herrscherin bei schöner Tageszeit zu erblikken und aus ihrem Schoß meine Freunde zu begrüßen» (Goethe, 1, S. 83). Nicht immer also rückt das Bild der weiblichen Stadt wie bei Jünger in die Nähe der Hure; mit dem Bild des Schoßes verbindet sich bei Goethe eher Bergendes, Umhüllendes. In anderen Texten dann erscheint die Stadt direkt in Verbindung mit dem Mütterlichen, so zum Beispiel bei Brecht in seinem fragmentarischen Gedicht «Als die Stadt nun tot lag» (1947–1956):

> «Als die Stadt nun tot lag, ging dein einer Sohn
> Große Mutter du, in den Schutt zurück
> Grub die Werkbank aus, zimmerte ein Dach» (Brecht, 10, S. 964).

Steht das Bild der Mutter hier offensichtlich im Zusammenhang mit Wiederaufbau oder Neugründung, so wird das Bild der Hure gern in apokalyptisch bewerteten Situationen, zur Kennzeichnung von und Warnung vor negativ empfundenen Entwicklungen verwendet. 1919 zum Beispiel wird die Enttäuschung über die junge Republik von Fritz Rück in dem Gedicht «Berlin» durch die Verwandlung der «Kaiserdirne Berlin» in die Gestalt der «Soldatendirne Berlin»[1] verbildlicht. Und Yvan Goll, im Prolog seines 1929 (in französischer Sprache) publizierten Romans «Sodom und Berlin», schwelgt geradezu in verschiedensten, durchaus nicht immer kongruenten Weiblichkeitsbildern. Da wird der klaffende Boden Berlins mit dem Schoß von Wöchnerinnen verglichen, die Stadt als «alte Menschenfresserin» und als Hexe bezeichnet, andererseits dann im Bild des Gretchens als verführte Unschuld imaginiert: «So viele bei dir sind Doktor Faust» (Goll, S. 5). Diese Klage, die sich in der zweiten Person direkt an die Stadt richtet, leitet einen satirischen Entwicklungsroman ein, der – recht vordergründig, wie ich finde – mit allen möglichen künstlerischen, politischen und lebensphilosophischen Bewegungen der zwanziger Jahre abrechnet. Der Held Odemar ist dabei der Prototyp einer ideologischen Entwicklung, in der Lebensanschauungen gewechselt werden wie die Kleidung; sie bewegen sich in modischen, flüchtigen und korrupten Trends.

Die Stadt Berlin erscheint dabei teils als Opfer dieser Geschichte, ihre «Propheten» sind zugleich ihre «Mörder» (S. 111). Wenn die Stadt an anderer Stelle als «Vampirstadt» (S. 43) bezeichnet wird, ist dagegen nicht klar, ob sie selbst als vampiristisch gekennzeichnet oder als Sitz – und damit auch Opfer – von Vampiren verstanden wird. Diese Ambivalenz in der Verwendung von Bildern scheint mir typisch für diesen im Gestus kulturpessimistischen Text, in dem die kritisierte Tendenz auch als Wirkung eines Bazillus, der «Reblaus der Europäischen Zivilisation» (S. 93), der sogenannten «Eurokokke», beschrieben ist. Wird in der Wirkung eines Bazillus der oder die Angesteckte selbst zur Gefahr, das Opfer also zum Täter, so stimmt diese Vorstellung mit dem Bild von der gefallenen, sündigen, verführerischen Frau überein, am direktesten aber mit dem Bild von der syphilitischen Hure. Der Zerstörungsprozeß, der ihren Körper befallen hat, setzt sich im Körper desjenigen fort, der sie berührt. Wenn der Autor formuliert, «Sodom und

[1] Zit. nach Hofmann u. a., S. 166 f.

Gomorrha waren in Berlin wieder auferstanden» (S. 79), dann ist Berlin als Ort der Verderbnis und als selbst verdorben gedacht.

Interessant im Kontrast zu Golls Bilderflut ist dagegen ein lyrischer Versuch Wolfgang Borcherts, der sich darum bemüht, in einem Wechsel von *Göttin*, *Hure* und *Mutter* Großstadt gerade die Differenz dieser drei Gesichter der Stadt zu benennen.

> «Großstadt (1946)
>
> Die Göttin Großstadt hat uns ausgespuckt
> in dieses wüste Meer von Stein.
> Wir haben ihren Atem eingeschluckt,
> dann ließ sie uns allein.
>
> Die Hure Großstadt hat uns zugeplinkt–
> an ihren weichen und verderbten Armen
> sind wir durch Lust und Leid gehinkt
> und wollten kein Erbarmen.
>
> Die Mutter Großstadt ist uns mild und groß–
> und wenn wir leer und müde sind,
> nimmt sie uns in den grauen Schoß–
> und ewig orgelt über uns der Wind!» [2]

Die Funktionen von Schöpfung, Verführung und Zufluchtstätte, die hier sämtlich der Stadt zugeschrieben werden, sind jeweils über verschieden konnotierte Varianten eines stereotypen Frauenbildes literarisch beschrieben. Die Spannung aber, die ambivalenten Frauenbildern sonst häufig innewohnt, ist bei Borchert in seinem zyklischen Modell, das an den Ablauf von Geburt, Lebensreise und Tod erinnert, in eine natürliche Ordnung überführt und somit aufgelöst.

Mit Borchert möchte ich die Beispiel-Serie vorerst abschließen, mit der einerseits die Gleichförmigkeit und Trivialität des Bildes von der als Frau, als weiblich imaginierten Stadt gezeigt werden konnte, andererseits auch die Variationsmöglichkeiten, die der Vergleich von Stadt und Frau bereithält. So auffällig dieser Vergleich in der Geschichte der Stadtdarstellungen und so bekannt die Rede von der ‹Hure Babylon› ist, so bemerkenswert ist es auch, daß dieser Zusammenhang in der Literaturgeschichte der Stadt bislang so wenig Beachtung fand.

[2] Zit. nach Hofmann u. a., S. 349.

Von der unbewußten Wirkung weiblicher Stadtbilder in der Forschung

Auf dem Plakat, das 1987 für die große Mailänder Ausstellung zur Geschichte und Zukunft der Städte (im Rahmen der XVII. Triennale) warb, waren neun identische Frauenbildnisse zu sehen. Die Bildunterschriften mit den Namen verschiedener italienischer Städte machten deutlich, daß es sich um Allegorien, das heißt um personifizierte Darstellungen jener Städte handelte, durch die der Teil eins der Ausstellung ‹Un Viaggio in Italia› die Museumsbesucher in Form einer imaginären Reise führte. Mit dem Titel ‹Le città immaginati› wies sich das Gesamtprojekt als Ausstellung zur Imaginationsgeschichte italienischer Städte aus. Damit ging man sichtlich von der Einsicht in die Bedeutung des Imaginären für die Stadtrealität und -erfahrung aus, von der These also, daß die Art und Weise, wie die Stadt gesehen, erlebt und entworfen, wie die Stadt gelesen und im Alltag realisiert wird, von ihrer Imaginationsgeschichte strukturiert ist und durch sie auch repräsentiert werden kann.

‹Un Viaggio in Italia› war eine Zusammenstellung bildlicher, textueller und medialer Präsentationen von Rom, Florenz, Venedig etc., in der die Geschichte der Stadtentwicklung als Kulturgeschichte ihrer Bild- und Diskursformen sichtbar gemacht wurde, so daß die Städte-Bilder ‹im Kopf› der Betrachter in bezug auf ihre Strukturierung durch künstlerische oder gebrauchsbezogene Darstellungen wie Gemälde, Veduten, Topographien, Stadtpläne und Ansichtspostkarten rekonstruierbar wurden. In der Ausstellung fehlte allerdings jegliche Reflexion auf das Phänomen weiblicher Stadtallegorien oder allgemeiner auf die in Städtedarstellungen so auffällige Metaphorik, in der sich – von der ‹Hure Babylon› in der Offenbarung des Johannes bis zu den mit Frauennamen bezeichneten Städten in Italo Calvinos «Le città invisibili» – Städte- und Weiblichkeitsmythen überschneiden, berühren und vermischen. Angesichts dieser Geschichte aber sind die Frauenbildnisse auf dem Ausstellungsplakat nicht nur schmückender Zierat; sie sind vielmehr zu Trivialmythen herabgesunkene, im Plakativen, das heißt an der Oberfläche geronnene Zeichen, die auf eine für unsere Kulturgeschichte zentrale Struktur zivilisatorischer Arbeit verweisen.

Der Rekurs auf die Analogisierung von Stadt und Frau auf dem Plakat und die gleichzeitige Ausblendung einer entsprechenden Untersuchungsperspektive aus dem Projekt beschreiben eine Konstellation, die als paradigmatisch für die Forschungsliteratur zur Theorie und Geschichte der Stadtdarstellungen, auch in der Literaturwissenschaft, gelten kann. So durchgängig und auffällig die Weiblichkeitsimagines, die über Frauenbilder gestalteten Verkörperungen, die Sexualisierungen und weiblichen Konnotationen in Stadtdarstellungen sind, so beharrlich ist auch deren Nichtbeachtung, zumindest aber Nichtbehandlung in der Forschung.[3] Dies ist Teil und Effekt einer Wissenschaft, in der – zusammen mit der Ausblendung weiblicher Subjekte – ein mangelndes Problembewußtsein für die Bildfunktion des Weiblichen vorherrscht.

Zwar wird die Sexualisierung des Sujets in der Stadtliteratur nicht immer ausgeblendet, doch wird sie in literaturwissenschaftlichen Analysen eher fortgesetzt als untersucht. Volker Klotz geht in seiner großangelegten Studie über «Die erzählte Stadt» von Lesage bis Döblin 1969 meines Wissens als erster auf die literarische Präsentation der Stadt als Körper ein, dies besonders am Beispiel von Victor Hugos «Notre-Dame de Paris» (1831). An diesem Text kann er deutlich eine Schreibweise zeigen, die zahlreiche Metamorphosen von Organischem und Anorganischem, von Lebendem und Totem, von Stein und Mensch, von Masse und Meer ins Spiel bringt. Ein Beispiel aus dem Kommentar von Klotz:

«Sie (die Volksmenge, S. W.) erscheint, wie später dann immer wieder, im Bild des Meers oder strömender Fluten. Der Platz als Meer, die zuführenden Straßen als Flüsse, die Häuser als wellenbrechende Vorgebirge, die Treppe als Wasserfall. Darinnen, dazwischen und darauf die Menschenmenge als strömendes, reißendes, sich stauendes und wirbelndes Wasser. Der Volkshaufen, unauflösbar in seiner individuellen Zusammensetzung, ist nicht bloß namenlos, er ist elementar» (Klotz, S. 98).
«Sie (die Außenseiter, S. W.) sind aus Paris. Und zwar in doppeltem Sinn, lokal und qualitativ. Sie kommen aus der Stadt und bestehen aus der Stadt, sind Stoff von ihrem Stoff» (S. 109).

In diesem Zusammenhang verweist Klotz auf eine Metaphorik des Romans, welche die Bilder mythologischer, dämonischer Tiere aktualisiert:

«Die Altstadt als riesige Schildkröte, der alte Louvre als vierundzwanzigköpfige Hydra, die Kathedrale als gewaltig hingelagerte Sphinx und als maßloser

3 Neuerdings gibt es dazu einige Ausnahmen; vgl. zum Beispiel den Beitrag von Günter Samuel «Vom Stadtbild zur Zeichenstätte. Moderne Schriftwege mit Rücksicht auf die ewige Stadt», in Scherpe (Hg.), wo auch Kapitel 2, 4 dieses Buchs zuerst erschien.

Elefant: diese Bilder haben manches gemeinsam... Sie sind da nur Körper, nicht Gefäß, sie umschließen nichts Inneres, sie wirken nach außen und werden von außen erlebt. Auch insofern sind sie eher eigengewichtige Charaktere denn benutzte Stätten» (S. 97).

Ist diese Studie von Klotz auch acht Jahre vor Theweleits «Männerphantasien» erschienen, so enthält sie doch eine Reihe von Beobachtungen, die in das Repertoire der ‹Männerphantasien› verdienten aufgenommen zu werden. Auffällig ist dabei allerdings, daß die angedeutete Sexualisierung der Bilder von Hugos Text nicht untersucht, sondern im Kommentar als explizite wirksam wird, zum Beispiel in folgender Passage über den Erzähler Hugos:

«Er zeigt nicht bloß, was sich ihm gegenüber erhebt, er penetriert, dringt ein in sein Stadtsujet als ein bildungsbeflissener und verzückter Reisender, ausgerüstet mit einem reichen Wissen, das wohl alles, was ihm begegnet, erklärend zu zähmen verspricht, prompt jedoch sich verflüchtigt, sobald er an Punkte gelangt, wo die Stadt sich rührt – unbändig, unberechenbar und spontan» (S. 105).

Ähnlich spricht Klotz im Anschluß an ein Zitat aus Zolas Roman «Rom» (1896), in dem der «tödliche Schlaf» der Stadt beschrieben ist, von der «Unfruchtbarkeit» und «Impotenz» der Stadt und charakterisiert die Wege des Helden in einem Penetrationsbild: «Pierre stößt körperlich vor ins Innere der Straßen und der Häuser» (S. 229). Indem der Kommentar als Diskursform – wie Foucault ausführt – das sagt, was im Text schon verschwiegen artikuliert war (Foucault 1977, S. 18), indem er hier also die verschwiegene Sexualisierung ausspricht, hält er sie in einer merkwürdigen Schwebe. Ihre Wirkung wird dabei eher reproduziert als dekonstruiert.[4]

Erst mit der Dissertation von Ulrike Scholvin über «Döblins Metropolen» (1985) liegt eine Monographie vor, die in einer detaillierten Einzeluntersuchung sich dem Zusammenhang von Stadt- und Weiblichkeitsmythologie widmet. Mit Hilfe einer psychoanalytischen Deutung entwirft sie ein präzises Bild einer bestimmten historischen Stufe dieses Zusammenhangs, in der katastrophische Tendenzen, die sowohl an der Stadt als auch am männlichen Subjekt verzeichnet werden, mit dem Entwurf eines in Natur rückverwandelten Körpers der Frau korrespondieren. In «Berlin Alexanderplatz», Döblins bekanntestem Ro-

4 Zur Funktionsweise einer Verdoppelung des männlichen Blicks im ‹Kommentar› vgl. 3, 1, S. 245 f.

man, kommt es dabei, wie Scholvin zeigt, zu einer Polarisierung verschiedener Frauengestalten: in die «engelhafte Prostituierte Mieze» und die mythische «Hure Babylon», welche die Stadt besetzt hat (Scholvin, S. 168).

Die Frage nach dem Zusammenhang von Weiblichkeit und Stadt wurde bislang nur in der ‹Frauenforschung›, und zwar vor allem von Soziologinnen, Städteplanerinnen und Architektinnen gestellt.[5] Deren Befund von der «Unweiblichkeit der Städte»[6] – gemeint ist die Abwesenheit der Frau als Planerin und die Verdrängung der Frau als städtisches Subjekt aus der Stadtplanung, die Tatsache also, daß die Bedürfnisse, Lebens- und Arbeitszusammenhänge von Frauen bei der Stadtplanung und beim Wohnungsbau zumeist ‹vergessen› werden – stellt die Kehrseite einer Imaginationsgeschichte dar, in der das ‹Weibliche› als Bilderreservoir für Stadtdarstellungen dient. Die Imagination von Städten als weiblich konnotierte Natur, Körper oder Bilder ist ja nur möglich dadurch, daß die Städte nicht als von weiblichen Subjekten bewohnt oder bevölkert gedacht werden. Ihren Zusammenhalt findet diese Dialektik im Blick des tätigen männlichen Subjekts, ob es nun als Planer, als Eroberer, als Flaneur oder als Autor auf den Plan tritt.

Hypothese meiner Untersuchung zur Imaginationsgeschichte der Stadt ist nun, daß die Städtebilder, die in verschiedenen Präsentationsformen vorliegen, eher als *Denk*bilder denn als *Ab*bilder zu betrachten sind: als verräumlichtes Sinnbild einer Kultur, als paradigmatischer Ort von Zivilisationsarbeit und Kristallisationspunkt einer als Fortschritt konzipierten Geschichte, in dem die Dialektik der Naturbewältigung und der Rückkehr des Verdrängten zum Ausdruck gebracht wird und in der dies mit einer jeweils spezifischen und sich verändernden Topographie der Geschlechter verbunden ist. Insofern interessiert mich die Geschichte der Stadtdarstellungen als Paradigma für die imaginäre und symbolische Darstellung der *Geschlechterverhältnisse* in der abendländischen Kulturgeschichte. Dabei geht es – für das Phänomen des Zusammenhangs von Weiblichkeit und Stadt – nicht nur um das Repertoir der dabei entworfenen und in Anspruch genommenen Frauenbilder, sondern vorrangig um die Untersuchung einer Geschichte, in der dem ‹Weiblichen› zentrale Bildfunktionen zugewiesen

5 Vgl. etwa Dörhöfer/Terlinden, Anselm/Beck, Steg/Jesinghaus und Allers u. a.

6 So explizit Lila Hess in ihrem Artikel unter einem gleichlautenden Titel in: Frankfurter Rundschau, 15. 10. 1988, ZuB 5.

wurden, in der die Darstellung von Frauen beispielsweise zum Zeichen für etwas anderes bzw. zu einem der beliebtesten ‹Materialien› im Sinnbildungsprozeß werden konnte.

Um nun der Frage nachzugehen, warum die Verbindung von Frau und Stadt in der Literatur eine so verbreitete und stabile Bildlichkeit produziert hat, möchte ich einen Blick auf die Genealogie dieser Verbindung werfen und einige signifikante Konstellationen betrachten, in denen sich die Bildgeschichte der Stadt und die des Weiblichen berühren oder überschneiden. Ist mit der Perspektive der Genealogie buchstäblich ein weites Feld eröffnet, so können hier nur einige Urszenen und Beispiele untersucht werden, die der Entwicklung einiger Hypothesen dienen sollen.

Zur topographischen Konstellation der Geschlechter in Gründungsmythen

Den Erzählungen von Apokalypsen, in deren Zusammenhang das Bild von der ‹Hure Babylon› auftaucht, gehen andere Mythen voraus, in denen das Verhältnis von Stadt und Frau in anderer, aber ebenso signifikanter Weise organisiert ist. Ich spreche über Gründungsmythen, genauer über Mythen von Städtegründungen. In dieser ersten Konstellation ist die Gründung einer Stadt mit der Errichtung einer Mauer verbunden, mit deren Hilfe das Weibliche aufgespalten wird in einen wilden, dämonisierten Anteil draußen und in eine domestizierte Frau, Gattin und Mutter im Innern der Stadt. In der mythischen Urszene der Stadtgründung beispielsweise, wie sie uns von den antiken griechischen Mythen in vielfältigen Variationen erzählt wird, läßt sich die Stadtmauer leicht als Schutzwall erkennen, mit dem die neu errichtete Ordnung (die Polis) gegen die wilde, ungebändigte Natur draußen abgegrenzt wird, gegen jenen Raum, in dem sich der Heros im Kampf gegen das Chaos als Drachentöter beweist.

Über die zweite Gründung Athens zum Beispiel überliefert die Mythologie folgende Geschichte: Der hinkende Schmiedegott der Griechen Héphaistos stellt der jungfräulichen Göttin Athene nach, die vor ihm flieht. Dabei verliert Héphaistos seinen Samen, wodurch die Erde befruchtet wird und den Erichthónios hervorbringt. Dieser wird von Athene erzogen und zum Ahnherrn der Athener gemacht. Erichthónios, dessen Name an seine chthonische Herkunft erinnert, während der

Name seiner Stadt von seiner Ziehmutter, der Göttin Athene, herstammt, wird als zweiter Gründer des attischen Staates betrachtet. Während der erste Gründer Athens, Kékrops, ein Erdgeborener war, entstammt Erichthónios schon einer zweigeschlechtlichen Zeugung, allerdings einer, in welcher der weibliche Anteil in die gebärende und die aufziehende Funktion aufgespalten ist. Beate Wagner hat diesen Mythos als Integration der Matri- und Patrilinie in die Organisationsform der Polis gedeutet, welche über den Ausschluß der Sexualität funktioniert. Die Polis, die sich als Zusammenschluß von Kriegern begründet, die einer attischen Mutter entstammen, steht unter dem Schutz der jungfräulichen Athene, die hier als Kriegsgöttin auftritt. Die Politen sind ihre Schützlinge, gerade indem sie nicht aus ihrem Schoß geboren sind (B. Wagner, S. 171).

In unserem Zusammenhang ist aber vor allem die Tatsache von Bedeutung, daß der Herrscher der Stadt aus einer Aufspaltung des Weiblichen in die gebärende Ge (oder Gaia) und die jungfräuliche, namenspendende Athene hervorgegangen ist. Die Drachenfüße des Erichthónios, von denen eine Variante des Mythos berichtet, verbinden seine Geschichte mit anderen Gründungsmythen. So geht der Erbauung Thebens eine Drachentötung voraus. Der umherirrende Kádmos tötet einen Drachen und sät dessen Zähne in die Erde. Die geharnischten Männer, die aus dieser Drachensaat entstehen, bringen sich sogleich gegenseitig um, bis auf fünf, die mit Kádmos zusammen Theben errichten. Kádmos' Sieg wird durch seine Hochzeit mit einer Frau gekrönt, die den sprechenden Namen Harmonia trägt. In der nachfolgenden Geschichte Thebens wiederholt Ödipus die Drachentötung: Er überwältigt die gefährliche Sphinx, von der die Stadt bedroht wird, und verschafft sich, indem er das Monster mit List und Wissen, nicht mit Waffengewalt überwindet, Eintritt in die Stadt, wo er Herrscher und Ehemann seiner Mutter wird. Die Struktur dieser Mythen wird ausführlich in den Arbeiten von Klaus Heinrich (1985) und Horst Kurnitzky beschrieben. Beide deuten die Drachentötergeschichten als Gründungsmythen, die von der Opferstruktur der Zivilisation erzählen. Der mythologische Drache erscheint als Bild des Chaos bzw. der ungebändigten Natur und als weiblich.

Wichtig ist hier nun, nach der Verteilung der Plätze in den Gründungsmythen zu fragen. Der Drache haust an jenem Ort, an dem die Stadt nach seiner Tötung ersteht. Dem entspricht, daß die Ordnung durch das bedroht wird, aus dem und durch dessen Überwindung sie erst geschaffen wurde. Deutlich wird dies auch daran, daß in Mythen, in denen schon eine Stadt existiert, diese oft von einem Drachen bedroht wird, der *vor* ihren Mauern placiert ist. Die Frau dagegen, die der Held, der Drachentöter, als Lohn für seine Tat erhält, hat ihren Ort *in* der Stadt. Klaus Heinrich hat in seinem Beitrag über das «Floß der Medusa» die Mythe von Perseus, der das Meerungeheuer tötet, Andromeda befreit, sie in die Stadt zurückführt und heiratet, in dieser Weise gedeutet:

«Die Geschichte, die hier vorgetragen wird, ist eine *andere Lösung des Medusa-Problems.* Sie wird nicht mehr enthauptet, sondern sie wird, eleganter, in zwei Anteile zerlegt und so verdoppelt: in die Jungfrau, die zum Eheweib, zur Gattin bestimmt ist und darin aufgeht, und in den wilden Anteil, der als Drache verteufelt und erlegt werden muß» (Heinrich 1985, S. 361).

Heinrich bezeichnet diese Lösung als «staatserhaltende». Die Stadt wird dabei zum Ordnungsfaktor, indem sie die wilden Anteile des Weiblichen (den Drachen, das Ungeheuer, die Hydra, Chimäre o. ä.) aus ihren Mauern verbannt, wohingegen die Frau *in der Stadt* auf ihre Funktion als Mutter und Gattin reduziert ist. Die Frau, die der Held als Lohn seiner Arbeit erhält, hat ihren Platz immer innerhalb der Stadtmauern. Der Held selbst aber, der seinen Platz wechselt, hat zu beiden Anteilen und beiden Orten Zugang: Draußen bewährt er sich als Heros, drinnen als Herrscher und Bürger (Polite). In der Stadt herrschen seine Gesetze, während er sich draußen den Naturkräften ausgesetzt erlebt. Als Held ist er Subjekt einer Zivilisationsarbeit, bei der die Gründung der Stadt zum Ordnungsfaktor wird, indem sie die wilden Anteile ‹weiblicher Natur› aus ihren Mauern verbannt.

Für das Weibliche versinnbildlicht die Stadtmauer damit eine Aufspaltung in die ungebändigte Natur draußen und in die domestizierte, entsexualisierte Frau, ihre erstarrte, versteinerte, in den Mauern der Stadt buchstäblich gefangene Existenzweise: Die Stadtmauern, die sich drinnen in den Häuserwänden vervielfältigen, begrenzen den Ort der Frau im Sozialen als ‹lebendig Begrabene›. Fortan soll sie sich drinnen, im Innern, im Verborgenen bzw. im sogenannt Privaten aufhalten – dort wo ihr Leib nicht sichtbar ist, nur verwendbar zum ‹bestimmungsmäßigen Gebrauch› für den, der ihn zu seinem Besitz rechnen kann.

Die Mythe von Antigone erzählt von einer Frauengestalt, die sich im Konflikt mit einer solchen An-Ordnung befindet. Sie verstößt gegen das Gesetz des Herrschers Kreon, weil sie sich vor die Mauern der Stadt begibt und sich dem Tod, dem Leichnam ihres Bruders, zuwendet. Im Streit mit Kreon beruft Antigone sich auf das Gesetz des Totenreichs, während Kreon sich auf die «Götter der Väter» und auf die Stadt bzw. den Staat stützt: «Nein, wen immer die Stadt einsetzt, auf den muß man hören» (Sophokles, S. 57). Im Text von Sophokles wird der Streit um das Verbot Kreons, Polyneikes zu begraben, sichtlich als Kampf um die Autorität des Manns und die Gesetze des Herrschers von Theben begriffen. Während Ismene der Schwester ihre Unterstützung mit dem Argument versagt, «daß als Frauen wir geboren wurden, um gegen Männer nicht zu kämpfen» (S. 11), entrüstet sich Kreon, «und nicht ich wäre der Mann, sondern sie wäre es, wenn diese Macht ihr ungestraft zuteil würde» (S. 43), und: «meiner Lebtag wird keine Frau mich beherrschen» (S. 45). Seinen Sohn Haimon, der Antigone liebt, warnt er mit den Worten: «Niemals denn, lieber Sohn, wirf weg Verstand aus Lust einer Frau wegen» (S. 55), und:

> «Kein größer Übel als Zuchtlosigkeit!
> Städte zerstört, Häuser verwüstet sie,
> Löst auf der Bündner Schar. Doch festen Reihen
> Rettet Gehorsam meistens Leib und Leben.
> Drum gilt es einzutreten für die Ordnung
> Und niemals eines Weibes Knecht zu sein.
> Besser der Tod durch Manneshand! Doch nie
> Darf man sich Weibersklave schimpfen lassen» (Antigone, S. 57).[7]

Weibliche Zuchtlosigkeit und männliche Ordnung werden von Kreon also als Gegensatz betrachtet. Als Strafe dafür, daß Antigone die Ordnung verletzt und ihren Platz *in den* Mauern der Stadt verlassen hat, um sich dem toten Leib ihres Bruders, dem Gewesenen und den Opfern der Geschichte zuzuwenden, wird sie auf Befehl Kreons lebendig begraben, und zwar in einer Felsenkammer, in einem Grab aus Stein. Da sie ihren weiblichen Ort verlassen hat, wird ihr dieser Ort gewaltsam wieder zugewiesen; in der Felsenkammer, einem Grab aus Stein, den Steinen der Stadt, ist die Frau nun lebendig begraben. Wenn die Felsenkammer bei Sophokles als das «Brautgemach» Antigones bezeichnet wird, so verweist dies auch auf die ummauerten Brautgemächer der anderen

7 Ich zitiere aus verschiedenen Übersetzungen, zuvor aus der von Zink besorgten zweisprachigen Ausgabe (Sophokles) und hier – da bei Zink der Verscharakter der Sprache verlorengeht – aus einer Übersetzung von Heinrich Weinstock (Antigone).

Frauen, in denen ihr Geschlecht lebendig eingeschlossen ist. Um die Ordnung der Stadt zu erhalten, muß die Frau als Verkörperung der Zuchtlosigkeit unterworfen werden. Um aber die Frau zu domestizieren und die von ihr ausgehende Bedrohung abzuwehren, müssen die Stadtmauern errichtet werden. Indem der Held die Frau in die Mauern der Stadt verweist, errichtet er sich einen Herrscherstuhl, so daß Frau und Stadt für ihn wechselseitig Ordnungsfunktion erhalten.

Allegorische Stadtdarstellungen

Auch das ‹Heilige Jerusalem›, das nach der Vernichtung Babylons, der «Mutter der Hurerei und aller Greuel auf Erden», wie es in der Bibel (in der Offenbarung des Johannes) heißt, als neues Jerusalem vom Himmel herabgefahren kommt, «bereitet als eine geschmückte Braut ihrem Manne», ist von einer großen und hohen Mauer umgeben. Und auch in dieser Legende ist ein Drache im Spiel, «die alte Schlange, welche ist der Teufel und Satan». Seine Vernichtung geht der Entstehung des Heiligen Jerusalem voraus. Über Jerusalem aber erfahren wir: «Und die Stadt liegt viereckig, und ihre Länge ist so groß als die Breite. Und er maß die Stadt mit dem Rohr auf zwölftausend Feld Wegs. Die Länge und die Breite und die Höhe der Stadt sind gleich.»

In der biblischen Beschreibung der Stadt wird sehr deutlich, daß die Gestalt der Stadt als Denkbild zu lesen ist, als Muster einer auf Gleichförmigkeit und Ordnung ausgerichteten Gemeinschaft. Dabei steht dieses Bild einer an Länge, Breite und Höhe gleichen Stadt im Bibeltext neben dem Bild der Stadt als geschmückter Braut – denn wer hätte

Abb. 22: Vittore Carpaccio, «Der heilige Georg tötet den Drachen» (1507)

schon Lust, sich in einen steinernen Würfel zu begeben? Von der geschmückten Braut dagegen geht schon eine andere Verführung aus. So lautet es kurz darauf: «Und der Geist und die Braut sprechen: Komm!» Im Unterschied zu der beschriebenen topographischen, räumlich strukturierten Konstellation der Gründungsmythen ist die Verteilung der dämonischen und reinen Anteile hier als Gegensatz und in zeitlicher Abfolge organisiert. Außerdem sind beide Anteile als in Frauenfiguren personifizierte Städte ins Bild gesetzt.

Insofern leitet diese biblische Mythe schon zu einer anderen Konstellation in der Verbindung von Stadt und Frau über, zur weiblichen Stadtallegorie, in der die Stadt als Frau dargestellt wird, eine Gestaltungsweise, die in der christlichen Tradition und in der mittelalterlichen Literatur besonders häufig Verwendung findet.

In der mittelalterlichen Literatur kommt es dabei zu einem interessanten Berührungspunkt zwischen der Bildgeschichte der Stadt und der des Weiblichen, da sowohl weibliche Personifikationen als auch die Darstellung einer Stadt allegorische Funktionen übernehmen können. Die Analogie in der bildlichen Verwendung beider Figuren bezieht sich dabei auf eine beiden inhärente ideelle, Ordnung stiftende Bedeutung.

In der «Scivias»-Schrift (deutsch: Wisse die Wege) Hildegard von Bingens (1141–1153) zum Beispiel wird die Darstellung der Visionen im zweiten Teil des Buchs, welche als Sakramentsvisionen gedeutet werden, durch die Frauengestalt der Ecclesia verbunden. Der dritte Teil, der in einer Reihe von Visionen verschiedene Gestalten des Gottesreichs auf Erden darstellt, erhält seine Einheit durch die Gestalt der ummauerten Stadt Gottes. Die Verkörperung der Kirche durch die weibliche Ecclesia und die Verkörperung des Gottesreichs durch die ummauerte Stadt stehen hier als figürliche Leitmotive *nebeneinander.* Während die Steine der Mauer dabei die «Verwirklichung von Erkenntnissen in Einrichtungen und Taten bedeuten» (Liebeschütz, S. 24) und auf das Bild vom himmlischen Jerusalem verweisen, das in der Apokalypse aus dem Vorgang der Austreibung der ‹Hure Babylon› hervorgeht, wird die Ecclesia mit der Gestalt Marias bzw. der Jungfrau in Verbindung gebracht. Die allegorische Verwendung von Stadt und Frau schließt damit an die vorausgegangene Entsexualisierung ihrer Bilder an; sie funktioniert über die Momente von Reinheit und Jungfräulichkeit. Nur dadurch gilt, was Erasmus sagte: «Die Stadt ist ein großes Kloster.»[8]

[8] Zit. nach Certeau 1988, S. 183.

Abb. 23: Raffael, «Der heilige Georg im Kampf mit dem Drachen» (um 1500)

Abb. 24: Schule des Riccio, «Vedute von Siena» (17. Jahrhundert)

Abb. 25: Jacopo Tintoretto, «Die Verkündigung» (um 1570)
Die starke Bewegung zwischen draußen und drinnen, zwischen ausbrechenden Naturkräften und einem geometrisierten Innenraum, in dem die ‹Jungfrau› ihren Platz hat...

Abb. 26: Caspar David Friedrich, «Die Frau am Fenster» (1822)
...scheint stillzustehen, wenn die Frau ihren Platz endgültig im Innern eingenommen hat.

Die Stadt der Frauen (Pizan): ein weiblicher Gründungsmythos

Verbreitet sind in den mittelalterlichen Bilderhandschriften auch Darstellungen von Städten, die von personifizierten Begriffen, Künsten oder Tugenden bevölkert werden. Dieser Form lehnt sich Christine de Pizans Entwurf von 1405, «Le Livre de la Cité des Dames», an. Ihr Text kann als Versuch einer Begründung weiblicher Geschichte, die in Form einer Mythe erzählt ist, gelesen werden, als weiblicher Gründungsmythos sozusagen. Als Motivation dafür, ein Buch über die Frauen zu schreiben, nennt die Autorin, die als Ich-Erzählerin im Text auftritt, ihre äußerste Verwirrung über die vielen misogynen Urteile über das weibliche Geschlecht in der zeitgenössischen Literatur. In dieser Verwirrung kommen ihr dann drei allegorische Figuren zu Hilfe, und zwar «die edle Frau Vernunft», Rechtschaffenheit und Gerechtigkeit. Diese fordern Christine dazu auf, mit ihrer Hilfe ein ganz besonderes Bauwerk zu erschaffen: «Es wird der Umfriedung einer solide gemauerten und gebauten Stadt gleichen» (Pizan, S. 42). Diese Stadt solle, so versprechen ihr die drei, auch dauerhafter sein als die Stadt Theben; sie werde «weder Zerstörung noch Verfall erleben» (S. 43). Die Perspektive der Dauerhaftigkeit wird dabei mit dem Ziel der Vollkommenheit verknüpft. Aus dem Munde der Frau Vernunft klingt das so:

> «Nun erschrick nicht angesichts der ungeheuren Dicke des Mauerwerks und des ausgedehnten Umfangs der Umfriedung, denn mit Gottes und unserer Hilfe wirst du schon alles aufs vollkommenste ausfüllen und wunderschöne, gut befestigte Wohnstätten und Gebäude errichten, *ohne irgendwelche Leerräume zu lassen*» (S. 45; H. v. m.).

Dieses Vorhaben, die blinden Flecken der Frauen-Geschichte vollständig auszumalen und einen vollkommenen, dauerhaften und abgeschlossenen Entwurf zu schaffen, hat vieles gemeinsam mit einigen heute entwickelten Modellen zur Begründung weiblicher Geschichte. In der Schrift Christine de Pizans wird das Konzept in drei Schritten umgesetzt, die jeweils unter Führung einer der drei allegorischen Figuren stattfinden. Frau Vernunft führt den ersten Bauabschnitt an, der als Grabung im Bild von Erdarbeiten auf dem Felde der Literatur und als Errichtung der Stadtmauern beschrieben wird. Eine Überschrift dieses Teils lautet zum Beispiel: «Hier wird berichtet, wie Christine in der Erde herumwühlt: Damit sind die Fragen gemeint, die sie an Frau Vernunft richtet; und wie diese ihr antwortet» (S. 53). Konkret geht es darum, daß die Ich-Erzählerin ihrer Dialogpartnerin alle ihr bekannten misogynen Argumente vorlegt, welche dann in der Form des Gegenbeweises von der Vernunft widerlegt werden. Dabei wird eine Fülle bekannter Vorurteile zitiert, um im Widerspruch dazu eine Reihe großer und edler Taten von historischen und mythischen Frauen zu erzählen.

Der zweite Teil des Baus, der sich unter der Regie der Rechtschaffenheit vollzieht, gilt dem Befestigungsring und dem Mauerwerk der Stadt. Hierzu werden «wunderschöne, funkelnde, überaus kostbare Steine» verwendet. Außerdem wird die Stadt «mit den vortrefflichsten Frauen» bevölkert.

«Dies ist der Beginn eines neuen Reiches der Frauen. Seine Würde ist allerdings ungleich höher als die des Frauenreichs früherer Zeiten, denn seine Frauen werden nicht gezwungen sein, ihr Territorium zu verlassen, um Nachfolgerinnen zu empfangen und zu gebären und so ihren Besitz über die Zeiten hinweg, von einem Geschlecht zum anderen, zu erhalten: die Frauen, die wir jetzt dort ansiedeln, werden alle Zeiten überdauern» (S. 148).

Es folgt wieder eine Reihe von Dialogen, die von zitierten Negativurteilen über das weibliche Geschlecht ausgehen (zum Beispiel von der Behauptung, daß Frauen gern vergewaltigt würden), um jeweils durch Geschichten einzelner Frauen widerlegt zu werden. Im Bild des Stadtbaus sind mit diesem zweiten Teil die Gebäude und ihre Bewohnerinnen sowie «die Straßen voller Leben» hinzugefügt.

Im dritten Teil, der von der Frau Gerechtigkeit angeleitet wird, sollen noch die Königin der Stadt und die «edlen Frauen», welche die hohen Zinnen und großen Paläste bewohnen werden, Einzug halten. Dabei handelt es sich um eine Reihe von Heiligen und edlen Jungfrauen und um die Jungfrau Maria als Königin. Auffällig ist, daß in diesem letzten Teil des Textes kaum noch Dialoge stattfinden. Die Geschichten der Heiligen sind aus dem Streit der Argumentationen ausgenommen; sie werden nicht als Beweismaterial verwendet. Die Krönung des Buchs fällt damit im Hinblick auf die Spannung des Textes sichtlich ab. Im Aufbau des Entwurfs bleibt die Unterstellung der «Stadt der Frauen» unter die Werte und die Autorität der Kirche dem Modell eher äußerlich. Es erinnert vielmehr an die Vorstellung von einem irdischen Paradies, allerdings weniger als Ort umfassenden Genusses denn als Wohnstätte der guten und edlen Menschen, das heißt an ein auf die Erde verlagertes himmlisches Paradies. Das Außergewöhnliche und vor allem zur Entstehungszeit der Schrift Sensationelle dieser Stadt aber besteht in der Tatsache, daß alle ihre Bewohner weiblichen Geschlechts sind.

Die Stadt der Frauen kommt dabei durch eine Auswahl zustande, deren Verfahren durchaus an das Jüngste Gericht erinnert. Hierbei sind vor allem die Tugenden Rechtschaffenheit und Gerechtigkeit am Werk. Die Vernunft dagegen übernimmt den schwierigsten und engagiertesten Part, die Auseinandersetzung mit zeitgenössischen Weiblichkeitsvorstellungen. Auch der weibliche Gründungsmythos also ist ein Aufklärungsmythos bzw. ein Mythos der Aufklärung. Und indem der Entwurf überhistorisch konzipiert und der natürlichen Reproduktion enthoben ist, konstituiert sich auch *diese* Verbindung von Stadt und Weiblichkeit über die Verdrängung der Natur. Während die Stadt bzw. der Stadtbau hier der allegorischen Darstellung eines Geschichtsmodells dient, tritt die Präsentation der Frau dagegen in *doppelter* Gestalt auf, einerseits als Zeichenkörper, als Personifikation, andererseits als Darstellung einzelner, konkreter weiblicher Subjekte, die jeweils ihren eigenen Namen und eine Geschichte haben. Der Tendenz zum Ahistorischen und Übernatürlichen im Geschichtsentwurf der Frauen-Stadt steht damit eine Bewegung in der Schrift entgegen, welche die Weiblichkeitsimagines individualisiert und historisiert. Weiblichkeit ist hier also nicht *nur* eine allegorische Form.

Exkurs über die weibliche Form der Allegorie[9]

In der Personifikation von Ideen oder abstrakten Begriffen durch Frauengestalten ist die Erstarrung der Weiblichkeitsimagines und die Entleerung einer präsentierten Frauenfigur von ihrem konkreten Sinn am weitesten vorangeschritten. Erst dadurch, daß die dargestellte Frau *nicht* auf eine reale Frau referiert, kann sie zum Zeichen für anderes werden. Am reinsten kommt diese Beziehung in der scholastischen Verwendung allegorischer Frauengestalten zum Ausdruck. Wenn Frauengestalten etwa zur Darstellung von Tugenden, Wissenschaften oder Künsten verwendet werden, dann dient die Personifikation des Abstrakten einerseits der Verlebendigung der Idee für die Vorstellung. Andererseits – als Kehrseite dieses Vorgangs – wird die Imagination der Frau entindividualisiert und enthistorisiert. Das Bild der Frau verweist, indem es für einen Begriff steht, auf kein Subjekt und keine Geschichte. Die bildliche oder textuelle Präsentation des weiblichen Kör-

9 Die Überschrift spielt an auf Marina Warners Studie «Monuments & Maidens. The Allegory of the Female Form» (1985; dt. In weiblicher Gestalt).

pers erhält dabei die Funktion des Signifikanten, des *Zeichenkörpers.* Um als solcher für die literarische Produktion von Bedeutung eine Funktion zu erhalten, muß er zunächst leer von Bedeutung sein. Die Darstellung männlicher Figuren ist für eine allegorische Funktion deshalb ungeeignet, weil die Präsentation des männlichen Bildes oder Körpers immer schon auf eine konkrete Person verweist, auf ein männliches Subjekt, dem zumeist auch ein Name zugeordnet ist. Die Frau dagegen ist nicht Subjekt, sondern Körper der Repräsentation.[10]

Als ein plastisches Beispiel solcher Personifikationen können die gelehrten Gespräche zwischen *allegorischen Frauen,* die beispielsweise die Geometrie, die Rhetorik, die Musik darstellen, und *historischen männlichen* Gestalten wie Euklid, Cicero und Milesius gelten.[11] Indem die allegorische Gestalt als Geometrie, als Rhetorik o. a. spricht, stellt sie diesen Begriff im Text und im Bild nicht nur dar, sondern in der literarischen Imagination *ist* sie es, wird also imaginär damit identifiziert. In der Personifikation werden Bild und Körper der Frau zum reinen Signifikanten degradiert. Da die Frau hier mit beliebigen Bedeutungen besetzt werden kann, wirken keine *konkreten* Bedeutungseffekte auf sie zurück, mit Ausnahme des *strukturellen* und wohl entscheidenden Effekts der Abstraktion ihres Bilds zum Zeichen. In dieser Gestalt ist leicht die zur leeren Hülle erstarrte Form der domestizierten Frau, Produkt des in den Gründungsmythen dargestellten Zivilisationsprozesses, wiederzuerkennen.

Hinsichtlich des Darstellungsvorgangs läßt sich die allegorische Personifikation im Bild eines Frauenkörpers als *Verdoppelung* des Entleibungsvorgangs beschreiben, der der Struktur des Imaginären stets innewohnt (Lacan 1973, S. 61–70). Die Verleugnung von Heterogenität, die den Vorgang der imaginären Identifikation wie auch die Ausdrucksform von Imagines durchweg strukturiert, bezieht sich in der allegorischen Personifikation genaugenommen auf zwei Operationen. Während die Darstellung der Frau im Bild, das heißt ihre Präsentation

10 Nachdem die Allegorieforschung lange Zeit das Phänomen, daß die Mehrzahl von Personifikationen durch Frauenbilder dargestellt werden, ausgeblendet hatte, sind in jüngster Zeit eine Reihe von Einzeluntersuchungen (vorwiegend von Frauen) entstanden; vgl. zum Beispiel Rentmeister, Agulhon, Warner, Wenk, M. Wagner, Schiebinger.

11 Vgl. die Deutung der Bilderhandschrift «Der Welsche Gast» (1215/16) von Arno Borst. Andere Beispiele mittelalterlicher Personifikationen finden sich in Schraut/Opitz.

Abb. 27: Raffael, Eine Allegorie, «Die Vision des Ritters» (1500–1501)
«Der junge Mann wird vermutlich die Wahl haben zwischen den zwei Frauen oder dem, was sie auch immer verkörpern mögen; aber über die genaue Bedeutung der Allegorie ist man sich nicht einig» (Katalog der National Gallery, London).

Abb. 28: Giovanni Bellini, «Allegorie des unbeständigen Glücks» (15. Jahrhundert)

Abb. 29: Arnold Böcklin, «Die Freiheit» (1891)

als Textfigur, als gemalter Frauenkörper oder als Skulptur – als «Kaltstatue des Leibes», wie man mit Steinwachs formulieren könnte (1980 a, S. 143) – eine imaginäre Ganzheit dieses Körpers produziert, überbrückt die Identifikation einer Vorstellung oder gar eines Orts mit diesem Bild die Uneinheitlichkeit und Disparatheit der in dieser Vorstellung zum Ausdruck gebrachten Erfahrung oder Wahrnehmung. Die Verkennung dieser Uneinheitlichkeit im Begriff wird damit in seiner allegorischen Darstellung gleichsam verdoppelt, weshalb sich dieses Darstellungsverfahren als Wiederholung des ‹Spiegelstadiums› auf der Ebene des Symbolischen, das heißt im Feld des kulturellen oder sozialen Gedächtnisses, begreifen läßt. Voraussetzung hierfür ist, daß in der Inanspruchnahme des Frauenbildes als Zeichenkörper für eine andere Bedeutung, zum Beispiel die Stadt, vom Leib der Frau abstrahiert wird. Das allegorische Bild ist entsinnlicht und entlebendigt; denn es verweist gerade nicht auf eine konkrete Frau, um statt dessen etwas anderes vor- und darzustellen. Insofern ist die allegorische Personifikation im Bild der Frau an die Verdrängung der Frau als Subjekt aus der Geschichte gebunden.

In den weiblichen Steinfiguren, den Karyatiden, die die Dächer antiker Tempel tragen, gewann dieser ‹Effekt Frau› (Kristeva 1976, S. 167) – die Versteinerung der Frau zur stummen Stütze des Systems – seinen sichtbarsten Ausdruck. In der Gestalt der weiblichen Allegorien ist der Vorgang der Versteinerung dann auf einer anderen Ebene, der der Sinnproduktion, für die Frau weiter vorangeschritten. Als Allegorie dient sie in erstarrter Form einer anderen Bedeutung. Diese semiotische Funktion von Frauenkörpern korrespondiert mit der Stützfunktion von Frauen (Arbeit) im Sozialen, die – obwohl sie doch am sichtbarsten ist – am wenigsten in Erscheinung zu treten scheint.

Materialisierte Nachfolgerinnen der versteinerten Frauenkörper schmücken noch heute als Zierstützen die Eingänge und Fassaden an Häusern der Großstädte, deren Bauzeit in die ‹Gründerjahre› und Jahrhundertwende zurückreicht. Oder ihre steinernen Körper schmücken, meist zu mehreren, das Denkmal des Einen, des Helden.[12] Für sie gilt insbesondere, was Musil für Denkmäler im allgemeinen beobachtet hat: daß es nämlich nichts gibt, was unsichtbarer sei als Denkmäler, an denen das auffallendste ist, daß sie nicht bemerkt würden (Musil, 7, S. 505 ff).

So nimmt es denn auch nicht wunder, daß mit dem Übergang und Wechsel von mythischen zu allegorischen Darstellungsformen die Zahl der weiblichen Figuren gegenüber den männlichen deutlich zunimmt. Wenn man nämlich die allegorischen Personifikationen mit der Zeichenfunktion der Göttergestalten in der griechischen Mythologie vergleicht, dann besteht der entscheidende Unterschied darin, daß die griechischen Göttergestalten immer einen doppelten Status haben. Sie bedeuten jeweils etwas, zum Beispiel die Kriegskunst, die Harmonie, die Liebe; sie haben zugleich aber einen Namen und eine Geschichte. Die Mythologie lebt geradezu davon, daß sie ihre Geschichten erzählt. Die Göttergestalten sind somit vorgeschichtlich auch in dem Sinne, daß sie *vor* der Aufteilung in Zeichenkörper und Vorstellung situiert sind. Das was die Götter bedeuten, ist jeweils an ihre Gestalt und ihren Namen gebunden. Die allegorische Personifikation dagegen ist soweit von konkreter Bedeutung entbunden, daß sie beliebig mit Sinn gefüllt werden kann.

Der *barocken* Poetik hat Benjamin in seinem Trauerspiel-Buch vollends eine Tendenz zur Entleerung und Abtötung des konkret Dargestellten bescheinigt. Entblößung der sinnlichen Dinge sei die Funktion der barocken Bilderschrift (Benjamin 1980, I, 1, S. 360). Die allegorische Personifikation habe immer darüber getäuscht, daß «nicht Dinghaftes zu personifizieren, vielmehr durch Ausstaffierung als Per-

[12] Vgl. dazu vor allem die Arbeiten von Silke Wenk.

son das Dingliche nur imposanter zu gestalten ihr oblag» (S. 362f). Die ganze Natur werde dabei entseelt und nicht verpersönlicht oder verinnerlicht. «Ihre Theorie der ‹Tragödie› nimmt die Gesetze der antiken als leblose Bestandteile einzeln auf und häuft sie um eine allegorische Figur der tragischen Muse» (S. 364). Noch krasser kennzeichnet Benjamin die Arbeit der Entlebendigung, welche die barocke Poetik am allegorischen Material vornimmt, wenn er formuliert: «Die Allegorisierung der Physis kann nur an der Leiche sich energisch durchsetzen» (S. 391). Das Organische werde dabei zerschlagen, um «aus seinen Scherben die wahre, die fixierte und schriftgemäße Bedeutung aufzulesen» (S. 391). Indem die Lebenszusammenhänge der Figuren verlorengingen, gewännen diese eine neue Bedeutung für die Darstellung von Begriffen oder bösen Kräften (S. 399). Benjamin beschreibt hier eben denselben Vorgang, den ich zuvor für die allegorischen Frauengestalten der Scholastik charakterisiert habe:

> «Leer aus geht die Allegorie. Das schlechthin Böse, das als bleibende Tiefe sie hegte, existiert nur in ihr, ist einzig und allein Allegorie, bedeutet etwas anderes als es ist. Und zwar bedeutet es genau das Nichtsein dessen, was es vorstellt» (S. 406).

Eine der verbreitetsten Allegorien des Barock ist die Gestalt der ‹Frau Welt›, die das Zugleich von Schönheit und Häßlichkeit, Verführung und Verderbnis bedeutet. An dieser Figur zeigt sich, daß in der Geschichte der Entleerung des Frauenbilds zum Zweck der Indienstnahme für eine allegorische Funktion eine verborgene Spur existiert, für die die Tatsache, daß es der weibliche *Körper* ist, der zum Zeichen wird, eben doch eine wichtige Bedeutung erhält. So ist dort, wo Abstrakta oder Tugenden in einer Frauengestalt verkörpert werden, nicht selten ein sichtbarer Bezug zum Organischen hergestellt. Wenn der häßliche Körper der Frau für Verderbnis, der schöne für Verführung steht, dann lebt die allegorische Bedeutungsdifferenz von dem Verweis auf die als doppelgestaltig empfundene weibliche Natur.

Ging die asexuell präsentierte Allegorie der Scholastik von der vorausgegangenen Verdrängung weiblicher Natur aus, so kehrt diese hier in den Vorgang der Verbildlichung zurück. In diesem Zusammenhang kann es auch nicht als Zufall betrachtet werden, wenn besonders gern territoriale Vorstellungen als Frauen personifiziert werden. Länder und Kontinente – Germania, Britannia, Amerika, Europa – werden ebenso oft als Frauen ins Bild gesetzt wie Städte. Auf der Suche nach historischen Belegen für die allegorische Darstellung der Stadt *als* Frau stieß ich auf die Flugschriftenliteratur aus der Zeit des Dreißigjährigen Kriegs. Dort sind Gespräche zwischen Feldherren und den von ihnen eroberten Städten beschrieben, in denen diese Städte personifiziert und als umworbene Jungfrauen dargestellt sind (J. Becker, S. 13, 50f).

Hier finden sich also direkte Vorläufer für den Bildgebrauch Ernst Jüngers. In der weiblichen Personifikation von Territorien und Städten wiederholt sich eine in den Gründungsmythen schon vorhandene Struktur, daß nämlich der gesellschaftliche Vorgang der Bewältigung der als doppelgestaltig gewerteten Natur im Imaginären sich am Bild der Frau vollzieht und dabei gespaltene Frauenbilder produziert. Die unbegrenzte, unbewältigte Natur wird dann mit dem wilden Anteil des Weiblichen[13], das begrenzte, zivilisierte und eroberte Territorium – zum Beispiel die Stadt – mit seinem domestizierten Anteil verglichen. Das Gegenbild zu der Stadt als Frau ist dabei das Bild von der weiblichen Wildnis bzw. vom Drachen, von der Schlange, der Hydra.

Topo-Graphien, Schrift-Orte: die Großstadt der Moderne

Beim Übergang von der Stadt zur *Groß*stadt kehrt dieser wilde Anteil wieder ins Innere der Stadt zurück. Mit dem Übergang zur Großstadt verliert nicht nur das Bild der Stadt, sondern auch das Stadtbild seine ordnungsstiftende Signatur. Gibt es auch immer wieder städtebauliche Versuche, Übersichtlichkeit, Geometrisierung und Zentrierung in der Anlage der Stadt zu erhalten oder wiederherzustellen, so zeigt sich gleichzeitig, daß das Wachstum der Großstadt sich planerischer Kontrolle entzieht. Diese Beobachtung wird oft im Bild des Wucherns der Großstadt beschrieben. Zudem ist die Begrenzung der Großstadt nicht eindeutig, ihre Übergänge in das Vorland nehmen vielfältige, uneindeutige Gestalt an; die Außenseiter und Asozialen kehren in das Innere der Stadt zurück; und anstatt *eines* Zentrums gibt es viele, sozial und kulturell differenzierte Zentren. Diese Entwicklung sei, so Klotz, die Bedingung für die Entstehung des Stadtromans. Die narrative Darstellung der Stadt wäre damit genuin an die Geschichte der Großstadt gebunden.

Für die Stadtdarstellungen der Neuzeit ist es allerdings notwendig,

13 Vgl. dazu hier 2, 1 und Wartmann.

unterschiedliche Perspektiven der Betrachtung zu beachten. Die Darstellungen unterscheiden sich nämlich deutlich danach, ob eine fremde oder gar ferne Stadt oder ob die eigene Stadt beschrieben ist. Es ist leicht nachvollziehbar, daß die Stadt in der Fremde häufig als Sehnsuchtsort fungiert, während die eigene Stadt sehr viel ambivalenter, meist auch unübersichtlicher wirkt. Erhält die ferne Stadt im Text den Status eines *Bildes,* so erscheint die Stadt, in welcher der Erzähler oder Held sich bewegt, eher als *Körper.* Viele werden es aus eigener Erfahrung kennen, daß sich ihnen der Plan einer fremden Stadt sehr viel leichter einprägt als der Plan derjenigen Stadt, durch die man sich alltäglich bewegt. Auf den Wegen durch die Stadt, in der ich wohne, mache ich oft Umwege; um von einem Punkt zu einem anderen zu kommen, folge ich vergangenen Spuren, anstatt neue Schneisen zu schlagen. Benjamin, der dieses Labyrinthische der Stadt betont, hat bereits auf die genannte Differenz in der Perspektive der Stadtdarstellung hingewiesen:

> «Wenn man alle Städteschilderungen, die es gibt, nach dem Geburtsorte der Verfasser in zwei Gruppen teilen wollte, dann würde sich bestimmt herausstellen, daß die von Einheimischen verfaßten sehr in der Minderzahl sind. Der oberflächliche Anlaß, das Exotische, Pittoreske wirkt nur auf Fremde. Als Einheimischer zum Bild einer Stadt zu kommen, erfordert andere, tiefere Motive. Motive dessen, der ins Vergangene statt ins Ferne reist» (Benjamin 1980, III, S. 194).

Hat Benjamin mit seinem Bild von der Reise ins Vergangene auch ein ambitioniertes Programm für Stadtbeschreibungen formuliert – das er selbst einige Jahre darauf in der «Berliner Kindheit um Neunzehnhundert» [14] umsetzen wird –, so denke ich doch, daß die von ihm skizzierte Unterscheidung im wesentlichen für Städtedarstellungen im Genre der Reisebeschreibung einerseits und autobiographische Stadtdarstellungen andererseits gilt, während Städteromane wohl nicht so präzise nach einheimischen und nicht-einheimischen Autoren zu unterscheiden sind. Eine Stadtdarstellung, die quasi aus dem Innern der Stadt heraus geschrieben ist, kann nämlich *auch* exotische Züge tragen, wenn man den Begriff des Exotischen nicht wie Benjamin hier mit dem Pittoresken konnotiert, sondern mit dem Fremden, Anderen und Wilden assoziiert.

In Victor Hugos Roman «Notre-Dame de Paris» nahm dieses

14 Eine Untersuchung dieses Textes folgt hier in 2, 4.

Wilde die Gestalt einer wuchernden Stadt an. Häuserfluten und -meere, ein Adernetz von unzähligen Straßen und Menschenwogen zeichnen ein Bild des Chaos, das von einigen riesigen archaischen Ungeheuern überragt wird: so von der als Sphinx beschriebenen Kirche und dem als Hydra geschilderten Louvre. Die Figuren des Glöckners Quasimodo und der Zigeunerin Esmeralda korrespondieren als Wilde mit dieser Darstellung der Stadt. Wenn auch die Handlung des Romans in das Paris des 15. Jahrhunderts verlagert ist und Hugo sich auf Beschreibungen von Massenszenen in einer spätmittelalterlichen Stadt bezieht, gehen doch offensichtlich historisch jüngere Stadterfahrungen und -beschreibungen in seine Schreibweise ein. Seit Merciers «Tableau de Paris» (1788) nämlich zielt die Stadtbeschreibung auf die Physiognomie der Stadt.[15]

Jenes Subjekt dann, das die Stadt durchwandert, sich an verschiedensten Orten aufhält und sich verliert – und mit diesem Subjekt ist der Typ des *Flaneurs* geboren –, bewegt sich in der Stadt wie in einem semiotischen Raum. In den Stadtdarstellungen des 19. Jahrhunderts wird das Stadtbild zum Stadt-Körper, und zwar zu einem mit Bedeutung besetzten Körper. Um die Stadt zu schreiben, läßt der Flaneur sich von der Stadt erzählen. Er läßt sich von ihren Zeichen leiten, auch verführen, er folgt seinem Begehren. Damit ist das Subjekt, welches sich die Stadt schreibend aneignet, schon nicht mehr in der Position des über sich selbst und sein Sujet vernünftig verfügenden Subjekts. Indem die Stadt zum Ort der Subjektivität und der Erinnerung wird, der Selbstsuche und -reflexion, wird sie auch zum Ort des Anderen. Und dieses *Andere* tritt dem männlichen Subjekt u. a. als Weibliches entgegen. Gerade jene Momente der Stadt, die als uneindeutig und unbewältigt betrachtet werden, erhalten eine weibliche Zuschreibung. Die Stadt als Versprechen der Selbstfindung, als Ort der Verführung und des drohenden Selbstverlustes wird mit dem Weiblichen analogisiert. Wenn hier das Weibliche erneut als Allegorie der Stadt erscheint, geht dem jedoch eine veränderte allegorische Funktionsweise einher. Die Stadt wird nicht mehr in der Form einer Personifikation dargestellt und das Bild der Frau nicht mehr als leere Zeichenhülle verwendet. Indem die Stadt mit dem Weiblichen analogisiert wird, fungiert sie als semiotischer Körper, dessen Bedeutungen mit der doppelt bewerteten Natur der Frau in Verbindung stehen. Vorausgegangen ist eine Diskursgeschichte, in der die

15 Vgl. dazu Stierle.

Festschreibung des bürgerlichen Frauenbilds durch die Abspaltung einer Vorstellung vom Weiblichen begleitet ist, in der dieses als dunkel und ungebändigt verstanden wird. Wenn die *moderne* Stadt mit dem weiblichen Körper verglichen wird, dann geschieht dies, gerade *weil* die Imagination dieses Körpers voller Bedeutungen ist.

Diesem Schnittpunkt zwischen der Bildgeschichte der Stadt und der des Weiblichen in der Moderne sind damit entscheidende Veränderungen in der Funktionsweise der Bilder eingeschrieben. Wenn in der Form der allegorischen Personifikation die Entleerung des Frauenbilds zum Zeichenkörper der Domestizierung und Versteinerung der Frau einherging, dann referiert die moderne Allegorie des Weiblichen auf dessen wilde oder zumindest ambivalente Anteile, das heißt auf Natur bzw. weibliche Natur. Gemeinsam ist beiden, daß die Weiblichkeitsimagines nicht auf ein weibliches Subjekt verweisen; denn auch in der modernen allegorischen Form ist das Weibliche enthistorisiert und entindividualisiert. Es ist aber vom erstarrten *Bild* in den Status der *Schrift* übergegangen. Bedeutet Allegorie etymologisch soviel wie ‹anders sprechen› (gr. allos agoreuein = anders als auf der Agora sprechen, das heißt anders als öffentlich, allen zugänglich), so führt die skizzierte Entwicklung dazu, daß die Allegorie nun nicht mehr eine Redeweise ist, die sich ein erstarrtes Bild des Anderen zunutze macht, sondern daß sie zu einer Rede *des Anderen* wird.[16]

Die allegorische Verwendung des Weiblichen in der Moderne setzt das Scheitern einer totalen Domestizierung voraus, in ihren Stadtdarstellungen wiederholt sich daher die in den Gründungsmythen artikulierte Struktur. Die Arbeit der Grenzziehung, die dort als Städtebau im Bild der Stadtummauerung erschien, ebenso wie die Heldenarbeit der Drachentötung werden hier im Innern der Stadt und des Subjekts, am Bild der Frau und in der Schrift wiederholt. Dabei kommen nicht nur die bekannten Aufspaltungen des Frauenbilds zustande, sondern auch dichotomisch organisierte Räume, zum Beispiel im Kontrast zwischen Haus und Straße, familiärem Ort und öffentlichem Ort – hierzu zählen auch die sogenannten öffentlichen Häuser –, zwischen der Stadt der Mütter und der der Huren.

[16] Dazu ausführlicher und anhand verschiedener Textbeispiele 2, 4.

Am Beispiel von Baudelaires «Fleurs du Mal» (1861) hat Walter Benjamin diesen Zusammenhang exemplarisch untersucht. Seine Aufmerksamkeit gilt dabei der «Konstruktion der allegorischen Anschauung bei Baudelaire ... wobei die fundamentale Paradoxie seiner Kunstlehre – der Widerspruch zwischen der Theorie der natürlichen Korrespondenzen und der Absage an die Natur – transparent werden soll», wie Benjamin in einem Brief an Horkheimer im April 1938 sein Projekt erklärt (1980, I, 3, S. 1073). Interessant ist hierbei, daß er die Aufgabe des modernen *Autors* mit der des antiken *Heros* vergleicht:

«Die Masse verwischt ... alle Spuren des Einzelnen: sie ist das neueste Asyl des Geächteten. – Die Masse ist, endlich, im Labyrinth der Stadt das neueste und unerforschlichste Labyrinth. Durch sie prägen sich bislang unbekannte chthonische Züge ins Stadtbild ein. – Diese Aspekte von Paris zu eröffnen stand dem Dichter als Aufgabe vor Augen. Der Begriff dieser Aufgabe teilt die Struktur, von der die Rede ist. Nichts kommt im Sinne Baudelaires in seinem eigenen Jahrhundert der Aufgabe des antiken Heros näher als der Moderne Gestalt zu geben» (1980, I, 3, S. 1074).

Von dem Baudelaire-Projekt steht der «Zentralpark» (entstanden 1938/39) am sichtbarsten unter dem Titel der Allegorie. Darin bezeichnet Benjamin die Allegorie als «Armatur der Moderne» (1980, I, 2, S. 681) und als Gegenmittel gegen den Mythos; er unterscheidet sie aber ganz wesentlich von der Allegorie der barocken Poetik. Während die allegorische Anschauung im 17. Jahrhundert stilbildend gewesen ist, sei sie es im 19. Jahrhundert nicht mehr; während die Leiche die Schlüsselfigur der frühen Allegorie gewesen ist, sei es jetzt das Andenken. Auch die Arbeit der Zerstörung, welche Benjamin in seinem Trauerspiel-Buch als allegorische Praxis charakterisiert hatte, erhält jetzt eine andere Bedeutung: Sie richte sich auf die Auslöschung des Scheins und den Verfall der Aura. Außerdem wird der Allegorie eine gestaltende Funktion für die Erinnerung zugeschrieben: «Wenn es die Phantasie ist, die der Erinnerung die Korrespondenzen darbringt, so ist es das Denken, das ihr die Allegorien widmet. Die Erinnerung führt beide zu einander» (1980, I, 2, S. 669).

Das Subjekt dieser Anschauung wird als Melancholiker, als Grübler – genauer: als aufgeschreckter Grübler, dessen Blick auf das Bruchstück in seiner Hand fällt –, als Flaneur, als Einsamer gekennzeichnet: «Männliche Impotenz – Schlüsselfigur der Einsamkeit – in ihrem Zeichen vollzieht sich der Stillstand der Produktivkräfte – ein Abgrund trennt den Menschen von seinesgleichen» (S. 679). Von dieser Einsamkeit des ästhetischen Subjekts aus werde Baudelaire die Schwangerschaft gewissermaßen zur «unlauteren Konkurrenz» (S. 670). Seine Absage an das sogenannte Natürliche impliziert und erklärt für Benjamin, daß Baudelaire sich nicht auf die natürliche Reproduktivkraft der Frau beziehe, daß dagegen die Hure ebenso wie die Ware zu wichtigen Aspekten für seine allegorische Anschauung würden.

«Die Frau bei Baudelaire: das kostbarste Beutestück im ‹Triumph der Allegorie› – das Leben, welches den Tod bedeutet. Diese Qualität eignet am unabdinglichsten der Hure. Sie ist das einzige, was man ihr nicht abhandeln kann und für Baudelaire kommt es nur darauf an» (S. 667).

Nicht also um eine Wiedergewinnung der Natur im Bild des Weiblichen ging es Baudelaire nach Benjamins Analyse, sondern um eine Betrachtung von Schein und Aura der Ware wie auch um deren Destruktion. Dagegen sieht Benjamin in der lesbischen Frau eines der «heroischen Leitbilder Baudelaires» (S. 666), sofern in ihr männliche Züge in Erscheinung träten, die nicht ökonomischen Botmäßigkeiten folgten. In ihr sähe der dichtende Flaneur von Paris den Protest gegen die in Familie und Mutterfunktion gefangene Weiblichkeit wie auch gegen die Technik.

Ohne darüber urteilen zu wollen, in welchen Teilen diese Rekonstruktion von Baudelaires Entwurf eine Konstruktion Benjamins ist, scheint mir wichtig, daß dieser am Beispiel Baudelaires eine Alternative zum verbreiteten Programm des Rückbezugs auf die Natur entwickelt: nämlich Arbeit am Schein der künstlich gewordenen Natur. Die allegorische Anschauung übernimmt darin keine darstellerische Funktion; sie hat vielmehr die Aufgabe, die Phantasie zu reflektieren.

In seiner eigenen Stadtbeschreibung in der «Berliner Kindheit um Neunzehnhundert» (entstanden 1933–1935), einer autobiographischen Schrift, hatte Benjamin die reflektierenden und reinszenierenden Momente der modernen Schreibweise noch stärker betont. Wenn der Text den Spuren der Erinnerung durch die Stadt folgt, dann sucht er zugleich Situationen und Orte auf, in denen die Stadt als Schrift und Panorama von Bildern entsteht. Dabei kommt eine Darstellung der Signatur weiblicher Orte zustande: angefangen bei den Statuen in den Parks und den Karyatiden in den Hauseingängen, über die als Mutterland bezeichnete Wohnung der Großmutter, über das Bild der in einer Umgebung von Fruchtbarkeit placierten Marktweiber bis hin zu den als kupplerisch empfundenen Straßen, von denen das Versprechen ausgehe, sich dort der Herrschaft der Mutter entziehen zu können. Indem Benjamin auf den Bild- und Wunschcharakter wie auf die kulturelle Bedeutung solcher Zeichen verweist, nimmt er in seinem Text eine wesentliche Verschiebung in der Perspektive vor: Er stellt die Stadt nicht als weiblich vor, sondern folgt in der Stadt den Spuren, auf denen das Weibliche zum Bild oder Zeichen wird. Anders also als die zu Beginn von mir zitierten Beispiele setzt er die Bilderserie, in der Stadt und Frau analogisiert werden, nicht fort, sondern stellt deren Genealogie in der Geschichte einer Kindheit dar und folgt deren Spuren in der Erinnerung.

3 Weiblichkeit und Stadt
Zur Überkreuzung zweier Diskurse

Zur Weiblichkeit der Städte (Balzac)

Unter dem Titel «Moloch Paris» bespricht Johannes Willms in seiner stadtgeschichtlichen Studie über «Paris. Hauptstadt Europas 1789–1914» eines der populärsten Großstadtbilder des 19. Jahrhunderts und führt Balzac dafür als Kronzeugen an:

«Diese unmenschliche Monströsität von Paris, der höllengleiche Charakter der Stadt, deren sirenenhaften Lockungen sich niemand zu entziehen vermag und deren Erlebnis keiner überlebt, ohne von ihr nicht in seiner Seele gezeichnet worden zu sein, ist das Leitmotiv der ‹Comédie humaine›. Nirgendwo sonst in jenem Riesenwerk hat Balzac jedoch die Infernalität dieser Metropole derart ausführlich und eindringlich evoziert wie zu Beginn seiner Novelle ‹La Fille aux yeux d'or›» (Willms, S. 210).

Tatsächlich versammelt Balzac in dem Text «Das Mädchen mit den Goldaugen» (1834) eine Reihe durchaus nicht immer kohärenter Bilder, in denen die Stadt als monströse Gestalt, als gleichsam belebter Organismus erscheint. Da wird die Stadt als Inferno, als häßlicher Vulkan, als schwarzdurchsickertes Wabengebilde verdammt oder als Zweiter Kosmos mit der Natur verglichen; und da werden die Boulevards als *Venus*gürtel bezeichnet, während im Gegensatz dazu die Schenken am Stadtrand im Bild des Kot- oder *Schlamm*gürtels gefaßt sind. Die Stadt ist von einem Strömen und von einem Sturm von Süchten, von einer Jagd nach Gold und Genuß, in eine unaufhörliche und elementare Bewegung versetzt. «Alles raucht dort, alles brennt, funkelt, brodelt, flammt, verdampft, erlischt, zuckt wieder auf, versprüht, knistert und verbrennt» – so, als seien die Elemente selber losgelassen, außer Kontrolle geraten. Schließlich wird Paris als die «diademgeschmückte Stadt», als Königin dargestellt, «die, allzeit schwanger, von unwiderstehlichen Gelüsten gequält wird», zugleich aber – im Hinblick auf die kulturelle Führungsposition in Europa – als von Genie platzendes Hirn.

Damit enthält der Text nicht nur ein Spektrum von Bildern, die in der Geschichte der imaginären Städte verbreitet sind, sondern er bezieht sich auch auf mehrere Typen der Verbildlichung. So aktualisiert die Wahrnehmung der Stadt als Organismus weit zurückreichende anthropomorphe Auffassungen von Architektur und Geographie[1], in deren Anschluß sich eine Serie von Sexual-, Natur- und Körpermetaphern entfalten kann, während die Personifikation der Stadt als Königin auf die Geschichte allegorischer Selbstdarstellungen verweist.

Dergestalt ins Bild gesetzt, erscheint der Gesellschaftskörper bei Balzac als lasterhaft krank, ja leichenhaft, wobei der Autor die Physiognomie von Paris in verschiedenen Schichtungen und dabei in jeweils unterschiedlichen Farben zeichnet. Am düstersten ist die Sphäre des Volks, wo der Arbeiter, von dem es heißt, daß er auch Frau und Kind in die Maschine mit einspanne, seinen schwerverdienten Lohn in einer kurzen Orgie verschleudert. Während das ‹Volk› hier den Platz der Wilden einnimmt, liefert der Frauenkörper den bildlichen Vergleich für eine sexualisierte Stadtlandschaft.

«Und dann verschleudern sie, gleichgültig gegen die Zukunft begierig nach Genuß, vertrauend auf die Kraft ihrer Arme wie der Maler auf seine Palette, als große Herren für einen Tag, am Montag ihr Geld in den Schenken, die einen Kotgürtel um diese Stadt ziehen. Den Gürtel der schamlosesten der Liebesgöttinnen, unaufhörlich geknüpft und wieder gelöst, darin sich wie im Spiel das regelmäßig wiederkehrende Vermögen dieses Volkes verliert, das ebenso wild ist in seinem Vergnügen wie ruhig bei der Arbeit» (Balzac, S. 331).

In der zweiten der «Sphären von Paris», dem Wohnort der Petitbourgeoisie, scheint die Arbeit die Lust vollkommen verdrängt zu haben; hier werden nur verquälte, einfältige Figuren vorgestellt. Die nächste soziale Sphäre wird als ‹dritter Höllenkreis› und als ‹Magen von Paris› bezeichnet. In diesem ‹Geschäftsleben› herrschen Ausschweifungen, seelischer Verschleiß, krankhafte Blässe und stupides Spezialistentum. Auch die Künstler der darüber angesiedelten Sphäre erscheinen zerquält, erschöpft, nach Vergnügungen süchtig und verzweifelt. Die Höhe der Aristokratie schließlich verliert sich in Süchten, Launen, Kraftlosigkeit und «weibischer Affektiertheit».

1 Vgl. dazu die Studie von Pieper, die diesen Zusammenhang am Beispiel des ‹Labyrinths› materialreich entfaltet.

Die vertikale Topographie dieser Darstellung – in deren Zusammenhang die Höllenkreis- und die Magen-Metaphern allerdings sich nicht stimmig einfügen – zitiert mit der Anordnung der sozialen Sphären in Stockwerken die alte Vorstellung von einer Gemeinschaft als Haus. Das Haus als kleinere architektonische Einheit dient hier also dazu, die Stadt, welche sich als Organismus der Kontrolle entzieht und im Bild des Infernos einer katastrophisch erlebten Natur nahekommt, im Bereich des Imaginären zu bändigen, einer erneuten Ordnung zu unterwerfen, um sie in der Form einer sozialen Hierarchie darstellbar zu machen. Reduziert auf die Gestalt eines Etagenhauses, wird die monströs gewordene Großstadt wieder greifbar *und* erzählbar. *Eine* Gruppe allerdings scheint in dieses Modell nicht hineinzupassen; jedenfalls wird sie von Balzac außerhalb der Schichtung, quasi als Supplément, erwähnt:

«Gleichwohl gibt es in Paris eine Reihe bevorzugter Wesen, denen dieser Wirbel von Erzeugnissen, Bedürfnissen, Geschäften, Künsten und Geld Gewinn bringt. Diese Wesen sind die Frauen. Obwohl es auch für sie hier tausend geheime Dinge gibt, die geeignet sind, in Paris mehr als anderswo ihr Antlitz zu zerstören, finden sich doch in der weiblichen Welt glückliche Völkchen, die nach orientalischem Muster leben und sich ihre Schönheit erhalten können. Aber diese Frauen zeigen sich selten zu Fuß auf der Straße, sie leben im Verborgenen wie seltene Pflanzen, die nur zu bestimmten Stunden die Blätter ihrer Blumenkelche entfalten und recht eigentlich exotische Ausnahmen bilden» (S. 345).

Als Exoten erinnern diese Geschöpfe an das Bild des ‹guten Wilden› und muten so wie Gegenbilder zu der als krank und zügellos beschriebenen Stadtgesellschaft an.[2] In einer als a-sozial erlebten sozialen Ordnung sind sie gleichsam innerhalb *und* außerhalb situiert: außerhalb der sozialen Vertikale, aber räumlich innen, im Verborgenen; umgeben von einer Aura der Rätselhaftigkeit. Wenn man an Benjamins Bestimmung der Aura denkt, als «Erscheinung einer Ferne, so nah das sein mag, was sie hervorruft» (1982, 1, S. 560), könnte man diese exotischen Seltenheiten gar als Verkörperung der Aura selbst verstehen. Bezeichnend an dieser Darstellung ist zweierlei: erstens daß diejenigen, die sich in einem realen Haus aufhalten, in der Haus-Metaphorik der sozialen Schichtung keinen Platz erhalten, und zweitens, daß sie wie

2 Edward Said hat in seiner Diskurskritik des ‹Orientalismus› gezeigt, daß darin das Bild des Orients nicht selten weiblich konnotiert ist. Hier haben wir es mit dem Umkehrbild zu tun: Die Frauen werden mit Orientalen bzw. Exoten verglichen. S. hier 2, 1.

mythische Wesen sind inmitten eines düsteren Gesellschaftsporträts, das zur Darstellung eines sozialen Körpers auf eine Gebäudemetaphorik zurückgreift. Während die Frauen also keinen Ort haben in der sozialen Topographie, bleiben sie an dem konkreten Ort, der dieser Topographie als Darstellungsbild dient, eingeschlossen und verborgen, wobei sich hinter seinen Mauern das Feld für eine reichhaltige imaginäre Produktion eröffnet, «für ein betörendes Gewebe von Metaphern» (Lacan 1975, S. 32), in das die Frauen eingesponnen werden.

Im Hinblick auf die Funktion des Weiblichen in Städtedarstellungen ist dieser literarische Text von Balzac geeignet, die Problemstellung zu veranschaulichen. Er versammelt eine Reihe von Figuren, die für das Verhältnis von Weiblichkeit und Stadt bezeichnend sind. Häufig werden Städte als Frauen allegorisiert, werden Städte, die als Körper oder Organismus imaginiert werden, weiblich sexualisiert, und ebenso häufig sind die Frauen dabei außerhalb des Sozialen situiert, manchmal als mythische, manchmal als kunst- oder naturähnliche Wesen. Beobachten läßt sich dabei zunächst, daß am Schnittpunkt der Überkreuzung von Stadtdarstellung und Weiblichkeitsbildern der Körper steht. Der sexualisierte Körper bringt dabei eine Bewegung in Richtung der bedrohlichen Natur ins Spiel, während die Gesellschaftsform für Ordnung sorgt, obwohl es doch gerade die soziale Bewegung ist, das Wachstum und der Verkehr der Städte, welche diese als unkontrollierbar erscheinen lassen, während die davon ausgenommenen Frauen als in pflanzlicher Ruhe vorgestellt werden. Damit wird in einer paradoxen Verwendung von Natur- und Kulturmetaphern die Stadt als Ort des Übergangs von Natur und Kultur formiert.

Im vorigen Kapitel wurde die Geschichte des Verhältnisses von Stadt und Weiblichkeit im Hinblick auf die Analogien und Überschneidungen zwischen Weiblichkeits- und Städte*mythen* und im Hinblick auf die historischen Transformationen der darin produzierten *Bildlichkeit* untersucht, um dabei zunächst drei Typen zu skizzieren, die zwar eine Genealogie darstellen, aber auch historisch ungleichzeitig existieren:

1. eine topographische Darstellung von Stadt und Weiblichkeit als Konfliktkonstellation, wie sie vor allem in Gründungsmythen zu beobachten ist, in der Aufteilung des Weiblichen in die domestizierte Frau im Innern der Stadt und in einen monströsen Anteil in der Wildnis, wobei diese Aufspaltung an die Errichtung der Stadtmauer gebunden ist;

2. eine Gleichzeitigkeit von Städteallegorien und weiblichen Alle-

gorien, vor allem im Zusammenhang christlicher Vorstellungen, die als Ordnungs- und Heilsgeschichten zu lesen sind;

3. eine weibliche Sexualisierung der als verführerisch und/oder bedrohlich wahrgenommenen Stadt bzw. eine weibliche Konnotierung bestimmter städtischer Orte, dies vor allem in der Literatur der Moderne.

Hier nun soll es darum gehen, ob und wie mit Hilfe diskurstheoretischer oder anderer Anregungen Foucaults sich weitere Untersuchungs- und Erklärungsebenen eröffnen. Dabei geht es hauptsächlich um die Frage, ob sich die verschiedenen Verbindungen zwischen Weiblichkeit und Stadt als Überkreuzung zweier Diskurse beschreiben und erklären lassen. Es geht aber auch um das Problem der Repräsentation von Raum und Zeit in Wissensmodellen der Moderne.

Lebenspraxis als Kunst: Polis und Moderne, Heros und Autor (Foucault und Benjamin)

Zunächst möchte ich einem eher versteckten Hinweis nachgehen, der geeignet ist, einen historischen Moment der Entstehung[3] der in Frage stehenden Konstellation zu betrachten.

In einem seiner letzten Bücher, «Der Gebrauch der Lüste», in dem Foucault anhand von präskriptiven Texten aus der Antike untersucht, auf welche Weise sich das Subjekt konstituiert, indem es sich als Subjekt eines Begehrens anerkennt und seine Verhaltensweisen ethisch problematisiert, bezeichnet er diese Selbstpraktiken als «Künste der Existenz»:

> «Darunter sind gewußte und gewollte Praktiken zu verstehen, mit denen sich die Menschen nicht nur die Regeln ihres Verhaltens festlegen, sondern sich selber zu transformieren, sich in ihrem besonderen Sein zu modifizieren und aus ihrem Leben ein Werk zu machen suchen, das gewisse ästhetische Werte trägt und gewissen Stilkriterien entspricht» (Foucault 1986, S. 18).

In diesem Zusammenhang verweist er auf Jacob Burckhardts Arbeiten zur Renaissance und, in einer Fußnote, auf die Baudelaire-Studie von Benjamin. Dieser Verweis ist nicht verwunderlich, da Benjamin am Bei-

3 Entstehung im Sinne von Foucaults Genealogie der Geschichte – «Entstehung meint eher Auftauchen, das Prinzip und das einzigartige Gesetz eines Aufblitzens» (Foucault 1978, S. 92) – oder von Benjamins ‹Ursprungs›-Begriff, nämlich als Vorgang des Entspringens.

spiel Baudelaires den *Autor der Moderne,* der sich der Beunruhigung der Großstadt aussetzt und ihr in seiner Literatur Gestalt zu geben versucht, mit dem *Heros der Antike* vergleicht. Er beschreibt Baudelaire als Einsamen in der Menge, dessen Literatur die Zertrümmerung der Aura im Chockerlebnis als Preis der Moderne bezeichne, im Kontext seiner groß angelegten Untersuchung über die Veränderung des Ausdruckscharakters der Großstadt im 19. Jahrhundert und der sich damit wandelnden Wahrnehmungsweisen im «Passagen»-Projekt.

Wichtige Teile sind darin den Frauen in der Stadt und in den Städtetexten Baudelaires gewidmet. Die Analogisierung von Frau und Stadt wird von Benjamin dabei als eine Funktion in der Zerstörung des Organischen analysiert. Während die Entwertung des Lebendigen in der traditionellen Allegorie und die Bezugnahme auf den Körper in der modernen Allegorie im Zusammenhang eines Repräsentationsmodells – die Stadt *als* Frau oder als Körper – standen, reflektiert die Allegorie Baudelaires – in der Lektüre Benjamins – diese Darstellung, indem sie deren eigenen Schein zerstreut. Dies wird vor allem am Beispiel der Prostituierten und am Beispiel der Ware entwickelt.[4] Insofern bewertet Benjamin die Bedeutung der Huren in den Texten Baudelaires als dialektische Bilder, die keine Darstellungsfunktion erfüllen, sondern eine Bewegung, in der das Gewesene mit dem Jetzt blitzhaft zu einer Konstellation zusammentritt, im Bild festhalten. Die Aura des Weiblichen als Verkörperung von Natur und Schönheit verlöscht als Schein, wenn sie in der Großstadt auf die Menschwerdung der Ware in der Prostituierten trifft. Die Bedeutung der Hure, der Androgynen und der Lesbierin in den Texten Baudelaires wird von Benjamin im Kontext einer radikalen Verwerfung des Fortschrittsglaubens und einer negativen Haltung gegenüber einer bürgerlichen Verfaßtheit des Sozialen gedeutet. Insofern kann er formulieren, es sei «das Einmalige der Dichtung von Baudelaire, daß die Bilder des Weibs und des Todes sich in einem dritten durchdringen, dem von Paris» (Benjamin 1982, 1, S. 5).

Weibliche Figuren sind also gerade nicht, indem sie mit Natur oder Organischem assoziiert oder als archaische Bilder präsentiert werden, sondern weil sich in ihrem Bild ihre angeblich natürliche Bestimmung als Fetisch zerstreut, die Heroinnen in der Literatur Baudelaires. Seine ‹Ästhetik der Existenz› wäre demnach ein späteres Gegen-

4 Vgl. hier 2, 2, S. 176 ff und 2, 4, S. 222.

bild zu den von Foucault in der Antike beobachteten Selbstpraktiken. Das Feld allerdings ist das gleiche; es bewegt sich zwischen Stadt und Frau. Während Baudelaire in einer buchstäblich ästhetischen Existenz und aufgrund einer Verwerfung der herrschenden sozialen Geschlechterökonomie weibliche Figuren als Allegorien der Moderne gestaltet, entwirft sich das antike Subjekt bei Foucault als soziales, indem es seiner Beziehung zur Frau unter dem Aspekt der Ökonomie, das heißt des Hauswesens, Gestalt gibt. Während das Geschlechtsverhältnis zur Ehefrau nur in seiner Fortpflanzungsfunktion diskutiert wird, wird die Frage der Lust nur außerhalb der Ehe aufgeworfen und dort – in der Knabenliebe – einer komplizierten Inszenierung unterworfen. Grundlage dieser Praktiken ist

«das Prinzip des Isomorphismus zwischen sexueller Beziehung und gesellschaftlichem Verhältnis. Darunter ist zu verstehen, daß das sexuelle Verhältnis – immer im Modell des Penetrationsaktes und von der Polarität zwischen Aktivität und Passivität aus gedacht – als etwas Gleichartiges wie das Verhältnis zwischen dem Oberen und dem Unteren, dem Herrschenden und dem Beherrschten, dem Unterwerfenden und dem Unterworfenen, dem Sieger und dem Besiegten wahrgenommen wird. Die Lustpraktiken werden mit denselben Kategorien reflektiert wie das Feld der sozialen Rivalitäten und Hierarchie» (S. 273).

So wird die moralische Lebensführung auch nicht selten im Bild des Kampfs beschrieben, als Zweikampf zwischen dem Werbenden und dem Umworbenen, und als Kampf mit den eigenen Begierden. In der Einrichtung der Lebenstechniken oder -künste, das heißt im richtigen Gebrauch der Lüste – zum rechten Zeitpunkt, im rechten Maß, mit der richtigen Person und in der richtigen Konstellation – erweist sich das Subjekt als *Herr* seiner selbst und der ihm Untergebenen und bestimmt damit zugleich den ihm angemessenen Platz in der Polis. «Die Ethik der Lüste folgt derselben Ordnung wie die politische Struktur.» So Foucault, und mit Bezug auf Platons «Politeia»: «das ‹Paradigma› der Polis befindet sich am Himmel, wo man es betrachten kann; und indem der Philosoph es betrachtet, wird er *‹sich selbst als Stadt gründen›*... Die individuelle Tugend hat sich wie eine Polis zu strukturieren» (S. 96). Die Analogiebildung zwischen der Lebenskunst des männlichen Subjekts und der sozialen Struktur der Polis beschreibt die historische Urszene für die hier in Frage stehende Beziehung zwischen Stadt und Weiblichkeit. In dieser Stadt ist für die Sexualität der Frau kein Raum; sie ist gleichsam von einer über den Aspekt der Fortpflanzungsökonomie hinausschießenden weiblichen Lust gereinigt. Und zwar indem sie die Frau aus der Polis *aus*schließt, indem sie sie in das Haus *ein*schließt.

Diskurs und Metapher, Logos und Mythos

In der Analyse der präskriptiven Texte durch Foucault, die sich den Diskursanstrengungen der antiken Selbstthematisierung als Subjektivierungsweise (S. 44) widmet, kann diese Kehrseite einer männlichen Ethik allerdings nicht mit dargestellt werden, weil diese Diskurse, indem sie den «männlichen Charakter der Mäßigung» besprechen (S. 109), die Sexualität der Frau nicht im Blick haben. Nur in der Kampf- und Schlacht*metaphorik,* in der «das Verhältnis zu den Begierden und Vergnügungen ... als Kriegsverhältnis gedacht (wird)» (S. 89), scheint etwas von dem auf, wovon die zur gleichen Zeit oder früher aufgeschriebenen Mythen und Dramen ein beredtes Zeugnis ablegen.

Neben der Überwindung einer als monströs und bedrohlich bewerteten Natur geht es dem Städtegründer um die Bannung des Todes und die Überwindung der Vergänglichkeit, wenn er der sozialen Ordnung Dauer zu verleihen sucht, sie buchstäblich versteinert. Dieser Konflikt wird in den philosophischen Texten thematisiert, ist diskursiv präsent, jedenfalls in der zweiten Stufe der von Foucault untersuchten Genealogie einer Ethik der Lebensführung, in den Texten aus den ersten zwei Jahrhunderten n. Chr., die er in dem Buch «Die Sorge um sich» bespricht. Mit Bezug auf Galen heißt es:

> «Der *lógos,* der die natürliche Ordnung errichtet, ist ein wenig in der Situation des Städtegründers: der mag nur immer Menschen zu einer Gemeinschaft zusammenziehen; sie wird verschwinden – und also verlorengehen –, wenn er nicht Wege findet, dieser Stadt über den Tod ihrer ersten Bürger hinaus Bestand zu geben. Ein Mittel ist notwendig, um diese grundlegende Schwierigkeit zu überwinden» (Foucault 1986a, S. 140).

Auch von den Konflikten dieser Arbeit des *lógos* und des Diskurses wissen die Mythen zu berichten. So in der Geschichte von Antigone, die vom Herrscher in die Stadtordnung zurückbefohlen wird[5], oder in der von Elektra, ohne die – wie Kristeva deutet – es keine ‹Freiheit› und ‹Geschichte› der Stadt gäbe, der sie sich als Frau trotz allem entfremde (Kristeva 1982, S. 259). Oder in der Geschichte von Artemis, die nach dem

5 Vgl. hier das Vorwort und 2, 2.

Tod ihres Bruder-Geliebten Mausolos seine Asche sammelt und schluckt, um – von Trauer und Tränen verzehrt – zwei Jahre nach ihrem Geliebten zu sterben, allerdings nicht ohne ihm vorher ein Denkmal errichten zu lassen. Ihre leibliche, die materiellen Überreste des Geliebten ebenso wie ihr eigenes Fleisch *verzehrende* Trauer wird damit in eine beständige Form überführt, in Stein verewigt – eine Versteinerung, die ihrem eigenen Tod einhergeht.

Johannes Odenthal kommentiert in seiner Studie über «Imaginäre Architektur» diese Episode aus einer jüngeren Überlieferung, aus Colonnas «Hypnererotomachia Poliphili» (Poliphilos Traumliebesstreit), als «Gegenüberstellung von höchster Leidenschaft und Architekturprojekt» (S. 85). Er benennt damit eine zentrale Figur im Diskurs der Stadt. Später wird man der Architektur, den Bauten, der Topographie der Stadt die Funktion des Gedächtnisses zuschreiben, womit diese zum Teil die Mythen ersetzen.

Bevor ich *diese* Geschichte erörtere, möchte ich den vorausgegangenen Schritt methodisch reflektieren. Foucaults Projekt über «die Genealogie des Begehrensmenschen von der klassischen Antike bis zu den ersten Jahrhunderten des Christentums» (1986, S. 20) kann für die hier interessierende Frage nach der Genealogie des Zusammenhangs von Stadt und Weiblichkeit eine komplementäre Bedeutung haben, komplementär zu der Lektüre der Gründungsmythen, wie sie in der Folge der «Dialektik der Aufklärung» von Klaus Heinrich, Kurnitzky u. a. praktiziert wird. Zu fragen bleibt aber, ob sich beide Arten der Untersuchungsweisen gegenseitig ausschließen. Ist die Analyse der Mythen, die als Ausdrucksformen kultureller Verdrängungsprozesse und damit als gesellschaftliches Unbewußtes zu verstehen sind, mit einer Analyse philosophischer und besonders präskriptiver Texte, wie sie von Foucault vorgelegt wurde, zu vereinbaren? Auch wenn das ausgeklügelte Instrumentarium, das Foucault in der «Archäologie des Wissens» für Diskursanalysen entwickelt hat, dort wesentlich vereinfacht ist, sehe ich die Arbeiten zur Genealogie der Subjektivierungsweisen durchaus in der Tradition seiner diskurstheoretischen Arbeiten. Im Kern geht es nämlich um das Problem, ob und wie in Diskursanalysen mit Formen des Bilddenkens, mit dem Unbewußten und mit dem Imaginären zu verfahren ist. Und es geht dabei um das Verhältnis der Diskursanalyse zur Psychoanalyse, zur Literaturwissenschaft und zur Ethnologie. Am Ende der «Ordnung der Dinge» weist Foucault die Untersuchung der Mythen den modernen Wissenschaften Psychoanalyse, Ethnologie und Sprachtheorie zu; er spricht in diesem Kontext auch von einem «mythischen Diskurs» (Foucault 1974, S. 454), eine Formulierung, die aber in seinen weiteren Arbeiten offenbar nicht ausgeführt wurde, was vermutlich mit seiner eher zurückhaltenden Beziehung zur Psychoanalyse und mit seiner späteren Abgrenzung gegenüber dem Strukturalismus bzw. mit seinen Äußerungen über die für historische Interessen zu begrenzten Möglichkeiten des Strukturalismus[6] zusammenhängt.

Zu fragen wäre, ob nicht gerade eine Diskursanalyse, wenn sie sich nicht systemtheoretisch verkehrt oder einem formalistischen Ordnungswillen unterwirft, sondern die Sprache des Unbewußten und des Imaginären in ihre Untersuchungen einbezieht, ob nicht gerade eine solche Diskursanalyse geeignet wäre, den historischen Transformationen der Bilder und ihrer Funktionen in der Geschichte der Diskurse einen Raum einzuräumen. Diese Fragen sollen nun für den Diskurs der Stadt wie den der Weiblichkeit diskutiert werden, immer im Blick auf die Momente ihrer Überkreuzung.

Der Wille zum Wissen über die Sexualität und die Frau

In der Frauenforschung sind die Anregungen Foucaults im Rahmen von Untersuchungen über die Diskursivierung der Weiblichkeit, insbesondere in der französischen und deutschen Aufklärung, aufgenommen worden, auch wenn Arbeiten über die Geschichte von Frauenbildern und Weiblichkeitsimagines noch immer populärer sind. In seinem Buch «Der Wille zum Wissen» hat Foucault die diskursive Konstituierung des modernen Begriffs von ‹Sexualität› auf die Ausbildung eines ganzen Apparats von Macht- und Wahrheitsspielen im 18. Jahrhundert zurückgeführt, für die *le sexe* zum Gegenstand großer Beunruhigung, gleichzeitig aber zum Gegenstand einer weitschweifigen Rede geworden ist. Gegen eine populäre ‹Repressionshypothese› gerichtet, gegen die Vorstellung, die Sexualität des Menschen sei als eine quasi natürliche Trieb-Kraft im Prozeß der Zivilisation von immer stärkerer Einschränkung und Unterdrückung bedroht, entwickelt Foucault darin seine These, daß die Vermehrungen von Wissen, Lust und Kontrollsystemen in einem unmittelbaren Zusammenhang stehen, der erst jenen als Sexualität definierten Bereich formiert. Dieser Bereich konsti-

6 So in der «Archäologie des Wissens» (Foucault 1983, S. 285).

tuiert sich am Schnittpunkt von Geständnistechniken (die sich von der christlichen Beichte herschreiben), von wissenschaftlichen Ausfahndungs- und Klassifizierungsverfahren und der Regelung der Sexualität in öffentlichen und nützlichen Diskursen, in denen *le sexe* eine Angelegenheit der Verwaltung bzw. der Polizei wird, und zwar mit dem Effekt der Vermehrung der Lust *und* der Macht, nämlich der Vermehrung der Lustarten und disparaten Sexualitäten und der sie kontrollierenden und klassifizierenden Macht-Wissen-Systeme.

Um diese Formierung der Sexualität zu analysieren, führt Foucault den Begriff des Dispositivs ein; damit meint er den ganzen Apparat zur Produktion von Diskursen über die Sexualität, ein Ensemble heterogener diskursiver, institutioneller und philosophischer Praktiken und Aussagen, welches «Gesagtes ebenso wie Ungesagtes umfaßt» (Foucault 1978, S. 120). Dieses seit dem 18. Jahrhundert ausgebildete Dispositiv der Sexualität umfaßt vier große strategische Komplexe bzw. Figuren. Eine davon, die hier in erster Linie interessiert, ist die Figur der ‹hysterischen Frau› bzw. die Hysterisierung des weiblichen Körpers:

> «Der Körper der Frau wurde als ein gänzlich von Sexualität durchdrungener Körper analysiert – qualifiziert und disqualifiziert; aufgrund einer ihm innewohnenden Pathologie wurde dieser Körper in das Feld der medizinischen Praktiken integriert; und schließlich brachte man ihn in Verbindung mit dem Gesellschaftskörper (dessen Fruchtbarkeit er regeln und gewährleisten muß), mit dem Raum der Familie (den er als substantielles und funktionelles Element mittragen muß) und mit dem Leben der Kinder (das er hervorbringt und das er dank einer die ganze Erziehung währenden biologisch-moralischen Verantwortlichkeit schützen muß): Die ‹Mutter› bildet mitsamt ihrem Negativbild der ‹nervösen Frau› die sichtbarste Form der Hysterisierung» (Foucault 1977 a, S. 126).

Diese Beschreibung Foucaults deckt sich in vielem mit den Thesen zur Weiblichkeit in der Aufklärung, an deren Konstruktion die verschiedenen Disziplinen mitgearbeitet haben: Philosophie, Ästhetik, Medizin, Pädagogik. Die Festlegung der Frau auf die Sexualität und nichts anderes (bei einigen Autoren ist ersatzweise von ‹Liebe› die Rede), die Rede von ihrer natürlichen Bestimmung, die geschwätzige Sorge um ihre Schamhaftigkeit oder Tugendhaftigkeit oder, als negative Gegenbilder, um ihre ‹Hysterie›, ‹Schwärmerei› oder ihre ‹Vapeurs›, die Individualisierung bestimmter Typen weiblicher Anmut, Empfindsamkeit und Schönheit, die Anstrengungen zu einer moralischen Bildung mit dem Ziel, daß die Frau den gewünschten Geschlechtscharakter an sich selbst ausbilde und über ihren eigenen Körper wache, und der Entwurf eines Codes non-verbaler weiblicher Körpersprache, all diese Praktiken etablieren einen «Diskurs, der gleichzeitig als Versuch der Formierung realer Frauen beschrieben werden kann» (Geitner 1984, S. 5) und der von einer Reihe institutioneller Maßnahmen begleitet wird.[7]

Hier erhält die Vorstellung von einer Lebenspraxis als Kunst eine neue Bedeutung: das Leben der Frau als künstliches Werk, das als Natur erscheint. In der Konstruktion eines Wesens, das als reines Geschlechtswesen bestimmt ist, aber frei von Begierden sein soll, trägt dieser Diskurs paradoxale Züge; und die Frauenforschung hat sich bisher überwiegend mit den Bildern, sprachlichen Figuren und Mustern dieser paradoxen Züge beschäftigt, die in der signifikantesten Figur künstlicher Natur, der ‹wissenden Unschuld› – jener Frau, die weiß, daß sie nicht weiß – kulminieren. Genau in diesem Feld nun entfaltet sich ein reichhaltiges Bilderrepertoire.

Die Figur der hysterischen Frau unterscheidet sich aber in den Konsequenzen von den anderen drei von Foucault besprochenen Figuren und Bereichen: der Pädagogisierung des kindlichen Sexes, der Sozialisierung des Fortpflanzungsverhaltens und der Psychiatrisierung der perversen Lust – und zwar im Hinblick auf den Status des Diskursgegenstands. Das masturbierende Kind ist zwar vom erwachsenen Subjekt der Rede über die Onanie festgelegt, doch verweist es diesen auf eine vergangene, meist verborgene Existenz seines Selbst. Am familienplanenden Paar ist das Subjekt der Rede potentiell beteiligt, allerdings nur in *einer* seiner Funktionen; denn der Mann hat ja noch eine Reihe weiterer Funktionen als die des Familienvaters. In der Figur des Perversen wird eine spezifische Form der Sexualität aus der Norm ausgeschlossen, auch um diese zu profilieren und zu regeln, während der Ausgeschlossene qua Trieb auf die Abweichung festgelegt wird. Ähnlich festgelegt ist die Frau; doch ist sie *qua Geschlecht* auf diese Diskursfigur fixiert, das heißt immer und unausweichlich als ‹anderes› bestimmt, das von dem einen Geschlecht, dem Subjekt der Rede, definiert wird. Der Platz des Objekts kann von der Frau nicht verlassen werden, auch nicht wenn sie sich redend einschaltet und selbst an der Rede über die Weiblichkeit teilnimmt.

Inmitten der Verunsicherung, die mit dem Wechsel vom klassischen Zeitalter zur Moderne und mit der Begründung der Humanwissenschaften verbunden ist, wie Foucault sie in der «Ordnung der

7 Vgl. hier 2, 1, S. 128 ff.

Dinge» beschreibt, und die jene «nicht eindeutige Position (des Menschen) als Objekt für ein Wissen und als Subjekt, das erkennt» (Foucault 1974, S. 377) hervorbringt, hat dieser sich ein *Reservat* geschaffen, in dem die Dinge in der tradierten Ordnung gehalten werden: den Diskurs über die Frau. Dieser überschneidet sich zum großen Teil mit dem über die Sexualität, geht aber darüber hinaus und auch andere Diskursverbindungen ein. Im Vergleich mit den am Beispiel der Antike von Foucault untersuchten Subjektivierungsweisen hat das männliche Subjekt der Aufklärung die ‹Sorge um sich› als Sorge um die Sexualität auf das andere Geschlecht verschoben und trägt, während es sich als ‹Selbst› konstituiert, die damit verbundenen *Konflikte* und *Kämpfe* auf und am Körper des anderen aus. Auf diesem Hintergrund ist jene naturwissenschaftliche Metaphorik zu verstehen, in der der weibliche Körper als Schlachtfeld beschrieben wird.

Noch ein anderer Unterschied gegenüber der Antike ist von Bedeutung.[8] Während in der Antike in den Mythen *das* zum Ausdruck kommt, was in den präskriptiven Texten als Ungesagtes ein- und ausgeschlossen bleibt, enthält der Diskurs über die Frau im 18. Jahrhundert sowohl präskriptive, also zuschreibende und entwerfende Züge als auch Spuren einer Verdrängung bzw. mythische Momente. Die Konstruktion der weiblichen ‹Schamhaftigkeit› lebt ja geradezu davon, daß ihre negativen Gegenbilder farben- und bilderreich besprochen werden. Hierfür trifft zu, was Foucault als Ökonomie des Diskurses über die Sexualität herausgearbeitet hat: die Gleichzeitigkeit in der Vermehrung von Lust, Wissen und Macht. Das betrifft die Lust, über die Lust der Frau zu sprechen, und die Lust an der Macht im Wissen über die weibliche Sexualität – die allerdings immer auch von Angst begleitet ist. Die Frauenfiguren, die in diesem Feld auf den Plan treten, bilden ein ganzes Register von ambivalenten oder polarisierten Bildern. Sie gruppieren sich um Momente des Natürlichen, Künstlichen und Mythischen und im Spiel zwischen positiv und negativ konnotierter Sexualisierung und Desexualisierung.

Die Gestaltung dieses Diskurses, aber auch seine relative Einförmigkeit trotz vielfältig eingeschlossener Variationsmöglichkeiten, machen ihn zu einem der beliebtesten Steinbrüche für andere Diskurse. Als

8 Dabei ist schwer entscheidbar, ob der Unterschied im historischen Diskurs begründet ist oder in der veränderten Untersuchungs-Perspektive Foucaults zwischen dem 1. und dem 2. bzw. 3. Band von «Sexualität und Wahrheit».

einer der beständigsten Bereiche, in denen ein reiches Repertoire an rhetorischen Figuren, narrativen Mustern und Bildern im Dienste und aus der Perspektive männlicher Subjektivierung ausgebildet wurde, bietet er sich immer dort als Reservoir an, wo wieder einmal Sorge um diese Subjektivierung aufkommt.

Der Diskurs der Stadt

Die Sorge um die Subjektivierung scheint in der Großstadt der Moderne besonders groß zu sein. Die Topoi vom ‹Mann in der Menge›, von der Monstrosität und der Unübersichtlichkeit der Städte, ihrer topographischen *und* sozialen Unübersichtlichkeit, von der Rückkehr der Wildnis in die Stadt sind beredte Ausdrucksformen dieser Besorgnis. Wenn die Stadt als überwältigender Organismus erscheint, in dem der einzelne den Überblick verliert und zu verschwinden bzw. verschlungen zu werden droht, dann droht die schon einmal gebändigte Natur wieder auszubrechen; und genau dafür steht das Bild der weiblichen Sexualität bereit, von der man nie sicher wissen kann, ob die Schamhaftigkeit der Frau auch wirklich Schutz vor ihr biete.[9]

Als Ort des Übergangs zwischen Natur und Kultur – wie er zum Beispiel in der Rede von der ‹Stadtlandschaft› oder im Gegenbild von der «künstlichen Wüste» als Stadtform des 19. Jahrhunderts bei Bloch (Prinzip Hoffnung, S. 926) zum Ausdruck kommt – stellt die Stadt für das Subjekt einen Konfliktraum dar, der an die Kämpfe seiner Subjektivierungsweisen erinnert und die dabei ausgebildeten Diskursformen und Bilder aktualisiert.[10] Während es bei Platon hieß, daß der Philosoph sich selbst als Stadt gründe, kämpft der Mann in der Menge um sein Selbst, indem er sich gegenüber und in der Stadt *wie* gegenüber dem anderen Geschlecht situiert: als Autor/Subjekt des Diskurses. Er entwickelt dabei eine Kunst der Lebenspraxis, in der es um seine Verhaltensweisen in der Stadt, um seine Orientierung, aber auch um die Wahrnehmbarkeit und Darstellbarkeit der Stadt geht. Wenn die Stadt sich der Kontrolle seines Blicks und seiner Sprache entzieht, dient ihre Beschreibung in tradierten, vorzüglich mythischen Bildern auch dazu, das Ungewohnte oder Unbekannte auf vertraute Figuren zu projizie-

9 Vgl. den Topos der ‹Wilden› im Diskurs über die ‹weibliche Tugend›, hier 2, 1.

10 S. etwa den Hinweis auf Schillers Identifizierung von natürlicher Freiheit, Polis und schöner Seele bei Raulet, S. 64.

ren. Denn der Beunruhigung wird einiges genommen, wenn es gelingt, sie in bekannte Formen zu gießen. In Frage steht also auch die *Repräsentierbarkeit* der Stadt. Und damit komme ich auf das komplizierte und komplexe Verhältnis von Sprache und Stadt zu sprechen.

Vom Stadtdiskurs zu reden meint nicht nur den Diskurs über die Stadt, sondern auch den Diskurs *der* Stadt. Im Diskurs über die Stadt existiert ein ganzes Register, in dem das Verhältnis von Stadt und Sprache variationsreich gefaßt ist. Da gibt es zunächst die Vorstellung von der Stadt als Sprache, als Schrift, Textur, Gewebe, als Struktur oder Schalttafel und die Rede von den Zeichen der Stadt. Dann findet man Beschreibungen der Stadt als Gedächtnis, Denkbild, Traumgewebe, als Allegorie, Metapher, als Montage oder als unbewußte Dichtung. Schließlich spricht man von der Lektüre der Stadt, der erzählten, der entwirklichten Stadt oder auch von der Biographie einer Stadt, von einer redenden Architektur oder einer imaginären Architektur.

Umgekehrt wird die Architektur gern für die Beschreibung der Schrift bemüht, wenn beispielsweise von der Architektur des Diskurses oder der Schrift gesprochen wird oder vom Bauplan eines Textes. Bei einigen Begriffen ist zudem schwer zu entscheiden, ob sie der Schrift oder der Architektur angehören. So bezieht sich das *Labyrinth* zwar als Bezeichnung auf mythische, vorgeschichtliche Städte, konkret aber wohl auf den Palast von Knossos; dargestellt findet es sich jedoch nur in schematischer Form auf dem Papier, in leiblicher Form bei bestimmten Riten oder nachgebildet im Medium verschiedener Künste.[11] In dieser Spannbreite zwischen Verräumlichung der Schrift und Verschriftlichung des Raums formieren sich die Praktiken, mit denen die Menschen ihre soziale Ordnung und ihre Lebensweise materialisieren und repräsentieren, sich selbst darin wahrnehmen und konstituieren, mit denen sie ihre Raumerfahrung vor- und darstellbar machen und ihre Erfahrungen und Erinnerungen damit zum Ausdruck bringen.

Insofern läßt sich die *Stadt als Diskurs* nicht vom *Diskurs über die Stadt* trennen, weil die Topographie und die Gestalt, in der sich die sozialen Beziehungen und Lebenspraktiken institutionalisiert und materialisiert haben, auch die Art und Weise prägen, wie die Stadt wahrgenommen und problematisiert wird, wie sich die Stadt als Diskursgegenstand formiert und umgekehrt. Interessant dabei ist, die unterschiedlichen Figuren und Bilder, die Blickweisen und Inszenierungen zu

11 Vgl. dazu Piepers Studie zum Labyrinth.

untersuchen, in/mit denen die Stadt wahrgenommen und repräsentiert wird – als Arena, Panorama, als Tableau, Topographie, als Lager, Maschine, Körper, Organismus, Dschungel, als Gemälde, Bühne, Labyrinth usw. –, und ebenso interessant ist es zu untersuchen, welche Position der Autor/das Subjekt gegenüber der Stadt einnimmt – als Eroberer, Flaneur, Bildungsreisender, Hedonist, als Erinnernder, Sozialforscher, Ethnologe oder Reporter, als Semiologe, Künstler, als Planer oder gar als Volkszähler. Diese Aufzählung ist sicher unvollständig; aber es geht hier nicht um eine Enzyklopädie der Stadtdarstellung, es sollten nur einige der Möglichkeiten vergegenwärtigt werden. Ihre Bedeutung erhalten sie erst durch die historische Situation und die Konstellation, für die sie Verwendung finden: als Bestandteil des Diskurses. Wenn Balzac in der Darstellung der Stadt als monströsen Organismus und als Inferno seiner Beunruhigung Ausdruck verleiht, so wird diese mit der Haus-Metaphorik der sozialen Schichtung sogleich wieder stillgestellt; zudem ist seiner Darstellung mit den exotischen weiblichen Geschöpfen ein mythischer Fluchtpunkt eingebaut. Damit greift Balzac auf tradierte Repräsentationsmodelle zurück, die gerade in der Moderne – nicht zuletzt durch die Erfahrung des Manns in der Menge der Großstadt – obsolet geworden sind. Während Balzacs Frauen als Gestalten dem Personal der exotischen Naturgeschichte entstammen könnten – sie wurden ja als «Völkchen ... nach orientalischem Muster» bezeichnet –, verweist die Klassifizierung der Sozialsphären auf die Tableauform der Naturgeschichte, auf die Katalogisierung, die Unter- und Nebeneinandergruppierung von Gattungen, die zudem als Gattungswesen – *der* Arbeiter – physiognomisch präsentiert werden. Die Naturgeschichte aber, so Foucault in der «Ordnung der Dinge», begründet «ein ganzes Gebiet der Empirizität gleichzeitig als *beschreibbar* und als *in Ordnung versetzbar*» (Foucault 1974, S. 204), und zwar indem sie einen Raum von Nachbarschaften konstituiert, «in dem jedes Einzelwesen, gleich welcher Art, sich ansiedeln kann». Er geht davon aus, daß im klassischen Denken die Zeit nicht als Entwicklungsprinzip für die Lebewesen begriffen, sondern «nur unter dem Gesichtspunkt der möglichen Umwälzung im äußeren Raum, in dem wir leben, wahrgenommen wird» (S. 195). Demgegenüber verbindet er mit der Schwelle zur Moderne eine Temporalisierung des Denkens, eine Loslösung der Sprache von der Repräsentation sowie das Verschwinden eines Diskurses, der die «Entfaltung der Repräsentation in einem Tableau gestattet» (S. 368). Statt der verschiedenen Arten der Lebewesen tritt jetzt das Leben selbst in den Mittelpunkt des Interesses.

Es ist auffällig, daß gerade an diesem von Foucault markierten Übergang ein Stadtdiskurs entsteht, in dem die Arbeit an einem neuen Verhältnis von zeitlicher und räumlicher Wahrnehmung und Darstellung zum Ausdruck kommt. Dies läßt sich auf die Unterschiede zwischen *Tableau, Monument* und *Topographie* zuspitzen. Die Vorstellung von der Stadt als materialisierter, verräumlichter Geschichte kann sich nämlich in durchaus unterschiedlichen Formen konkretisieren.

Bauen und Gehen auf der ‹Mutter Erde›: vom steinernen Buch zur Schrift (Hugo bis Certeau)

Als in der Französischen Revolution über die Errichtung eines Nationalpalastes und anderer Bauten debattiert wurde, verband man damit die Absicht, dem großen Ereignis ein monumentales Denkmal zu setzen, «aus unzerstörbarem Material», wie es hieß, zum Ruhm der Freiheit, und um die neuen Gesetze durch die Einrichtung einer dauerhaften Form zu stabilisieren (Odenthal, S. 95). Dabei verbindet sich ein universalistischer Freiheitsbegriff mit der Vorstellung von Architektur als steinernem Vermächtnis der Geschichte, die sich an den Überresten antiker Monumentalbauten orientiert. Auf den Ruinen des *Ancien Régime* sollen der Freiheit steinerne Denkmale errichtet werden. Zwei zeitgenössische Zitate sollen dies belegen:

> «Ich habe gedacht, daß Paris die Pflicht habe, die würdigen Ereignisse der Nachwelt zu vermachen durch eine Sprache, die sich an alle Nationen wendet, die Raum und Zeit überwindet: die der öffentlichen Bauwerke» (Kersaint, 1791; zit. nach Odenthal, S. 95).

Während es hier vor allem um das Moment der Dauerhaftigkeit des Vermächtnisses geht, eine Verräumlichung von Zeit, in der Raum und Zeit überwunden werden, denkt Legrand in seinem Plan für die Errichtung eines Bauwerks über der zerstörten Bastille eher an die Kontrastierung von alter und neuer Zeit:

> «Im Zentrum des Unterbaus ist die Büste Mirabeaus aufgestellt. Dort kann jeder im Angesicht des französischen Demosthenes eine Idee des Tempels der Freiheit erhalten, wenn er den Ort wiedererkennt, an dem sich der Kerker des Despotismus befand, *wenn er den heiligen Ort der Gesetze besichtigt, der über*

Abb. 30: Leo Klenze, «Entwurf eines Tempels der Gleichheit» (1803)
Kopie des Entwurfs von Durand und Thibault für ein ‹Monument National›, mit dem diese 1794 den vom Wohlfahrtsausschuß ausgeschriebenen Wettbewerb zur Errichtung eines Tempels der Gleichheit gewannen.

den Ruinen erbaut ist. Schließlich haben wir das Monument mit einer Säulenhalle umgeben. Auf dem höchsten Punkt erhebt sich ein Obelisk. Das Ganze soll sich über den Bauresten eines Turms der Bastille erheben, in denen man noch die Reste eines Kerkers entdecken kann. Glatte Mauern, auf denen die Gesetze eingetragen sind, dominieren also den rustikalen Unterbau» (Legrand; zit. nach Odenthal, S. 97).

Man kann sich bei der Lektüre solcher Pläne des Eindrucks nicht erwehren, als sollte hier der Freiheit nicht nur ein Monument, sondern auch ein Mausoleum errichtet werden, als ob diejenigen, die diese Bauwerke erdachten, sich über den Bestand der Freiheit nicht so ganz sicher waren. Die Hinweise auf den Tempel und die Gesetzestafel verweisen das Bauwerk ja auch in den Bereich des Religiösen und verbinden dies mit einer Bauweise, die sich als Repräsentation von Botschaften zu erkennen gibt.

Wenn Victor Hugo in seinem Roman «Notre-Dame de Paris» (1831) noch einmal das steinerne Buch der Bauwerke beschwört, dann geschieht das mit einem anderen Gestus. In dem vielzitierten Kapitel

Abb. 31: Jean Claude Gautrand, «Anschlag auf Baltard, nach dem Zusammensturz» (1971)
Baltard war der Architekt der Pariser Hallen, der ersten großen Stahlkonstruktion der Stadt 1851, die 1971 abgerissen wurden. Die Eisenkonstruktionen des 19. Jahrhunderts werden von Benjamin als Traumbilder einer Epoche gelesen.

«Der Buchstabe tötet den Stein» projiziert er den Übergang von der Architektur zur Schrift zurück auf den Wechsel von der Baukunst zur Buchdruckerkunst. Der Architektur wird dabei die Bedeutung einer ersten, allgemeinen Schrift zugesprochen, als Gedächtnis, das die Flüchtigkeit der Erzählung zu überwinden vermag, indem die Überlieferung auf die sichtbarste, dauerhafteste und natürlichste Weise in den Boden geschrieben würde, «in den *mütterlichen Boden der Erde*», wie es in einer deutschen Übersetzung heißt, «man besiegelte jede Tradition durch ein Monument» (Hugo 1929, S. 117; H. v. m.).

Die Erde dient dabei als Matrix einer steinernen Schrift, die merkwürdigerweise als weniger dauerhaft angesehen wird als das papierne Buch, wodurch sich der Ausruf erklärt, daß das Buch den Stein töten werde. Dieser Vorgang wird als Wechsel in der Form und im Stoff gedeutet, mit der die Generationen ihre Ideen zum Ausdruck bringen. Im Gegensatz zu den erwähnten Denkmalen der Revolution erscheint hier das Buch bzw. die Buchdruckerkunst als «Mutter aller Revolutionen» (Hugo 1977, S. 210), als großes Ereignis der Geschichte. Der Buchdruckerkunst «strömte alles Leben zu, das der Baukunst entwich» (S. 204).

Auffallend in der Übersetzung ist die Umkehr der Verwendung des Mutterbilds: zunächst die ‹Mutter Erde› als Bau-Grund und dann das Buch als Mutter der Revolution. Nicht die Bauten werden bei Hugo mit dem Licht der Aufklärung und mit der Vernunft in Zusammenhang gebracht, sondern das Buch, während die Gebäude eher düster, dämonisch, wie mythische Leiber erscheinen, wobei die Bewertung der beschworenen Tötung der Architektur durch die Literatur im Roman durchaus nicht eindeutig ist.

Der Ausruf «Diese Buchstaben werden diese Steine töten» ist im Text mit einem Blick auf die Kirche als monströses Gebilde verbunden:

> «Sie stand mit den beiden Türmen, den steinernen Flanken und der ungeheuerlichen Kruppe schwarz gegen den bestirnten Himmel und wirkte wie eine riesenhafte *Sphinx* mit zwei Köpfen, die sich *inmitten der Stadt* gelagert hatte» (Hugo 1977, S. 194; H. v. m.)

In dieser Beschreibung ist die Allegorisierung der Kirche in einer Frauengestalt erinnert, nur daß diese nicht als jungfräuliches, himmlisches Jerusalem – Notre-Dame, unsere liebe Frau – betrachtet wird, sondern die Gestalt ihres Gegenbildes, eines Ungeheuers, angenommen hat. Bei dem weiten Schatten, den sie in die Nacht wirft, ist allerdings nicht ganz klar, ob er Bedrohung oder Schutz bedeutet. Neben der Sphinx bevölkert noch anderes Riesengetier die Stadt, die Altstadt als riesige Schildkröte, der Louvre als vierundzwanzigköpfige Hydra und die Kathedrale als Elefant, und das inmitten einer Stadt, die als wuchernder, elementarer Leib beschrieben ist: wogende Menschenmassen, Häuserfluten und -meere, Straßen als Flüsse usw. Die Stadt als mythischer Leib und als Wildnis, zu der auch die Figuren des Glöckners Quasimodo und der Zigeunerin als ‹Wilde› korrespondieren. Aber es gibt bei Hugo auch die Bemühung um Übersicht, die Draufsicht in der Vogelschau, vor allem in dem Kapitel «Paris als Vogelschau».[12]

Aber nicht dem Streit zwischen steinernem und papiernem Buch, sondern dem darunterliegenden Konflikt zwischen einer Erfahrung der Stadt als Körper oder Organismus und einem Willen zur Orientierung oder Ordnung, der auf topographische Modelle zurückgreift, liegt die Beunruhigung zugrunde, die den Stadtdiskurs der Moderne in erster

12 Vgl. auch S. 154f und S. 175.

Linie bewegt. Das sich in der Menge, im Labyrinth der Stadt verlierende Subjekt und das Subjekt, das die Stadt erobert, aneignet, handhabbar macht, markieren zwei Positionen, zwischen denen sich Wahrnehmung und Darstellung der Stadt bewegen. Als Gegensatzpaar sind sie im Flaneur und im Planer verkörpert; ebenso häufig aber sind beide Pole in einem Text, in einem Autor, in einer Darstellung verbunden. Weiblichkeitsmuster können dabei für beide Bewegungsrichtungen in Anspruch genommen werden: sowohl für das Bemühen um Repräsentation, bei dem mit Hilfe mythischer Bilder verlorengegangene Einheit wiederhergestellt wird, als auch für Praktiken, in denen die als lebendig oder verführerisch bewerteten Aspekte des Stadtkörpers weiblich besetzt werden. Wohl durchgängig aber ist eine Inanspruchnahme des Weiblichen für die Präsentation der Stadt an eine Bezugnahme auf den Körper, auf Verkörperungen oder an mythische Weiblichkeit gebunden.

Im neueren Stadtdiskurs, in Texten des 20. Jahrhunderts, wird die Bewegung zwischen Sichverlieren und Überblick, zwischen Natur und Kultur, zwischen Labyrinth und Eiffelturm im Konzept einer Schrift gefaßt, die die Leiblichkeit und Weiblichkeit der Stadt zum Teil überlagert oder zu ersetzen scheint. Das ist verbunden mit einem Schriftbegriff, der die Dialektik einer konfliktreichen Subjektivierung in sich aufgenommen hat. Die *Schrift* selbst ist es nun, in der die soziale Ordnung sich ebenso manifestiert, wie darin Auflösungen, Überschreitungen und Abgründe zum Ausdruck kommen. Die Stadt als so verstandene Schrift stellt nicht ohne weiteres einen sinnvollen und lesbaren Text dar. Wird in diesem Zusammenhang der Stadt eine Bedeutung für die Erinnerung zugesprochen, dann nicht mehr in der Form einer Repräsentation, sondern verstanden als Textur, ähnlich dem Spurennetz in der psychoanalytischen Konzeption des Gedächtnisses. Daraus leitet sich das große Projekt der Stadt-Lektüre ab, wie es von Autoren, von Bauhistorikern und Architekten zur Zeit verfolgt wird.

Wenn Roland Barthes in seinem Tokyo-Buch, von dem er behauptet, es sei kein Buch über Tokyo, sagt, diese Stadt habe ihn «in die Situation der Schrift versetzt» (Barthes 1981, S. 14), bedeutet das, daß er seine Theorie der nichtrepräsentativen Schrift, eine Schrift der Differenz, in der fernöstlichen Stadt verräumlicht sieht. Bei Architekten geht es in der Lektüre der Stadt vor allem darum, die *Geschichte* der Stadt zu lesen. Da ist zum Beispiel von morphologischen Untersuchungen versteckter Strukturen und Spuren die Rede (De Michelis), von der

Erarbeitung eines Stadtdiagramms oder von einem Stadtatlas Pariser Spuren (Fortier) – alles Versuche, aus der Topographie einer Stadt, verstanden als Verräumlichung historischer Transformationen, Geschichte lesbar zu machen. Dabei wird gerade im Zusammenhang morphologischer Analysen nicht selten wieder auf die Anthropo-Morphie zurückgegriffen, wenn etwa von einer Biographie der Stadt gesprochen wird (Ungers)[13].

Während diese Spielart des Stadtdiskurses die Seite der Lektüre, die Entzifferung betont, und dabei – wenn schon der ‹Autor› verloren ist – wenigstens am lesenden Subjekt festhält, versucht Michel de Certeau in seinem Buch «Kunst des Handelns» (1980) die Handlungsweisen und Lebenspraktiken der Stadtbewohner, das heißt die Realisation der Stadt im Alltag der Menschen zu betonen. Damit wendet er sich gegen jene Lesart der Stadt, die – in Anlehnung an Foucaults Mikrophysik der Macht und seine Untersuchung der Gefängnisarchitektur, vielleicht aber auch als Gegenbild zu Barthes' Lust am Text der Stadt – vor allem die totalisierenden und Urbanität zerstörenden Momente der Stadt hervorhob. Unter dem Titel «Panik Stadt» waren solche Beiträge, aus Frankreich (der Zeitschrift «Traverses») importiert, 1978 in der Zeitschrift «Stadtbauwelt» zu lesen gewesen. Die Stadt der Moderne erscheint darin überwiegend als bereits verlorengegangener Raum. Vor Foucaults Untersuchung der Lebenspraktiken und Subjektivierungsweisen in der Antike hat Certeau dagegen, mit Foucault und in Abgrenzung zu ihm, die Praktiken und Handlungsweisen der modernen Stadtbewohner als «Netz einer Antidisziplin» bezeichnet und damit das bei Foucault in der Diskursanalyse zugleich mit der künstlerischen Ausdrucksweise in den Hintergrund getretene subversive Moment in der ‹Lebenspraxis› wieder in den Diskurs hereingeholt. In seinem Kapitel «Gehen in der Stadt» beschreibt Certeau zwei Weisen, die Stadt zu lesen und zu schreiben, die mit zwei sehr unterschiedlichen Perspektiven verbunden sind: mit der des Voyeurs und der des Fußgängers, mit der erhöhten Stellung des Überblicks – vom World Trade Center auf Manhattan herabblickend – und dem Mittendrinsein in den Straßen. Die Panoramastadt, die sich dem Überblick darbietet, wird als Trugbild beschrieben, das «nur durch ein Vergessen und Verkennen der praktischen Vorgänge zustande kommt». Das gewaltige Textgewebe

13 Alle Beispiele aus dem Katalog der Internationalen Bauausstellung Berlin 1987 «Idee Prozeß Ereignis».

erscheint darin nur als lesbarer Text, eine Fiktion, die «die Komplexität der Stadt lesbar macht und ihre undurchsichtige Mobilität zu einem transparenten Text gerinnen läßt» (Certeau 1988, S. 181). Die andere Schrift dagegen, die sich der Lesbarkeit entzieht, wird mit «unbewußten Dichtungen» verglichen, «bei denen jeder Körper ein von vielen anderen Körpern gezeichnetes Element ist».

«Die Elementarform dieser Erfahrung bilden die Fußgänger, die *Wandersmänner (Silesius),* deren Körper dem mehr oder weniger deutlichen Schriftbild eines städtischen ‹Textes› folgen, den sie schreiben, ohne ihn lesen zu können» (S. 181 f).

Von dieser Unterscheidung ausgehend, untersucht er Figuren der Bewegung, Rhetoriken des Gehens und Erzählweisen in einem aus den Lebenspraktiken ihrer Bewohner gebildeten Diskurs der Stadt, der strukturiert ist wie eine Sprache.

Doch auch seine Darstellung kommt nicht ohne Sexualisierungen aus. Sie bewegen sich in den Mustern eines Diskurses über Sexualität, in dem eine Bezugnahme auf das Weibliche nur noch assoziativ aufscheint. Die beiden von Certeau unterschiedenen Schriften der Stadt lassen sich nämlich als Spielarten des Sexualitätsdiskurses deuten: Lust an der Macht und Macht der Lust. Zum Blick vom World Trade Center aus schreibt Certeau:

«Auf dieser Bühne aus Beton, Stahl und Glas, die von einem eisigen Gewässer zwischen zwei Ozeanen (dem atlantischen und dem amerikanischen) herausgeschnitten wird, bilden die größten Schriftzeichen der Welt eine gigantische Rhetorik des Exzesses an Verschwendung und Produktion.

Mit welcher Erotik des Wissens kann die Ekstase, einen solchen Kosmos zu entziffern, verglichen werden? Da ich ein gewaltiges Lustempfinden verspüre, frage ich mich, woher die Lust kommt, diesen maßlosesten aller menschlichen Texte zu ‹überschauen›, zu überragen und in Gänze aufzufassen.

Auf die Spitze des World Trade Centers emporgehoben zu sein, bedeutet, dem mächtigen Zugriff der Stadt entrissen zu werden. Der Körper ist *nicht mehr von den Straßen umschlungen,* die ihn nach einem anonymen Gesetz drehen und wenden; er ist nicht mehr Spieler oder Spielball ...» (S. 180, H. v. m.).

Da der Mensch sich nicht immer auf der Spitze des World Trade Centers aufhalten kann, gilt es, sich aus der Umschlingung durch die Straßen zu befreien, indem Rhetoriken der Bewegung entwickelt werden. Subjektivierung ist hier dargestellt als Eintritt in eine Schrift im Raum, die im Modell der Psychoanalyse als Unterscheidung vom Körper der Mutter betrachtet wird. «So beginnt der Weg, den Freud mit dem Stampfen auf dem Leib der Mutter Erde vergleicht» (S. 208).

An diesem Beispiel ist wohl deutlich geworden, daß auch eine Theorie der Stadt als Schrift sich nicht von der Verbindung zwischen Weiblichkeits- und Stadtdiskurs loszusagen vermag. Die Sexualisierung von Stadt, Frau und Schrift scheint einen unausweichlichen Kreuzungspunkt zu markieren. Der Wechsel vom Körper, vom Organischen zur Schrift bleibt stets – auch in der Bewegung des Bruchs, der Trennung – auf den Leib der Frau bzw. Mutter bezogen. In diesem Verständnis der Stadt als Schrift wiederholt sich nämlich die Situierung des Weiblichen, wie sie in psychoanalytisch begründeten Schrifttheorien vorgenommen wird. Wenn Certeau die Lebenspraktiken der Stadtbewohner als Rhetorik des Gehens oder als Erzählweisen versteht, die strukturiert sind wie eine Sprache, liegt die Analogisierung mit der Sprache des Unbewußten (von der Lacan sagt, sie sei strukturiert wie die Sprache) nicht mehr fern. Ist hier die Schrift mit Bedeutungen ausgestattet, die zuvor dem Weiblichen zugeschrieben wurden, so könnte sich damit auch ein gänzliches Verschwinden des Weiblichen aus dem Bild der Stadt andeuten – womöglich eine neue, postmoderne Konstellation und eine ganz anders zu verstehende «Unweiblichkeit der Städte»[14], da doch im Verborgenen die Stadt als Schrift auf das Weibliche verwiesen bleibt. Aber auch hier wird die Arbeit der Subjektivierung bzw. der Eintritt des Subjekts in die Schrift als Trennung vom Körper der Mutter beschrieben, in der sich eine aus den Gründungsmythen bekannte Konstellation wiederholt.

Die Stadt bildet damit das Feld, in dem der Heros oder Autor, das Subjekt der Sprache oder der Lebenspraktiken sich im Verhältnis zur Natur, zum Leib und zum Raum konstituiert und diesen Vorgang als Verhältnis zum anderen (Geschlecht) zum Ausdruck bringt.

[14] S. S. 156.

4 Traum – Stadt – Frau

Zur Weiblichkeit der Städte in der Schrift

Das Verschwinden der Frau in der weiblichen Stadt (Italo Calvino)

In der Serie von 55 Städtebildern, die – umrahmt und unterbrochen von Gesprächen zwischen dem legendären Kaiser der Mongolendynastie Kublai Khan und seinem venezianischen Kundschafter Marco Polo – in Calvinos Buch «Le città invisibili» (1972) aneinandergereiht sind, gibt es u. a. die Erzählung von der Entstehung einer Stadt; diese wird an jener Stelle erbaut, an der sich verschiedene Männer in Verfolgung eines gemeinsamen Traums begegnen, um dort, wo sie das Objekt ihres Begehrens verfehlen, Räume und Mauern zu errichten, aus denen dann die Stadt ersteht, in deren Straßen sie tagtäglich zur Arbeit gehen, während sie ihren Traum längst vergessen haben. Diese Geschichte von der Entstehung der Stadt Zobeide[1] referiert auf eine für die Stadtliteratur signifikante Beziehung zwischen Weiblichkeits- und Städtebildern. Die Stadt konstituiert sich hier über den Versuch, dem im Traum zum Ausdruck gebrachten Wunsch Dauer zu verleihen – womit aus dem Träumenden ein Städtegründer wird, aus der Arbeit des Unbewußten die Arbeit des Subjekts im Prozeß der Zivilisation, mit der die des Vergessens einhergeht –, und zwar konstituiert sie sich als Ort der Abwesenheit der Frau, an deren Stelle sich ein Bund von Männern zusammenfindet, zusammengehalten durch den Mangel des Weiblichen. Das Bild der Frau, in dem sich die Verlockung für den Mann verdichtet, weist in dieser Szenerie dorthin, wo die Frau nicht ist.

1 Es handelt sich um die erste Geschichte im dritten Kapitel unter der Überschrift «Die Städte und der Wunsch 5» (Calvino, S. 53 f). – Teresa de Lauretis hat in «Alice Doesn't: Feminism, Semiotics, Cinema» Calvinos Geschichte der Stadt Zobeide als Paradigma für die Bedeutung der Frau für das herrschende semiotische Konzept gelesen. Sie geht dabei allerdings nicht auf die geschlechtsspezifische Geschichte von Stadtdarstellung bzw. -schrift ein.

Deshalb auch werden die ansässigen Bewohner der Stadt als verständnislos gegenüber den Wünschen der Zureisenden beschrieben. Bei dem Versuch, ihr Traumbild in Mauern einzufangen, haben sich die Männer selbst gefangen, weshalb sie die Stadt heute als eine Falle betrachten. Doch in deren *Topographie,* den «Straßen, die um sich selber kreisen wie an einem Knäuel», haben die Träume der Städtegründer, aus denen die Stadt entsprungen ist, ihre Spuren hinterlassen, welche den Wegen der Verfolgung, des verfolgten und aus den Augen verlorenen Bilds einer Frau ähnlich sind bzw. diese nachzuahmen suchen. Und darin, daß die Stadt den *Namen* einer Frau hat, leuchtet noch etwas von dem ursprünglichen Wunsch nach dem Weiblichen auf; die Magie ihrer Benennung, ihrer Schöpfung in Sprache[2], erinnert an den zugrundeliegenden, in der symbolischen Schöpfung aufgehobenen Wunsch.

Alle 55 der unsichtbaren Städte in Calvinos Buch haben Namen, die auch als Frauennamen gelten können: von Diomira, Dorotea, Anastasia über Leandra, Melanie, Adelma bis Pentesilea, Teodora und Berenice, und das in einem Text, dessen Komposition an keiner Stelle den Verdacht aufkommen läßt, es ginge darin um wirkliche Städte, so daß die Weiblichkeit der Städte hier deutlich auf deren imaginären Charakter bezogen ist. Dabei wird aber die Unsichtbarkeit und Unwirklichkeit der beschriebenen Städte nicht als Gegensatz zu realen Städten oder gar zur Stadtrealität verstanden. Eher thematisiert Calvino mit seinen unsichtbaren Städten die reale Macht des Imaginären und den Ort und das Bild der Stadt als Paradigma symbolischer Produktionen: die Stadt als Schauplatz der Schrift. Die Unmöglichkeit, die Städte zu erzählen, wie sie in den Gesprächen zwischen Kublai Khan und Marco Polo zum Ausdruck kommt, wird mit der Serie der Stadtbilder auf grundlegende Strukturen in der Geschichte des Symbolischen bezogen.

In Calvinos Rahmenerzählung geht es um den Versuch des Tatarenkaisers, sein Imperium in Besitz zu nehmen, indem er sich von seinem Kundschafter über seine Städte berichten läßt. Nicht nur das Gespräch zwischen beiden, welches verschiedene Sprachen, auch wortlose Gesten und wortlose Kommentare durchläuft, erweist sich als schwierig, sondern auch das Verhältnis des Gesprächs zu seinem Gegenstand bzw. Referenten. Dabei verlagert sich das Thema von dem

[2] Zur Magie der Benennung vgl. Benjamins Theorie der Sprachmagie, vor allem in seinem Beitrag «Über die Sprache überhaupt und über die Sprache des Menschen». In Benjamin 1980, II, 1, S. 140–157.

Versuch, einzelne Städte zu besprechen, hin zur Reflexion über Muster, Formen, Modelle, über die unsichtbare Ordnung und die Gesetze, die die Städte und ihre Geschichten bestimmen, wobei sich das Ziel der Eroberung und Inbesitznahme ins Unendliche, das heißt Unerfüllbare, verschiebt. Damit wiederholt und reflektiert sich in der Erzählung *über* die Städte etwas, was den Städtebildern selbst eingeschrieben ist: Es werden zum Beispiel Darstellungen als Entstellungen, Zeichen als Spuren eines Anderen, Sichtbares als Bild von etwas Unsichtbarem, Sprache als Täuschung, Szenerien als Wiederholungen, als Rückkehr des Verdrängten beschrieben. Die unmögliche sprachliche Repräsentation der Stadt wird derart auf die Sprache *der* Stadt zurückgeführt.

Das Motiv der imaginären Städte bei Calvino radikalisiert ein Moment, das in der Geschichte der Stadtdarstellungen immer schon enthalten ist: daß nämlich das Bild einer Stadt mehr Denkbild als Abbild ist, daß sich im Bild einer Stadt, sei es im Mythos, im Text oder in ihrer Architektur, jeweils die Ordnungs- und Denkmuster einer Gesellschaft oder Kultur ausdrücken. Die Stadt als paradigmatischer Ort der Zivilisationsarbeit – als Ort, der sich gegen die äußere Natur abschirmt und in den das Verdrängte in veränderter Gestalt zurückkehrt – läßt sich als verräumlichtes Sinnbild einer Kultur begreifen. In den 55 Geschichten der «Unsichtbaren Städte» werden von Calvino in der Rekonstruktion zahlreicher Stadtmythen Muster der darin eingeschriebenen symbolischen Strukturen sichtbar gemacht.

So referiert die Geschichte von der Entstehung der Stadt Zobeide auf Gründungsmythen[3], allerdings in ihrer modernen Version, in der die Erinnerung an die mythische Urszene der Stadtgründung nur noch in Rudimenten ihrer Konstellation sichtbar ist. Die Mauern beispielsweise erinnern an die Funktion der Stadtmauern in antiken Städtegründungsmythen als Schutzwall um die neu errichtete Ordnung, mit welcher diese sich gegen die wilde, ungebändigte Natur draußen abgrenzt, gegen jenen Raum, in dem sich der Heros im Kampf gegen das Chaos als Drachentöter beweist, um im Innern dann als Bürger mit der Frau als Gattin und Mutter seiner Kinder belohnt zu werden. Für das Weibliche versinnbildlicht die Stadtmauer eine Aufspaltung in die ungebändigte weibliche Natur draußen, die im Bild des Drachen, der Hydra, der Chimäre o. ä. auftritt, und in die domestizierte Frau, ihre erstarrte, versteinerte, in den Mauern der Stadt gefangene Existenzweise; die

3 Vgl. Kurnitzky und Heinrich 1985; hier 2, 2.

Stadtmauern begrenzen dabei den Ort der Frau im Sozialen als lebendig Begrabene. Die Benennung der Stadt mit dem Namen Zobeide erinnert dagegen an die Allegorisierung der Städte in weiblichen Personifikationen, die zwischen den Extremen der ‹Hure Babylon› und dem ‹himmlischen Jerusalem› schwanken und in säkularisierten Mythen häufig als Gestalt einer zu erobernden Jungfrau, als verführerische Geliebte oder als bergende, schutzspendende Mutter auftreten.[4] Die Entstehung der Stadt Zobeide ist aber insofern in der *Moderne* anzusiedeln, als ihre Geschichte bereits die Unsichtbarkeit des Weiblichen als stumme Stütze des Systems, welche selbst nicht in Erscheinung tritt (Kristeva 1976, S. 167), voraussetzt und von dem ins Unbewußte abgedrängten Begehren nach dem Weiblichen ausgeht.

Werden die Straßen der Stadt hier als Bühne für die ersehnte Wiederholung einer Traumszene beschrieben, dann wird die Stadt zum Schauplatz einer Schrift des Unbewußten, deren Übergang ins Symbolische sich über die Abwesenheit der Frau herstellt. Ihr Held hat sich vom antiken Heros in das Subjekt der Schrift, in den Autor verwandelt. *Seine* symbolische Produktion, die an die Stelle der abwesenden Frau tritt, erscheint nun als ‹weiblich›. Im eigenen Gefühl seiner Gefangenheit hat er allerdings dessen Voraussetzung, die Versteinerung und Ausschließung des Weiblichen, vergessen. Somit verweisen die Elemente dieser Geschichte auf drei historische Schichten in der Beziehung von Stadt- und Weiblichkeitsbildern: auf die mythische der Stadtgründung mit ihrer Aufspaltung des Weiblichen, auf die Allegorisierung der Stadt als Frau sowie auf das weiblich konnotierte Traumbild einer Stadt in der Moderne.

Mit dieser Geschichte hat Calvino inmitten einer Reinszenierung von Stadtmythologie, die sich als strukturales Porträt der Schrift der Städte lesen läßt, die Funktion und den Ort des Weiblichen in dieser Schrift nachgebildet. Ob diese Nachbildung auch als Durchkreuzung wirkt, wird letztlich von der Perspektive und von der Arbeit der Lektüre abhängig sein. Sie wäre dann für die Geschichte der Stadtdarstellungen die «letztmögliche Schrift einer Epoche» (Derrida 1974, S. 43), die als Verräumlichung von Ausdrucksweisen des Subjekts zu betrachten ist. Doch damit wird bei Calvino keine neue Epoche – etwa im Sinne der ‹Postmoderne› – eingeläutet, sondern er destruiert, ähnlich wie vor ihm schon Benjamin, eine bestimmte, im Kontinuum der Zeit

4 Beispiele dafür finden sich hier in 2, 2.

angesiedelte Vorstellung von Zukunft, sei es in ihrer *utopischen* oder in ihrer *apokalyptischen* Version. Während Kublai Khan in seinem Atlas die «noch nicht entdeckten oder gegründeten Gebiete» und jene Städte aufsucht, «die von Alpträumen und Verwünschungen bedroht sind», antwortet Marco Polo ihm im letzten Gespräch mit dem Hinweis auf die Flüchtigkeit von Utopie im Aufleuchten, in Fragmenten oder in Signalen, außerhalb der Kontinuität von Raum und Zeit (S. 191 f). Er nimmt damit Stellung gegen ein Fortschrittsmodell von Geschichte, ohne sich allerdings an Endzeitvorstellungen anzuschließen, unter deren starrem Blick auf die Vernichtung die bestehenden Gegensätze und Differenzen im Sozialen aus dem Blick, das heißt in Vergessenheit geraten. Die Hölle, so Marco Polo, wird im tagtäglichen Zusammensein unter uns gebildet. Auch in diesem Sinne erscheint die Stadt bei Calvino als Ort eines verfehlten Begehrens.

Das Ankommen des Städters in den Frauen (Paul Nizon)

Neben dieser Arbeit der Reinszenierung gibt es in der Gegenwartsliteratur andere Schreibweisen, in denen die von Calvino sichtbar gemachten Mythen und Strukturen in der Schrift der Stadt ungebrochen fortgeschrieben werden. Der Ich-Erzähler in Paul Nizons Roman «Jahr der Liebe» (1981) beispielsweise könnte dem Personal der Geschichte von der Stadt Zobeide entsprungen sein. Nur handelt es sich bei ihm um ein autobiographisches Subjekt, welches sich in einer konkreten Stadt, in Paris, aufhält, um dort seinem Verlangen nach der Frau bzw. «den Frauen» und seinem Wunsch zu schreiben nachzugehen. Die Stadt, die Frau und das Schreiben stehen hier in einem bewährten und bekannten Verhältnis, da sie wechselweise das Ich aus seiner Erstarrung befreien, ihm zu neuem Leben verhelfen sollen. Dabei bedient der Text sich sämtlicher Bilder aus der Geschichte der Stadtliteratur, in denen die Stadt als weiblich allegorisiert, als quasi-organischer Körper sexualisiert wird oder aber den Raum abgibt, in dem die Inbesitznahme und der Genuß der Frau stattfinden, wobei dieser Akt, einem Initiationsritus gleich, als Ankommen oder Wiedergeburt gewertet wird: als Ermannung bzw. Zum-Städter-Werden.

Schon der 18 Jahre früher veröffentlichte Text «Canto», der erste literarische Text Nizons, folgt vergleichbaren Motiven. Auch darin wird der Aufbruch mit Verweis auf die Entdeckungsreisen der Kolonisatoren im Effekt auf das schreibende Subjekt zurückbezogen: «Als Kolumbus auf Reisen gehen. In Frauen ankommen.» Und nachdem an anderer Stelle das vielbemühte Bild von den bebenden Schenkeln einer Frau entworfen ist – «Dein Leib. Deine Schenkel, ein Beben in der Stadt?» –, heißt es: «... dies Ankommen in Frauen ... Nun ist er eingetreten, Städter geworden» (Nizon 1976, S. 82f). Nur der Schauplatz hat gewechselt. War es in «Canto» Rom, so ist jetzt Paris die Stadt, die als «gesuchtes Land» (Nizon 1981, S. 9), als «Nährmutter» (S. 13), als Verkörperung des Turms zu Babel (S. 154), als mit dem Ich «vereinigt» (S. 154), als das Ich umschließend (S. 207), es erdrückend, daß es überquillt (S. 215), oder als Gebärerin imaginiert wird: «NIMM MICH AN, BRING MICH HERVOR, schrie ich zur Stadt, ich schrie, weil sie taub war oder sich kalt gab, jedenfalls mir gegenüber» (S. 141). «Nimm ich an, bring mich hervor, flüsterte ich zur Stadt, wenn ich mich endlich ermannen und losreißen konnte» (S. 145).

Während die Stadt in solchen Bildern als weibliche Allegorie beschrieben ist, die Stadt *als* Frau, stehen Stadt und Frau in anderen Passagen im Verhältnis metonymischer Substitution: Das Verlangen verschiebt sich von der als Körper betrachteten Stadt zum weiblichen Körper oder umgekehrt; das Subjekt steht «zitternd vor Erregung inmitten der Straße» (S. 165). Verschlungen zu werden, Gefangensein, Eroberung, Empfangenwerden, Eindringen und Sichverlieren, das sind seine Lust- und Angstwünsche, die sich wechselweise auf Frau und Stadt richten. Sie dienen der Verlebendigung des männlichen Ich-Erzählers in seiner Furcht vor dem Absterben, dem er auch schreibend entgegenzuwirken sucht. Aus Mangel an Schreibmotivation – «aber was sollte ich schreiben in meinem Schachtelzimmer» (S. 90) – sucht er andere Arten der «Verlebendigungslust»: an der weib-leiblichen Stadt. Nicht nur Frauen, sondern auch Schwarze und Araber, die sein Stadtviertel bevölkern, tragen dazu bei, der Umgebung einen exotischen und sinnlichen Charakter zu geben; wie der Kolonisator erlebt der Erzähler sich darin gern als Konsument. So spricht er, angesichts einer Jugenderinnerung an ein neben ihm liegendes Mädchen, vom «ganzen weiblichen *Besteck*», das auf seinem Lager versammelt war, um dann die einzelnen Körperteile als Partialobjekte des Begehrens der Reihe nach aufzuzählen (S. 102). In der Stadt Paris nun braucht er nie mehr zu darben, denn:

Abb. 32: Paul Delvaux, «Huldigung an Jules Verne» (1971)

Abb. 33: Paul Delvaux, «Akropolis» (1966)

«es war beruhigend und tief wohltuend zu wissen, daß *dieser* Tisch immer gedeckt sein würde in dieser Stadt, so viele Frauen, bereit, dich zu empfangen, so viele Pforten zum Geheimnis, zum Abenteuer, zur Versuchung, nein: zum Leben! Es war, als werde man unaufhörlich durch Frauen neu zur Welt gebracht oder in den Ozean geworfen, ausgeworfen werden können. Ich würde alle Pforten versuchen, ich würde unsterblich zu leben versuchen, schwor und wünschte ich mir, seit ich *dieses* Versprechen der Stadt entdeckt hatte» (S. 118).

Solch ein immerwährend «gedeckter Tisch», an dem er das Verlangen nach dem Weiblichen unendlich ausagieren kann, scheint notwendig, weil die «Verlebendigungslust» durch Schreiben sich nicht so recht einstellen mag: jenes «Gefühl wie beim Schreiben, wenn endlich nicht ich, wenn *es* schreibt» (S. 90). Aus Ermangelung eines solchen Schreibens, das als Schrift des Unbewußten zu verstehen wäre, treten Stadt und Frau für das Subjekt an die Stelle der ersehnten Schrift. Die Stadt ist hier also nicht Schauplatz einer Schrift des Unbewußten, sondern aufgesuchter Behelfsort für die Arbeit des Unbewußten, die durch zahlreiche Körperbilder und Weiblichkeitsimagines animiert wird. Ob hier das Schreiben als Ersatz fürs Leben oder das Leben als Ersatz fürs Schreiben funktioniert, ist nicht mehr zu entscheiden. In einer permanenten Verschiebung seines Erregungsbegehrens zwischen Schreiben, Frau und Stadt bringt das Subjekt einen Text hervor, mit dem es sich als Autor konstituiert.

Paul Nizon tritt damit als später Erbe einer Stadtliteratur auf, deren Entstehung an den Übergang von der Stadt zur Großstadt gebunden war, als die wilden Anteile in die Stadt zurückkehrten und die Stadt selbst zum ambivalent besetzten Ort moderner Mythen wurde. Zwar deuten die Bezeichnung des Ich-Erzählers als «traumgierig» und sein Hang zum Schlafen und zum Warten darauf hin, daß hier eine Neuauflage surrealistischer Literatur versucht wurde[5]; doch dem Träumen und Warten wird kaum Raum gegeben. Statt dessen füllen verfügbare Fertigbilder aus der Geschichte von Stadt- und Weiblichkeitsmythen die Leere, die aus der Einsamkeit des Erzählers entsteht.

Im Unterschied zum Text Calvinos, der in einer Nachbildung von

5 Vgl. etwa die Deutung von Dolf Oehler «Ein Marodeur der Avantgarde». In Kilchmann, S. 162–172. – Erstaunlich finde ich die überwiegend positive bis emphatische Besprechung der Romane Nizons in der Literaturkritik, sind doch seine Texte voll von bekannten Klischees männlicher Subjektivität. Das merkwürdigste Beispiel ist Peter Burris Besprechung «Im Anfang war die Frau», die Nizons Programm des «Eintauchen ins Leben» in Gestalt weiblicher Projektionen als «postmodern» bewertet. In Kilchmann, S. 227–243.

Städtemythen Muster des Imaginären reinszeniert und in den Gesprächen reflektiert, bewegt sich der Text Nizons *innerhalb* der Struktur des Imaginären und schreibt die Mythenbildung fort. Und wollte man Nizons Ich-Erzähler als verspäteten Flaneur betrachten, so unterscheidet er sich vom Flaneur der Moderne darin, daß er nicht schaut, sondern konsumiert, daß er sich nicht im ziellosen Umherschweifen den Ansichten hingibt, welche die Stadt ihm zu bieten hat, sondern daß er zielstrebig der Befriedigung seiner Lüste entgegeneilt – um dabei überwiegend im Bordell zu landen.

Die Flanerie und die Stadt als Schauplatz der Schrift

Als «Promenade ohne festes Ziel» und als Ausgehen «auf die ungeahnten Abenteuer des Auges», bei dem «neue Nähen und Fernen» entstehen, hat Franz Hessel 1929 in seinem Buch «Spazieren in Berlin» das Flanieren bezeichnet, als eine Lektüre besonderer Art:

«Flanieren ist eine Art Lektüre der Straße, wobei Menschengesichter, Auslagen, Schaufenster, Café-Terrassen, Bahnen, Autos, Bäume zu lauter gleichberechtigten Buchstaben werden, die zusammen Worte, Sätze und Seiten eines immer neuen Buches ergeben. Um richtig zu flanieren, darf man nichts allzu Bestimmtes vorhaben» (Hessel, S. 145).

Doch solche Äußerungen *über* das Flanieren finden sich bei Hessel nur verstreut, sein Buch ist mehr der Text eines Flaneurs. Dennoch ist sein «immer neues Buch» gleichsam eine Schrift zweiten Grades, die aus der Lektüre der Straßen entsteht. Denn ‹der Flaneur› ist immer schon ein literarisches bzw. ein Schriftkonzept. Die Figur des Flaneurs ist weniger Repräsentant als Medium einer Schrift, insofern er sich der Lektüre der Stadt-Schrift hingibt, um diese als Subjekt seiner Schrift auf dem Papier nachzuahmen. Für diese zeichnet er zwar als Autor, er ist aber nicht ihr *auctor*/autonomer Schöpfer. Wenn das ziellose Umherschweifen als eine Bewegung begriffen wird, die nicht einer phallischen Ökonomie folgt, sondern weiblich konnotiert wird, ist das die Begründung, mit der Flaneuren manchmal ‹weibliche› Züge zugeschrieben werden. Andererseits ist der Flaneur immer auch Beobachtender, und die Frauen sind ein beliebtes Objekt seines Blicks bzw. seiner Schaulust.[6]

[6] In der Lektüre der von ihm als gleichberechtigte Buchstaben gewerteten Dinge und Menschen nennt Hessel auch eine Reihe von Frauengestalten: von den «langbeinigen Mädchen» (S. 8), den «kleinen Fräulein von Wertheim und Tietz»

Als ein Typ des «profanen Erleuchteten» hat Benjamin den Flaneur in seinem Beitrag «Der Sürrealismus» (1929) entworfen, in jenem Text, der in verdichteter Form seine Theorie der Sprachmagie wie seine Geschichtsphilosophie vom Blick aufs Gewesene enthält, einem Text, den er selbst als «lichtundurchlässigen Paravent vor der Passagenarbeit» bezeichnet hat (Benjamin 1978, II, S. 489). Die «Stadt Paris selbst» wird darin als «das Geträumteste» der Objekte der Dingwelt beschrieben. «Und kein Gesicht ist in dem Grade sürrealistisch wie das wahre Gesicht einer Stadt» (Benjamin 1980, II, S. 300). Ausgehend von der Funktion des Unbewußten für die surrealistische Tätigkeit, benennt Benjamin hier als Leitmotiv seiner Städte-Schriften die Traumstruktur des Stadtbilds, und zwar nicht das Traumbild einer Stadt, sondern das Geträumte am Bild der Stadt, das heißt ihre den Ausdrucksformen des Unbewußten analoge Gestalt: die Stadt als Labyrinth, als Topographie, als Gewebe, die Straßen von Paris als «Adernetz der Imagination» (Benjamin 1982, 2, S. 1208), also die Stadt als Schauplatz einer Schrift, die sich nur einer Lektüre im «Doppelsinn des Worts Lesen (in) seiner profanen und auch magischen Bedeutung» (Benjamin 1980, II, S. 209) erschließt. Dies ist eine Lektüre, die die Sprache der Dinge zu entziffern versteht, indem sie sich jenen Mitteilungen überläßt, welche in den sichtbaren Figurationen als flüchtige Bilder mit aufleuchten oder als dialektische sich darstellen. Unter den Typen des profan Erleuchteten, die Benjamin im Aufsatz über den Surrealismus nennt – den Lesenden, den Denkenden, den Wartenden und den Flaneur –, wird der Flaneur deshalb zu einer so wichtigen Figur, weil seine Tätigkeit alle anderen genannten Arten profaner Erleuchtung einschließt.

(S. 32), den Tippfräulein und der «Nachkriegsberlinerin», die er als «junge Avant-Garde» bezeichnet (S. 37), über die «Damen Babylon und Renaissance» im Tanzpalast (S. 50), die Zirkusfrauen im Lunapark und die Tanzmädchen aus der Revue bis hin zu dem weiblichen Teil der versteinerten Vertreter eines «Mythos aus zweiter Hand» (S. 155), wie sie in Häusereingängen, an Fassaden und in öffentlichen Räumen als Mauerwerk zu finden sind und die für Benjamin besonders wichtig werden sollten. – Siegfried Kracauer spricht in seinen Flaneur-Texten davon, daß die «Ausschweifungen» des Umherschlenderns reizvoller seien als die Begegnungen mit einzelnen Frauen, so daß hier das Verführerische der Straßen das der Frauen substituiert. Das läßt sich deuten im Kontext eines Schriftkonzepts der Flanerie und vergleichen mit der von Kracauer beschriebenen Lust bei der *Tätigkeit* des Schreibens als «zweckloses Tun», das ihm ebenfalls mehr galt «als eine Frau oder die Freunde». Vgl. dazu seine Texte «Erinnerung an eine Pariser Straße» (1930) und «Das Schreibmaschinchen» (1927). In Kracauer, S. 7–11 und 82–86.

Wenn Benjamin aber, auf die Hieroglyphenform der Traumsprache anspielend, in seiner bekannten Rezension des Hessel-Buchs vom «ägyptischen Traumbuch des Wachenden» (III, S. 198) spricht und nicht wie Kracauer in den eigenen Flaneur-Texten von «Wachträumen» (S. 41), dann geht es ihm um eine Konstellation, in der der Wachende sich den Bildern und den Strukturen der Traumarbeit überläßt. Paradigma hierfür ist in seinem Passagen-Projekt die Schwelle des Erwachens, welche er bereits in den «Ersten Notizen» als «einzigartige Erfahrung der Dialektik» (Benjamin 1982, 2, S. 1006) und in den frühen Entwürfen als «exemplarischen Fall des Erinnerns» (2, S. 1057) umschreibt, ein Fall, aus dem er seine dialektische Methode der Geschichtsbetrachtung gewinnt:

«Mit der Intensität eines Traumes das Gewesene durchzumachen, um die Gegenwart als die Wachwelt zu erfahren, auf die der Traum sich bezieht! ... Jede Epoche hat diese Träumen zugewandte Seite, die Kinderseite» (2, S. 1006).

Entspricht dieser Konstellation als Zeitstruktur das «Jetzt der Erkennbarkeit», so ist es in topographischer Hinsicht der Übergang, die Schwelle, die Passage, welche sich auch im kultischen Sinne als *rite de passage* verstehen läßt.[7] Im Blick zurück sind es das Hineinragen des Traums in die Wachwelt und der Bezug des Gewesenen auf die Jetztzeit, die Benjamin daran so bedeutsam sind und die seine Schrift von einer einfachen Abbildung von einer – tatsächlich ja unmöglichen – Verdoppelung des Gewesenen bzw. des Geträumten unterscheiden. Dies macht er deutlich in einer Abgrenzung gegenüber der surrealistischen Stadtmythologie, die mit der Beschreibung der Pariser Passage de l'Opéra seine Passagen-Arbeit nicht unwesentlich angeregt hat, gegenüber Aragons «Le paysan de Paris»: Während Aragon im Traumbereich beharre, ginge es ihm um das Erwachen, um die «Auflösung der ‹Mythologie› in den Geschichtsraum» (1, S. 571).

Die Topographie der Stadt wird dabei gleichsam als eine dritte Schrift gelesen, die aus der Analogie von Bildern und Strukturen in Mythen und im Unbewußten entsteht: das Schrift-Bild der Stadt als drittes, in dem die Korrespondenzen zwischen Kultur- und Subjektgeschichte zur Darstellung kommen. In den vielen Jahren, die Benjamin an dem Passagen-Projekt gearbeitet hat, von den frühen Entwürfen 1927 bis zu

7 Zur Schwellenkunde als Kernstück Benjaminscher Theorie vgl. Menninghaus 1986.

seinem Tod im Jahre 1940, haben sich aus diesem großangelegten Vorhaben mehrere Einzelvorhaben herauskristallisiert, von denen sich für die Grundkonstellation des Erwachens am deutlichsten das Erwachen des Subjekts in seiner «Berliner Kindheit um Neunzehnhundert» von den verschiedenen Ansätzen unterscheiden läßt, in denen er Paris als Bild des 19. Jahrhunderts im Hinblick auf ein erwachendes Kollektiv liest. Immer aber bildet die *Stadt* den Ort des Erwachens und auch den Schauplatz der Schrift, die es zu entziffern gilt.

Der Gang zu den Müttern (Walter Benjamin)

Merkwürdigerweise spricht Benjamin in seiner Hessel-Rezension, an deren Anfang er zwei Gruppen von Städteschilderungen unterscheidet, nicht von diesen beiden Stadtbildern, sondern von der Reise ins Ferne und der Reise ins Vergangene, welcher ja sein Berlin-Buch ebenso wie die Paris-Arbeit zuzurechnen wären. Benjamin hatte selbst zuvor einige Reisen in die Ferne beschrieben, Städtebilder über Neapel (1924), Moskau (1927), Weimar (1928) und San Gimignano (1929).[8] Die Hessel-Rezension markiert indes den endgültigen Wechsel zu einem Interesse an der Stadt im Sinne einer Reise ins Vergangene. Mit diesem Wechsel verbindet sich auch ein Perspektivwechsel für die Weiblichkeitsbilder der Stadt. Enthalten die genannten Städtebilder Benjamins auch keine Weiblichkeitsmythen, so hatte er sich doch in Feuilletonbeiträgen auf die bekannten Imaginationen der Stadt als Göttin oder Geliebte bezogen.

«Paris als Göttin» ist eine Rezension aus dem Jahre 1928 überschrieben, in welcher er einen Paris-Roman der Rumänin Marthe Bibesco als «bibliographische Allegorie» liest: Paris als Göttin inmitten einer «unübersehbaren Menge tausendgestaltiger Bücher», mit denen ihr gehuldigt und in denen sie gespiegelt wird. Mit Bezug auf historische Allegorien von der eroberten Stadt deutet Benjamin diesen Stadtroman einer Frau als

> «Gegenbild eines beliebten Vorwurfs der alten Meister. Wie oft zeigen sie uns nicht den siegreichen Feldherrn, wenn er mit repräsentativer Gebärde die Schlüssel einer eroberten Stadt in Empfang nimmt? Hier überreicht mit gleich

[8] Vgl. dazu Szondi.

großer Geste ein erobertes Herz der Stadtgöttin seine Schlüssel» (Benjamin 1980, III, S. 142).[9]

Auf die Schwierigkeit für eine Frau, als Autorin einen Standort in einer Bildgeschichte zu gewinnen, welche die Plätze geschlechtsspezifisch in derart eindeutiger Weise verteilt, geht Benjamin in ironischer Wendung ein, wenn er eine Kapitelüberschrift des Romans zitiert, «On n'épouse pas une ville», und ergänzend hinzufügt: «– nämlich Paris, das sie denn schließlich doch in Gestalt eines Fliegerleutnants sich antraut.» Die Heldin mit der Verfasserin des Romans gleichsetzend, sieht Benjamin in dessen Handlung eine (rollen-)verkehrte Einlösung des in der Überschrift verneinten Heiratsbilds. Anstatt auf diese oder vergleichbare Weiblichkeitsbilder zurückzugreifen, zeichnet Benjamin in seinen eigenen Städte-Schriften den Ort des Weiblichen in der Schrift der Stadt nach und sucht im Stadtbild jene Orte auf, die mit weiblichen Gestalten in Verbindung stehen.

In der Hessel-Rezension, in der das Stadtbuch als Schrift der Erinnerung in den Blick gerät, wird dann der «Gang zu den Müttern» thematisiert, welcher als Motto der «Berliner Kindheit» gelten könnte. Obschon Hessel nicht eigentlich von Kindheit spricht, liest sich Benjamins Hessel-Rezension wie ein Vorentwurf seines eigenen Berlin-Buchs:

«‹Spazieren in Berlin› ist ein Echo von dem, was die Stadt dem Kinde von früh auf erzählte. Ein ganz und gar episches Buch, ein Memorieren im Schlendern, ein Buch, für das Erinnerung nicht die Quelle, sondern die Muse war. Sie geht die Straßen voran, und eine jede ist ihr abschüssig. Sie führt hinab, wenn nicht zu den Müttern, so doch in eine Vergangenheit, die um so bannender sein kann, als sie nicht nur des Autors eigne, private ist» (III, S. 194).

Wenn der Gang der Erinnerung zu den Müttern hier als abschüssig bezeichnet wird, dann ist deutlich, daß es dabei nicht um die persönliche Mutter geht, daß der Gang zu den Müttern vielmehr eine Blickrichtung ins Verborgene, Unsichtbare beschreibt. Diese Richtung wird auch von

9 Vgl. dazu Bernd Witte «Ein ungeschriebenes Buch lesen» in Bolz/Witte. – Ein Jahr nach dem Artikel «Paris als Göttin» greift Benjamin das Thema noch einmal unter der Überschrift «Paris, die Stadt der Spiegel» auf, um über die «Wechselwirkung von Stadt und Buch» zu schreiben. Die Stadt als Buch, als Ansammlung von Büchern, die Büchermassen als Liebeserklärungen an die Stadt, die Plätze der Stadt als unentzifferbare Schrift, die Stadt als Spiegel und das Bild von Paris im Spiegel der Seine: der Text wirkt wie ein Memorieren der verschiedenen Varianten der genannten Wechselwirkung (IV, S. 356–359).

jenen steinernen Figuren gewiesen, die Hessel als Vertreter eines «Mythos aus zweiter Hand» bzw. als *plebs deorum* bezeichnet hatte und die Benjamin nun als «Schwellenkundige» bzw. als «Hüterinnen der rites de passage» bewertet.

In dem «Tiergarten» überschriebenen Erinnerungsbild der «Berliner Kindheit um Neunzehnhundert» nimmt Benjamin Stellen aus seiner Hessel-Rezension wieder auf. Hessel selbst wird darin – in Anspielung an Aragons «Le paysan de Paris» – als «Bauer von Berlin» benannt und zugleich verhüllt. Er führt den Ich-Erzähler zu den Müttern des Gartens, mit seiner Hilfe werden die Karyatiden und anderen Schwellenkundigen der Tiergartenvillen «beim Wort genommen» (IV, S. 238).[10] Wenn der Tiergarten hier als Gebiet zahlreicher Übergänge zwischen Natur und Kultur, zwischen Stadt und Wildnis, zwischen einer magischen Natursprache und den Zeichen der Symbolwelt erscheint, dann sucht Benjamin in der Stadt Orte auf, in denen die Erinnerung an das aus der Stadt Ausgeschlossene aufscheint. Sie werden sichtbar auf dem Weg eines als Kunst erlernten Sich-Verirrens in der Stadt, die damit einem Labyrinth gleichkommt. Im Modus dieser Kunst des Verirrens wird der Gang durch die Stadt zur *Lektüre*, und das Stadt-Bild wird zur Schrift, in der sich verschiedene weiblich besetzte Orte unterscheiden lassen. So sind die mit den Müttern umschriebenen unterirdischen Bereiche als vorsymbolische zu begreifen, während die Karyatiden und anderen Schwellenkundigen Allegorien bzw. versteinerte Verkörperungen einer Erinnerung an Wildnis oder Mythos *im* Symbolischen darstellen oder, anders formuliert, Bild gewordene Platzhalter des Vorsymbolischen in der Ordnung der Stadt. Diese markieren bzw. bewohnen die Übergänge.

Mit den Bildern und Allegorien, «die über meinem Denken herrschen» (IV, S. 294), vergleicht Benjamin denn auch die Karyatiden, welche die Loggien in den Höfen des Berliner Westens tragen, und zwar in dem Abschnitt «Loggien», den er in der Fassung letzter Hand der «Berliner Kindheit» an den Anfang gestellt hat.[11] Als Schwelle zwischen Innen und Außen, als Ort der «Unbewohnbarkeit» und «Abgeschiedenheit», in dem «die Zeit veraltet», ist die Loggia innerhalb der

10 Zur «Berliner Kindheit» vgl. Stüssi.

11 Das wiederaufgefundene Manuskript aus dem Jahre 1938 ist jetzt im Druck erschienen und stellt die einzige überlieferte Fassung der «Berliner Kindheit» dar in einer von Benjamin selbst vorgenommenen Anordnung (Benjamin 1987).

Topographie der Stadt eine der Kindheit angehörende Variante der Passagen. Sie wird beherrscht von den in Stein materialisierten Allegorien, den Karyatiden. Dabei fällt auf, daß von den Schwellenkundigen Hessels, den «Karyatiden und Atlanten, den Putten und Pomonen», hier die weiblichen Gestalten besonders beachtet werden, ein Verfahren, das damit korrespondiert, daß Benjamin schon in der Hessel-Rezension im Verlauf eines Satzes, grammatikalisch unkorrekt, von der Aufzählung der genannten «Schwellengötter» (pl. masc.) zu der femininen Form «Hüterinnen der rites de passage» übergegangen war. So verschiebt er die Aufmerksamkeit von Hessels «Mythen aus zweiter Hand» zur Bedeutung derartiger Gestalten in der Schrift und entspricht damit der Tatsache, daß sich allegorische Darstellungen in unserer Kultur überwiegend weiblicher (Ver-)Körper(ungen) bedienen.[12] In der «Berliner Kindheit um Neunzehnhundert» stehen den Karyatiden andere steinerne Gestalten gegenüber, die nicht als Schwellenkundige gelten können, Gestalten, die gerade nicht zum *plebs deorum* gehören, sondern im Gegenteil, wie Friedrich Wilhelm und Königin Luise im Tiergarten, als Repräsentationsfiguren oder, wie die «strahlende Viktoria» auf der Höhe der Siegessäule, als Allegorien der Herrschaft betrachtet werden müssen.

Bevor aber Benjamin in seinem Text die symbolische Funktion solcher Figuren nachbilden konnte, hat er sich von einer autobiographischen Schreibweise verabschiedet, die noch die Vorstufe zur «Berliner Kindheit», die «Berliner Chronik», prägt, welche er 1932 auf Ibiza aufgezeichnet hat.[13] Mit dem bereits hier zugrundegelegten topographischen Konzept für die Darstellung der Erinnerung des Subjekts[14], mit der Rede vom Gedächtnis als eines Schauplatzes (Benjamin 1985, S. 486) und mit dem Bild des Verirrens in einem Labyrinth, das auf die

12 Zum Phänomen weiblicher Allegorien vgl. hier 2, 2., bes. S. 161 ff und 167 ff.

13 Nicht daß Benjamin darin einer illusionären Unmittelbarkeit, einer ‹Lebensschrift› gefolgt wäre; vielmehr berichtet der Autor, der sonst stets vermied, das ‹Ich› zu gebrauchen, darüber, daß «dies Subjekt, das jahrelang im Hintergrund zu bleiben war gewohnt gewesen, sich nicht so einfach an die Rampe bitten ließ», und über die «Vorkehrung des Subjekts, das von seinem ‹Ich› vertreten, nicht verkauft zu werden, fordern darf» (Benjamin 1980, S. 476). Vgl. schon seine frühen Überlegungen zum ‹Ich› im «Tagebuch» in der «Metaphysik der Jugend» aus dem Jahre 1913, in denen er von der «Thronbesteigung eines, der abdankt», spricht (II, S. 109). – Unter dem Aspekt der Verhüllung diskutiert Manfred Schneider die «Berliner Kindheit» in seiner Studie über autobiographische Texte des 20. Jahrhunderts.

14 S. die Formulierung «Lebens-Bios-graphisch» in Benjamin 1985, S. 466.

Stadt ebenso wie auf die Schrift, konkret die Löschblätter der Schulhefte, Bezug nimmt (S. 469), konkurriert in der «Berliner Chronik» noch ein *lebensgeschichtliches* Modell autobiographischer Darstellung, wenn nämlich das Bild des Labyrinths auch als graphisches Schema, in der Form von Stammbäumen, für die Bekanntschaften mit verschiedenen Menschen verwendet wird (S. 491). Ein solches autobiographisches Konzept, die Darstellung einer Lebensgeschichte als Figuration menschlicher Beziehungen, tritt in der Überarbeitung zur «Berliner Kindheit» ganz hinter eine Topographie von Erinnerungsbildern und -spuren zurück, und mit ihm die biographischen, singulären Aspekte hinter die paradigmatischen Konstellationen einer bürgerlichen Kindheit um die Jahrhundertwende: jene «*Bilder*... in denen die Erfahrung der Großstadt in einem Kinde der Bürgerklasse sich niederschlägt», so Benjamin im Vorwort zur überarbeiteten Fassung der «Berliner Kindheit» (Benjamin 1987, S. 9).

Mit dem Darstellungsverfahren verändert aber auch das Personal seinen Status. Beim Auftreten konkreter Personen wie der Mutter, Großmutter, Freundin, Lehrerin oder der Marktweiber in einzelnen Erinnerungsbildern wird deren Bedeutung im Text unmerklich ins Symbolische hinübergespielt. So wie die Zeichenseite der Sprache nach Benjamin zugleich eine daran aufblitzende magische Bedeutung trägt, erhalten die Figuren in seinem Kindheitstext zugleich eine symbolische Bedeutung. Als Personal, das die Schauplätze der Erinnerung bevölkert, stehen sie neben anderen Bildern und Gestalten, so daß Kunstfiguren, imaginäre und mythische Gestalten, steinerne und phantasierte Göttinnen gleichberechtigt neben konkreten Personen aus der Kindheit des Ich-Erzählers stehen. Überflüssig hervorzuheben, daß es sich dabei vor allem um weibliche Figuren handelt.

So referiert die Ariadne in dem Abschnitt «Tiergarten» ebenso auf die mythische Führerin des Helden durch das Labyrinth wie auf eine frühe Liebe des Jungen, an deren Namen, Luise von Landau, sich eine magische Erinnerungsspur anschließt, wie sie in dem Abschnitt «Zwei Rätselbilder» beschrieben ist. So erscheint die Tante, die im Erker des Hauses «Steglitzer Ecke Genthiner» Straße haust, als Hüterin eines Gedächtnisses, in dem die Namen der Gewesenen, der Dörfer und Sippschaften, aufbewahrt sind. Und die «einzig weltbürgerliche» unter den «hochherrschaftlichen Wohnungen», die der Junge kennengelernt hat, die Wohnung der Großmutter, wird als «Mutterland» bezeichnet, dies sowohl im Hinblick auf das Gefühl von Sicherheit, welches sie vermittelt, als auch im kolonialistischen Sinne als sicherer Ausgangspunkt für die zahlreichen Reisen der Großmutter, deren Zielorte dem Jungen wie Kolonien ihres Heimatwohnorts vorkommen. Deren Inbesitznahme durch die Großmutter symbolisiert sich in den Ansichtskarten, welche sie von dort schickt, besonders in deren Verhältnis von Bild und Schrift:

«Und die große, bequeme Handschrift, die den Fuß der Bilder umspielte, oder sich in ihrem Himmel wölkte, zeigte sie so ganz und gar von meiner Großmutter bewohnt, daß sie zu Kolonien des Blumeshof wurden» (S. 50).

Als Gegenbild dazu kann der Abschnitt «Markthalle» gelesen werden, in dem diese zu einem mythischen Bild von Fruchtbarkeit und überquellender Sinnlichkeit wird. Die Beschreibung der behäbigen Leiber und der schwerfälligen Bewegungen der Marktweiber inmitten der Früchte und Eßwaren mündet ins Bild vom fruchtbaren, sich hingebenden Schoß, so daß das Nebeneinander von üppigen Frauenleibern und als Waren dargebotenen Lebensmitteln als Vorstellungsbild für die Verbindung von Fruchtbarkeit und Sinnlichkeit herausgestellt wird. Von hier aus ist es nicht mehr weit zu den Huren, welche den Straßen zugeordnet sind, jenem Ort, von dem das Versprechen ausgeht, sich der Herrschaft der Mutter entziehen zu können, weshalb die Straßen auch als «kupplerisch» bezeichnet werden. Im Unterschied zu solchen *Bildern* wird das Kindermädchen dann über seine *Stimme* erinnert, weil diese als Störung Bedeutung erhält, und zwar in der Situation des allmählichen Erwachens, wenn «der Wintermorgen mich den Dingen in meinem Zimmer anzuvertrauen pflegte» (S. 29).

Am vieldeutigsten aber ist die Gestalt der Mutter im Text. Mehrfach gerät sie im Hinblick auf Nähe oder Ferne, auf Macht oder Ohnmacht ins (Erinnerungs-)Bild. Sichtlich ist von «Mutter» nicht nur in bezug auf die persönliche Mutter die Rede, bezeichnet das Wort auch mythische Orte; oder die der Mutter zugeordneten Bereiche erhalten eine geheimnisvolle Bedeutung, etwa wenn die Ecke im Elternschlafzimmer, in der hinter einem Vorhang die Morgenröcke der Mutter hingen, als dunkler Winkel beschrieben wird:

«Das Dunkel hinter der Portiere war unergründlich: der Winkel das verrufene Pendant des Paradieses, das sich mit dem Wäscheschrank der Mutter eröffnete... Derart war der alte, geheimnisvolle Wirk- und Webezauber, der einst im Spinnrad seinen Ort besessen, in Hölle und Himmelreich aufgeteilt» (S. 62f).

Ähnlich der «Nähkasten» der Mutter, der sich in eine geordnete «obere Region» und in einen «finsteren Untergrund, den Wust» teilt und von dem «verrufene Lockungen» für das kindliche Entdeckungs- und Zerstörungsbegehren ausgehen: mit der Versuchung nämlich, die Oblaten, welche auf neuen Garnrollen kleben und die Hohlräume darunter zudecken, mit dem Finger zu durchstoßen und das Loch darunter zu tasten. In anderen Szenen nehmen derartige kindliche Eroberungsgelüste die Form eines Initiationsritus an, wenn zum Beispiel die «Schmetterlingsjagd» als Wechsel von mimetischer Anschmiegung an die Bewegungen des entfliegenden Tiers zur Habhaftwerdung des Menschendaseins im Fang beschrieben wird oder wenn im Abschnitt «Pfaueninsel und Glienicke» die symbolische Inbesitznahme neuer Territorien durch den Jungen erinnert und das Mißlingen solcher Eroberung als Verlust eines «zweiten Vaterlandes» bezeichnet wird.

Um Benjamins Verfahrensweise zusammenfassend zu charakterisieren, läßt sich feststellen, daß er, anstatt Frau und Stadt zu analogisieren, in einem Text, der den Bildern und Spuren der Erinnerung in der Topographie der Stadt folgt, die Signatur des Weiblichen darin nachbildet: eine Semiotik weiblicher Orte in der Schrift, dargestellt in einer Serie von kindlichen Urszenen in der Stadt, denen die Bild- und Zeichenfunktion von Frauenbildern entspringt.

Wie präzise er dabei vorgeht, zeigt sich im Vergleich der Fassung letzter Hand mit früheren Textvarianten. Bei der Bearbeitung verzichtete er auf solche Bilder, in denen das Weibliche nur als Metapher fungiert und dabei eine Sexualisierung des Beschriebenen hervorruft wie die Metaphorisierung des Anhalter Bahnhofs als «Mutterhöhle der Eisenbahn» (Benjamin 1980, IV, S. 246) oder die Szene in der Speisekammer, in der das Naschen im Bild der Liebe beschrieben und von einer nach dem Naschen erneuerten Jungfräulichkeit der Speise die Rede war (IV, S. 250). Daß auch diejenigen Szenen weggefallen sind, welche die Straßen, die Huren und das sich dem Geschlechtstrieb öffnende Labyrinth der Stadt thematisieren, wird nicht nur auf die Schreibsituation eines Juden im Angesicht des Faschismus zurückzuführen sein[15], son-

[15] Einzelne Abschnitte der «Berliner Kindheit» erschienen zuerst in der «Frankfurter Zeitung» und in der «Vossischen Zeitung» zwischen Dezember 1932 und August 1934, ab Mai 1933 unter einem Pseudonym. Scholem hatte Benjamin geraten, den Abschnitt «Erwachen des Sexus» wegen der (nicht nur) seinerzeit brisanten Verbindung von Judentum und Sexualität nicht zu veröffentlichen. Weitere Stellen bzw. Themen, die in der Überarbeitung wegfielen, sind solche, die in an

dern auch darauf, daß diese Bilder in ein anderes Stadtbuch Benjamins Eingang finden sollten, in das Passagen-Werk. In dieser Schrift, die dem Erwachen des Kollektivs gewidmet sein sollte, tauchen die Huren dann als Bewohnerinnen der städtischen Passagen wieder auf.

Die Hure wird dort als Allegorie der Moderne verstanden, weil an der Prostitution der Fetischcharakter der Ware am sinnfälligsten erkennbar wird. Die Verkörperung von Schönheit, Lust und Glück im Bild der Frau, diese Aura des Weiblichen, verlöscht als Schein, wenn sie auf den Warencharakter der Frau in der Prostitution stößt. Wenn in diesem Zusammenhang die Frau als Allegorie bezeichnet wird, dann nicht mehr im Sinne einer funktionierenden Darstellungsform, sondern gerade als Auflösung einer solchen Repräsentationsfunktion; denn Benjamin geht davon aus, daß die Entwertung des Organischen, die mit der traditionellen allegorischen Darstellung einherging, in der Ware noch überboten wird, vor allem aber in der Hure, wenn «in der Prostitution der großen Städte ... das Weib selber zum Massenartikel wird» (I, S. 668). Die Frau ist bei Benjamin also nicht deshalb Allegorie der Moderne, weil sie die Moderne verkörpert, sondern weil in ihr die Entwertung des Lebendigen in der modernen Warenwelt deren Schein zerstreut. Wo wir es «mit der Dirne als der die allegorische Anschauung am vollkommensten erfüllende(n) Ware zu tun» haben, ist «die Zerstreuung des allegorischen Scheins ... in dieser Erfüllung angelegt» (Benjamin 1978, 2, S. 752). Insofern kann Benjamin auch in den Entwürfen zu den «Passagen» schreiben, «daß die Bilder des Weibs und des Todes in einem dritten sich durchdringen, dem von Paris» (Benjamin 1982, S. 1233).[16] Denn die Analogisierung von Frau und Stadt ist von ihm als eine Funktion in der Zerstörung des Organischen analysiert: vormals durch die Allegorie, in der Moderne durch die Ware.

Im Vergleich mit dem Buch Calvinos kann man feststellen, daß beide Autoren, Benjamin und Calvino, im Hinblick auf Weiblichkeitsmythen dekonstruktive Schreibweisen[17] praktizieren, daß sie sich aber

dere Projekte Benjamins eingegangen sind, zum Beispiel Überlegungen zur Photographie, zur Sprachtheorie und zum Chock.

16 In Buci-Gluckmanns Studie zur Weiblichkeit als Allegorie der Moderne kommt – wegen ihrer Akzentuierung des Androgynen und seiner Lektüre in Richtung Utopie – die semiotische und metaphorische Bedeutung von ‹Weiblichem› in Benjamins Schriften zu kurz.

17 Benjamins Verfahren der Konstruktion ist die Destruktion als Voraussetzung eingeschrieben. Vgl. seine entsprechende Eintragung im «Passagen»-Projekt (1982, 1, S. 587).

darin unterscheiden, daß Calvino nicht mehr auf Reales Bezug zu nehmen beansprucht, wenn seine «Unsichtbaren Städte» sich im Bereich des Imaginären bewegen, während Benjamin in sein (Derrida vorweggenommenes) erweitertes Schriftkonzept die Sprache der Dinge einbezieht und ein Bild der Geschichte entwirft, indem er – um seine Formulierung aus dem Surrealismus-Aufsatz aufzugreifen – den Bild- und Leibraum der Stadt zu entziffern sucht.

Der Leibraum der Stadt und die Frau in der Stadt (Ginka Steinwachs)

Diese Rede vom Leibraum der Stadt beim Wort genommen – so ließe sich das Konzept des Stadtromans von Ginka Steinwachs, «Marylinparis» (1978), charakterisieren. Der Titel markiert einen doppelten Ort der Frau, *in* der Stadt und *als* Stadt: Marylin als Paris und Mary in Paris, womit der doppelten Perspektive entsprochen wird, die zwangsläufig entsteht, wenn eine Frau als Autorin in die Geschichte der Stadtschriften eintritt. Für sie kann es nicht nur um eine Dekonstruktion der darin eingeschriebenen Weiblichkeitsbilder gehen, sondern sie steht darüber hinaus vor dem strukturellen Problem, daß Bild und Körper der Frau stets als Zeichen in Anspruch genommen werden. Will sie nicht bilderstürmerisch vorgehen, geht notwendigerweise – gleichzeitig mit dem Versuch, in der Stadt einen Ort für die Frau zu entwerfen – die allegorische Funktion der Frau in den Bildern der Stadt als Voraussetzung in ihren Text ein, die Tatsache nämlich, daß in der Geschichte der Stadtliteratur die Frau nicht als Subjekt der Schrift, nicht als Flaneur zum Beispiel situiert ist, sondern eher der Stadtlandschaft, durch die der Flaneur sich bewegt, zugeordnet ist.

Aus der Perspektive der Frau ist das literarische Verfahren der Verkörperung und Verbildlichung in Weiblichkeits-Allegorien und -Metaphern als *Entleiblichung* zu bewerten; von hier aus nimmt der Text «Marylinparis» seinen Ausgang, um in einer buchstäblichen *Ver*leiblichung dieses Vorgangs eine Bewegung in Gang zu setzen, die auf die Rückgewinnung der dabei abhanden gekommenen Sinne aus ist. Das hat nichts zu tun mit einem neuen Körperkult; vielmehr handelt es sich um ein Textverfahren, das in der Reinszenierung vorausgegangener Sinnbildungen – gleichsam in einer Verkörperung der Verkörperung

– das herrschende Verhältnis von Idee und Darstellungsmittel verkehrt, um dem Signifikanten, dem Zeichenkörper, gegen den Herrschaftsanspruch des Signifikats zu seinem Recht zu verhelfen[18]. Da sich dies alles in einem Text abspielt, geht es dabei vor allem um den Sprach- bzw., wenn man den Roman hörend rezipiert, um den Lautkörper, weshalb der Roman auch als «Kompendium der Spracherotik» bezeichnet wurde.[19] Im Unterschied zum klassischen Autor-Flaneur, dessen Begehren zwischen Schrift, Stadt und Frau wechselt, entfaltet sich die Lust der Autorin am Text in der Dimension der *Schrift selbst*: als orales Verhältnis zur Sprache, als spielerischer Umgang mit ihrem Wissen und als Phantasie über die Entfaltung aller Sinne. Folgende Aussagen über die Hauptfigur Marylin können auch für die Autorin beansprucht werden.

«marylin bringt sie (die Straßennamen; S. W.) auf ihrer zunge zum schmelzen, die beiden namen entfalten sich zu ihrem vollen geschmack. / marylin läßt das assoziative wohlgefallen zugunsten des artikulatorischen wohlgefallens daran fahren. / sie hat ein verhältnis. / sie hat ein orales verhältnis zu strassennamen, besonders wenn diese eigentlich personennamen sind. namen schmecken, meint marylin, die namen schmeckt» (Steinwachs 1979, S. 80).

Sprachlust kommt im Text auch zur Geltung, wenn häufig für eine Sache oder Person eine ganze Serie von Bezeichnungen aneinandergereiht wird, bis sich in der Vielfalt der Bezeichnungen die Gewißheit über das Bezeichnete wie über den Vorgang der Bezeichnung verflüchtigt, oder wenn in der Form von Sprachspielen eingeführte Redeweisen irritiert werden wie «brillat-savarin mit dem guten leumund, der leunase, den leuaugen und leuohren» (S. 221).

Ähnlich wie Benjamin interessiert auch Steinwachs Paris als Metropole der europäischen Kultur, als Welt-Stadt der bürgerlichen Epoche. Allerdings geht es bei Steinwachs weniger um die im Stadtbild zu entziffernden Dauerspuren der bürgerlichen Gesellschaft als um das in dieser Gesellschaft produzierte Wissen und seine Korrespondenzen zu den Sinneswahrnehmungen und Verhaltensweisen der Menschen – gemäß dem als Motto verwendeten Marx-Zitat: «Die Entwicklung der fünf Sinne ist eine Arbeit der ganzen bisherigen Weltgeschichte.» Nicht eine

[18] Vergleichbar dem Verfahren des ‹künstlichen Mythos› in Roland Barthes' «Mythologies» (Barthes 1964, S. 121).

[19] So der Titel des Nachworts von Tilbert Stegmann zu «Marylinparis» (Steinwachs 1979, S. 227–241). – Vgl. auch Schmid-Bortenschlager.

Urgeschichte des 19. Jahrhunderts also, wie sie Benjamin vor Augen schwebte, sondern eine phantasievolle Geschichte der intellektuellen und sensuellen Ausdrucksweisen des bürgerlichen Subjekts. Das von Benjamin im Surrealismus-Aufsatz mit dem Stichwort des Leibraums avisierte Projekt eines «anthropologischen Materialismus» könnte hierfür in Anspruch genommen werden. Steinwachs teilt mit Benjamin ohnehin die Vorschule des Surrealismus und der Tradition mystischer Sprachtheorien.[20]

Hauptfigur und Erzählperspektive sind aufgesplittet in eine weibliche und eine männliche Position, in Gestalt Marylinparis' und ihres Gefährten Arthème Fayard, dessen Name in der Einführung von einer dreiviertel Seite langen Aufzählung von Funktionsbezeichnungen gefolgt wird, während hinter ihrem Namen eine Reihe von Punkten Auslassungen markiert und damit auf ihre Unbestimmbarkeit in einem repräsentativen, dem Erkennungsdienst gleichen Diskurs anspielt. Der Gang von Marylin durch Paris, teils in Begleitung von Arthème, ist gleichzeitig auf zwei Ebenen angesiedelt. Er ist gestaltet erstens als Aktivierung der Sinneswahrnehmungen, zweitens als Durchquerung des Wissens einiger Klassiker, insbesondere aus dem Jahrhundert der Enzyklopädisten und der Reihe der ‹Meisterdenker› des (Post-)Strukturalismus, wobei diese Durchquerung den Charakter einer Inszenierung bzw. spielerischen Relektüre einiger ihrer Dogmen annimmt. Auf der ersten Ebene werden die bislang unterdrückten Sinne des Geschmacks und Geruchs favorisiert, ihnen sind das erste und das letzte Kapitel gewidmet; denn

> «in der literatur und auf dem theater ist bisher mit einer ausschließlichkeit vom sechsten sinn gehandelt worden, die den dritten und besonders den vierten darüber fast in vergessenheit geraten ließen» (S. 189).

Mit dem dritten ist der Geschmacks-, mit dem vierten der Geruchssinn gemeint, während der sechste Sinn hier, einer Zählung in der «Physiologie des Geschmacks» (1825) von Brillat-Savarin folgend, den Geschlechtssinn meint. Dieser ist in dem vorliegenden Text nicht etwa verabschiedet, sondern an den anderen fünf Sinnen beteiligt.

20 Zur Beziehung Steinwachs–Benjamin vgl. Weigel 1989a. – Vgl. zum Beispiel Steinwachs' Arbeit über den Surrealismus (Steinwachs 1985). Auch die Verbindung von Schmecken und Sprechen kann sich auf Benjamin berufen, der dieses Motiv, als in der barocken Bilderschrift verborgenes, in seinem Trauerspiel-Buch herausgearbeitet hat. Vgl. Benjamin 1980, I, S. 383.

Beide Ebenen, Wissen und Sinne, sind einander so zugeordnet, daß jedes der vier Kapitel einem der Sinne und je einer Wissenschaft gewidmet ist: das erste dem Schmecken und der Logik, das zweite dem Sehen und der Noetik, der Erkenntnislehre, das dritte dem Hören und der Politik, das vierte dem Riechen und der Ethiko-Ästhetik. In diesen vier Kapiteln bewegt sich der Gang durch Paris durch eine Reihe von Restaurants, den Botanischen Garten und die Oper, durch Orte einer im Raum der Stadt angesiedelten Kultur und Natur also. Im ersten und vierten Kapitel treten Marylin und Arthème zusammen auf, im zweiten nur Marylin und im dritten zeitlich gleichzeitigen Kapitel nur Arthème. Zusätzlich zu dieser klaren Struktur sind die einzelnen Kapitel deutlich gegliedert, so daß der Aufbau des gesamten Romans mehr an eine Komposition als an eine epische Gestalt erinnert. Daß mit dieser Anlehnung an Gestaltungsmomente der Musik eher an strenge Komposition denn an ein Gesamtkunstwerk gedacht ist, verdeutlicht sich in der zur Karikatur geratenen Inszenierung einer «Opéra bouffe», einer Freßoper bzw. eines Geruchskonzerts, im letzten Kapitel. Es kommt eben doch auf die richtige Kombination der Sinne an.

Der unter der Überschrift «(ch)orales fest» im ersten Kapitel in Szene gesetzte kulinarische Durchgang durch etliche Pariser Restaurants und Menüs, bei dem der Reihe nach Claude Lévi-Strauss, Michel Foucault, Gilles Deleuze, Roman Jakobson, Jacques Lacan, Jacques Derrida, Louis Althusser, Michel Serres und Roland Barthes auftreten, raubt den Genannten die Aura ihres Meisterdiskurses und stellt pietätlos Zitate aus deren Schriften in den Kontext und auf die Ebene gastronomischer Überlegungen.

Das zweite und dritte Kapitel stehen unter dem Zeichen des Grafen Buffon, des Verfassers der «Histoire naturelle» und Direktors des «Jardin des Plantes», durch den Marylin und Arthème flanieren bzw. eilen, sie unter der Überschrift «Maryflore» inmitten von Pflanzen, konzentriert auf ihren kurzsichtigen Blick, er unter der Überschrift «Faunarthème» die Tiergehege abschreitend, vor allem hörend. Die Allegorisierung des Gartens als Frauenkörper wird hier nur noch erinnernd zitiert. Statt dessen bewegt sich die Flanerie der beiden in der Stadt-Landschaft im buchstäblichen Sinne, das heißt in der im Innern der Stadt eingezäunten, territorialisierten, enzyklopädisch angeordneten Natur. Denn der «Jardin des Plantes» erweist sich als Materialisierung der «Histoire naturelle», so daß er eher Überblick und Wissen repräsentiert, als Naturerfahrung zu ermöglichen. Das Projekt der «Rückverwandlung von

Kultur in Natur», so der Untertitel von Steinwachs' Arbeit über André Bretons «Nadja», stößt also in der Stadt auf die durch den Willen zum Wissen strukturierte Ordnung der Natur – *wenn* sie sich nicht, wie in «Nadja», ersatzweise auf den Mythos einer *weiblichen* Natur richtet. Mit einer im Park hinter Gittern angelegten «Insel des Wucherns» (S. 95) zum Beispiel oder mit dem Hinweis auf ein Vorhaben, «der natur einen altar in form eines steinernen tempels zu errichten» (S. 94), wird der im botanischen Garten repräsentierte Naturbegriff sichtbar gemacht.

Die Flanerie in der wörtlich genommenen Stadtlandschaft läßt sich als Umherschweifen nur schwer bewerkstelligen, wo die möglichen Wege eher Abdrücke im Tableau eines enzyklopädischen Wissens als Dauerspuren einer Geschichte bzw. Schauplatz eines sozialen oder kulturellen Gedächtnisses sind. Ergebnis einer in die Stadtnatur verlagerten Flanerie wäre also, daß sich in deren Topographie nicht das Traumgewebe einer Stadt zeigt, sondern vielmehr die Schrift aufklärerischen

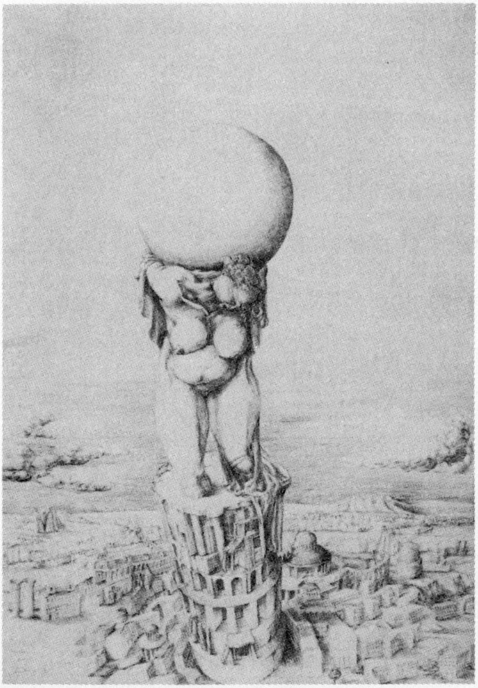

Abb. 34: Gisela Breitling, «Das Denkmal der vergessenen Titanin» (1974) Ginka Steinwachs nennt das Werk eine andere Liberty-Statue. «Breitlings Vergessene ist Mnemosyne, die Göttin des Gedächtnisses selbst... Breitling hält mit der ungeschriebenen, unüberlieferten Geschichte weiblicher Autorschaft in der Malerei den Beweis der Existenz einer unterdrückten weiblichen Welt fest. Ihre Titanin trägt die Welt als eigenständigen weiblichen Entwurf von malerischer Wirklichkeit nicht nur auf Händen, sondern sogar zu Häupten. So werden Last der Welt und Last der Weiblichkeit in der Kugelform ununterscheidbar, eins» (1980, S. 85 ff).

Abb. 35: Gisela Breitling, «Das apokalyptische Weib» (1967)

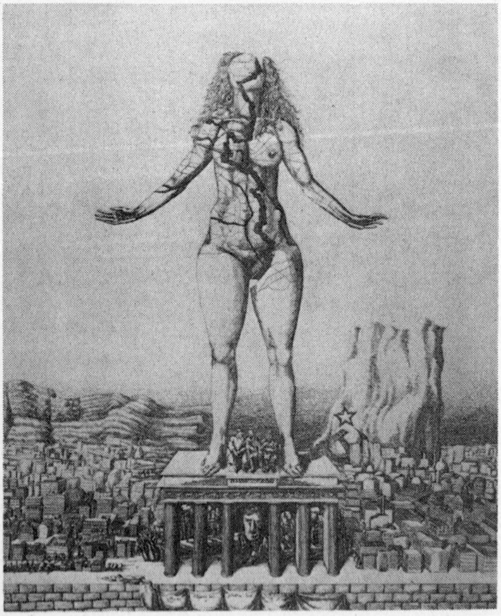

Abb. 36: Gisela Breitling, «Allegorie der geteilten Stadt» (1971)

Naturbewußtseins erkennbar wird. Auf diesem Weg wird die Dialektik von Natur und Kultur in der Stadt, die sonst, aus der Perspektive eines männlichen Autor-Flaneurs, gern auf die Bilder weiblicher Stadtmythologie projiziert wird, direkt, das heißt *unmittelbar* entzifferbar. In der Reinszenierung dieser Mythologie lenkt Steinwachs' Roman den Blick auf eine der Urszenen im Diskurs der Naturbeherrschung: Neben der Frau sind es die im «Jardin des Plantes» und im Gehege angeordneten und ausgestellten Pflanzen und Tiere, die den Platz der domestizierten Natur im Innern der Stadt vertreten.

Der Spaziergang Marylins durch diese Anordnung ruft ihren Widerspruch gegen die in der Ordnung des Gartens sichtbare Maxime hervor: «das wahre ist das ganze. / marylin hält dem ganzen, das war, den bruchteil entgegen, der sich aus dem gewesenen ganzen retten läßt» (S. 89). Möglicherweise ist dies eine Alternative zur Ästhetik des Erhabenen in postmodernen Katastrophentheorien. Jedenfalls aber deutet sich darin eine – für die Schrift von Frauen notwendige – Praxis an, die sich an jene aus dem Kontinuum der Geschichte oder dem Ganzen der Kultur herausgebrochenen Bruchstücke hält: rettende Kritik eines Wissens, das Frauen nicht besaßen, das sie dafür aber – ähnlich wie die Stadt – als *prudentia* zu verkörpern hatten.

Abb. 37: Joshua Reynolds, «Allegorie der Theorie» (18. Jahrhundert)

3 Die Geschlechterverhältnisse in der Literaturwissenschaft

Während die «Akademie der Wissenschaften, Künste und Zünfte», wie in dem Titelbild zur «Enzyklopädie» Diderots und d'Alemberts, als ein von Frauengestalten bevölkerter Himmel erschien[1], wurde dem weiblichen Geschlecht der Zutritt zu dieser Sphäre doch gerade verwehrt. Denn was die Frauen verkörpern, das können sie eben nicht besitzen. Die Vorstellung von der *alma mater,* der nährenden Mutter des erkennenden Geistes, schien nur über die Abwesenheit konkreter Frauenkörper denkbar. So waren, wo steinerne Frauenfiguren – Allegorien der *prudentia* oder *sapientia* – die Tore alter Universitäten schmückten, genau diese Tore zum Tempel des Wissens den leibhaftigen Frauen lange Zeit versperrt.

Das ist zwar heute anders geworden; doch je höher die jeweilige Sphäre der *scientific community* sich erhebt, desto vehementer wird ihr männerbündischer Charakter verteidigt und desto hermetischer ist sie gegenüber dem Eindringen von Wissenschaftlerinnen abgedichtet. Als ob mit der leibhaftigen Anwesenheit von Frauen die schönen Bilder der Wissenschaften zerstört zu werden und ihr Himmel herabzustürzen drohte.

Noch die Phantasie, die antiken Helden Prometheus und Epimetheus[2] im Siegel einer jungen Universität – als Repräsentanten von Natur- und Geisteswissenschaften – müßten durch Athene ergänzt

1 Vgl. Schiebinger.

2 Als mythische Figuren haben die beiden eine andere Zeichengeschichte als die allegorischen Figuren. Zum Unterschied zwischen mythischen und allegorischen Figuren s. hier 2, 2, S. 171.

werden, um eine zunehmende Anwesenheit von Frauen in der *alma mater* zu symbolisieren[3], erinnert an die etablierte Unverträglichkeit von Wissenschaft und weiblichem Geschlecht. Denn Athene war jungfräulich, und nur aufgrund ihrer Jungfräulichkeit konnte sie zur Schutzgöttin einer Männergesellschaft werden.

Doch ist die Abwesenheit von Frauen in diesen Sphären heute nicht mehr einem Eintrittsverbot geschuldet, sondern die Prozeduren der Ausschließung sind in die Verfassung der Disziplinen und in den wissenschaftlichen Diskurs selbst übergegangen. «Tabu des Gegenstandes, Ritual der Umstände, bevorzugtes oder ausschließliches Recht des sprechenden Subjekts – dies sind die drei Typen von Verboten, die sich überschneiden, verstärken oder ausgleichen und so einen komplexen Raster bilden, der sich ständig ändert» (Foucault 1977, S. 7 f).

Insofern ist auch jene Konstellation, in der alle drei Positionen weiblich besetzt sind – Gegenstand, sprechende Subjekte und Umstände –, noch immer am weitesten von dem entfernt, was als ‹Wissenschaft› anerkannt ist. Doch gerade von solchen Konstellationen hat die ‹Frauenforschung› ihren Ausgang genommen und in den letzten beiden Jahrzehnten eine umfangreiche und vielfältige Aktivität entfaltet, die, indem sie gleichsam in einem *Außerhalb* angesiedelt und vielfach als Arbeit der *Ergänzung* angelegt ist, einen problematischen Ort konstituiert, der die herrschenden Geschlechterverhältnisse der Wissenschaft nicht grundlegend in Frage stellt. Andererseits bleibt die Frage, welche Folgen die Eingemeindung ihrer Aktivitäten in die Grenzen der Disziplin für die ‹Frauenforschung› hat bzw. haben wird.

«Innerhalb ihrer Grenzen kennt jede Disziplin wahre und falsche Sätze, aber jenseits ihrer Grenzen läßt sie eine ganze Teratologie des Wissens wuchern. Das Äußere einer Wissenschaft ist sowohl mehr bevölkert als auch weniger bevölkert, als man glaubt: es gibt dort unmittelbare Erfahrung, die imaginären Themen der Einbildungskraft, die unvordenkliche Überzeugungen tragen und immer wieder erneuern; aber vielleicht gibt es keine Irrtümer im strengen Sinne, denn der Irrtum kann nur innerhalb einer definierten Praxis auftauchen und entschieden werden; hingegen schleichen Monstren herum, deren Formen mit der Geschichte des Wissens wechseln» (Foucault 1977, S. 23 f).

[3] So geschehen in einer Rede beim Festakt zum 25jährigen Jubiläum der Ruhr-Universität Bochum, Juni 1990.

Mit dem Eintritt der Frauen in die Wissenschaft steht also auch – und wieder einmal, wie schon beim Eintritt der Frauen in die Stadt und in die Subjektgeschichte – das Schicksal der *Monstren* auf dem Spiel. Folgt dieser Übergang dem Beispiel der Athene, dann haben die Frauen dabei nicht nur ihr Geschlecht, sondern auch ihre Ausdrucksweise zu verleugnen – wie Athene, Erfinderin der Flöte, mit der sie die klagenden Töne der Gorgonen nachzuahmen trachtete, sehr schnell, da durch ihr Spiel ihr Antlitz «Ähnlichkeit mit einer Gorgonenmaske» bekam und sie zudem unaufmerksam für den Kampf wurde, ihr Instrument und damit ihre mimetische Ausdrucksweise, eine aus der Nachahmung der Klage geborene Musik, ablegte und dem Rat Marsyas' folgte: «Dieses Gebaren paßt nicht zu dir. Nimm deine Waffen, laß die Flöte und bringe deine Kiefer wieder in Ordnung.»[4]

[4] Zit. nach Vernant, S. 47.

1 Die Verdoppelung des männlichen Blicks und der Ausschluß von Frauen aus der Literaturwissenschaft

«Ein Mann mit zehn Köpfen»: Disziplin und Autorposition

Der männliche Charakter der Literaturwissenschaft ließe sich skizzieren entlang der Geschichte ihrer großen Meister, welche der Genealogie ihrer Methoden einhergeht.[1] Von den Brüdern Grimm im ersten Drittel des 19. Jahrhunderts, die gern als ‹Väter› der Germanistik bezeichnet werden, über die Konstitution einer «Poetischen Nationalliteratur» durch Georg Gottfried Gervinus um die Mitte des Jahrhunderts, den Anspruch der Verwissenschaftlichung und Systematisierung der Literaturgeschichtsschreibung im Positivismus Wilhelm Scherers in der zweiten Hälfte des Jahrhunderts, über die Begründung einer als Verstehenswissenschaft sich definierenden geisteswissenschaftlichen Germanistik durch Wilhelm Dilthey am Ende des Jahrhunderts bis zur Betonung des schöpferischen Genies und zur Akzentuierung der Ideengeschichte zu Beginn des 20. Jahrhunderts und in der Zeit zwischen den Kriegen bei Germanisten wie Friedrich Gundolf, Oskar Walzel, Julius Petersen und Hermann August Korff verläuft eine Linie. Trotz aller Differenzen der Positionen besteht nämlich Einigkeit darin, daß die Germanistik als deutsche Wissenschaft mit Attributen von Männlichkeit und Größe assoziiert wird.

Volk, Nation bzw. deren ‹Geist› bilden die Matrix, aus der/über die sich ihr ‹Gegenstand›, die schöpferische Persönlichkeit, erhebt. Ihr korrespondiert – indem sie schreibend die Geschichte der deutschen Literatur erst gestaltet – die große Persönlichkeit des Literaturhistorikers, für Scherer «ein *Mann mit zehn Köpfen* ... der das ganze physische und geistige Leben des Menschen in seinem ursächlichen Zusammenhang durchschaut» (Scherer, S. 410f; H. v. m.). In der ideologischen In-

[1] Dabei beziehe ich mich vor allem auf die deutsche Germanistik.

anspruchnahme dieser Tradition durch die völkische Deutschwissenschaft im Nationalsozialismus wurde dann die der Germanistik immanente Tendenz zum Heroischen in ein Konzept normativer ‹Männlichkeit› überführt, das sich, insbesondere bei Nadler, mit Kategorien von ‹Selbstzucht› und ‹Volksgesundheit› verband. Auf diesem Hintergrund ist die nach 1945 programmatisch vertretene Werkimmanenz, die sich ihrem eigenen Anspruch nach auf das ‹Kunstwerk› beschränkt und als apolitisch verstanden werden möchte, nur ein hilfloser, im Effekt erst recht ideologischer Versuch des Neubeginns. Das Heroische ist bei Emil Staiger und Wolfgang Kayser auf die Ebene des Menschlichen, des ‹Sinns› und des ‹Gefühls› verlagert, aus der sich dann trotz aller propagierten innerliterarischen Bescheidung die Maßstäbe für die Werturteilsbildung ableiten.

Mit diesen Namen endet die Geschichte der Identität von Methoden des Fachs mit deren Urhebern bzw. Schöpfern. Seit den sechziger Jahren – seit der Transformation der Germanistik in ein Massenstudienfach (Ausbildung von Deutschlehrern), seit der Politisierung des Fachs nach '68 und der forcierten Entwicklung und Applikation unterschiedlichster Theorien und Methoden – ist es keinem Germanisten mehr gelungen, für sich in Anspruch zu nehmen, er repräsentiere *das* Fach. Erst im Verlauf dieser Veränderungen haben einige wenige Frauen Zugang zur Zunft erhalten. Sie werden aber wegen ihrer angeblich ‹natürlichen› pädagogisch-sozialen Fähigkeit gern eher als Lehrende denn als Forschende/Wissenschaftlerinnen betrachtet.

Das heißt aber nicht, daß damit die Geschichte der Literaturwissenschaft als männliche Disziplin abgeschlossen sei. Man *könnte* ihren männlichen Charakter entlang der Geschichte ihrer großen Männer skizzieren, hieß es eingangs. Doch der männliche Charakter einer Wissenschaft besteht nicht ausschließlich darin, daß sie überwiegend und in ihrer Vorgeschichte ausschließlich von Männern betrieben wird bzw. wurde; er erweist sich vielmehr in den Strukturen eines Fachs, in der Organisation der Disziplin, welche sich definiert «durch einen Bereich von Gegenständen, ein Bündel von Methoden, ein Korpus von als wahr angesehenen Sätzen, ein Spiel von Regeln und Definitionen, von Techniken und Instrumenten» (Foucault 1977, S. 21).

Er zeigt sich zuallererst darin, wie die Disziplin sich gegenüber der Verteilung von Männern und Frauen bzw. ‹Männlichkeit› und ‹Weiblichkeit› auf die Positionen innerhalb ihres *Gegenstands* verhält und wie sie selbst die Positionen innerhalb ihres *Fachs* verteilt. Deren ungleiche Verteilung manifestiert sich schon auf den ersten Blick darin, daß zentrale Rollen in Literatur, Literaturbetrieb und -wissenschaft männlich besetzt sind – im doppelten Sinn des Worts ‹besetzt›: personell und im mitgedachten Geschlechtscharakter der Rolle, zum Beispiel Autor, Kritiker, Professor. In der Literaturwissenschaft – so meine These – verdoppelt sich der männliche Blick des Literaturbetriebs, indem der Wissenschaftler die Perspektive von Autor und Kritiker übernimmt und damit den mit der Kunstproduktion verbundenen Verzehr von ‹Weiblichkeit› und den Ausschluß von Frauen als Subjekte der Literatur reproduziert.

Der Literaturbetrieb fungiert als zentraler Vermittlungsort zwischen Literatur und Literaturwissenschaft. An ihm wird aus einer oder einem Schreibenden ein ‹Autor›; dort wird ein Text zur ‹Literatur› bzw. zum ‹Werk›. Literaturbetrieb und Literaturkritik konstituieren den ‹Autor› und damit eine Instanz, die

> «der beunruhigenden Sprache der Fiktion ihre Einheiten, ihren Zusammenhang, ihre Einfügung in das Wirkliche gibt... Man verlangt, daß der Autor von der Einheit der Texte, die man unter seinen Namen stellt, Rechenschaft ablegt; man verlangt von ihm, den verborgenen Sinn, der sie durchkreuzt, zu offenbaren oder zumindest in sich zu tragen; man verlangt von ihm, sie in sein persönliches Leben, in seine gelebten Erfahrungen, in ihre wirkliche Geschichte einzufügen» (Foucault, S. 20).

Die Literaturwissenschaft begründet ihren Untersuchungsgegenstand nicht unabhängig von dieser Autorinstanz. Inwieweit sie sich aber bei der analytischen Unterscheidung zwischen Autor und Person des Schriftstellers/der Schriftstellerin kritisch oder affirmativ auf diese vorgefundene Instanz bezieht, ist im einzelnen sehr unterschiedlich. Auffällig indes ist, daß im Diskurs über Literatur fast durchweg, vor allem wenn verallgemeinernd über Rolle und Funktion des Autors reflektiert wird, männliche und weibliche Schriftsteller zum männlich konnotierten ‹Autor› werden. Der Autor als Instanz *ist* männlich. Die männlich besetzten Assoziationen, die sich mit dem Autorbegriff verbinden, werden besonders deutlich in der englischen Sprache, wo ‹author› zugleich Urheber, Schöpfer, Erzeuger und Verfasser bedeutet. Diese Instanz kann und darf nicht weiblich sein, da ja die geistige bzw. künstlerische Schöpfung als Ersatz und Überwindung der natürlichen und biologischen Schöpfung verstanden wird.

Von der Tötung des Weiblichen im Schöpfer-Mythos

In einem seiner «Denkbilder» hat Walter Benjamin diese Geschichte der Umwandlung der zweiten Schöpfung in eine primäre bildreich entworfen:

Nach der Vollendung

«Oft hat man sich die Entstehung der großen Werke im Bild der Geburt gedacht. Dieses Bild ist ein dialektisches; es umfaßt den Vorgang nach zwei Seiten. Die eine hat es mit der schöpferischen Empfängnis zu tun und betrifft im Genius das Weibliche. Dieses Weibliche erschöpft sich mit der Vollendung. Es setzt das Werk ins Leben, dann stirbt es ab. Was im Meister mit der vollendeten Schöpfung stirbt, ist dasjenige Teil an ihm, in dem sie empfangen wurde. Nun aber ist diese Vollendung des Werkes – und das führt auf die andere Seite des Vorgangs – nichts Totes. Sie ist nicht von außen erreichbar; Feilen und Bessern erzwingt sie nicht. Sie vollzieht sich im Innern des Werkes selbst. Und auch hier ist von einer Geburt die Rede. Die Schöpfung nämlich gebiert in ihrer Vollendung den Schöpfer neu. Nicht seiner Weiblichkeit nach, in der sie empfangen wurde, sondern an seinem männlichen Element. Beseligt überholt er die Natur: denn dieses Dasein, das er zum ersten Mal aus der dunklen Tiefe des Mutterschoßes empfing, wird er nun einem helleren Reiche zu danken haben. Nicht wo er geboren wurde, ist seine Heimat, sondern er kommt zur Welt, wo seine Heimat ist. Er ist der männliche Erstgeborene des Werkes, das er einstmals empfangen hatte» (Benjamin 1980, IV. 1, S. 438).

Die künstlerische Produktion, verstanden als Schöpfung und vor allem als Selbst-Schöpfung, geschieht demnach nicht unabhängig vom Weiblichen. Sie geht davon aus – als Ursprung, Empfängnis, Inspiration –, und sie geht darüber hinaus, und zwar gerade mit dem Ziel, diesen Ursprung zu überwinden, sich von ihm zu trennen, sich unabhängig zu machen, damit der Autor als «männlicher Erstgeborener» entstehen kann. Als solcher schreibt sich seine Herkunft von seinem Werk her und nicht vom Körper der Mutter. Als Autor und Schöpfer überwindet er somit Herkunft und Abhängigkeit von der Frau, vom dunklen «Mutterschoß», und etabliert eine höhere Schöpfung, ein «helleres Reich». In diesem Vorgang geschieht mit der Frau und dem Weiblichen zweierlei:

1. Die natürliche Erzeugung, die von dem Vermögen der Frau zu gebären abhängig ist, wird verdrängt, getilgt und durch eine davon unabhängige, höher bewertete, männliche Schöpfung ersetzt.

2. In diese neue Schöpfung geht das Weibliche als Stoff ein; doch wird es darin verbraucht, «erschöpft»; es «stirbt» darin «ab».

Das bedeutet, daß sich männliche Kunstproduktion dem Stoff des Weiblichen verdankt und sich über den Ausschluß der Frau vollzieht. Mit seinem ‹Denkbild› beschreibt und reflektiert Benjamin einen Schöpfer-Mythos, der in der Geburtsmetaphorik geistiger Produktion zum Ausdruck kommt, und trifft damit eine verbreitete und wirkungsreiche Vorstellung über künstlerische Produktion, welche die konsequente Ausgrenzung von Frauen aus der Instanz des Autors zur Folge haben muß – oder wenigstens die Transformation der Frau, die schreibt, in einen (männlichen) Autor. Ein weiblicher Autor wäre ja sowohl mit der Fähigkeit zur natürlichen als auch der zur (höheren) kulturellen Produktion ausgestattet und damit schier omnipotent. Die *Autorin* würde das ganze Konzept männlicher Selbst-Schöpfung als Überwindung der eigenen Herkunft bedrohen oder durchkreuzen, in welchem sich doch gerade die Angst vor weiblicher Allmacht bzw. das Begehren zu ihrer Eindämmung artikuliert.

In dieser Begehrensstruktur trifft sich der Künstler mit dem Wissenschaftler. Vielleicht konnte deshalb Benjamin als Literat, Kritiker und Wissenschaftler das Bild so präzise skizzieren. Die feministische Wissenschaftskritik schreibt dem Motiv der Abwertung der Mutter eine zentrale Bedeutung für den männlichen Charakter der Wissenschaft zu:

«Was sich also ursprünglich als eine Verteidigungsstrategie des um Autonomie ringenden männlichen Selbst und als Abwehr der Regressionsangst entwickelt, wird später zum normalen typischen Verhalten von Männern, und zwar nicht nur gegenüber Frauen, sondern gegenüber allem, dem gegenüber ähnliche Bedürfnisse nach Abgrenzung und Kontrolle auftauchen: gegenüber dem Körper, gegenüber den Gefühlen, gegenüber der Natur» (List, S. 23).

«Beseligt überholt er die Natur», heißt es bei Benjamin. Während der Produzent des ‹vollendeten Werkes› die Natur und seine Abhängigkeit von der Frau überwindet, indem er das Weibliche in der kulturellen Produktion verzehrt, geht der Wissenschaftler, der dieses Werk betrachtet, bereits von dieser Überwindung, von der Vollendung aus. Er steht gleichsam über dem Vorgang, da ihm die abstrahierende, systematisierende und bewertende Darstellung der Werk-Schöpfung zukommt. Als *ideeller Gesamtautor* muß er den Vorgang, dem sich die Entstehung des Autors verdankt, allerdings ausblenden, statt ihn in die Analyse einzubeziehen oder gar zu dekonstruieren. Denn gerade indem sie vom «männlichen Erstgeborenen», dem Autor, und seinem Werk ihren Ausgang nimmt, gewinnt die Literaturwissenschaft *ihren* Gegenstand. Als Produzent von *Sekundär*literatur – wie der Fachterminus für die Texte des Literaturwissenschaftlers bezeichnenderweise heißt – bezieht er sich auf die Werke des Autors als fertige Produkte einer autonomen Schöpfung, genannt *Primär*literatur.

Eine beispielhafte Verkörperung erfährt die geschlechtsspezifische Verteilung der Funktionen bei der ‹Geburt› des künstlerischen Werks in dem klassischen Paar des Dichters und seiner toten, idealen Geliebten: so Dante und Beatrice, Novalis und Sophie. Bei beiden Dichtern ist der Tod der Geliebten die Möglichkeitsbedingung für die Kreation der idealen Geliebten im Werk, mit der sich der Schreibende als Autor schafft. Das Weibliche erschöpft sich im Gedicht, genauer: Das Weibliche «im Genius» spiegelt sich im Bild der idealen Geliebten – hinter dem die reale Frau verschwindet, erstirbt – und bringt derart das Werk ebenso wie den Autor hervor.

Dieses klassische Paar kann als Paradigma feministischer Literaturwissenschaft gelten; denn es verkörpert eine ihrer zentralen Thesen: daß nämlich die Tötung des Weiblichen konstitutiv für die Kunstproduktion wie für die Hervorbringung der kulturellen männlichen Ordnung überhaupt sei. «Killing women into art» nennen Sandra Gilbert und Susan Gubar diese Struktur, als deren symbolische Darstellung die Erzählung «Das ovale Porträt» von Edgar Allan Poe gelesen werden kann.[2] Poes Text erzählt davon, wie ein Maler das Porträt einer schönen Frau malt, deren Leben im Moment der Vollendung des Bilds erlischt. Die These von der Tötung des Weiblichen in der Kunstproduktion betrachtet das bekannte Geburtsbild von der anderen Seite der Kultur, sozusagen von ihrer Kehrseite, aus dem Blickwinkel der Frau/der Weiblichkeit. Sie ver-rückt die Benjaminsche Dialektik, die bei ihm aus der Perspektive des «Meisters» im Bild festgehalten ist, indem sie vom Ort der Frau auf den Vorgang blickt und die Beziehung zwischen den Geschlechtern untersucht.

Die Erzählung Poes wie das «Denkbild» Benjamins sind Anzeichen dafür, daß bei Schriftstellern durchaus ein ‹Wissen› um das herrschende Verhältnis von Weiblichkeit und Kunstproduktion vorhanden ist, während die Literaturwissenschaft, indem sie sich auf die künstlerische Produktion als primäre, scheinbar voraussetzungslose bezieht, dieses Wissen zumeist ‹vergessen› macht.

Die Spuren eines solchen ‹Vergessens› zeigen sich nicht in einer völ-

[2] Vgl. zu einer entsprechenden Lektüre der Erzählung Poes Schuller.

ligen Ignoranz gegenüber Geschlechterkategorien, sondern vielmehr in einer typischen Redeweise, nämlich darin, *wie* und in welchen Zusammenhängen geschlechtsspezifische Überlegungen zur Sprache kommen. Im Übergang zwischen der Rede über das einzelne und Konkrete zur verallgemeinernden Aussage wechseln dabei geschlechtsspezifische und abstrakte Kategorien in auffälliger Weise. Im Unterschied etwa zur Abstraktion von den empirischen Individuen im Diskurs über den ‹Autor› wird umgekehrt im Bericht über die einzelne Schriftstellerin gern und regelhaft von ihrer Autorschaft abgelenkt und statt dessen ausführlich über ihre Persönlichkeit bzw. ihre privaten Verhältnisse gesprochen. Hier nun tritt das ‹Weibliche› ins Zentrum des Interesses. Wer zum Beispiel die Interviews mit Ingeborg Bachmann heute im Zusammenhang liest, kann sehen, wie ihr Widerstand gegen das Interesse an ihr als Frau und Privatperson leitmotivisch ihre Antworten bestimmt.[3] Die sprechende Neugier an der Person der Schreibenden, welche nicht selten über das Interesse an ihren Texten dominiert, ist ebenfalls durch die überlieferte Unvereinbarkeit von ‹Frau› und ‹Autor› strukturiert.

Vom Verschwinden der Frau im Übergang zwischen Verallgemeinerung und Konkretion

Dieselbe männliche Verallgemeinerung im Begriff des Autors, der die wenigen Schriftstellerinnen unterworfen werden, die in die Gruppe der ‹Autoren› eingemeindet werden, widerfährt weiblichen Positionen in der Literatur bzw. weiblichen Kunstfiguren: als ‹Erzähler› oder als ‹Held›. «Der Bürger als Held» tituliert Heinz Schlaffer beispielsweise seine Studie, in welcher er die Kontinuität vorbürgerlicher, heroischer Muster in der bürgerlichen Literatur des 18. Jahrhunderts untersucht, u. a. am Beispiel der Heldin in Lessings «Minna von Barnhelm». Auf der Höhe der Abstraktion bleibt das Weibliche *implizit* ausgeschlossen. Wenn aber der verallgemeinernde Diskurs wieder ins Konkrete und damit in die Sprache über den einzelnen umschlägt, ist in männlicher Exklusivität das Weibliche *explizit* ausgeschlossen. So wird in Hegels ironischer Kritik am sogenannten Bildungsroman aus dem ‹Subjekt› (n.) im Folgesatz flugs «einer» (m.):

3 Vgl. Bachmann 1983.

«Denn das Ende solcher Lehrjahre besteht darin, daß sich das Subjekt die Hörner abläuft, mit seinem Wünschen und Meinen sich in die bestehenden Verhältnisse und die Vernünftigkeit derselben hineinbildet, in die Verkettung der Welt eintritt und in ihr sich einen angemessenen Standpunkt erwirbt. Mag einer auch noch soviel sich mit der Welt herumgezankt haben, umhergeschoben worden sein, zuletzt bekommt er meistens doch sein Mädchen und irgendeine Stellung, heiratet und wird ein Philister so gut wie die anderen auch.»

Nun ist der von Hegel hier so ironisch abservierte Entwicklungsroman tatsächlich ein Genre, das auf männliche Helden abonniert ist und dessen Gattungsgesetze dem männlichen Persönlichkeits-, Entwicklungs- und Bildungsmodell angepaßt sind. Auch wenn Hegel vorher betont, daß «besonders ... Jünglinge» die Helden solcher Romane sind, verschwindet diese Tatsache in der Kategorie des ‹Subjekts›, die hier wie überall am selbstverständlichen Ausschluß der Frauen *als Subjekte* teilhat. Der Entwicklungsroman wird oft als ‹Bildungsroman› bezeichnet, insofern er von einer inneren Geschichte mit dem Ziel der Bildung einer vollkommenen Persönlichkeit handelt und das potentielle Gelingen eines solchen Prozesses voraussetzt. Das Genre konstituiert sich über die Darstellung der Entwicklung eines (männlichen) Individuums in konfliktreicher Auseinandersetzung mit der Umgebung, die entweder als ‹Realität› oder als ‹Außenwelt› bezeichnet wird. Die – oft nicht geringe – Anzahl von Frauenfiguren, denen der Held auf seinem Wege begegnet, sind im Roman als Stationen seiner Entwicklung situiert. Sie *verkörpern* Ideen bzw. Existenzweisen, mit denen er sich zum Nutzen seiner Bildung auseinandersetzt, um sie dann hinter sich zu lassen. Diese Funktion von Frauenfiguren als Bestandteil der Umgebung, als Bausteine der sozialen Natur, die textlich um den Helden im Zentrum gruppiert sind, hat erst die feministische Literaturwissenschaft der letzten Jahre zum Gegenstand ihrer kritischen Untersuchungen gemacht. Die etablierte Literaturwissenschaft dagegen, indem sie den Blick des Autors – oder auch des männlichen Helden – übernimmt, verhält sich blind gegenüber dem Status und Verbleib von Frauen und dem Ort des Weiblichen in Literatur und Ästhetik.

Die Erzählforschung als Teildisziplin, die sich mit der Instanz des Erzählers und mit der Erzählperspektive, der räumlichen, zeitlichen und personellen Dimensionierung des erzählten Geschehens beschäftigt, hat zwar differenzierteste Beschreibungstypen in der Kombination dieser Dimensionen entwickelt, das Geschlecht des Erzählers aber nicht als relevante Unterscheidung eingeführt. Obwohl doch gerade

Wahrnehmung des Schriftstellers und Perspektive des Textes in der Instanz des Erzählers vermittelt werden, wobei die geschlechtsspezifische Wahrnehmung keine unbedeutende Rolle spielt.

Ein anderer Typ der notorischen Blindheit des Fachs gegenüber dem Schicksal des Weiblichen in der Literatur ist die Ignoranz gegenüber den auffälligen inhaltlichen Widersprüchen zwischen konkreten Aussagen und allgemeinen Postulaten in Literatur und Ästhetik. Diese Blindheit hat nicht unwesentlich zu folgenreichen Legendenbildungen in der Literaturgeschichte beigetragen. Ein Beispiel: Der Mythos vom androgynen Konzept romantischer Literatur beruft sich vor allem auf Friedrich Schlegels poetologischen Roman «Lucinde», in dem, wie es heißt, ein androgynes Programm – als gleichberechtigtes, die Beschränkungen beider Geschlechtsrollen überwindendes Konzept – entworfen sei. «Ich sehe hier eine wunderbare sinnreiche bedeutende Allegorie auf die Vollendung des Männlichen und Weiblichen zur vollen ganzen Menschheit», heißt der programmatische Satz, auf den sich die genannte Lesart des Textes stützt. Es folgt die berühmte Szene über den sexuellen Rollentausch. Schon aus der genauen Textanalyse erschließt sich, daß dieser Satz ganz aus der Perspektive männlicher Entwicklung und Vervollkommnung formuliert ist – einer Entwicklung zur Einheit und Vollkommenheit des Manns, für die eine Serie von Frauenfiguren den Weg markiert, auf dem sie selbst «erschöpft werden», absterben, und das nicht nur im metaphorischen Sinne. Spätestens aber, wenn es später wörtlich heißt, «in ihm (dem Mann; S.W.) ist die Menschheit vollendet», wird endgültig klar, daß das androgyne Konzept Schlegels nur an der Vollkommenheit des Manns interessiert ist, für die der Stoff des Weiblichen gebraucht wird. Er eignet seinem Helden das ‹Andere› an, was den vom Manne empfundenen Mangel auszugleichen geeignet scheint. Dieses Verhältnis von universell formuliertem Programm und männlicher Perspektive strukturiert den ganzen Roman.[4] Die im Allgemeinen rhetorisch abgeschaffte Herrschaft des männlichen Prinzips wird jeweils im Konkreten wieder etabliert. Wird dabei die Frau auch als vollkommenes Wesen gepriesen und geehrt, so bedeutet das strukturell, daß ihr – als Naturwesen – jegliche Entwicklung und damit der Status des Subjekts/des Individuums abgesprochen wird. Sie erstarrt auf dem Sockel der Bewunderung zur Statue, zur künstlichen Natur. Die recht umfangreiche «Lucinde»-Forschung hat gleichwohl den

4 Vgl. dazu Weigel 1983.

Roman fast durchweg als Text gelesen, der sich der Frauenemanzipation verschrieben habe.

Die Weiblichkeit des Autors in der Schrift

Weit über die Schlegel- und Romantik-Forschung hinaus gibt es die Vorstellung vom androgynen Charakter der Literatur, wobei ‹Androgynität› entweder als Zwei- oder als Vorgeschlechtlichkeit verstanden wird. Für Frauen scheint diese Vorstellung besonders verlockend zu sein, weil in ihr das Versprechen enthalten ist, sie könnten sich in der Kunstproduktion aus den niederen Sphären und den Residuen des weiblichen Lebenszusammenhangs in die hohen Regionen der Kunst erheben, in denen dann ihr Geschlecht keine Rolle mehr spielt. Die Genese des Androgynitätskonzepts aus der männlichen Kunstproduktion zeigt jedoch, daß dieses im Effekt keineswegs geschlechtsneutral ist, sondern sich aus dem Begehren des Manns motiviert, den an sich selbst verspürten Mangel auszugleichen und die eigenen Panzerungen in einer als weiblich imaginierten Sphäre zu durchbrechen. Der Text, die Literatur oder die Schrift erhalten dann, indem sie als Gegensatz zur männlichen Ordnung gedacht werden, einen weiblichen Charakter. Als Gegensatz zur Vernunft fungieren die Kunst und die Weiblichkeit als Substitute des ‹Anderen›. In der Vorstellung vom Ort des ‹Anderen›, dem Anderen der Zivilisation und der Rationalität, vor allem aber des bürgerlichen männlichen Alltags, laufen die Bilder von Kunst und Weiblichkeit zusammen.

«Dort wenigstens, in dieser Welt der Fiktionen, ist Freiheit. Dort stillt man jeden Hunger, dort macht man alles, man ist König und sein Volk zugleich, ist aktiv und passiv, Opfer und Priester. Es gibt keine Begrenzungen ... (ich habe mich auf diese Weise oft am Dasein gerächt)» (Flaubert, S. 204 f).

So schrieb derselbe Autor, der seinen Roman «Madame Bovary» mit den Worten kommentierte: «Madame Bovary, c'est moi.» Sartre hat am Beispiel Flauberts die Entstehung des männlichen Weiblichkeitswahns rekonstruiert. Im Schreiben erschaffe er sich in Worten als Frau, er wolle

«damit eine Retotalisierung dieses männlichen Körpers als weibliches Fleisch hervorbringen oder vielmehr, zunächst durch ihr Verlangen und dann durch ihr Zugreifen, die ursprüngliche Totalisierung wiederherstellen und sie von jeder

Frustration befreien, indem sie sie bis zum Ende treiben: bis zur Besitzergreifung» (Sartre, S. 44).[5]

Das Beispiel Flauberts zeigt in eindrucksvoller Weise, daß Weiblichkeitswahn und Misogynie bei Autoren sich keineswegs ausschließen. Im Gegenteil, das Schreiben bietet eine Möglichkeit, beides zu artikulieren. «Es gibt Tage, wo man Athlet, und andere, wo man Frau sein möchte. Im ersten Fall ist es der Muskel, der zuckt, im zweiten das Fleisch, das sich entflammt» (Flaubert; zit. nach Sartre, S. 43). Im Text kann der Autor sich als Held oder Frau imaginieren, oder er kann in der Gestaltung idealer bzw. furchterregender Frauenfiguren diese als Projektionsfläche für seine auf das Weibliche gerichteten Wünsche und Ängste verwenden. Eine solche, für die literarische Produktion charakteristische Begehrensstruktur ist, vor allem in der psychoanalytischen Literaturwissenschaft, durchaus Gegenstand der Untersuchung; allerdings bleiben die Konsequenzen, die aus den gewonnenen Einsichten für die Frau/Weiblichkeit erwachsen, unreflektiert. Dieses Versäumnis korrespondiert mit der fast in allen literaturwissenschaftlichen Arbeiten fehlenden Unterscheidung zwischen realen weiblichen Individuen einerseits (z. B. Autorinnen, Frauen, mit denen ein Autor Umgang hatte, und Frauen, über die geschrieben wird) und Kunstfiguren und ‹Weiblichkeit› bzw. Weiblichkeitsentwürfen andererseits. Im Diskurs über ‹die Frau› decken sich die Blicke von Autor und Literaturwissenschaftler. Es ist der Blick auf die Frau als Bild, als Objekt, als Naturwesen bzw. Gattung.

Die Identifizierung einer Kunstfigur mit *der* Frau ist ein weiterer Typ des literaturwissenschaftlichen Diskurses, von welchem die Frau als Subjekt ausgeschlossen bleibt. Das Bewußtsein für den Konstruktions- und Bildcharakter von Weiblichkeitsentwürfen in philosophischen und literarischen Texten fehlt in vielen literaturwissenschaftlichen Arbeiten völlig oder geht im Verlauf der Argumentation immer wieder verloren. Beispielsweise hat Heinz Politzer in seinem Aufsatz über Heinrich von Kleists Erzählung «Die Marquise von O...», in dem er die ambivalente Grundstruktur der Erzählung untersucht und dabei auch auf Kleists Darstellungsweise eingeht, in seinen Text einen signifikanten Versprecher hineingeschrieben. Da heißt es: «Hier hat Kleist seine Marquise als Frau erkannt und dargestellt» (Po-

5 Vgl. dazu Gertrud Kochs Studie zum Zusammenhang von Weiblichkeitswahn und Frauenhaß bei Flaubert 1980.

litzer, S. 114). Der Interpret vergißt, daß die Figur der Marquise zwar Kleists Vorstellung einer Frau artikuliert, nicht aber die Frau selbst, geschweige denn die ganze Gattung zu repräsentieren vermag. In Kleists Erzählung wird von der ungeheuerlichen Begebenheit berichtet, daß die Marquise «ohne ihr Wissen» geschwängert worden sei. Dieser Vorfall, der die vielfältigsten Verwicklungen für alle beteiligten Personen zur Folge hat, wird im Text sprachlich ausgespart; er wird – in der Form eines Gedankenstrichs – gerade *nicht* erzählt, aber durch die textliche Umgebung – die Schilderung von Kriegsereignissen und der Eroberung einer Zitadelle – assoziativ und metaphorisch angedeutet. In dieser anspielungsreichen und *uneindeutigen* Darstellung liest sich der Vorfall als Vergewaltigung der Frau ebenso wie als Verführung des Manns, wodurch die Marquise in der Erzählung als Opfer und Täterin zugleich erscheint. Politzer untersucht die ambivalente Struktur des Textes vor allem im Hinblick auf die Darstellung eines gespaltenen Bewußtseins der Marquise – sie weiß und will nicht wissen – und kommt dabei zu einigen sehr genauen Textbeobachtungen. Daß Kleist in diesem Text ein kulturelles Klischee entwirft, nämlich das Bild der «wissenden Unschuld» (wie es von Rousseau in seinem «Émile», im Sophien-Kapitel, in vorbildlicher Weise begründet wurde), ist Politzer jedoch entgangen; denn er selbst teilt ja diese Vorstellung von der Frau: «Hier hat Kleist seine Marquise als Frau erkannt und dargestellt.» Politzer konzentriert seine Interpretation auf das gespaltene Bewußtsein der Marquise, um dies schließlich als Ausdruck eines personalen, «tiefenpsychologischen» Konflikts der Marquise *als Frau* zu bestimmen. Damit aber bewertet er die Erzählung indirekt als «realistische» Darstellung. Sprachlich artikuliert sich dieses Verfahren darin, daß immer an den Stellen der Interpretation, wo die von Kleist gestaltete Ambivalenz als Bewußtseinszustand der Marquise psychoanalytisch gedeutet wird, die Rede über die Figur zur Rede über «die Frau» überwechselt, zum Beispiel: «Die Tragödie, welche die Frau mit aller Absicht (sic!) ihres Unbewußten angesteuert hatte ...» (S. 124), wobei dann auch die psychoanalytischen Kategorien in sinnfälliger Weise durcheinandergeraten.

Die Interpretation reproduziert bei aller Genauigkeit im Detail insofern die Konstruktion eines ambivalenten Weiblichkeitsbilds, dessen textuelle Konstituierung dagegen im Zentrum einer kritischen Untersuchung stehen müßte. Die Interpretation funktioniert damit genauso, wie Foucault den ‹Kommentar› gekennzeichnet hat. Der Kommentar sei «vom Traum einer maskierten Wiederholung durchdrungen ... Der Kommentar... erlaubt zwar, etwas anderes als den Text selbst zu sagen, aber unter der Voraussetzung, daß der Text selbst gesagt und in gewisser Weise vollendet werde» (Foucault 1977, S. 18).

In Analogie zu Flauberts «Madame Bovary» könnte man davon sprechen, daß Kleist sich in der Erzählung als Frau phantasiert und zugleich seine Figur einem sezierenden Blick unterwirft. Als Ergebnis dieser Kunstproduktion liegt ein Text vor, der einen Mosaikstein bildet im bunten Panorama der Frauenbilder; Weiblichkeit ist darin zur Allegorie einer gespaltenen Wahrheit erstarrt.

Von der universellen Bildfunktion der Frau

Eine verbreitete und traditionsreiche Sonderform des weiblichen Bilds sind die als Personifikationen gestalteten Symbole und Allegorien in der Literatur und Kunst. Besonders bei der personifizierten Darstellung von Städten und Ländern – nicht selten im Zusammenhang von Eroberung und Krieg – überwiegen dabei weibliche Gestalten. Dieser Umstand wird meistens übersehen oder in einem Nebensatz wie selbstverständlich vorausgesetzt. Die fachwissenschaftliche Blindheit gegenüber dem Ort des Weiblichen in der Kulturgeschichte läßt bestimmte Fragen gar nicht erst aufkommen, läßt solche Phänomene gar nicht als frag-würdig erscheinen. Dabei könnte die Rekonstruktion der Geschichte weiblicher Personifikationen einen wichtigen Beitrag für den komplexen Zusammenhang von Text, Bild und Weiblichkeit leisten. Aber gerade jener Zweig des Fachs, der sich der Klärung formaler ästhetischer Kategorien und deren Geschichte widmet, ist von der Erörterung eines geschlechtsspezifischen Fragehorizonts weit entfernt. In Gerhard Kurz' Monographie über die Bedeutung und Theorie von «Metapher, Allegorie, Symbol» beispielsweise wird das Phänomen der weiblichen Verkörperung von Vorstellungen überhaupt nicht reflektiert. Im Kapitel «Symbol» heißt es etwa: «Antithetische Konfigurationen wie z. B. die gute und böse Schwester im Märchen, die dunkle und die helle Frau in vielen Romanen des 19. Jh... fordern dazu auf, sie als Symbole elementarer, gewissermaßen unreduzierbarer Orientierungen zu verstehen: gut–böse, Leben–Tod, außen–innen» (Kurz, S. 76f).

Auf die Kontinuität der doppelgestaltigen mittelalterlichen Allegorie der «Frau Welt» – eine Frauengestalt mit schöner, verführerischer

Vorderseite und dämonischer, von Fäulnis zerfressener Rückseite – in den vielfältigen Erscheinungsformen des gespaltenen Frauenbilds (Hure – Heilige, ‹femme fatale› – ‹femme fragile›) hat Barbara Becker-Cantarino hingewiesen. Hier wie in anderen Einzeluntersuchungen bestehen Ansätze für die Analyse des Zusammenhangs von Text, Bild und Weiblichkeit. In einer umfassenden Untersuchung dieses Zusammenhangs müßte die Motivgeschichte stereotyper Frauendarstellungen in eine Analyse der strukturellen ästhetischen Funktion von Weiblichkeit eingebunden werden. Dabei ginge es im Kern um die Frage, warum die Literatur zu einem hervorragenden Ort für den Mythos Weiblichkeit, für die mythische Präsenz von Frauen und die Produktion von Frauenbildern und warum die Frau zum privilegierten, universell verwendbaren Objekt für das allgemeine Bildbegehren geworden ist.

Lacan hat in seinem Aufsatz über das «Spiegelstadium als Bildner der Ichfunktion» das Begehren nach einem Bild aus dem Wunsch nach bzw. dem Mangel einer ursprünglichen Einheit abgeleitet. Die Funktion einer als ursprünglich vorgestellten Einheit übernimmt im Imaginären die von Freud so bezeichnete «phallische Mutter». In ihrem Bild artikuliert sich der Wunsch nach Einheit und Vollkommenheit bzw. Vollständigkeit – und wird enttäuscht. Aus dieser Enttäuschung, dem Erlebnis der «kastrierten Mutter», einem Effekt des Imaginären, leitet Freud das Motiv zur Fetischbildung ab; deshalb auch kann er den Fetisch als Phallusersatz kennzeichnen. Wird nun die Frau bzw. ihr Bild zum Fetisch, so tritt das Bild der Frau an die Stelle ihres Mangels, der eigentlich ein auf sie projizierter Mangel des Manns ist. Das ideale Bild der ganzen Frau ersetzt die unvollkommene Frau, die idealisierende Aufwertung des Bildes tritt vor die Abwertung der realen Frau.

In der Filmwissenschaft, die es noch ausschließlicher als die Literaturwissenschaft mit Bildern zu tun hat, wurde im Kontext einer feministischen Rezeption dieser psychoanalytisch beschreibbaren Genese der Schaulust die These entwickelt, daß der Blick männlich sei, der Blick der Kamera ebenso wie der antizipierte Blick der Zuschauer.[6] Diese These ließe sich auch mit Hilfe der umfangreichen «Psychohistorischen Studie über das Sehen in Literatur und Philosophie» von Jürgen Manthey bestätigen, auch wenn sie dort nicht so expliziert wird. Bei ihm bildet der Blick das Leitmotiv in der Darstellung künstlerischer Produktion, woraus sich eine Spezifizierung des von Benjamin entworfe-

6 Zu dieser These vgl. Mulvey und Koch 1989.

nen Schöpfungsbilds ableiten ließe. An einigen Beispielen führt Manthey das Verschwinden des Objekts, der geliebten Frau zum Beispiel, hinter dem Bild als Funktion der Vorherrschaft des Blicks vor. Im Titel seines Buchs spielt Manthey auf die Substitutionsfunktion der Blick- bzw. der künstlerischen Schöpfung an, die an die Stelle der ersten, biologischen treten möchte: «Wenn Blicke zeugen könnten».

Die Geschlechterverhältnisse in der Literaturwissenschaft

Die auffällige *Abwesenheit* von Frauen in der Literaturhistorie, eine Beobachtung, mit der die feministische Literaturwissenschaft ihre Kritik am Fach begann, läßt sich als Konsequenz der bildlichen und mythischen Präsenz von Frauen in der Literatur beschreiben. Reale Frauen – und mit ihnen die Schreibenden – bleiben hinter den Konstruktionen und Bildern verborgen. 1979 noch ging Silvia Bovenschen in ihrer Arbeit «Die imaginierte Weiblichkeit» davon aus, daß einem «breiten Panoptikum imaginierter Frauenfiguren ... nur wenige imaginierende Frauen gegenüber» stehen, und stellte die Frage: «Wie aber, wenn hinter diesen Bildern nichts dergleichen (Historisch-Gesellschaftliches; S. W.) zu finden wäre, weil sie nahezu die einzigen Zeugnisse einer geschichtlichen Präsenz des Weiblichen sind?» (Bovenschen, S. 9)

Inzwischen hat die Spurensuche in den Archiven zeigen können, wie groß die Zahl schreibender Frauen in der Geschichte war und welches Ausmaß somit Ausgrenzen und Verschweigen von Schriftstellerinnen in der Literaturhistorie haben. In ihrem Lexikon «Die deutschsprachigen Schriftstellerinnen des 18. und 19. Jahrhunderts» beispielsweise hat Elisabeth Friedrichs etwa 4000 Namen nachgewiesen (Friedrichs, S. VII).

Es wird noch lange dauern, bis deren Texte wieder aufgefunden und neu gelesen worden sind. Die systematische Ausgrenzung von Schriftstellerinnen oder deren Behandlung als Abart oder Sonderform am Rande – etwa als «Heldinnen der Feder»[7] – wird legitimiert durch die pauschale Bewertung ihrer Texte als ‹Trivialliteratur›. Abgesehen davon, daß man – wenn die Kategorie der ‹Trivialliteratur› überhaupt verwendet wird – auch viele Texte männlicher Autoren als Trivialliteratur kennzeichnen müßte, sollte die Beobachtung trivialer Muster

7 So in E. Müller.

nicht zum Ausschluß aus der Literaturgeschichte führen, sondern die Frage eröffnen, ob und warum Schriftstellerinnen sich möglicherweise stärker als schreibende Männer an Stereotypen orientieren. Trivialität, entschlüsselt als fehlende Unabhängigkeit von tradierten Bildern, Gattungsmustern und Ideologemen, müßte auf die schwierige Position von weiblichen Autoren in einem männlichen Literaturbetrieb bezogen werden. Sie könnte dann als Kennzeichen des Mangels einer originären Literatur von Frauen, nicht aber als Merkmal von ‹Frauenliteratur› im Unterschied zur großen bzw. eigentlichen Literatur analysiert werden.

Seit vielen Jahren gibt es in (bzw. institutionell am Rande) der Literaturwissenschaft Bemühungen um eine kritische Dekonstruktion der männlichen Literaturgeschichte und Methoden und um die Entwicklung einer feministischen Literaturwissenschaft. Die etablierte Literaturwissenschaft schottet sich allerdings in eigentümlicher Weise gegen die Existenz einer solchen Bewegung ab. Noch in einem jüngeren Handbuch der Literaturwissenschaft, in «Metzlers Literatur-Lexikon» (1984), ist kein einziges Stichwort aus dem neuen Arbeitsgebiet zu finden. Statt dessen wird die Literatur von Frauen als ‹Frauen*dichtung*› in einen konservativen, traditionsbesetzten Zusammenhang verwiesen, der sich mit dem Begriff der ‹Dichtung› verbindet.[8] Stärker aber als gegen die Inhalte und Fragestellungen der feministischen Literaturwissenschaft verschließt sich die Germanistik gegenüber Wissenschaftlerinnen, vor allem gegenüber solchen, die den Ort von Frauen in der Literatur und in der Literaturwissenschaft explizit zum Thema gemacht haben. Als regelrechte Absperrung funktioniert dieser Vorgang besonders auf den höheren Stufen der hierarchisch organisierten Disziplin, bei der Forschungsförderung, bei Habilitationen und im Fachverband.

Die Ausgrenzung von Autorinnen und Wissenschaftlerinnen folgt einer Struktur, die durch ein asymmetrisches Verhältnis der Geschlechter gekennzeichnet ist, das heißt: Die horizontale Achse der Geschlechterdichotomie wird auf der vertikalen Achse eines Herrschaftsverhältnisses abgebildet.

Wenn man die empirische sowie die ideologische, also die in die Vorstellung von der Rolle eingeschriebene, geschlechtsspezifische *Anwesenheit* von Frauen in den verschiedenen Positionen auf den Ebe-

[8] Vgl. dort auch die Artikel über ‹Dichtung› und ‹Dichtungswissenschaft›.

nen Poetologie, Literatur, Literaturbetrieb und Literaturwissenschaft graphisch beschreiben wollte, würde das folgenden Besetzungsplan ergeben:

	wenige Frauen					viele Frauen
Gattungen:	Drama	Essay	Roman	Lyrik	Tagebuch-,	Briefliteratur
Literarische Instanz:		Erzähler		Autor	Held	Nebenfiguren
Literaturbetrieb:	Kritiker	Verleger		Lektor	Redakteur	Schriftsteller
Wissenschaft:		Professor		Assistent	Doktorand	Student

Das Schema zeigt, wie die Dichotomie der tradierten Geschlechtsmuster und deren Zuschreibungen von ‹männlich› (= rational, aktiv, objektiv) zu ‹weiblich› (= emotional, passiv, subjektiv) als hierarchische gespiegelt wird. Am deutlichsten wird diese Struktur im Paar des fördernden Kritikers mit ‹seiner› begabten Schriftstellerin und dem des (be)lehrenden Professors mit ‹seiner› Studentin bzw. ‹Schülerin›.

Ich vermute, daß die Präsenz von Frauen in der Literaturwissenschaft, deren Gegenstand so unmittelbar in die kulturelle Produktion von Weiblichkeitsmustern und Frauenbildern eingebunden ist, die herrschenden Verhältnisse noch mehr stört als in einer vermeintlich objektiven Wissenschaft. Eine Literaturwissenschaftlerin kann weniger abstrahiert von ihrem Geschlecht wahrgenommen werden als eine Naturwissenschaftlerin. Die Literaturwissenschaftlerin stört durch ihre Anwesenheit den Blick und das Bild; sie bringt die leibhaftige Frau als Subjekt ins Spiel. Das verzeiht man ihr nur, wenn sie selbst den Blick des Manns übernimmt und ihre Methoden an die Fachverabredungen und ihre Verhaltensweisen an die Rituale der Disziplin anpaßt.

Diese Struktur wird durch die ‹Ausnahmefrau› übrigens nicht durchbrochen. Im Gegenteil: ihre *An*wesenheit legitimiert die *Ab*wesenheit der anderen Frauen als rational begründet; denn sie verkörpert die Rede von der Chance für alle.

Die Spielregeln des akademischen Diskurses haben zudem in der Literaturwissenschaft eine prekäre Funktion. Als ideeller Gesamtautor ist der Literaturwissenschaftler in die Funktionsweise der literarischen Produktion involviert. Er darf ihrer Begehrensstruktur gleichwohl nicht erliegen, das heißt, er darf nicht an der Seite des Autors in jene Sphäre eintauchen, in der die Grenze zum Anarchischen, Subjektiven, Antirationalistischen aufgehoben ist; er muß diese Sphäre vielmehr regelhaft rationalisieren. Die noch im Kunstwerk bzw. im Text sich artikulierende Angst des Autors vor der Abhängigkeit von der Frau/Weiblichkeit ist in den Methoden der Literaturwissenschaft gebändigt und verdrängt. Als Angst des Wissenschaftlers vor der Unterlegenheit gegenüber der Kreativität und Intellektualität der Literaturwissenschaftlerin, vor allem wenn sie die Voraussetzungen des Rituals und der Blickverabredungen durchschaut oder gar durchkreuzt, kehrt sie zurück. Vor allem bei jüngeren Akademikern, denen es noch nicht gelungen zu sein scheint, vom Spielbein des Sohns auf das Standbein des Vaters zu wechseln, weil sie noch immer in den Kampf mit den professoralen Über-Vätern verwickelt sind, ist diese Angst besonders spürbar. Sie sind bei den Abwehrhandlungen gegenüber weiblichen Eindringlingen vielfach besonders aktiv. Je instabiler das Selbstbild, «männlicher Erstgeborener» zu sein, desto verzweifelter die Bemühungen, das Weibliche – um im Bilde Benjamins zu bleiben – außer sich und in sich «absterben» zu lassen.

2 Rekonstruktion und Re-Lektüre

Die Arbeit von Frauen in der Literaturwissenschaft als Teil einer weiblichen Kulturkritik

Die Arbeit der Entzifferung

«Siehst du, sagte sie, aber er hat vergessen, daß an der Stelle, wo er sie getilgt hat, doch sie stehen geblieben ist. Sie ist abzulesen, weil da nichts ist, wo sie sein soll» (Bachmann 1978, 3, S. 436). Dieser Satz aus Ingeborg Bachmanns Roman-Fragment «Der Fall Franza» ist eines der am häufigsten verwendeten Literaturzitate in der feministischen Literaturwissenschaft. Er beschreibt – treffender vielleicht als viele wissenschaftliche Untersuchungen – die Situation, in der sich eine Frau im Angesicht der «Geschichte weiblicher Geschichtslosigkeit» (Bovenschen, S. 15) befindet. Die Titelfigur aus Bachmanns Roman, die auf ihrem Weg durch die Totenstadt der ägyptischen Vorgeschichte sich mit einer alten Geschichte konfrontiert sieht und diese aus den Spuren der Auslöschung und Zerstörung, aus den Zeichen des Mangels und der Abwesenheit zu entziffern lernt, befindet sich in einer vergleichbaren Situation wie die Literaturwissenschaftlerin, wenn diese in den institutionalisierten Überlieferungen ihres Fachs, wenn sie in den Denkmälern der Literaturhistorie Umschau hält. Sie sieht sich nämlich erstens konfrontiert mit einer Geschichte, in der weibliche Autoren bzw. Subjekte weitgehend fehlen, und zweitens herausgefordert in ihrer Fähigkeit, die Geschichte von Frauen aus eben dieser Überlieferung heraus, das heißt aus den Zeichen ihrer Abwesenheit zu entziffern. In Bachmanns Roman erscheint Franza als eine Gestalt, die in hervorragender Weise begabt zu einer solchen Praxis der Entzifferung ist, begabt nicht aufgrund eines angeeigneten Wissens, sondern weil die äußeren Spuren der Zerstörung (nicht nur) weiblicher Geschichte mit den in ihrem Inneren und an ihrem Leib eingeschriebenen Spuren der Verwüstung korrespondieren.

«Sie lernte die Zeichen leicht lesen. Nie war eine Geschichte, von der sie nichts gewußt hatte, leichter zu erlernen gewesen, hier stand ja alles, keine Botschaft, aber eine Geschichte... Für sie hier war das nicht Stein und nicht Geschichte, sondern als wäre kein Tag vergangen, etwas, das sie beschäftigte» (3, S. 435, 437).

Die Subjektivität Franzas, die sie zur prädestinierten Leserin macht dort, wo es um eine Schrift der Abwesenheit geht, ist dabei nichts Beliebiges, Zufällig-Individuelles oder gar sogenannt Privates, sondern sie ist Effekt ihres eigenen Orts in einer Geschichte der Weißen, eines weiblichen Orts «inmitten der Zivilisation», wie es bei Bachmann heißt (3, S. 404). Im Roman wird dieser Ort gestaltet als Leben im Haus eines führenden Repräsentanten der Weißen, im Haus des Professors, Psychiaters, ihres Ehemanns Jordan, an dessen Gedankenleitung sie sich, wie sie zu spät bemerkt, gehängt hatte (3, S. 400). Der aber wird beschrieben als «gut bewaffnet», ausgestattet mit den Waffen der Zivilisation, denen sie selbst zum Opfer fällt, wenn sie von ihm beobachtet, beschrieben, gedeutet wird und sich als Gefangene im «Käfig seiner Notizen» fühlt, wenn sie an seinen Forschungsarbeiten mitarbeitet; ihr Name aber fehlt im veröffentlichten Produkt, wenn sie sich bzw. «das andere» in sich von ihm gehaßt und verfolgt fühlt. «Warum ist mir das nie aufgefallen, daß er alle Menschen zerlegte, bis nichts mehr da war, nichts geblieben außer einem Befund» (3, S. 402).

Eine Wahrnehmung für die mit seinen Analyseverfahren verbundenen Todesarten, für die seinem Wissen zugrundeliegende Beraubung, Zerstörung und Kolonisierung des Anderen gewinnt Franza aber erst in dem Maße, wie sie die Gedankenleitung zu ihm durchtrennt, wie sie sich von den in seinem Haus herrschenden Lebens- und Denkweisen entfernt, wie sie aus seiner Ordnung von Bedeutungszuschreibungen ausbricht und seine Vorstellungen in ihrem Kopf zerbricht. Aus ihrer Subjektivität geht also die Fähigkeit zur Lektüre der Entzifferung nicht von selbst, gleichsam natürlich, automatisch oder qua Betroffenheit hervor, sondern erst durch einen Bruch mit den herrschenden Vorstellungen. «Alle Vorstellungen zerbrochen. Die Weißen. Mein Kopf. Die Weißen, sie sollen. Sie sollen verflucht sein. Er soll» lauten die letzten Worte Franzas im Roman-Fragment Bachmanns (3, S. 469). Dort bildet die Wüste den Ort, an dem sich dieses Zerbrechen ereignet. «Die arabische Wüste ist von zerbrochenen Gottesvorstellungen umsäumt» (3, S. 447).

Wenn ich die Situation Franzas mit derjenigen von Frauen in der

Literaturgeschichte bzw. -wissenschaft verglichen habe, heißt das nun nicht, daß wir uns alle aufmachen müßten in die Wüste, um die von Franza geübte Lektüreweise zu erlernen. Wir können aber dem Hinweis in der Vorrede der Autorin folgen, daß es sich bei den äußeren Schauplätzen zugleich um innere handle und daß es in dem Roman um kaum wahrnehmbare Verbrechen und um ein Denken ginge, das zum Verbrechen und das zum Sterben führt, und können die Handlung derart als *Topographie* von Bedeutungs-, Schrift- und Denkordnungen verstehen, in der die Reise Fanzas einer Reise durch verschiedene Stationen in der Kulturgeschichte der Weißen gleichkommt. Die Wüste, in der sich die Möglichkeit zu einer anderen Lektüre eröffnet, zu einer Geschichtsbetrachtung, die sich nicht in den Bahnen der Überlieferung bewegt und sich nicht von den Produkten der Sieger in der Geschichte abhängig macht, dieser Ort ist von zerbrochenen Gottesvorstellungen umsäumt; er kommt erst zustande über die Zerstörung der von den Herren und *Meistern* sich herschreibenden Bilder, Analyseverfahren, Werturteile und Bedeutungszuweisungen, über den Bruch mit ihrer Ordnung.

Ich habe den «Fall Franza» hier in Erinnerung gerufen, weil am Beispiel dieses Fragments und zu Lebzeiten der Autorin unveröffentlicht gebliebenen Romans am deutlichsten jene Spannungen und Brüche erkennbar werden, die beim Aufeinandertreffen etablierter Diskursformen mit anderen, um den Ort des Weiblichen in der Geschichte sich bemühenden Wahrnehmungs- und Artikulationsweisen zustande kommen. Die Veröffentlichungs- und Rezeptionsgeschichte des Romans, der als Teil eines Projekts unter dem Titel «Todesarten» gedacht war, verweist auf Unvereinbarkeiten nicht nur zwischen der etablierten Literaturkritik und der von Bachmann praktizierten avancierten Schreibweise radikaler weiblicher Kulturkritik, sondern auch auf Ungleichzeitigkeiten zwischen dieser literarischen Form der Kritik und den politischen und wissenschaftlichen Diskursformen des Feminismus.

1966 bereits waren zwei Kapitel des Romans abgeschlossen. Bei einer Lesung daraus sprach die Autorin davon, daß sie «für dieses Buch zu fürchten habe» (3, S. 343), eine Furcht, die durch die Reaktionen auf die Veröffentlichung eines anderen, ersten Teils des «Todesarten»-Projekts, des Romans «Malina», Anfang der 70er Jahre wohl noch bestärkt wurde. Solcherart Literatur – das bestätigt auch die Rezeptionsgeschichte anderer Autorinnen, die vor der Frauenbewegung schrieben

– wurde derzeit als Zeugnis weiblicher Empfindsamkeit oder ‹krankhafter Subjektivität› gewertet. Eine solche Wertung ist zustande gekommen durch eine Ignoranz bzw. «Teilblindheit» (Christa Wolf) der durchweg männlichen Kritik gegenüber den philosophischen und kulturkritischen Schichten in der Literatur von Frauen, deren Texte gern auf die Ebene trivialer Liebesgeschichten und auf sensationswürdige Bezüge zur Biographie der Autorin reduziert werden. Aber auch die neue Frauenbewegung und die feministische Literaturkritik haben lange Zeit gebraucht, um sich ein Problembewußtsein über den Ort von Frauen und die Funktion des Weiblichen in der abendländischen Kultur zu erarbeiten, das ein Verständnis der Literatur Bachmanns und anderer vorfeministischer Autorinnen ermöglicht hat. Eine Orientierung am Ziel der ‹Emanzipation› und am Konzept bzw. der Utopie der ‹autonomen Frau› hat in den Anfängen der Frauenbewegung und der Frauenforschung die Aufmerksamkeit für die vorhandene Kunst und Literatur von Frauen vielfach verstellt.[1]

Die Impulse für die Frauenforschung gingen zwar eindeutig von der Frauenbewegung aus; und gerade in der Literaturwissenschaft sind die Anfänge einer eigenständigen und eigensinnigen Arbeit von Frauen im Fach mit der Entwicklung eines Programms unter dem Titel ‹Frauenliteratur› aus den Bedürfnissen der Frauenbewegung heraus verbunden. Die politische Öffentlichkeit des Feminismus, die in den 70er Jahren ein neues Interesse an und Bedürfnis nach weiblicher Kultur geschaffen und die Entstehung und Entwicklung von ‹Frauenforschung› ermöglicht hat, hat dabei allerdings einen relativ engen, selektiven Blick auf die Literatur und Kunst von Frauen geworfen, in dem programmatische Vorstellungen des Feminismus bisweilen allzu direkt in Maßstäbe zur Beurteilung weiblicher Kunstproduktion umgesetzt wurden. Andererseits hat die Formierung einer in Opposition zur etablierten Kultur stehenden Frauenkultur erst die Möglichkeit geschaffen, einen vielfältigen und vielstimmigen Diskurs zu entfalten, in dem nun auch die Widersprüche und Schwierigkeiten thematisiert werden können, die beim Eintritt der Frauen in die Subjekt- und Kulturgeschichte zustande kommen, in dem auch die psychische und sprachliche Verwicklung der Frauen in die herrschende Ordnung und damit ihr eigener Anteil an den bestehenden Verhältnissen

1 Vgl. zu diesem Phänomen die Abschnitte «Ungleichzeitigkeiten» und «Verborgene Frauen-Literatur» in Weigel 1989, S. 25–41.

befragt werden kann – und in dem auch Zweifel geäußert werden dürfen am Entwurf der ‹autonomen Frau›.[2]

Am Rande der Institution

In der literaturwissenschaftlichen ‹Frauenforschung› läßt sich dieser Prozeß beschreiben als Verschiebung von Fragestellungen und Verfahrensweisen. Als Mitte der 70er Jahre ein lebhaftes Interesse an der Literatur von Frauen und an der Geschichte schreibender Frauen zu einer systematischeren Suche nach deren Spuren in den überlieferten Beständen des Fachs führte, enthüllte die erste Sichtung eine desolate Lage. Ein Blick in die Bibliotheken, Nachschlagewerke, Literaturgeschichten und Kataloge erwies sich zumeist als Fehlanzeige. Außer wenigen ‹Ausnahmefrauen›, die in der deutschsprachigen Literaturgeschichte übrigens noch spärlicher anzutreffen sind als in der englischen und französischen, vermittelt der tradierte Literaturkanon den Eindruck, als sei das Schreiben eine rein männliche Domäne, in der Frauen nur in Ausnahmefällen, nur unter besonderen Opfern oder aber als Schar von Helferinnen, als Musen und Leserinnen zugelassen sind. Aus diesem Befund ist das große Arbeitsprojekt einer *Rekonstruktion* der weiblichen literarischen Tradition entstanden, eine archäologische Arbeit insofern, als durch die Schichten der Überlieferungen hindurch die Spuren eines verborgenen, verdrängten Wissens von/über Frauen und ihre kulturellen Produktionen zu entziffern sind.

Nach über fünfzehnjähriger Arbeit an diesem Projekt, das sich als kollektives Unternehmen von Literaturwissenschaftlerinnen innerhalb und außerhalb der Universitäten, von Schriftstellerinnen und Journalistinnen darstellt, hat sich das Bild gründlich geändert. Durch die Durchforstung der Archivbestände, die Neuauflage zahlreicher Titel historischer Autorinnen – von den Verlagen anfangs zögerlich, dann aber, als Absatz- und Gewinnchancen sich abzeichneten, in größerem Umfang betrieben – durch die Rekonstruktion von Leben und Arbeit einzelner Autorinnen und die Porträts von Frauen aus dem Lebens- und Arbeitsumfeld sogenannter berühmter Männer, mit Hilfe exemplarischer Studien über spezifische Gattungen wie den Frauenroman,

[2] Über die Darstellungsprobleme dieser Geschichte reflektiert Kapitel 1, 1 auf der Ebene der Diskussion verschiedener theoretischer Paradigmen.

die Mystik, Briefliteratur, Lyrik oder den weiblichen Bildungsroman und mit Hilfe der Zusammenstellung von ermittelbaren Daten über Schriftstellerinnen in neu erarbeiteten Nachschlagewerken und Bibliographien sind derweil eine Fülle von Mosaiksteinen zu einem wohl unerreichbaren und stets sich verändernden Gesamtbild weiblicher Literaturgeschichte zusammengetragen worden.

Dabei soll nicht unerwähnt bleiben, daß diese Arbeit vielfach unter den schlechtesten materiellen Bedingungen stattfindet, zu einem großen Teil sogar von weiblichen Privatgelehrten geleistet wird, die ihre materielle Reproduktion durch andere Arbeit absichern, so daß die gewaltförmige Privatisierung von Frauenarbeit sich auch in diesem Bereich wiederholt. Für jeden Seitenzweig männlicher Literaturgeschichtsschreibung stehen mehr Ressourcen zur Verfügung, werden mehr Forschungsmittel investiert als für den gesamten Bereich literaturwissenschaftlicher Frauenforschung. Ohne die Bedeutung einer solchen Institution wie der «Hamburger Arbeitsstelle des Goethe-Wörterbuchs» in Frage stellen zu wollen – es handelt sich um eine Dauereinrichtung mit sechs ständigen Mitarbeitern, genauer mit einem Leiter und fünf Mitarbeiterinnen –, zeigt sich doch eine auffällige Diskrepanz, wenn man daran denkt, daß die Forderung einer ähnlichen Einrichtung für die Erforschung der Literatur von Frauen von den verantwortlichen Stellen mindestens als ungehörig oder aber als Anzeichen verminderten Realitätsbewußtseins gedeutet würde. Dabei wäre das herrschende Ungleichgewicht erst dann nennenswert vermindert, wenn an jedem literaturwissenschaftlichen Institut mindestens eine Professur mit dem Schwerpunkt Geschlechterverhältnisse bzw. feministische Literaturwissenschaft und bundesweit, auf verschiedene Institute verteilt, mindestens zehn solcher Arbeitsstellen eingerichtet wären.

Doch selbst damit wäre es nicht getan. Denn das Ausmaß und die Mechanismen des Verschweigens weiblicher Kulturleistungen in der Literaturhistorie haben gezeigt, daß es sich dabei um ein aktives Vergessen handelt, das den Regeln der Disziplin, den zentralen Begriffen und Verfahrensweisen des Fachs immanent ist. Insofern kann es sich bei der Rekonstruktion weiblicher Literaturgeschichte nicht um eine Arbeit der Ergänzung handeln, nicht um die Komplettierung von Unvollständigem, sondern um eine grundsätzliche *Re-Lektüre,* die es notwendig macht, das gesamte Wissen des Fachs zu dekonstruieren. Besondere Aufmerksamkeit gilt dabei jenen Praktiken der Disziplin, die den Effekt der Ausgrenzung und Verdrängung des Weiblichen zustande bringen. Schon der zweite Blick in die Überlieferungen zeigte nämlich die Beredsamkeit des Fachdiskurses in seinem Schweigen über Zeugnisse weiblicher Autorschaft. Namenlosigkeit, falsche Namen, vertrauliche Nennung unter dem Vornamen, die bibliographische Vereinnahmung von Autorinnen unter dem Namen ihres Ehemanns, falsche Datierungen, Genrebezeichnungen und Inhaltswiedergaben, die Ineinssetzung von historischen Frauen und mythischen Figuren, die Verwechslung von Werk und Leben, von Heldin und Verfasserin – all dies sind Beispiele dafür, daß im herrschenden Literaturbegriff weibliche Autoren nicht vorgesehen sind und daß über sie offenbar nur in der Form von Fehlleistungen oder in der Kategorie der Sonder- bzw. Abart *eigentlicher* Literatur geredet werden kann.[3] Gerade nicht der Charakter des Unvollständigen in der etablierten Literaturgeschichte hat nämlich die Frauen darin vergessen gemacht, sondern der Mythos der Vollendung, die Vorstellung vom Meisterwerk und seiner Schöpfung sind es, die sich über die Verdrängung der weiblichen Anteile kultureller Produktion allererst herstellen. Und während in der Literatur selbst dieser Vorgang noch sichtbar ist, gleichsam *in statu nascendi* zu beobachten, wobei die Inanspruchnahme, Überwindung und Tötung des Weiblichen in künstlerischen Produktionen von einer ständigen Mythisierung und Bilderproduktion begleitet ist, so verdoppelt die herrschende Überlieferung diese Verdrängung und macht deren Spuren dabei gleichzeitig unsichtbar. Insofern hat die Literaturwissenschaft von Frauen es mit einer doppelten Verdrängungsgeschichte zu tun.[4]

3 Vgl. Blackwell, die diese Praktiken und Regeln methodisch reflektiert. – Zum gestörten Umgang mit weiblichen Namen vgl., am Beispiel Willemina Jacoba van Goghs, die Studie von Renate Berger, in Pusch; in bezug auf männliche Autoren auch Theweleit 1977, S. 13 f. – Texte von Sophie Mereau fand ich in Bibliotheken z. T. unter dem Namen Brentano bibliographiert, obwohl die Autorin Clemens Brentano erst heiratete, als sie bereits eine anerkannte und überaus erfolgreiche Schriftstellerin war, die zwar einiges anonym, aber nie unter dem Namen Brentano veröffentlicht hat. Zur schwierigen Geschichte weiblicher Autorschaft vgl. meinen Aufsatz «Der schielende Blick» in Stephan/Weigel 1983. – Die vertrauliche Nennung von Autorinnen unter ihrem Vornamen ist auch in der Frauenforschung vielfach wiederholt worden, hier zwar nicht in paternalistischer Absicht, sondern im Gestus der Identifikation, aber mit demselben Effekt: daß nämlich der Schriftstellerin ihr *Autorname* vorenthalten wird. – Mit dem neuen Interesse für die Literatur und Geschichte von Frauen hat sich dies im letzten Jahrzehnt tendenziell geändert. Doch läßt sich die Arbeit der Frauenforschung immer noch eher an den Verlagsprogrammen als an den Vorlesungsverzeichnissen ablesen.

4 Vgl. dazu hier Kapitel 3, 1.

Diese ist zudem Teil einer Opferstruktur der westlichen Kulturgeschichte, deren kritische Analyse aus der Perspektive von Frauen neue Akzente erhält. Die Erkenntnis Walter Benjamins, daß «die jeweils Herrschenden ... die Erben aller (sind), die je gesiegt haben», daß die Dokumente der Kultur und der Prozeß der Überlieferung niemals frei von Barbarei sind und daß somit erst «der erlösten Menschheit ... ihre Vergangenheit in jedem ihrer Momente zitierbar geworden» ist (1980, I, 2, S. 696, 694), wäre im Hinblick auf den Ort von Frauen und die Funktion des Weiblichen in unserer Geschichte zu konkretisieren. Das ist nur möglich in einer Zusammenarbeit verschiedener Fächer, in einer interdisziplinären Re-Lektüre weiblicher Kulturgeschichte, die genaugenommen nicht *inter*disziplinär, sondern *re*-disziplinär sein sollte, weil sie sich im Verhältnis zu den etablierten Disziplinen *dekonstruktiv* verhalten müßte.[5] Die feministische Literaturwissenschaft ist für mich damit Teil einer feministischen bzw. weiblichen Kulturkritik im Anschluß an Erkenntnisse der Kritischen Theorie und an Verfahrensweisen der Dekonstruktion.

Vom doppelten Ort der Frauen oder die Sprache des ‹Anderen›

Unter dem Titel ‹feministische Literatur- oder Kulturkritik› ist dies eines der engagiertesten Projekte, das der europäische und US-amerikanische Feminismus in den letzten beiden Jahrzehnten betrieben hat. Im Mittelpunkt steht dabei die Analyse von Weiblichkeitsmustern und Frauenbildern in den überlieferten literarischen und philosophischen Schriften der abendländischen Kulturgeschichte.

Weitgehende Übereinstimmung besteht darin, daß diese Schriften eine Zivilisationsgeschichte beschreiben, in der sich das männliche Subjekt über die Opferung, das heißt die Zerstörung, die Ausgrenzung und Aufspaltung des Anderen konstituiert, eine Geschichte, wie sie bereits von Horkheimer und Adorno 1944 in der «Dialektik der Aufklärung» beschrieben wurde. In dieser Studie und in zahlreichen folgenden rationalitätskritischen Arbeiten konnte gezeigt werden, daß sich die Überwindung der äußeren und inneren Natur, der sich die Geburt

5 Diese Formulierung geht zurück auf Diskussionen mit der in Paris lebenden griechischen Historikerin Eleni Varikas.

des heute herrschenden Subjekts verdankt, an den Bildern der Wildnis, der Weiblichkeit, der anderen ‹Rasse›, des Körpers und des Wahnsinns vollzog. Aus der Perspektive des *Einen,* der das *Andere* territorialisiert, im Begriff benennt und festlegt oder es im Bild festhält, sind dasjenige und diejenigen, welche für ihn das Andere verkörpern, tendenziell austauschbar und ohne Eigensinn – obwohl sie ihm zugleich notwendig sind; denn das Eine restituiert sich stets aus dem Anderen, so daß die Opferung immer mit einer Enteignung verbunden ist. Es gibt zahlreiche Beispiele dafür, wie die Ängste und Wünsche, die diesen Prozeß begleiten und sich auf das Andere richten, zwischen verschiedenen seiner Bilder wechseln, wie Wildnis und Weiblichkeit, wie die Juden und die Frauen oder etwa Körperlichkeit und Weiblichkeit dabei verbunden oder gleichgesetzt werden.[6]

Äußerst kompliziert und kontrovers wird diese Geschichte aber, wenn es um die Konsequenzen geht, die sie für die konkreten Anderen hat. Strittig wird die Beurteilung und Deutung dieser Geschichte, wenn diejenigen, die in den herrschenden Vorstellungen (im Doppelsinn von Signifikat und Inszenierung/Aufführung) das Andere verkörpern, selbst die Position des Subjekts einnehmen bzw. nach dieser Position verlangen, sie anstreben. Wenn man den Feminismus als ein solches Verlangen aus der Perspektive von Frauen begreift, dann haben die letzten zwanzig Jahre gezeigt, daß die Frauen sich selbst in die Dialektik der Aufklärung verstrickt haben. Die Kritik der herrschenden Geschlechterverhältnisse, der Widerstand gegen die Zwänge und die tödliche Macht der Frauenbilder sowie die Analysen der Praktiken und Strukturen, mit deren Hilfe die Frau für das System zur «stummen Stütze, die selbst nicht in Erscheinung tritt» (Kristeva) wurde, diese ganze feministische Arbeit hat eine Reihe von Aporien hervorgebracht, von denen mir zwei als brennende Probleme besonders aktuell erscheinen:

1. Die Schwierigkeiten, eine andere Redeweise in bezug auf das Weibliche und die Frauen hervorzubringen. Das betrifft die Versuche von Frauen, einen eigenen Diskurs über das Weibliche zu begründen und eigene Bilder des Weiblichen zu entwerfen.

2. Die problematische Beziehung der Frauen zu denjenigen, die aus der Perspektive des männlichen Subjekts mit ihnen den Platz des Anderen teilen, deren Verhältnis zu den Frauen aber in dem Moment kom-

[6] Vgl. dazu das Beispiel der ‹Wilden› und der ‹Frauen› in Kapitel 2, 1.

pliziert wird, wenn diese eine Subjektposition behaupten oder einnehmen.

Zum ersten Punkt: Wenn auch im Projekt der Re-Lektüre der männlichen Überlieferungen im Hinblick auf die darin eingeschriebenen Weiblichkeitsmuster ein Repertoire relativ stereotyper Bilder zutage befördert wurde, sind die Reaktionen von Frauen darauf doch sehr unterschiedlich. Überwogen zu Beginn der neuen Frauenbewegung jene Stimmen, die mit Empörung reagieren, so wurde allmählich – spätestens seitdem auch in den Schriften von Frauen vergleichbare Bilder entdeckt wurden – deutlich, daß diese Bilder nicht nur eine normative, sondern auch eine psychische Realität besitzen. Die Faszinations- und Wiedererkennungsmomente, die auch für Frauen in vielen Weiblichkeitsmythen enthalten sind, haben eine einfache Entgegensetzung von Ideologie und Realität, von Imagination und Erfahrung obsolet gemacht. Oft erweist sich die Suche nach Gegenbildern oder gar nach alternativen, eigenen Identitätskonzepten als Wiederholung oder Variation alter Muster, die in den herrschenden imaginären Strukturen befangen bleiben, oder als naive Sehnsucht nach der Rückkehr von unwiederbringlich verlorenen Momenten der Subjekt- oder Kulturgeschichte, von denen wir doch nur ein sehr rudimentäres, versunkenes Wissen, vielleicht nur eine Ahnung besitzen. Die Frage, ob die Frauen ein anderes Imaginäres haben (Irigaray 1979), läßt sich jedenfalls nicht einfach mit Ja beantworten.

Überhaupt hat sich die Frage nach dem Anders*sein* der Frau vorerst als Falle entpuppt, da sie bislang nur zu einer Verlängerung der Geschlechterpolarität geführt hat, in der die Frau als ‹anderes Geschlecht› festgelegt ist. Und selbst noch der Versuch, die Frau als «Ce sexe qui n'en est pas un» (Irigaray) zu bestimmen oder das Weibliche als unbestimmbar, uneindeutig und fließend zu beschreiben, läuft Gefahr, in tradierte Bahnen einzumünden. Denn schon früher wurde die Frau gern als Allegorie der Kunst, der verschleierten, uneinnehmbaren Wahrheit (bei Nietzsche und Derrida) oder als Bild des Rätselhaften und Nichtfaßbaren in Anspruch genommen. In der Formulierung *das eine oder das andere* oder auch in der Negation *nicht dies, nicht jenes* artikulieren Frauen häufig ihr Begehren, aus den Festlegungen und Festschreibungen auszubrechen. Wenn diese Topoi aber – anstatt eine Bewegung in Gang zu setzen – zur Definition einer neuen Weiblichkeit verwendet werden, zur Metapher des Uneindeutigen mit dem Namen Frau oder Weiblichkeit, läuft dies auf eine neue Setzung hinaus. An

Derridas Schrift «Epérons – Les styles de Nietzsche» läßt sich studieren, wie das Weibliche funktionalisiert wird für den Wunsch, der Logik des Einen, dem Phallogozentrismus etwas anderes entgegenzusetzen – ähnlich wie im apokalyptischen Diskurs den Frauen gern die Aufgabe der Rettung zugesprochen wird.[7]

Die Schwierigkeiten im Bemühen um eigene Entwürfe in der Rede über das Weibliche/die Frauen verweisen auf grundlegende Probleme des Imaginären und des Diskurses; sie verweisen auf die Notwendigkeit veränderter *Praktiken* im Umgang mit dem Imaginären. Deshalb die Wichtigkeit der Untersuchungen über den Ort der Frauen und die Funktion des Weiblichen in der Schrift/im Symbolischen. Dieser Ort läßt sich als doppelter beschreiben. Erleben die Frauen sich einerseits als Schweigende und als Verschwiegene, so verwenden sie andererseits eine Sprache, Normen und Werte, von denen sie zugleich als ‹das andere Geschlecht› ausgeschlossen sind. Als Teilhaberinnen ihrer Kultur dennoch ausgegrenzt oder abwesend zu sein, das macht den spezifischen Ort von Frauen in der abendländischen Kultur aus. Und dieses Zugleich verschärft sich in dem Maße, wie Frauen ihren «Zugang zur zeitlichen Bühne» (Kristeva 1982, S. 266) erobern.

Der vielleicht schwerwiegendste Befund einer solchen Analyse besteht in einer Desillusionierung: in der Einsicht in die Tatsache, daß die Frauen kein Bild davon und keine Erinnerung daran haben, was eine Frau war oder sein könnte *vor* bzw. *außerhalb* einer männlich geprägten und überlieferten Geschichte; so sehr ist ihre eigene Geschichte mit der des männlichen Subjekts verbunden. Und gerade in diesem Punkt unterscheidet sich ihre Geschichte von der kolonisierter Völker. Die kulturelle Enteignung Afrikas durch die Europäer wurde von Frantz Fanon zum Beispiel in dem Bild «Schwarze Haut, weiße Masken» gefaßt. Für die weiße Frau aber ist die Maske, die ihr im Prozeß der Zivilisation aufgedrückt wurde, längst zum eigenen Gesicht (im Doppelsinn von Antlitz und Sehweise) geworden.

Zum zweiten Punkt: Der Verzicht auf so beliebte metaphorische Vergleiche wie die Bezeichnung der Frauen als Wilde, als Sklaven oder als Proletarier der herrschenden Kultur könnte der Anstrengung um die Ermittlung der spezifischen Situation von Frauen zugute kommen und die Aufmerksamkeit für ihr Verhältnis zu den Anderen bzw. für

7 Eine ausführlichere Kritik an diesem Konzept enthält der «Theoretische Exkurs» in Weigel 1989, S. 196–213.

andere Differenzen als die des Geschlechts schärfen. Auch wenn im Diskurs des Eurozentrismus die ‹Schwarzen› und die ‹Frauen› beide als Kolonisierte konstituiert werden, unterscheidet sich ihre jeweilige Situation doch fundamental voneinander. Die Erinnerungen einer eigenen schwarzen Kultur und deren Artikulationsweisen, die sich noch im Prozeß der Kolonisierung – in abgedrängter, subversiver oder transformierter Form – zum Ausdruck bringen, sind nicht vergleichbar mit den (sub)kulturellen Sozialformen, die etwa europäische Frauen im Verlauf ihrer Geschichte ausgebildet haben. Zudem ist die Frau als Europäerin bzw. als Weiße immer schon auch Teilhaberin an der Kultur der Kolonisierer, worauf ja in letzter Zeit auch schwarze Frauen mit Nachdruck in ihrer Kritik am weißen Feminismus aufmerksam gemacht haben.

Bei der Lektüre von Ingeborg Bachmanns Romanfragment «Der Fall Franza» – einem Roman, der die dem Denken der Weißen eingeschriebenen Todesarten beschreibt – wird deutlich, daß Franzas Satz «Ich bin eine Papua» eben nur für ihr Verhältnis zu der sie beherrschenden und zerstörenden Instanz, zum weißen Mann, gilt. Auf ihrem Weg in die Wüste aber, in Afrika, erlebt sie sich selbst als Weiße. Der ambivalente Ort der weißen Frau, die sich häufig in einem Zugleich von Opfer- und Täterposition vorfindet, wurde von Anne Duden in dem Titel ihres Buchs «Das Judasschaf» (1985) gefaßt: die Frau als Lamm und Judas in eins. Anstatt nun einen moralischen Diskurs über die Situation der weißen Frau zu führen, ist es vielmehr notwendig, den Zusammenhang zwischen der Vernichtung realer Leiber (wie im Faschismus) und der verbreiteten Funktionalisierung von Körpern als Zeichen bzw. der Entleiblichung von Symbolisierungsvorgängen zu untersuchen und die Geschichte der Geschlechterverhältnisse somit im Zusammenhang mit den spezifischen Praktiken der Symbolisierung und Verkörperung, der inneren und äußeren Kolonisierung in einer Dialektik der Aufklärung zu studieren.[8]

Die Kritik schwarzer Frauen, die Kritik von Frauen aus der sogenannten Dritten Welt am Monopol- und Herrschaftsanspruch des ‹Feminismus›, der zum Teil als moderne Variante des Kolonialismus bewertet wird, hat deutlich gemacht, wie notwendig es ist, sich verstärkt mit dem Verhältnis von Geschlechterpolitik und Kulturpolitik, mit dem Verhältnis sexueller *und* kultureller Differenzen zu beschäftigen. Dazu sind aber die tradierten Ismen, ist eine grundsätzliche oder

[8] Diesem Projekt sind die Einzelstudien in den Teilen 1 und 2 gewidmet.

gar universalistische Bestimmung des Verhältnisses von *class*, *race* und *gender* nicht geeignet; denn dieses Verhältnis stellt sich in jeder spezifischen historischen Situation und damit für jedes einzelne Subjekt jeweils neu und unterschiedlich. Da jedes Subjekt sich in einem Geflecht sozialer, kultureller, ethnischer und geschlechtsspezifischer Differenzen bewegt, führt die Betonung *eines* Unterschieds bzw. die Begründung *einer* politischen oder theoretischen Einheit immer und notwendigerweise dazu, daß andere Unterschiede nachgeordnet und momentan untergeordnet werden. Statt in einen Streit verschiedener universalistischer Wir-Konzepte – wir Frauen, wir Schwarzen – zu treten, wäre es wohl fruchtbarer, sich mit den Differenzen und auch mit den möglicherweise unversöhnlichen Unterschieden zu konfrontieren. *Eine* Heimat kann es wohl auch im politischen Sinne für Frauen nicht geben, auch hier befinden sie sich an einem doppelten Ort, auch hier ist Bewegung, ist ein Zugleich verschiedener Perspektiven und Bewegungen notwendig. Ob dieser doppelte Ort der Frau letztlich der Perspektive eines multikulturellen Feminismus im Wege steht, werden wir erst noch erproben müssen.

Nicht im Entwurf bzw. in der Imagination utopischer Konzepte scheinen Möglichkeiten einer solchen Perspektive auf, sondern im Blick auf das Gewesene, auf die Urszenen, in denen die Ausschlüsse, die Opferungen und in denen die Opfer-Täter-Dialektik, die Dialektik zwischen der Opferung und der Konstitution von Autor oder Held, dargestellt ist. Der Blick auf die ‹dialektischen Bilder› (Benjamin) einer weiblichen Kulturgeschichte macht die signifikanten Konstellationen sichtbar, in denen Frauen in diese Dialektik eingebunden sind, er macht die spezifischen Orte erkennbar, an denen sie je unterschiedlich Beteiligte und Ausgeschlossene der herrschenden Kultur sind.

Die Welt des Geistes und des Geldes

FRANKREICH

«Jeder Arbeit feind …

... und unberührt von jedem Antrieb des Ruhms, der Ehre oder der Dankbarkeit; allein mit dem Gegenwärtigen befaßt, und von ihm vollständig beherrscht; ohne jede Sorge um die Zukunft; unfähig zur Voraussicht und Reflexion; sobald nichts sie stört, überlassen sie sich einer kindlichen Freude, die sie dadurch zum Ausdruck bringen, daß sie ohne Anlaß und Ziel umherspringen und unmäßig lachen; sie verbringen ihr Leben ohne zu denken, und sie altern, ohne die Kindheit, deren Fehler sie alle behalten, je zu verlassen.»

Charles-Marie de La Condamine
in seinem Bericht über eine Reise nach Peru und ins Amazonasbecken im Jahre 1740 im Auftrag der französischen Akademie

Das Leben der noch verbliebenen «glücklichen Wilden» im südamerikanischen Regenwald ist heute so unbekümmert nicht mehr, seit die Rodung dieses Waldes ihren Lebensraum vernichtet und weltweit eine ökologische Krise heraufbeschwört. Zukunftsvorsorge im großen wie im kleinen – man muß sich ihrer bewußt sein.

Bibliographie

(Werden mehrere Werke einer Autorin/eines Autors im Text angegeben, dann sind deren Namen unterstrichen.)

Agulhon, Maurice: Marianne into Battle. Republican Imagery and Symbolism in France, 1789–1880 (1979). Cambridge UP 1981.

Allers, Monika u. a. (Hg.): Planen für Hamburg – Arbeit für Frauen. Hamburg 1989.

Androgyn. Sehnsucht nach Vollkommenheit. Ausstellungskatalog, bearb. v. Ursula Prinz. Neuer Berliner Kunstverein. Berlin 1986.

Anselm, Sigrun/Barbara Beck (Hg.): Triumph und Scheitern in der Metropole. Zur Rolle der Weiblichkeit in der Geschichte Berlins. Berlin 1987.

Ansichten der Stadt. Literatur & Erfahrung. Nr. 14, Oktober 1984.

Antigone. Vollständige Dramentexte. Hg. v. Joachim Schondorff. München 1983.

Arasse, Daniel: Die Guillotine. Die Macht der Maschine und das Schauspiel der Gerechtigkeit. Reinbek bei Hamburg 1988.

Augé, Marc: Ein Ethnologe in der Metro (1986). Frankfurt/New York/Paris 1988.

Bachmann 1978 Bachmann, Ingeborg: Werke. Hg. v. Christine Koschel/Inge von Weidenbaum/Clemens Münster. 4 Bde. München 1978.

Bachmann 1983 Bachmann, Ingeborg: Wir müssen wahre Sätze finden. Gespräche und Interviews. Hg. v. Christine Koschel/Inge von Weidenbaum. München 1983.

Bachtin, Michel: Literatur und Karneval. Zur Romantheorie und Lachkultur. Frankfurt/Berlin/Wien 1985.

Balzac, Honoré de: Das Mädchen mit den Goldaugen – La Fille aux yeux d'or. In H. d. B.: Die menschliche Komödie. Sittenstudien. Szenen aus dem Pariser Leben. Gesamtausgabe. Hg. v. Ernst Sander. Gütersloh o. J., Bd. VI, S. 328–414.

Bange, Christine: Die zurückgewiesene Faszination. Zeit, Tod und Gedächtnis als Erfahrungskategorien bei Baudelaire, Benjamin und Marguerite Duras. Weinheim/Basel 1987.

Barthes 1964 Barthes, Roland: Mythen des Alltags (1957). Frankfurt/M. 1964.

Barthes 1974 Barthes, Roland: Die Lust am Text (1973). Frankfurt/M. 1974.

Barthes 1981 Barthes, Roland: Das Reich der Zeichen (1970). Frankfurt/M. 1981.

Becher, Ursula A. J./Jörn Rüsen (Hg.): Weiblichkeit in geschichtlicher Perspektive. Frankfurt/M. 1988.

Becker, Julius: Über historische Lieder und Flugschriften aus der Zeit des Dreißigjährigen Krieges. Rostock 1904.

Becker, Peter von: Die Trauerarbeit im Schönen. Notizen zu einem neu gelesenen Stück. In Büchner 1980.

Becker-Cantarino, Barbara: ‹Frau Welt› und ‹Femme Fatale›: Die Geburt eines Frauenbildes aus dem Geiste des Mittelalters. In: Das Weiterleben des Mittelalters in der deutschen Literatur. Hg. v. James F. Poag/Gerhild Scholz-Williams. Königstein/Ts. 1983, S. 61–73.

Bellmer Bellmer, Hans: Obliques, Numéro spécial. Paris o. J.

Bellmer 1983 Bellmer, Hans: Die Puppe (1962). Frankfurt/Berlin/Wien 1983.

Bellmer 1984 Bellmer, Hans: Photographien (1983). München 1984.

Benhabib, Seyla: Critique, Norm, and Utopia. Columbia UP 1986.

Benjamin 1978 Benjamin, Walter: Briefe. Hg. v. Gershom Scholem und Theodor W. Adorno. 2 Bde. (1966). Frankfurt/M. 1978.

Benjamin 1980 Benjamin, Walter: Gesammelte Schriften. Hg. v. Rolf Tiedemann/Herrmann Schweppenhäuser. Bd. I–IV. (1974). Frankfurt/M. 1980.

Benjamin 1982 Benjamin, Walter: Das Passagen-Werk. Hg. v. Rolf Tiedemann. 2 Bde. Frankfurt/M. 1982.

Benjamin 1985 Benjamin, Walter: Gesammelte Schriften Bd. VI. Hg. v. Rolf Tiedemann/Herrmann Schweppenhäuser. Frankfurt/M. 1985.

Benjamin 1987 Benjamin, Walter: Berliner Kindheit um Neunzehnhundert. Frankfurt/M. 1987.

Benstock, Shari: Women of the Left Bank. Paris, 1900–1940. University of Texas Press 1986.

Berger Renate/Inge Stephan (Hg.): Weiblichkeit und Tod in der Literatur. Köln 1987.

Berger, Renate u. a. (Hg.): Frauen–Weiblichkeit–Schrift. Berlin 1985.

Berger, Renate: Pars pro toto. Zum Verhältnis von künstlerischer Freiheit und sexueller Integrität. In: R. B./Daniela Hammer-Tugendhat (Hg.): Der Garten der Lüste. Zur Deutung des Erotischen und Sexuellen bei Künstlern und ihren Interpreten. Köln 1985, S. 150–199.

Bitterli, Urs: Die ‹Wilden› und die ‹Zivilisierten›. Grundzüge einer Geistes- und Kulturgeschichte der europäisch-überseeischen Begegnung. München 1976.

Blackwell, Jeannine: Anonym, verschollen, trivial: Methodological Hindrances in Researching German Women's Literature. In: Women in German. Yearbook 1. UP of America. Boston/London 1985, S. 39–59.

Bloch, Ernst: Das Prinzip Hoffnung (1959). In E. B.: Gesamtausgabe. Frankfurt/M. 1977, Bd. 5.

Böhme, Hartmut und Gernot: Das Andere der Vernunft. Zur Entwicklung von Rationalitätsstrukturen am Beispiel Kants. Frankfurt/M. 1983.

Bohrer, Karl Heinz: Die gefährdete Phantasie, oder Surrealismus und Terror. München 1970.

Bolz, Norbert/Bernd Witte (Hg.): Passagen, Walter Benjamins Urgeschichte des XIX. Jahrhunderts. München 1984.

Bolz/Faber 1985 Bolz, Norbert W./Richard Faber (Hg.): Profane Erleuchtung und rettende Kritik. Würzburg 1985.

Bolz/Faber 1986 Bolz, Norbert W./Richard Faber (Hg.): Antike und Moderne. Zu Walter Benjamins «Passagen». Würzburg 1986.

Boon, James A.: Other Tribes, Other Scribes. Symbolic Anthropology in the Comparative Study of Cultures, Histories, Religions, and Texts. Cambridge UP 1982.

Borst, Arno: Bild, Wort und Zahl. Von der Einheit der Wissenschaften am Beispiel einer mittelalterlichen Handschrift. In: Frankfurter Allgemeine Zeitung, 4. 10. 1986.

Bougainville, Louis-Antoine de: Reise um die Welt (1772). Berlin (DDR) 1977.

Bovenschen, Silvia: Die imaginierte Weiblichkeit. Exemplarische Untersuchungen zu kulturgeschichtlichen und literarischen Präsentationsformen des Weiblichen. Frankfurt/M. 1979.

Braegger, Carlpeter (Hg.): Architektur und Sprache. München 1982.

Braun, Christina von: NichtIch. Logik, Lüge, Libido. Frankfurt/M. 1985.

Braunbehrens, Volkmar: «Aber gehn Sie in's Theater, ich rath' es Ihnen!» Zu Dantons Tod. In: Georg Büchner Jahrbuch 2/1982. Frankfurt/M. 1983.

Brecht, Bertolt: Gesammelte Werke. 20 Bde. Frankfurt/M. 1967.

Bredekamp, Horst: Die Erde als Lebewesen. In: kritische berichte, H. 4/5, 1981, S. 5–37.

Breton, André: Nadja (1928). Frankfurt/M. 1983.

Briegleb, Klaus: Opfer Heine? Versuche über Schriftzüge der Revolution. Frankfurt/M. 1986.

Broch, Ilona: Die Julia und die Ophelia der Revolution. Zu zwei Frauenfiguren in ‹Dantons Tod›. In: Büchner 1987, S. 241–246.

Brock, Bazon: Jungfrauenzeugung und Junggesellenmaschine – Von der Gottwerdung des Menschen und der Menschwerdung des Gottes. In: Clair/Szeemann, S. 75–82.

Brüggemann, Heinz: «Aber schickt keinen Poeten nach London!» Großstadt und literarische Wahrnehmung im 18. und 19. Jahrhundert. Texte und Interpretationen. Reinbek bei Hamburg 1985.

Buch, Hans Christoph: Die Scheidung von San Domingo. Wie die Negersklaven von Haiti Robespierre beim Wort nahmen. Berlin 1976.

Buci-Glucksmann, Christine: Walter Benjamin und die Utopie des Weiblichen. Hamburg 1984.

Büchner 1980 Büchner, Georg: Dantons Tod. Die Trauerarbeit im Schönen. Ein Theaterlesebuch. Hg. von Peter von Becker. Frankfurt/M. 1980.

Büchner 1987 Büchner, Georg: Der Katalog. Basel/Frankfurt/M. 1987.

Bürger 1974 Bürger, Peter: Die Theorie der Avantgarde. Frankfurt/M. 1974.

Bürger 1983 Bürger, Peter: Über den Umgang mit dem andern der Vernunft. In: Karl Heinz Bohrer (Hg.): Mythos und Moderne. Frankfurt/M. 1983, S. 41–51.

Calvino, Italo: Die unsichtbaren Städte (1972). München 1985.

Certeau 1975 Certeau, Michel de: «Sterbekünste/Anti-Mystisches Schreiben». In: Clair/Szeemann, S. 83–97.

Certeau 1988 Certeau, Michel de: Kunst des Handelns (1980). Berlin 1988.

Le Città Immaginate. Un Viaggio in Italia. Nove Progetti per Nove Città (Ausstellungskatalog). 2 Bde. Mailand 1987.

Clair, Jean/Szeemann, Harald (Hg.): Junggesellenmaschinen/Les Machines Célibataires. Zürich 1975.

Derrida 1972 Derrida, Jacques: Freud und der Schauplatz der Schrift. In J. D.: Die Schrift und die Differenz (1967). Frankfurt/M. 1972.

Derrida 1974 Derrida, Jacques: Grammatologie (1967). Frankfurt/M. 1974.

Derrida 1976 Derrida, Jacques: Sporen – die Stile Nietzsches. Venedig 1976.

Diderot 1967 Diderot, Denis: Nachtrag zu ‹Bougainvilles Reise› oder Gespräch zwischen A. und B. In D. D.: Philosophische Schriften. Hg. v. Theodor Lücke. Frankfurt/M. 1967, 2. Bd., S. 195–237.

Diderot 1981 Diderot, Denis: Über die Frauen. In: Erzählungen und Gespräche. Frankfurt/M. 1981, S. 176 u. 179.

Dieckmann, Herbert: Zu Diderots ‹Supplément au voyage de Bougainville›. In H. D.: Studien zur Europäischen Aufklärung. München 1974, S. 466–470.

Döpp, Hans-Jürgen: Bellmer et la Belle Mère. Ms. Frankfurt/M. 1983.

Dörhöfer, Kerstin/Ulla Terlinden (Hg.): Verbaute Räume. Auswirkungen von Architektur und Stadtplanung auf das Leben von Frauen. Köln 1985.

Duden, Anne/Sigrid Weigel: Schrei und Körper – Zum Verhältnis von Bildern und Schrift. Ein Gespräch über «Das Judasschaf». in: Thomas Koebner (Hg.): Laokoon und kein Ende. Der Wettstreit der Künste. München 1989, S. 113–141.

Duden, Anne: Das Judasschaf. Berlin 1985.

Duden, Barbara: Geschichte unter der Haut. Ein Eisenacher Arzt und seine Patientinnen um 1730. Stuttgart 1987.

Duerr, Hans Peter: Traumzeit. Über die Grenze zwischen Wildnis und Zivilisation. Frankfurt/M. 1978.

Fanon, Frantz: Schwarze Haut, weiße Masken (1952). Frankfurt/M. 1980.

Faye, Jean-Pierre: Geschichte im Toben des phonischen Spiels. Ein Gespräch. In: Schreibheft, Nr. 27, 1986.

Fehervary, Helen: Christa Wolfs Prose. A Landscape of Masks. In: New German Critique, Nr. 27, Fall 1982, S. 57–88.

La Femme Surréaliste. Obliques, Numéro 14–15. Paris o. J.

Fichte, Johann Gottlieb: Grundlagen des Naturrechts nach Prinzipien der Wissenschaftslehre. Hamburg 1979.

Fischer-Homberger, Esther: Krankheit Frau. Zur Geschichte der Einbildungen. Darmstadt/Neuwied 1984.

Flaubert, Gustave: Briefe. Hg. und übersetzt von Helmut Scheffe. Stuttgart 1964.

Forster, Georg: Reise um die Welt (1777). Frankfurt/M. 1983.

Foucault 1969 Foucault, Michel: Wahnsinn und Gesellschaft (1961). Frankfurt/M. 1969.

Foucault 1973 Foucault, Michel: Archäologie des Wissens (1969). Frankfurt/M. 1973.

Foucault 1974 Foucault, Michel: Die Ordnung der Dinge (1966). Frankfurt/M. 1974.

Foucault 1977 Foucault, Michel: Die Ordnung des Diskurses (1970). Frankfurt/Berlin/Wien 1977.

Foucault 1977a Foucault, Michel: Sexualität und Wahrheit. Erster Band. Der Wille zum Wissen (1976). Frankfurt/M. 1977.

Foucault 1978 Foucault, Michel: Von der Subversion des Wissens. Frankfurt/Berlin/Wien 1978.

Foucault 1978a Foucault, Michel: Dispositive der Macht. Über Sexualität, Wissen und Wahrheit. Berlin 1978.

Foucault 1979 Foucault, Michel: Schriften zur Literatur. Frankfurt/Berlin/Wien 1979.

Foucault 1983 Foucault, Michel: Dies ist keine Pfeife (1973). Frankfurt/Berlin/Wien 1983.

Foucault 1986 Foucault, Michel: Sexualität und Wahrheit. Zweiter Band. Der Gebrauch der Lüste (1984). Frankfurt/M. 1986.

Foucault 1986a Foucault, Michel: Sexualität und Wahrheit. Dritter Band. Die Sorge um sich (1984). Frankfurt/M. 1986.

Fox Keller, Evelyn: Liebe, Macht und Erkenntnis. Männliche oder weibliche Wissenschaft? (1985). München 1986.

Freud 1972 Freud, Sigmund: Die Traumdeutung (1900). Studienausgabe, Bd. II. Frankfurt/M. 1972.

Freud 1975 Freud, Sigmund: Jenseits des Lustprinzips. In S. F.: Psychologie des Unbewußten. Studienausgabe Bd. III. Frankfurt/M. 1975, S. 213–272.

Freud 1975a Freud, Sigmund: Notiz über den ‹Wunderblock› (1925). In Freud 1975, S. 363–370.

Friedrichs, Elisabeth: Die deutschsprachigen Schriftstellerinnen des 18. und 19. Jahrhunderts. Stuttgart 1981.

Garber, Klaus: Rezeption und Rettung. Drei Studien zu Walter Benjamin. Tübingen 1987.

Gauthier, Xavière: Surrealismus und Sexualität. Inszenierung der Weiblichkeit (1971). Berlin 1980.

Geiger, Ruth-Esther/Sigrid Weigel: Sind das noch Damen? Vom gelehrten Frauenzimmer-Journal zum feministischen Journalismus. München 1981.

Geitner 1984 Geitner, Ursula: ‹Die Wahrheit über die Weiber sagen› – Zur Genealogie des weiblichen Geschlechtscharakters im 18. Jahrhundert. Unveröffentlichte Magisterarbeit. Bielefeld 1984.

Geitner 1985 Geitner, Ursula: Passio Hysterica – Die alltägliche Sorge um das Selbst. Zum Zusammenhang von Literatur, Pathologie und Weiblichkeit im 18. Jahrhundert. In Berger u. a., S. 130–144.

Geitner 1986 Geitner, Ursula: «Die eigentlichen Enragées ihres Geschlechts». Aufklärung, Französische Revolution und Weiblichkeit. In: Helga Grubitzsch/Hannelore Cyrus/Elke Haarbusch (Hg.): Grenzgängerinnen. Revolutionäre Frauen im 18. und 19. Jh. Weibliche Wirklichkeit und männliche Phantasie. Düsseldorf 1985, S. 185–217.

Gilbert, Sandra M./Susan Gubar: The Madwoman in the Attic. The Woman Writer and the Nineteenth-Century Literary Imagination. New Haven/London 1979.

Gilman 1982 Gilman, Sander L.: On Blackness without Blacks. Essays on the Image of the Blacks in Germany. Massachusetts 1982.

Gilman 1985 Gilman, Sander L.: Difference and Pathology. Stereotypes of Sexuality. Race and Madness. Cornell UP 1985.

Goethe, Johann Wolfgang: Italienische Reise. Hg. v. Christoph Michel. 2 Bde. Frankfurt/M. 1976.

Goll, Yvan: Sodom Berlin (1929). Berlin 1985.

Gorsen, Peter: Sexualästhetik. Grenzformen der Sinnlichkeit im 20. Jahrhundert. Reinbek bei Hamburg 1987.

Grimm, Reinhold: Cœur und Carreur. Über die Liebe bei Georg Büchner. In: Georg Büchner I/II. Sonderband Text und Kritik. München 1979.

Guilhaumou, Jacques: Sprache und Politik in der Französischen Revolution. Frankfurt/M. 1989.

Gutzmann, Gertraud: Eurozentrisches Welt- und Menschenbild in Anna Seghers' ‹Karibischen Geschichten›. In: Annegret Pelz u. a. (Hg.): Frauen – Literatur – Politik. Hamburg 1988, S. 189–204.

Habermas, Jürgen: Verwundete Nation – oder lernende Gesellschaft? In: Frankfurter Rundschau, 11. 4. 1989, S. 9 (Forum Humanwissenschaften).

Hassauer 1983 Hassauer-Roos, Friederike: Das Weib und die Idee der Menschheit. Überlegungen zur neueren Geschichte der Diskurse über die Frau. In: Bernhard Cerquiglini/Hans-Ulrich Gumbrecht (Hg.): Der Diskurs der Literatur- und Sprachhistorie. Frankfurt/M. 1983, S. 421–448.

Hassauer 1988 Hassauer, Friederike: Gleichberechtigung und Guillotine: Olympe de Gouges und die feministische Menschenrechtserklärung der Französischen Revolution. In Becher/Rüsen, S. 259–291.

Haug, Walter (Hg.): Formen und Funktionen der Allegorie. Symposium, Wolfenbüttel 1978. Stuttgart 1979.

Hausen, Karin/Helga Nowotny (Hg.): Wie männlich ist die Wissenschaft? Frankfurt/M. 1986.

Hegel, Georg Wilhelm Friedrich: Vorlesungen über die Ästhetik II. Werke Bd. 14. Frankfurt/M. 1970.

Heine, Heinrich: Lutetia. Berichte über Politik, Kunst und Volksleben. Zweiter Teil. LVII (1843). In: Sämtliche Schriften. Hg. v. K. Briegleb. München 1976. Bd. 9.

Heinrich 1982 Heinrich, Klaus: Parmenides und Jona. Vier Studien über das Verhältnis von Philosophie und Mythologie. Frankfurt/M. 1982.

Heinrich 1982a Heinrich, Klaus: La fiamma di Costanti Affetti. Notizen über die italienische Oper. In: Notizbuch, Nr. 5, 1982, S. 93–99.

Heinrich 1983 Heinrich, Klaus: Vernunft und Mythos. Frankfurt/M. 1983.

Heinrich 1985 Heinrich, Klaus: Das Floß der Medusa. In: Schlesier, S. 335–398.

Hessel, Franz: Ein Flaneur in Berlin. Neuausgabe von ‹Spazieren in Berlin› (1929). Berlin 1984.

Hildegard von Bingen: Wisse die Wege, «Scivias» (1141/53). Salzburg 1981.

Hofmann 1978 Hofmann, Werner: Courbets Wirklichkeiten. In: Courbet und Deutschland (Ausstellungskatalog). Köln 1978, S. 589–613.

Hofmann 1987 Hofmann, Werner: Zauber der Medusa. Europäische Manierismen. Wien 1987.

Hofmann, Fritz u. a. (Hg.): Über die großen Städte. Gedichte 1885–1967. Berlin/Weimar 1967.

Hölderlin, Friedrich: Antigonä. In F. H.: Sämtliche Werke, «Frankfurter Ausgabe». Hg. v. D. E. Sattler. Bd. 16, Sophokles. Frankfurt/M. 1988, S. 261–421.

Honegger, Claudia (Hg.): Die Hexen der Neuzeit. Studien zur Sozialgeschichte eines kulturellen Deutungsmusters. Frankfurt/M. 1978.

Horkheimer, Max/Theodor W. Adorno: Dialektik der Aufklärung (1944). Frankfurt/M. 1969.

Hugo 1929 Hugo, Victor: Notre-Dame von Paris (1831). Hamburg 1929.

Hugo 1961 Hugo, Victor: Notre-Dame de Paris 1482. Texte de 1832. Paris 1961.

Hugo 1977 Hugo, Victor: Notre-Dame von Paris (1831). Frankfurt/M. 1977.

Humboldt, Alexander von: Entwurf einer physischen Weltbetrachtung. Stuttgart 1847.

Huyssen, Andreas/Klaus Scherpe (Hg.): Postmoderne. Zeichen eines kulturellen Wandels. Reinbek bei Hamburg 1986.

Idee Prozess Ereignis. Die Reparatur und Rekonstruktion der Stadt. Internationale Bauausstellung Berlin 1987.

Irigaray 1979 Irigaray, Luce: Das Geschlecht, das nicht eins ist. Berlin 1979.

Irigaray 1987 Irigaray, Luce: Eine Geburtslücke. Für Unica Zürn. In L. I.: Zur Geschlechterdifferenz. Wien 1987, S. 141–152.

Jameson 1986 Jameson, Frederic: Postmoderne – Zur Logik der Kultur im Spätkapitalismus. In: Huyssen/Scherpe, S. 45–102.

Jameson 1988 Jameson, Frederic: Das politische Unbewußte. Literatur als Symbol sozialen Handelns (1981). Reinbek bei Hamburg 1988.

Janz, Marlies: Marmorbilder. Weiblichkeit und Tod bei Clemens Brentano und Hugo von Hofmannsthal. Frankfurt/M. 1986.

Japp, Uwe: Aufgeklärtes Europa und natürliche Südsee. Georg Forsters ‹Reise um die Welt›. In: Piechotta, S. 10–56.

Jünger, Ernst: Das zweite Pariser Tagebuch. In: Sämtliche Werke. Erste Abteilung. Tagebücher III. Strahlungen II. Stuttgart 1979.

Kilchmann, Martin (Hg.): Paul Nizon. Frankfurt/M. 1985.

Kippenberg, Hans G.: Zur Kontroverse über das Verstehen fremden Denkens. In: H. G. K./Brigitte Luchesi (Hg.): Magie. Die sozialwissenschaftliche Kontroverse über das Verstehen fremden Denkens. Frankfurt/M. 1987.

Kittler, Friedrich A.: Aufschreibesysteme 1800/1900 (1985). München 1987.

Klee, Paul. 50 Werke aus 50 Jahren (1890–1940). Ausstellungskatalog. Hamburg 1990.

Kleist, Heinrich von: Sämtliche Werke und Briefe. Hg. v. Helmut Sembdner. 2 Bde. München 1977.

Klotz, Volker: Die erzählte Stadt. Ein Sujet als Herausforderung des Romans von Lesage bis Döblin. München 1969 und Reinbek bei Hamburg 1987.

Knapp, Gudrun-Axeli: Die vergessene Differenz. In: Feministische Studien, Nr. 1/1988, S. 12–31.

Koch 1980 Koch, Gertrud: Zwitter-Schwestern. Weiblichkeitswahn und Frauenhaß. Jean-Paul Sartres Thesen zur androgynen Kunst. In: Sartres Flaubert lesen. Hg. v. Traugott König. Reinbek bei Hamburg 1980, S. 44–59.

Koch 1989 Koch, Gertrud: «Was ich erbeute, sind Bilder». Zum Diskurs der Geschlechter im Film. Basel/Frankfurt/M. 1989.

Koebner, Thomas/Gerhart Pickerodt (Hg.): Die andere Welt. Studien zum Exotismus. Frankfurt/M. 1987.

Kohl 1981 Kohl, Karl-Heinz: Entzauberter Blick. Das Bild vom Guten Wilden und die Erfahrung der Zivilisation. Berlin 1981.

Kohl 1989 Kohl, Karl-Heinz: «Cherchez la Femme d'Orient». In: Europa und der Orient 800–1900. Hg. v. Gereon Sievernich/Hendrik Budde. München 1989, S. 356–367.

Kracauer, Siegfried: Straßen in Berlin und anderswo (1964). Berlin 1987.

Kramer, Fritz: Verkehrte Welten. Zur imaginären Ethnographie des 19. Jahrhunderts (1977). Frankfurt/M. 1981.

Kristeva 1976 Kristeva, Julia: Die Produktivität der Frau. Interview von Elaine Boucquey. In: Das Lächeln der Medusa. Alternative, Nr. 108/109, 1976, S. 166–172.

Kristeva 1978 Kristeva, Julia: Die Revolution der poetischen Sprache (1974). Frankfurt/M. 1978.

Kristeva 1982 Kristeva, Julia: Die Chinesin (1974). Frankfurt/Berlin/Wien 1982.

Kristeva 1989 Kristeva, Julia: Geschichten von der Liebe (1983). Frankfurt/M. 1989.

Kurnitzky, Horst: Ödipus. Ein Held der westlichen Welt. Über die zerstörerischen Grundlagen der Zivilisation. Berlin 1978.

Kurz, Gerhard: Metapher, Allegorie, Symbol. Göttingen 1982.

Lacan 1973 Lacan, Jacques: Schriften I. Olten 1973 und Frankfurt/M. 1975.

Lacan 1975 Lacan, Jacques: Schriften II. Olten 1975.

Lacan 1986 Lacan, Jacques: Encore. Das Seminar Buch XX (1975). Weinheim/Berlin 1986.

Lacan 1987 Lacan, Jacques: Die vier Grundbegriffe. Das Seminar Buch XI (1973). Weinheim/Berlin 1987.

Laplanche, J./J.-B. Pontalis: Das Vokabular der Psychoanalyse. 2 Bde. Frankfurt/M. 1972.

Lascault, Gilbert: Mechanisches/Bumsen/Nicht-Bumsen/Malerei/Wortspiele/usw. In: Clair/Szeemann, S. 115–129.

Lauretis, Teresa de: Alice Doesn't: Feminism, Semiotics, Cinema. Bloomington 1984.

Lefèbvre, Henri: Die Revolution der Städte (1970). München 1972.

Lehmann 1980 Lehmann, Hans-Thies: Dramatische Form und Revolution. Überlegungen zur Korrespondenz zweier Theatertexte: Georg Büchners ‹Dantons Tod› und Heiner Müllers ‹Der Auftrag›. In: Büchner 1980, S. 106–121.

Lehmann 1984 Lehmann, Hans-Thies: Georg Büchner, Heiner Müller, Georges Bataille. Revolution und Masochismus. In: Georg Büchner Jahrbuch, 3/1983. Frankfurt/M. 1984, S. 308–329.

Levi, Primo: Ist das ein Mensch? Die Atempause. München 1988.

Levi-Strauss, Claude: Rasse und Geschichte (1957). Frankfurt/M. 1972.

Liebeschütz, Hans: Das allegorische Weltbild der Heiligen Hildegard von Bingen. Berlin 1930.

List, Elisabeth/Herlinde Studer (Hg.): Denkverhältnisse. Feminismus und Kritik. Frankfurt/M. 1989.

List, Elisabeth: Patriarchen und Pioniere: Helden im Wissenschaftsspiel. In: Scheffer-Hegel/Wartmann, S. 14–35.

Löschner, Renate: Humboldts Naturbild und seine Vorstellung von künstlerisch-physiognomischen Landschaftsbildern. In: Mythen der Neuen Welt, S. 245–253.

Maihofer, Andrea: Die Menschenrechte haben kein Geschlecht? Ein Plädoyer für ihre Reformulierung. In: Vorgänge Nr. 94, H. 4, 1988, S. 79–92.

Man, Paul de: Allegorie des Lesens (1979). Frankfurt/M. 1988.

Manthey, Jürgen: Wenn Blicke zeugen könnten. Eine psychohistorische Studie über das Sehen in Literatur und Philosophie. München 1983.

Marx, Karl: Der 18te Brumaire des Louis Bonaparte. In: Werke. Bd. 8. Berlin (DDR) 1973.

Mayer, Hans: Literaturwissenschaft in Deutschland. In: Literatur. Hg. v. Wolf-Hartmut Friedrich/Walther Killy. Frankfurt/M. 1965, Bd. 2/1, S. 317–333.

Memmi, Albert: Der Kolonisator und der Kolonisierte. Zwei Porträts (1966). Frankfurt/M. 1980.

Menninghaus 1980 Menninghaus, Winfried: Walter Benjamins Theorie der Sprachmagie. Frankfurt/M. 1980.

Menninghaus 1986 Menninghaus, Winfried: Schwellenkunde. Benjamins Passage des Mythos. Frankfurt/M. 1986.

Mercier, Louis Sébastien: Mein Bild von Paris (1788). Frankfurt/M. 1979.

Metken, Günter (Hg.): Als die Surrealisten noch recht hatten. Texte und Dokumente (1976). Hofheim 1983.

Metzlers Literaturlexikon. Hg. v. Günther und Irmgard Schweikle. Stuttgart 1984.

Meyer, Eva: Versprechen, ein Versuch ins Unreine. Frankfurt/M. 1984.

Michelet, Jules: Die Frauen der Revolution (1854). Frankfurt/M. 1984.

Montesquieu, Charles de: Perserbriefe (1721). Hg. v. Jürgen v. Stackelberg. Frankfurt/M. 1988.

Müller, Ernst (Hg.): Die deutsche Literatur im 19. Jahrhundert. Stuttgart 1962.

Müller 1982 Müller, Heiner: Rotwelsch. Berlin 1982.

Müller 1983 Müller, Heiner: Der Auftrag. In: H. M.: Herzstück. Berlin 1983, S. 43–70.

Müller 1985 Müller, Heiner: Bildbeschreibung. In H. M.: Shakespeare Factory 1. Berlin 1985.

Müller, Werner: Die heilige Stadt. Roma quadrata, himmlisches Jerusalem und die Mythe vom Weltnabel. Stuttgart 1961.

Mulvey, Laura: Visuelle Lust und narratives Kino. In: Frauen in der Kunst. Hg. v. Helke Sanders u. a. Frankfurt/M. 1980, Bd. 1, S. 30–46.

Mumford, Lewis: Die Stadt. Geschichte und Ausblick (1961). München 1979.

Musil, Robert: Denkmale. In: Gesammelte Werke. Hg. v. Adolf Frisé. Reinbek bei Hamburg 1981, Bd. 7, S. 506–509.

Mythen der Neuen Welt. Zur Entdeckungsgeschichte Lateinamerikas. Hg. v. Karl-Heinz Kohl. Berlin 1982.

Nadeau, Maurice: Geschichte des Surrealismus (1945). Reinbek bei Hamburg 1986.

Nadler, Josef: Literaturgeschichte des deutschen Volkes. Berlin 1938–1941 (umgearbeitete Fassung von: Literaturgeschichte der deutschen Stämme und Landschaften. 1912–1928).

Niethammer, Lutz: Posthistoire. Ist die Geschichte zu Ende? Reinbek bei Hamburg 1989.

Nizon 1976 Nizon, Paul: Canto. Frankfurt/M. 1976.

Nizon 1981 Nizon, Paul: Das Jahr der Liebe. Frankfurt/M. 1981.

Odenthal, Johannes: Imaginäre Architektur. Frankfurt/M., New York 1986.

Oehler, Dolf: Ein Marodeur der Avantgarde. In: Kilchmann, S. 162–172.

Oppermann, Helga: Das Engelsmuster. Zur Theorie und Geschichte, Analyse und Interpretation eines kulturellen Deutungsmusters des Weiblichen. Hildesheim 1986.

Panik Stadt. Stadtbauwelt 60. Bauwelt, Nr. 48, Dezember 1978.

Perrig, Alexander: Leonardo – Die Anatomie der Erde. In: die tageszeitung, 22. 10. 1984.

Piechotta, Hans Joachim (Hg.): Reise und Utopie. Zur Literatur der Spätaufklärung. Frankfurt/M. 1976.

Pieper, Jan: Das Labyrinthische. Über die Idee des Verborgenen, Rätselhaften, Schwierigen in der Geschichte der Architektur. Braunschweig/Wiesbaden 1987.

Pizan, Christine de: Das Buch von der Stadt der Frauen (1405). Hg. v. Margarete Zimmermann. Berlin 1986.

Politzer, Heinz: Der Fall der Marquise. Beobachtungen zu Kleists «Die Marquise von O…». In: Deutsche Vierteljahresschrift für Literaturwissenschaft, 51, 1977, S. 98–128.

Pusch, Luise F. (Hg.): Schwestern berühmter Männer. Zwölf biographische Portraits. Frankfurt/M. 1985, S. 453–491.

Raulet, Gérard: Natur und Ornament. Zur Erzeugung von Heimat. Darmstadt/Neuwied 1987.

Rentmeister, Cillie: Berufsverbot für die Musen. In: Ästhetik und Kommunikation, Nr. 25, 1976, S. 92–113.

Roters, Eberhard: Die Opferung und Verklärung der Braut. In: Androgyn, S. 127–143.

Rousseau 1978 Rousseau, Jean-Jacques: Emil oder über die Erziehung (1761). Paderborn 1978.

Rousseau 1981 Rousseau, Jean-Jacques: Abhandlung über den Ursprung und die Grundlagen der Ungleichheit unter den Menschen. In J.-J. R.: Schriften. Hg. v. Henning Ritter. Frankfurt/M. 1981, Bd. 1, S. 165–302.

Said, Edward. Orientalismus (1978). Frankfurt/Berlin/Wien 1981.

Sammet, Gérald: Sûreté, Célérité, Dignité. Die Guillotine und das Licht. In Büchner 1987, S. 240–249.

Sartre, Jean-Paul: Der Idiot der Familie. Bd. 1. Gustave Flaubert 1821 bis 1857. Reinbek bei Hamburg 1977.

Schaeffer-Hegel, Barbara/Brigitte Wartmann (Hg.): Mythos Frau. Projektionen und Inszenierungen im Patriarchat. Berlin 1984.

Schaub, Gerhard: Georg Büchner: Poeta rhetor. Eine Forschungsperspektive. In: Georg Büchner Jahrbuch, 2/1982. Frankfurt/M. 1983.

Scherer, Wilhelm: Vorträge und Aufsätze zur Geschichte des geistigen Lebens in Deutschland und Österreich. Berlin 1874.

Scherpe, Klaus (Hg.): Die Unwirklichkeit der Städte. Großstadtwahrnehmung zwischen Moderne und Postmoderne. Reinbek bei Hamburg 1988.

Schiebinger, Londa: Als die Wissenschaft eine Frau war. In: Jutta Held (Hg.): Frauen im Frankreich des 18. Jahrhunderts: Amazonen, Mütter, Revolutionärinnen. Hamburg 1989, S. 121–147.

Schlaffer, Heinz: Der Bürger als Held. Sozialgeschichtliche Auflösung literarischer Widersprüche. Frankfurt/M. 1973.

Schlesier, Renate (Hg.): Faszination des Mythos, Studien zu antiken und modernen Interpretationen. Basel/Frankfurt/M. 1985.

Schmid, Georg (Hg.): Die Zeichen der Historie. Beiträge zu einer semiologischen Geschichtswissenschaft. Wien/Köln 1986.

Schmid, Marion: Der weiße Fleck auf der Landkarte. In: Mythen der Neuen Welt, S. 264–271.

Schmid-Bortenschlager, Sigrid: Konstruktive Literatur. Französischer Einfluß auf die deutschsprachige Literatur, exemplifiziert an den Manuskripten. In: Sprachkunst. Beiträge zur Literaturwissenschaft, Jg. 1979, Jahressonderband Komparatistik in Österreich. Wien 1979, S. 138–155.

Schneider, Franziska: Unica Zürn. Zu ihrem Leben und ihrem Werk. Unveröffentlichte Lizentiatsarbeit. Zürich 1979.

Schneider, Manfred: Die erkaltete Herzensschrift. Der autobiographische Text im 20. Jahrhundert. München 1986.

Scholem 1973 Scholem, Gersholm: Zur Kabbala und ihrer Symbolik. Frankfurt/M. 1973.

Scholem 1980 Scholem, Gershom: Die jüdische Mystik (1941). Frankfurt/M. 1980.

Scholem 1983 Scholem, Gershom: Walter Benjamin und sein Engel. Frankfurt/M. 1983.

Scholvin, Ulrike: Döblins Metropolen. Über reale und imaginäre Städte und die Travestie der Wünsche. Weinheim/Basel 1985.

Schraut, Elisabeth/Claudia Opitz: Frauen und Kunst im Mittelalter. Braunschweig 1983.

Schuller, Marianne: Literarische Szenerien und ihre Schatten. Orte des ‹Weiblichen› in literarischen Produktionen. In: Ringvorlesung Frau und Wissenschaft Sommersemester 1979. Marburg 1980, S. 79–104.

Schulz 1980 Schulz, Genia: Heiner Müller. Stuttgart 1980.

Schulz 1982 Schulz, Genia: Abschied von Morgen. Zu den Frauengestalten im Werk Heiner Müllers. In: Heiner Müller. Text und Kritik. H. 73. München 1982, S. 58–70.

Schulz 1987 Schulz, Genia: «Bin gar kein und nur ein Mund». Zu einem Aspekt des Weiblichen in Texten Heiner Müllers. In Stephan/Weigel 1987, S. 147–164.

Schüßler, Achim: Städte Bauen oder Sätze Bauen. In Deutungen und Bedeutungen. Bauwelt, Nr. 20, Mai 1980, S. 837–841.

Seghers, Anna: Die Hochzeit von Haiti. Karibische Geschichten. Darmstadt/Neuwied 1983.

Serres, Michel: Carpaccio. Ästhetische Zugänge (1974). Reinbek bei Hamburg 1981.

Showalter, Elaine: Feministische Literaturkritik in der Wildnis (1981). In: Karen Nölle-Fischer (Hg.): Mit verschärftem Blick. Feministische Literaturkritik. München 1987, S. 49–88.

Sophokles: Antigone. Griechisch/Deutsch. Übersetzt und hg. v. Norbert Zink. Stuttgart 1983.

Spivak, Gayatri Chakravorty: In other worlds. Essays in Cultural Politics. New York/London 1987.

Starobinski, Jean: Wörter unter Wörtern. Die Anagramme von Ferdinand de Saussure (1971). Frankfurt/Berlin/Wien 1980.

Steg, Elke/Inga Jesinghaus (Hg.): Die Zukunft der Stadt ist weiblich. Frauenpolitik in der Kommune. Bielefeld 1987.

Steinbrügge 1983 Steinbrügge, Lieselotte: Die Aufteilung des Menschen. Zur anthropologischen Bestimmung der Frau in Diderots Encyclopédie. In: Frauen in der Geschichte IV. Hg. v. Ilse Brehmer u. a. Düsseldorf 1983, S. 51–64.

Steinbrügge 1987 Steinbrügge, Lieselotte: Das moralische Geschlecht. Theorien und literarische Entwürfe über die Natur der Frau in der französischen Aufklärung. Weinheim/Basel 1987.

Steiner 1981 Steiner, George: Nach Babel. Aspekte der Sprache und der Übersetzung (1975). Frankfurt/M. 1981.

Steiner 1988 Steiner, George: Die Antigonen. Geschichte und Gegenwart eines Mythos (1984). München 1988.

Steinwachs 1979 Steinwachs, Ginka: marylinparis. montageroman (1978). Basel/Frankfurt/M. 1987.

Steinwachs 1980 Steinwachs, Ginka: G. A. Breitlings «Denkmal der vergessenen Titanin». Drei Denkbilder. In: Brigitte Wartmann (Hg.): Weiblich-Männlich. Kulturgeschichtliche Spuren einer verdrängten Weiblichkeit. Berlin 1980, S. 77–88.

Steinwachs 1980a Steinwachs, Ginka: George Sand. Eine Frau in Bewegung, die Frau von Stand. Berlin 1980.

Steinwachs 1985 Steinwachs, Ginka: Mythologie des Surrealismus oder die Rückverwandlung von Kultur in Natur (1971). Basel/Frankfurt/M. 1985.

Stephan, Inge/Regula Venske/Sigrid Weigel: Frauenliteratur ohne Tradition? Neun Autorinnenporträts. Frankfurt/M. 1987.

Stephan, Inge: «Das Natürliche hat es mir seit langem angetan». Zum Verhältnis von Frau und Natur in Fontanes Cécile. In: Reinhold Grimm/Jost Hermand (Hg.): Natur und Natürlichkeit. Stationen des Grünen in der deutschen Literatur. Frankfurt/M. 1981, S. 118–149.

Stephan/Weigel 1983 Stephan, Inge/Sigrid Weigel: Die verborgene Frau. Berlin 1983.

Stephan/Weigel 1987 Stephan, Inge/Sigrid Weigel (Hg.): Weiblichkeit und Avantgarde. Hamburg 1987.

Stephan/Weigel 1989 Stephan, Inge/Sigrid Weigel (Hg.): Die Marseillaise der Weiber. Frauen, die Französische Revolution und ihre Rezeption. Hamburg 1989.

Stierle, Karlheinz: Die Entdeckung der Stadt. Paris und sein Diskurs. In: Medium Metropole. Berlin, Paris, New York. Hg. v. Friedrich Knilli und Michael Nerlich unter Mitarbeit von Heino Maß. Heidelberg 1986, S. 81–93.

Stüssi, Anna: Erinnerungen an die Zukunft. Walter Benjamins Berliner Kindheit um Neunzehnhundert. Göttingen 1977.

Szondi, Peter: Benjamins Städtebilder. In: P. S.: Lektüren und Lektionen. Frankfurt/M. 1973, S. 134–149.

Taeger, Annemarie: Die Kunst, Medusa zu töten. Bielefeld 1987.

Teraoka, Arlene Akiko: The Silence of Entropy or Universal Discourse. The Postmodernist Poetics of Heiner Müller. New York/Bern/Frankfurt/M. 1985.

Theweleit 1977/78 Theweleit, Klaus: Männerphantasien. 2 Bde. Frankfurt/M. 1977/78 und Reinbek bei Hamburg 1980 u. ö.

Theweleit 1988 Theweleit, Klaus: Buch der Könige. Bd. 1. Orpheus und Eurydike. Basel/Frankfurt/M. 1988.

Theye, Thomas (Hg.): Wir und die Wilden. Einblicke in eine kannibalische Beziehung. Reinbek bei Hamburg 1985.

Toderov, Tzvetan: Die Eroberung Amerikas. Das Problem des Anderen (1982). Frankfurt/M. 1985.

Treder, Uta (Hg.): Die Liebesreise oder Der Mythos des süßen Wassers. Ausländerinnen im Italien des 19. Jahrhunderts. Bremen 1988.

Vassen, Florian: Der Tod des Körpers in der Geschichte. Tod, Sexualität und Arbeit bei Heiner Müller. In: Heiner Müller. Text und Kritik. H. 73. München 1982, S. 45–57.

Vernant, Jean-Pierre: Tod in den Augen. Figuren des Anderen im griechischen Altertum: Artemis und Gorgo (1985). Frankfurt/M. 1988.

Vovelle, Michel: Die Französische Revolution. Soziale Bewegung im Umbruch der Mentalitäten. Frankfurt/M. 1982.

Wagner, Beate: Der Mythologische Diskurs über die Frauen oder: Wie Athen zu ihrem Namen kam. In: Weiblichkeit oder Feminismus? Beiträge zur interdisziplinären Frauentagung Konstanz 1983. Hg. von Claudia Opitz. Weingarten 1984.

Wagner, Monika: Freiheitswunsch und Frauenbild. Veränderung der ‹Liberté› zwischen 1789 und 1830. In Stephan/Weigel 1989, S. 7–36.

Wallinger, Sylvia/Monika Jonas (Hg.): Der Widerspenstigen Zähmung. Studien zur bezwungenen Weiblichkeit in der Literatur vom Mittelalter bis zur Gegenwart. Innsbruck 1986.

Warner, Marina: Monuments & Maidens. The Allegory of the Female Form. London 1985. Dt. In weiblicher Gestalt. Die Verkörperung des Wahren, Guten und Schönen. Reinbek bei Hamburg 1989.

Wartmann, Brigitte: Warum ist Amerika eine Frau? Zur Kolonialisierung eines Wunsch(t)raumes. In: Antonia Dinnebier/Berthold M. Pechan (Hg.): Ökologie und alternative Wissenschaft. Berlin 1985.

Weigel 1983 Weigel, Sigrid: Wider die romantische Mode. Zur ästhetischen Funktion des Weiblichen in Friedrich Schlegels Lucinde. In: Stephan/Weigel 1983, S. 67–82.

Weigel 1987 Weigel, Sigrid: «Wäre ich ein Mann, hätte ich aus diesem Zustand vielleicht ein Werk geschaffen». – Unica Zürn. In: Stephan/Venske/Weigel, S. 243–277.

Weigel 1989 Weigel, Sigrid: Die Stimme der Medusa. Schreibweisen in der Gegenwartsliteratur von Frauen (1987). Reinbek bei Hamburg 1989.

Weigel 1989a Weigel, Sigrid: Flaneurin in der Welt der Schrift. Spuren Benjaminscher Lektüre in den Texten von Ginka Steinwachs. In: Sonjo Nowoselsky-Müller (Hg.): Ein Mund von Welt: Ginka Steinwachs. Textsorten. Bremen 1989, S. 62–69.

Wenk 1986 Wenk, Silke: Warum ist die (Kriegs-)Kunst weiblich? Frauenbilder in der Plastik auf öffentlichen Plätzen in Berlin. In: die tageszeitung, 2. 7. 1986, S. 12.

Wenk 1987 Wenk, Silke: Der öffentliche weibliche Akt: eine Allegorie des Sozialstaates. In: Frauen. Bilder. Männer. Mythen. Kunsthistorische Beiträge. Hg. von Ilsebill Barta u. a. Berlin 1987, S. 217–238.

Wiedemann, Conrad: Rom – Paris – London. Erfahrung und Selbsterfahrung deutscher Schriftsteller und Künstler in fremden Metropolen. Stuttgart 1988.

Willms, Johannes: Paris. Hauptstadt Europas 1789–1914. München 1988.

Witte, Bernd: Ein ungeschriebenes Buch lesen. In: Bolz/Witte, S. 7–12.

Wunderli, Peter: Ferdinand de Saussure und die Anagramme. Tübingen 1982.

Wuthenow 1980 Wuthenow, Ralph-Rainer: Die erfahrene Welt. Europäische Reiseliteratur im Zeitalter der Aufklärung. Frankfurt/M. 1980.

Wuthenow 1982 Wuthenow, Ralph-Rainer: Der Reisende als ‹Geschichtsschreiber der Natur›. Südamerikanische Reisen. In: Mythen der Neuen Welt, S. 236–244.

Wysocki, Gisela von: Weiblichkeit als Anagramm – Unica Zürn. In: G. v. W.: Die Fröste der Freiheit. Aufbruchsphantasien. Frankfurt/M. 1980, S. 37–54.

Zürn 1981 Zürn, Unica: Das Weisse mit dem roten Punkt. Hg. v. Inge Morgenthal. Berlin 1981.

Zürn 1982 Zürn, Unica: Der Mann im Jasmin. Dunkler Frühling. Frankfurt/Berlin/Wien 1982.

Zürn 1986 Zürn, Unica: Das Haus der Krankheiten (mit Faksimiledruck d. Ms.). Berlin 1986.

Zürn 1988 ff Zürn, Unica: Gesamtausgabe in 5 Bänden. Hg. v. Günter Bose/Erich Brinkmann. Berlin 1988 ff.

Zürn 1980 Zürn, Unica: Im Staub dieses Lebens. Dreiundsechzig Anagramme. Berlin 1980.

Zürn, Unica. Hans Bellmer. Ausstellungskatalog. 28. 4.–4. 6. 1967. Galerie Brusberg. Hannover 1967.

Textnachweise

Leib und Bildraum. Zur Problematik und Darstellbarkeit einer weiblichen Dialektik der Aufklärung. In: Christine Kulke/Elvira Scheich (Hg.): Politische Konstellationen der Moderne – Vernunft, Wissenschaft, Weiblichkeit. Pfaffenweiler 1990. Im Druck (= Vortrag für das Colloquium unter dem gleichen Titel, TU Berlin, November 1988, und für das Berkeley Symposium ‹German Perspectives on Postmodernism›, März 1989).

Das Theater der weißen Revolution ohne Geschlecht. Körper und Verkörperung im Revolutionstheater von Heiner Müller und Georg Büchner. In: Inge Stephan/S. W. (Hg.): Die Marseillaise der Weiber. Frauen, die Französische Revolution und ihre Rezeption. Hamburg 1989, S. 154–174 (= Ringvorlesung unter dem gleichen Titel, Universität Hamburg, Juni 1989).

Hans Bellmer Unica Zürn: ‹Auch der Satz ist wie ein Körper...?›. Junggesellenmaschinen und die Magie des Imaginären. In: Inge Stephan/S. W. (Hg.): Weiblichkeit und Avantgarde. Hamburg 1987, S. 187–230.

Zum Verhältnis von ‹Wilden› und ‹Frauen› im Diskurs der Aufklärung. In: Thomas Koebner/Gerhart Pickerodt (Hg.): Die andere Welt. Studien zum Exotismus. Frankfurt/M. 1987, S. 171–199 (= Ringvorlesung ‹Exotismus›, Philipps-Universität Marburg, November 1984).

«Die Städte sind weiblich und nur dem Sieger hold». Zur Topographie der Geschlechter in Gründungsmythen und Städtedarstellungen. Überarbeiteter Text von zwei Beiträgen: «Die Städte sind weiblich und nur dem Sieger hold». Zur Funktion des Weiblichen in Gründungsmythen und Städtedarstellungen. In: Sigrun Anselm/Barbara Beck (Hg.): Triumph und Scheitern in den Metropolen. Zur Rolle der Weiblichkeit in der Geschichte Berlins. Berlin 1987, S. 207–227 (= Ringvorlesung ‹Weiblichkeit und Emanzipation in der Metropole Berlin›, FU Berlin, Dezember 1986).
Zur Weiblichkeit der imaginären Stadt. In: Planen für Hamburg – Arbeit für Frauen. Hg. v. Monika Allers u. a. Dokumentation der Tagung v. 11. 11. 1988. Hamburg 1988, S. 9–19.

Weiblichkeit und Stadt – Zur Überkreuzung zweier Diskurse (= Vortrag für das Colloquium ‹Aspekte der deutschen Foucault-Rezeption›, Universität Hamburg, Dezember 1988).
Traum – Stadt – Frau. Zur Weiblichkeit der Städte in der Schrift. In: Klaus Scherpe (Hg.): Die Unwirklichkeit der Städte. Großstadtdarstellungen zwischen Moderne und Postmoderne. Reinbek bei Hamburg 1988, S. 173–196 (= Vortrag Universität München, Januar 1988).

Die Verdoppelung des männlichen Blicks und der Ausschluß von Frauen aus der Literaturwissenschaft. In: Karen Hausen/Helga Novotny (Hg.): Wie männlich ist die Wissenschaft? Frankfurt/M. 1986, S. 43–61 (= Vortrag für die Tagung unter gleichem Titel, Zentrum für interdisziplinäre Forschung Bielefeld, Dezember 1984).

Rekonstruktion und Relektüre. Die Arbeit von Frauen in der Literaturwissenschaft als Teil einer weiblichen Kulturkritik. In: Frauenforschung und Kunst von Frauen. Feministische Beiträge zu einer Erneuerung von Kunst und Wissenschaft. Hg. v. d. Arbeitsgemeinschaft interdisziplinärer Frauenforschung und -studien. Pfaffenweiler 1990. Im Druck (= Vortragsmanuskript für das Symposium unter dem gleichen Titel, Bonner Kunstverein, Februar 1989).

Bilder und Ausstellungsorte

Abb. 1: Katalog Gabriele Schnitzenbaumer N.Y., 7. 12. 88–26. 3. 89.
Abb. 2: Hamburger Kunsthalle.
Abb. 3: Hans Bellmer, Photographien. München 1984, S. 22. © VG Bild-Kunst, Bonn, 1990.
Abb. 4: Ebenda, S. 45. © VG Bild-Kunst, Bonn, 1990.
Abb. 5: Museum of Art, Philadelphia. © VG Bild-Kunst, Bonn, 1990.
Abb. 6: Unica Zürn, Haus der Krankheiten. Berlin 1986.
Abb. 7: Sammlung J. F. Rabain, in: La Femme Surréaliste. Obliques, No. 14–15, S. 252.
Abb. 8: Ebenda, S. 264.
Abb. 9: Philip Galle, Nova Reperta. Antwerpen um 1600.
Abb. 10: Louvre, Paris.
Abb. 11: Rijksmuseum, Amsterdam.
Abb. 12: Windsor Castle, Royal Library.
Abb. 13: Ambroise Paré, Wund Artzney. Frankfurt/M. 1935.
Abb. 14: M. Maier, Atalanta Fugiens. Oppenheim 1618, S. 17.
Abb. 15: Kupferstichkabinett der Kunstsammlungen der Veste Coburg.
Abb. 16: Kupferstich, hg. v. Jan Bußemaker. Köln 1587.
Abb. 17: Metropolitan Museum, New York.
Abb. 18: Courbet und Deutschland. Köln 1978, S. 610.
Abb. 19: Galérie Louise Leiris, Paris. © VG Bild-Kunst, Bonn, 1990.
Abb. 20: Haus im Schluh, Worpswede. © VG Bild-Kunst, Bonn, 1990.
Abb. 21: Centre National Georges Pompidou, Paris. © VG Bild-Kunst, Bonn, 1990.
Abb. 22: Scuola S. Giorgio degli Schiavoni, Venedig.
Abb. 23: Louvre, Paris.
Abb. 24: Palazzo Pubblico, Siena.
Abb. 25: Scuola Grande di San Rocco, Venedig.
Abb. 26: Nationalgalerie Berlin.
Abb. 27: National Gallery, London.
Abb. 28: Gallerìa dell'Accadèmia, Venedig.
Abb. 29: Staatliche Museen Preußischer Kulturbesitz, Nationalgalerie, West-Berlin.
Abb. 30: Staatliche Graphische Sammlung, München.

Abb. 31: La Collection Photographique de Paris Audiovisuel.
Abb. 32: Fondation Paul Delvaux, St. Idesbald. © VG Bild-Kunst, Bonn, 1990.
Abb. 33: Centre National Georges Pompidou, Paris. © VG Bild-Kunst, Bonn, 1990.
Abb. 34: Gisela Breitling. Stuttgart 1987, S. 82.
Abb. 35: Ebenda, S. 83.
Abb. 36: Ebenda, S. 68.
Abb. 37: Royal Academy of Arts, London.

Danksagung

Viele Diskussionen mit Anne Duden im Zusammenhang einer gemeinsamen Vorlesung im Sommersemester 1987 (an der Universität Hamburg) haben ihre Spuren in einigen der Studien dieses Buches hinterlassen. Klaus Briegleb hat mit seinem andauernden Interesse und seiner kritischen Neugier vieles zur Entstehung der Untersuchungen beigetragen.

Für ihre Hilfe bei der Herstellung der Bibliographie danke ich Frau Langsch und Frau Maetz, für die Anfertigung des Namenregisters Frau Maetz (beide Kulturwissenschaftliches Institut, Essen).

Namenregister

(Aufgenommen sind die Namen der behandelten bzw. erwähnten Autoren/innen und einige mythische und literarische Figuren, die Verfasser von Forschungsliteratur aber nur, insoweit das Buch sich mit einzelnen ihrer Thesen auseinandersetzt oder sich darauf bezieht.)